国家社科基金后期资助项目
出版说明

后期资助项目是国家社科基金设立的一类重要项目，旨在鼓励广大社科研究者潜心治学，支持基础研究多出优秀成果。它是经过严格评审，从接近完成的科研成果中遴选立项的。为扩大后期资助项目的影响，更好地推动学术发展，促进成果转化，全国哲学社会科学工作办公室按照“统一设计、统一标识、统一版式、形成系列”的总体要求，组织出版国家社科基金后期资助项目成果。

全国哲学社会科学工作办公室

汉语语言表达形式认识情态意义的互动建构及其类型学研究

Research on Interactional Construction and Typological Features of Chinese Expressions' Epistemic Modal Meanings

冯军伟　著

上海三联书店

序

看到《汉语语言表达形式认识情态意义的互动建构及其类型学研究》即将面世，我甚感欣慰。冯军伟是山东大学文学学士、北京师范大学文学硕士、南开大学文学博士。他 2007 年到南开大学跟我攻读博士学位，2010 年毕业后到河北大学工作，先后在国际交流与教育学院和文学院任教。从他的经历和著述来看，他很好地践行了山东大学“学无止境，气有浩然”、北京师范大学“学为人师，行为世范”、南开大学“允公允能，日新月异”和河北大学“实事求是”的校训。

这本专书是在其博士学位论文《现代汉语认识情态研究》的基础上进一步研究的成果。

情态研究历史悠久，从古希腊时期模态逻辑学中的“模态”到现代语言学中的“情态”，情态研究涉及到了“真值”“认识”“知识”“道义”“意愿”等诸多概念，甚至还涉及到“时间”“因果”“评价”等概念，这足见情态研究的复杂性；即使是关于“情态”性质的认识，学术界也有不同的看法，很多学者认为情态是语言所表达语义的一种语义类型，是一个语义范畴（Bybee & Fleischman 1995），而有的学者则认为情态一个语法范畴（Palmer 2001），足见情态研究的争议之大；情态的表达手段复杂多样，包括形态、词汇、句法和语调等多种手段（Bybee & Fleischman 1995），既包括“词汇形式”和“语法形式”，也包括“零编码形式”（Boye 2016），足见情态研究的范围之广。认识情态主要研究说话人的认识，是情态范畴的重要子范畴之一，不仅涉及到“知识”“信仰”，还涉及到“认识上的可能性”“认识上的必要性”“认识上的确定性”“认识上的不确定性”“认识上的怀疑性”“说话人的承诺性”等等，是语言主观性的三大表现之一，而语言的主观性可以说是语言之所以存在的根本，Benveniste（1971：225）曾经指出“语言带有的主观性印记是如此之深刻，以至于人们可以发问，语言如果不是这样构造的话究竟还能不能名副其实地叫做语言”。因此，选择情态研究，特别是选择认识情态研究作为自己的研究对象，这需要极大的勇气和魄力，具有较高的难度，军伟迎难而上，勇于探索，刻苦钻研，这是当代年轻人应该具有的优秀品质。

《汉语语言表达形式认识情态意义的互动建构及其类型学研究》是军伟关于认识情态范畴研究的阶段性思考和总结，该研究于2019年获批国家社科基金后期资助项目，这说明该研究在一定程度上已经得到了学界专家们的认可。该书既有具体语言问题的考察与研究，又有理论上的思考与创建，还有观念上的创新与突破。

在具体语言问题的研究方面，以点带面，共时和历时相结合，详尽地描写了能愿动词、语气副词、语气助词、逻辑连词、心理动词构造、可能补语构造、特定结构式等语言表达形式的认识情态表达功能及其历时语义获得过程，资料详实，既有描写的充分性，又有解释的充足性。

除了具体语言现象的描写和解释之外，理论思考在学术上尤为重要。认识情态范畴涉及到语言表达的方方面面，怎样将认识情态范畴的各种语言表达形式贯穿起来，纳入到一个系统中，这是需要我们思考的问题。该书以“心理动词”为突破口，将心理动词、语气副词和逻辑连词贯穿起来，从历时层面思考不同语言表达形式在认识情态表达方面的语义关联，值得肯定。例如，在现代汉语中，“怕”兼有心理动词与语气副词两种词性，作为心理动词的“怕”表达某种“担心”的心理状态，而作为语气副词的“怕”则表达估计，有时还含有“忧虑、担心”的意思。语气副词“怕”是从心理动词“怕”虚化而来的，而语气副词“怕”所含有的“忧虑、担心”义是心理动词“怕”在虚化过程中的语义滞留；除了语义虚化之外，“怕”在反问句语境中，还和“哪”发生词汇化，进而在非现实语境中产生出让步假设义，最终语法化为表达让步假设关系的逻辑连词“哪怕”，这说明在汉语中存在着“动词＞副词＞逻辑连词”的演变路径。这样一来，作者就能将心理动词、语气副词和逻辑连词贯穿起来，也可以很好地说明汉语认识情态范畴各种语言表达形式在认识情态表达方面的语义关联。

此外，学术界普遍认为情态范畴和语气范畴是二元分立的。认识情态主要关注命题，而语气范畴重在描写言语行为类型，那么，汉语中的句末语气助词是不是只能表达言语行为的类型，或者说只能表达说话人的语气和态度呢？语气助词到底有没有认识情态表达功能？以典型的语气助词“吧”为例，学术界普遍认为“吧”表达说话人的不肯定语气（胡明扬1981），也有人认为“吧”核心语法意义是“意向待定”（赵春利、孙丽2015）；同样，也有学者认为“吧”具有认识情态表达功能。例如，徐晶凝（2003）认为“吧”表达说话人对命题内容做出推量，并要求确认，具有情态表达功能；屈承熹（1998）认为“吧”具有表达“发话人的迟疑”的功能，即表达说话人关于所说言语的某种程度上的不确定性。说话人对言谈内容的某种程度上的不确定性就是一种典型的认识情态意义。情态范畴和语气范畴本来就不能截然分开，“吧”在陈述句中除了表达说话人关于言谈内容的不确定性之外，还经常用于表达说话人的礼貌以及对听话人面子的主动关照。因此，互动交际中的“吧”既是一种语用缓冲手段，也是一种礼貌表达方式，同时，还是一种互动交际策略。文中指出，互动交际中，60%以上的“吧”本质上是用于与听话人进行互动，说话人表面上是“征询”，实际上是希望听话人在所谈内容(或命题)的态度和立场上与说话人保持一致。

不仅语气助词有认识情态表达功能，部分逻辑连词，同样具有认识情态表达功能。沈家煊先生(2001:491)曾经指出“除了情态动词，一些表达逻辑关系的连词(例如因果关系连词‘因为’等)具有表达客观描述和表达主观认识的不同”，也就是说，汉语认识情态范畴的语言表达形式应该包括逻辑连词，我们应该加大对逻辑连词认识情态表达功能的研究。以让步假设关系连词为例，让步假设关系连词表达的是一种非现实范畴(irrealis)，认识情态范畴表达的也是一种非现实范畴，二者具有天然的相通性。让步假设关系中的假设条件语境表达的是虚拟的、非现实情景，让步假设关系中的让步条件语境表达的是一种量级让步条件，E. K? nig(1986:231)指出“量级让步条件句的本质是通过在可能值的范围内断言一个极端值的条件来设定一个先行条件，然后通过对这个极端先行条件的否定来反向蕴含所有的可能值范围”，其所遵循的是“全量肯定否定规律”。文中关于让步假设关系连词“哪怕”认识情态意义的共时和历时建构过程研究是对逻辑连词认识情态表达功能研究的一个很好的尝试。

该书无论是关于语气助词“吧”和“就是”认识情态表达功能的研究，还是针对逻辑连词“哪怕”的认识情态表达功能的研究，都给了我们耳目一新的感觉。

吕叔湘先生曾以表达为纲写成《中国文法要略》，朱德熙先生明确提出结构语义表达相结合的研究思路。我们贯彻吕叔湘和朱德熙两位先生的主张，强调把结构、语义和功能联系起来，从“结构·语义·表达”的视角来研究语言，这就是语义功能语法理论。语义功能语法理论主张在继承传统语法重视语义的基础上，结合语义、表达研究语法。将语义与结构、语义与功能有机结合起来，它以语义为基础，以分布、变换等形式特征为标准，以语义语法范畴为中心，以词和词组为基本单位，以分类为重点，形式和意义相结合，共时与历时相联系，共性与个性并重，归纳与演绎并举，多角度、全方位地描写和解释语法聚合与语法组合(马庆株 1998;2004;2011)。该书无论是关于词汇类语言表达形式的认识情态功能研究，还是关于“心理动词构造、可能补语构造、特定结构式”等语法类语言表达形式认识情态功能的研究，都是在将语义与结构、语义与功能相结合的基础上展开的，共时和历时相结合，共性和个性并重，是语义功能语法理论在情态范畴研究领域的具体实践范例，说明在普遍联系中把结构、语义、表达结合起来而不是割裂开来研究是语法研究永恒的主题和有效途径。

《汉语语言表达形式认识情态意义的互动建构及其类型学研究》在专注汉语语言现象研究的同时，还具有类型学的视野，这难能可贵。一般与个别相结合，不仅仅有助于深化我们对具体语言现象的认知，还将会为我们打开语法研究的新视野，开辟新的研究领域。

祝愿军伟博士继续开拓进取，期待他在语法研究中不断做出新的贡献。是为序。

马庆株
南开大学文学院
西南科技大学文学与艺术学院
2022 年 3 月 2 日

目　　录

第一章 绪论

第一节 研究对象和研究价值

1.1.1 研究对象

"情态"(Modality)一直以来都是语言研究的热点之一，不仅仅是因为情态范畴是语言主观性最重要的表达方式之一，还因为情态范畴在不同的语言中有着不同的语言表达形式，更重要的是这些不同的语言表达形式在不同的语言类型中又具有一定的类型学共性。

从古希腊时期的真值模态逻辑开始到二十世纪初，情态的研究范围进一步扩大(Lewis 1918; Wright 1951; Rescher 1968; Lynos 1977; Palmer 1979,1986,2001; Perkins 1983)；到二十一世纪，情态研究又与话语功能、认知语法、话语分析、语言类型学、语法化等学科进一步交叉和融合，焕发出了更加蓬勃的生机和活力，取得了丰硕的研究成果。

认识情态(epistemic modality)是二十世纪以来情态研究的一项新兴课题，它作为情态范畴的一个子范畴(subcategory)，与根情态(root modality)相对，主要用于表达说话人对于句子命题真值的确信程度，关注的是句子命题为真的可能性(possibility)和必然性(necessity)。Bybee & Fleischman (1995)主编的《Modality in Grammar and Discourse》一书收录了 18 篇论文，集中讨论了包括情态动词、心理动词和形容词在内的多种语言表达形式的认识情态意义，是认识情态研究的阶段性总结。此外，一些认识情态研究的专著也相继问世，例如，Papafragou(2000)把认识情态标记看作人类心灵理论(human theory of mind)发展的结果，他采用认知的关联视角(relevance-theoretic)研究了英语情态动词的根情态和认识情态用法，将认识情态研究推向深入；Nuyts(2001)采用认知语用学的视角，全面考察了形容词(adjectives)、副词(adverbs)、心理状态动词(mental state predicates)

和情态动词(modal auxiliaries)等多种语言表达形式的认识情态意义。此外,Kärkkäinen(2003)和Zuczkowski、Bongelli & Ilaria Riccioni(2017)则从认识立场(Epistemic Stance)的角度研究了互动会话中各种语言表达形式的认识情态意义及其认识立场表达功能。

在现代汉语中,认识情态范畴的语言表达形式不仅包括"情态动词"(也叫"能愿动词或助动词")、"语气副词"(也叫"句子副词")、"语气助词""逻辑连词"等词汇类语言表达形式(lexical expressions),还包括"心理动词构式"、"可能补语构式"和某些特定句法构式等语法类语言表达形式(grammatical expressions)。其中,"情态动词""语气副词""逻辑连词""心理动词构式"等语言表达形式在人类语言中普遍存在,具有一定的共性特征;"语气助词""可能补语构式"和某些特定构式等语言表达形式是汉语较为独特的语言表达形式,具有汉语的某些个性特征。

本书将现代汉语认识情态范畴的主要语言表达形式概括为七大类,并从七大类语言表达形式中选取典型个案展开专题研究,包括:①以"可能""应该"为代表的情态动词类语言表达形式认识情态意义的专题研究;②以"怕""恐怕"为代表的语气副词类语言表达形式认识情态意义的专题研究;③以"吧""就是"为代表的语气助词类语言表达形式认识情态意义的专题研究;④以"哪怕"为代表的逻辑连词类语言表达形式认识情态意义的专题研究;⑤以"我(们)+认为/以为/觉得"为代表的心理动词构式类语言表达形式认识情态意义的专题研究;⑥以"V得/不C""V不得/不了"为代表的可能补语构式类语言表达形式认识情态意义的专题研究等;⑦以"NP+V起来+AP""不过……而已/罢了"为代表的特殊构式类语言表达形式认识情态意义的专题研究。本书以互动语言学理论为指导,在共时层面,运用口语中的互动交际语料来考察认识情态范畴七大类语言表达形式的认识情态表达功能,研究其认识情态表达功能与语言行为和言语交际意图之间的互动建构关系;从语言的生成和语言的认知识解两个层面,对认识情态范畴各类语言表达形式认识情态意义在共时层面的互动建构过程进行描写和解释;在历时层面,运用历时语料研究认识情态范畴各类语言表达形式认识情态意义的历时获得过程及其历时语义演变历程;最后,采用语言类型学的研究视角,在语言类型对比的基础上,描写和概括现代汉语七大类语言表达形式认识情态意义的类型学特征,概括和归纳七大类语言表达形式认识情态意义的历时演变过程和演变模式。

1.1.2　研究价值

1.1.2.1　学术价值

第一，Bybee & Fleischman(1995：2)曾经指出“情态的语言表达手段有很多，例如形态的(morphological)、词汇的(lexical)、句法的(syntactic)、语气的(intonation)”等。本书将现代汉语认识情态范畴的各类语言表达形式概括为七大主要类型，包括情态动词类、语气副词类、语气助词类、逻辑连词类、心理动词构式类、可能补语构式类和特定构式类；从每一类语言表达形式中选取典型成员进行个案的专题研究，以点带面，对于全面构建现代汉语认识情态范畴的语义系统和概念结构具有重要的理论意义。

第二，Fair Clough(1995)把话语分析分为生成、描写和解释三个阶段。当前，关于认识情态范畴各类语言表达形式的描写已有大量的研究成果，但是，仅仅关注对认识情态范畴各类语言表达形式话语功能的认知识解是不全面的。

Finegan(1995：1－15)曾经指出“说话人的视角、说话人的情感和说话人的认识是语言主观性的三大表现”；互动语言学主要研究互动交际中的各类言语表达形式，其中必然涉及言者视角、说话人的认识及情感表达。借助于互动语言学理论，研究各类语言表达形式的认识情态意义是如何被社会交际、人际互动和认知因素塑造的；不同类型的语言表达形式在真实的语言交际过程中是如何被说话人选择和使用的(语言生成层面)；交际双方需要完成的交际功能和承担的会话行为是如何通过认识情态的语言表达形式来实现的(语言认知识解层面)；只有将话语文本(认识情态的语言表达形式)与话语生成和话语理解结合起来，将认识情态各类语言表达形式的言语编码过程与言语解码过程结合起来，才能对认识情态范畴有一个全面的认识(如图1－1所示)，互动语言学理论恰恰为我们提供了这样的一个研究视角。运用互动语言学理论研究汉语认识情态范畴各类语言表达形式载体的

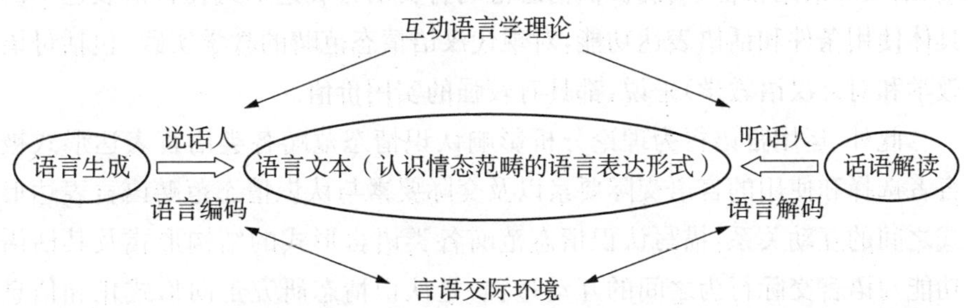

图1－1　认识情态范畴的语言表达形式认识情态意义的产生和识解关系图

在线生成过程，包括共时层面的在线识解过程和历时层面的生成演变过程，对全面深化汉语认识情态范畴的理论认识具有重要的价值。

第三，从历时角度研究汉语认识情态范畴各类语言表达形式认识情态意义的产生和语义演变历程，对于丰富汉语语义演变理论及汉语语法化理论也具有重要的理论价值。

第四，将汉语认识情态范畴的概念化过程和语言表达形式认识情态意义的演变模式和演变规律纳入语言类型学的视阈中，一方面可以丰富语言类型学的理论体系和语言类型实例；另一方面还可以从语言类型学的角度重新审视汉语认识情态范畴的类型学参数在人类语言类型中的地位和价值。

此外，本书的研究还将推动心理动词和逻辑关系连词等词类范畴研究的进一步深入。

心理动词是现代汉语动词的重要下位分类之一，其范围、类别、句法性质、语义特点和表达功能，学术界都争论不一。对断言类心理动词构式“我(们)＋认为/以为/觉得”的认识情态意义进行考察和研究，有助于扩大心理动词的研究视野，进一步丰富心理动词的研究成果，另一方面，也为心理动词的研究提供了新的研究视角。

逻辑关系连词除了表达句子之间的逻辑语义关联，具有一定的篇章连接功能之外，在话语表达层面，还具有一定的人际关系表达功能。因此，本书从篇章结构、话语功能、语义量级与语言的主观性等角度，考察了表达让步假设逻辑关系的连词“哪怕”所具有的人际表达功能——认识情态表达功能——在互动交际过程中的建构过程；并从语用推理、叙事语篇的信息结构和自然语言的韵律结构等角度考察了“哪怕”的语法化过程及其认识情态意义的历时获得过程，为现代汉语逻辑关系连词的研究提供了新的研究视角和研究思路。

1.1.2.2　应用价值

从共时层面描写和概括现代汉语认识情态范畴不同语言表达形式的句法、语义和语用特征，明确认识情态范畴各类语言表达形式在言语表达中的具体使用条件和话语表达功能，对现代汉语情态范畴的教学实践(包括母语教学和对外汉语教学)来说，都具有较强的实用价值。

此外，运用言语行为理论分析影响认识情态范畴各类语言表达形式被言者选择和使用的言语交际要素以及交际要素与认识情态范畴语言表达形式之间的互动关系，描写认识情态范畴各类语言形式的结构形式及其话语功能与语言交际行为之间的互动过程，是认识情态研究走向形式化和信息化的重要一步，有利于认识情态范畴语言表达形式的信息化和自动化处理，有利于机器翻译和人工智能的发展。

第二节 理论指导及研究方法

现代汉语认识情态范畴的语言表达形式涉及汉语的方方面面，不仅包括情态动词、语气副词、语气助词和让步假设类逻辑关系连词，还包括心理动词构式、可能补语构式以及某些特定句法构式。认识情态范畴的这些不同类型的语言表达形式往往具有多义性，那么，这些语言表达形式的认识情态意义是如何产生的？其表达认识情态意义时的结构形式是怎样的？在表达认识情态意义时具有怎样的话语表达功能？言语表达环境和言语交际行为与其认识情态意义又是怎样互动的？这些问题都围绕着“互动中的交际”这一核心问题展开，因此，这些问题的解答都需要运用互动语言学的理论框架和研究方法进行阐释。

1.2.1 理论指导

本书以互动语言学理论为指导，以现代汉语认识情态范畴七大类语言表达形式认识情态意义的建构过程为研究对象，运用话语功能语法(Discourse-functional Grammar)、会话分析、认知语法、构式语法和社会行为结构范式等互动语言学的理论范式和研究方法，研究基于互动言谈的话论、行为和组织之上的认识情态范畴语言表达形式的结构形式及其话语表达功能与言语行为之间的互动建构关系。

互动语言学关注日常互动交际中所使用的自然语言形式(talk-in-interaction)，认为互动言谈中的话轮、行为和序列都是通过语言资源的系统性使用才为互动参与者所识解的。互动语言学的理论思想最早体现在Ochs、Schegloff & Thompson(1996)共同主编的论文集《互动与语法》一书中，强调要基于自然口语材料来理解互动和语法的关系，而互动语言学作为正式的学术概念和理论口号是在2001年被明确提出来的。Couper-Kuhlen & Selting(2001)在其主编的论文集《互动语言学研究》一书的序言中指出，互动语言学的研究目标是采用会话分析中常用的人类交往方法学范式，研究社会交往中语言的结构和组织，主要围绕着互动中的语言结构以及互动顺序与语言行为的关系展开研究，这标志着互动语言学作为一种独立的理论体系和研究方法逐步走向成熟。

互动语言学的核心理念是从社会交际互动这一语言最原本的自然栖息

地之中来了解它的结构和使用，主要包括两方面：一是要从语言的各个方面（音韵、形态、句法、词汇、语义、语用）研究其结构和使用方式是如何通过互动交际来塑造的；二是在社会互动交际中，互动双方需要完成的交际功能和承担的会话行为是如何通过语言资源来具体实现的（乐耀 2017：248；方梅、李先银、谢心阳 2018：1-2）。也就是说，语言中各类语言形式的塑造和社会交际互动的运作之间是一种天然的互相孕育（cross-fertilization）的关系（Ochs，et al. 1996；Selting & Couper-Kuhlen 2001；Fox，et al. 2013；Laury，et al. 2014）。在语言材料的选择和使用上，互动语言学注重实证研究，主张使用自然出现的真实话语（natural discourse），特别是重视真实、自然发生的谈话录音或录像材料，反对使用杜撰的语言材料，特别是去语境化的语言材料或书面语偏向的语言材料（Linell 2005：1），因此，互动语言学特别重视考察日常生活环境中真实的语言现象。此外，互动语言学还认为，语言的意义是在人与人之间的互动交流过程当中产生并不断发展变化的，因此，互动语言学的研究内容不仅涉及语言各个层面的语言表达形式（包括韵律、重音、音节、词汇、语法、语用等），还涉及了语音学、会话分析、社会学、民族学、人类学等多个学科，充分吸收了功能语言学、话语分析以及人类语言学的理论成果及其科学的分析方法。

1.2.2 研究方法

1. 语料库语言学的研究方法

本书运用语料库语言学的研究方法开展研究，语料的搜集、获取和数据统计都在语料库的范围内展开，以保证语料的客观性和真实性。主要的语料库类型包括三大类，一是自然口语交际类语料库，包括媒体语言语料库（MLC）、北大语料库（CCL）现代汉语"口语"和"相声小品"的子语料库以及自建的自然对话语料库（据学生对话录音转录，约 10 万字；根据访谈节目《圆桌派》对话转录，约 10 万字）；二是书面语类语料库，主要是北大语料库（CCL）现代汉语语料库；三是历时语料库，主要是北大语料库（CCL）古代汉语语料库。

2. 互动语言学的研究方法

本书运用互动语言学的话语功能语法、会话分析和社会行为结构范式等理论方法，从社会行为与话语结构互动的角度，研究认识情态范畴各类语言表达形式认识情态意义被选择和塑造的建构过程，包括共时建构过程和历时建构过程。互动语言学涉及多个学科和多种语言学流派，研究方法也丰富多样，包括话语功能语法、会话分析、认知语法、构式语法及社会行为结构范式（social action format）等。因此，本书的研究方法包括但不限于话语

功能语法、会话分析理论、认知语法、构式语法及社会行为结构范式等。具体来说,包括:

第一,话语功能语法

话语功能语法始于二十世纪七十年代末八十年代初,主要关注语言形式和话语功能之间的关系,主张语言的差异来自话语语体、信息组织和交际需要等话语功能动因的制约,语言形式和语言的使用场景密切相关。话语功能语法一方面重视研究传统语法范畴在各类型语言中的存在,并试图解释其与实际语言使用之间的关系;另一方面,试图从语言使用的角度探索跨语言语法范畴的存在动因(谢心阳 2016:344)。Geluykens(1992)曾经以语料库为基础,考察英语中左移位在实际话语中的交际功能,讨论话语功能与句法形式之间的关系以及语法形式反映交际功能的方式。Helasvuo(2014)基于芬兰语日常口语,采用实证主义的研究方法统计了芬兰语主语隐现的频率对比,总结了其隐现的典型语境,并探讨了主语隐现的动因。

第二,会话分析理论

会话分析以由前后相连贯的句子构成的段落为研究对象,通过对实际使用中的语言的观察,来探索语言的组织特征和使用特征,并从语言的交际功能和语言使用者的认知特征等方面来解释语言的制约因素(陈平 1987)。会话分析是话语分析理论最重要的研究课题之一,它以互动中的言语(talk-in-interaction)为主要研究对象,一方面关注会话的基本结构——“话轮”,包括会话中话题的组织、话题的开始和结束以及话轮的组织结构、话轮序列、话轮的转接和延续、会话修正等(Sacks et al. 1974);另一方面分析会话者进行社会交往所运用的会话原则,包括“合作原则、礼貌原则和关联原则”等(Grice 1975; Leech 1983)。Sacks、Schegloff & Jefferson(1974: 696 - 735)首先提出了会话分析的研究对象是话轮结构单位,并概括了话轮单位的基本特征。Couper-Kuhlen & Selting(1996)研究了句法和韵律在话轮和话轮单位构建中的相互作用。Ford 等(2002)从自然语言交际的时间、空间和互动等方面的特征考察了话轮和序列在言语互动中的建构情况。Hayashi(2003)运用会话分析理论,考察了日语会话中参与者如何相互协商并共同建构话语的过程。Lindström(2005)以瑞典语中动词居首的小句为研究对象,将互动分析和结构分析结合起来,运用位置敏感语法理论分析了会话分析中的话轮单位和话轮序列。

第三,认知语法

认知语法是由 Langacker 于 1976 年创立的(沈家煊 1994: 12 - 20)。认知语法认为语言是人的认知能力不可分割的重要组成部分,句法是非自足的，句法跟语义、语用或话语密不可分。语义不仅仅是基于客观的真值条件，还取决于其所构拟的情境内容的结构样式以及认知主体对情景的主观识解，识解的方式主要有详略度（specificity）、背景（back-ground）、视角（perspective）、突显原则（salience/prominence）和辖域（scope）或认知域（cognitive domain）等等，突显原则中的"侧面与基体（profile-base）""射体与界标（trajectory-landmark）"在语法分析中起到了重要作用（Langacker 1991）。Sakita（2002）考察了引述话语中的错误语法形式（"I says、I saying、He say"）的认知表达功能，指出它们可以作为言语表达和理解的认知标记语、态度标记语和意识流标记语来对语言叙述的连贯性起到极为重要的作用。Etelämäki & Visapää（2014）将会话分析和认知语法结合起来，分析了芬兰语中的指示词和不定式的话语表达功能，指出语法和意义是在话语和社会互动中动态浮现的。

第四，构式语法

构式语法以框架语义学为基础，以认知语言学为理论背景，坚持功能主义的语言观。构式语法重视研究一个个具体句式，而且要从具体句式所表示的语法意义来考察分析句式内部词语之间的语法关系和语义关系（Goldberg1995）。构式语法认为，简单句构式与反映人类经验的基本情景的语义结构直接相联；构式实际上就是情景编码，也就是说与基本句子类型对应的构式把与人类经验有关的基本事件类型编码为这些构式的中心意义（Goldberg 1995）。因此，构式的作用是把世界划分为各不相同的并被系统分类的事件类型，Lakoff & Johnson（1980）称之为"理想化认知模型"；Langacker（1987）称这些事件类型为"概念原型"。理想化认知模型对人类日常生活、行为方式进行高度概括，为人类认知世界提供了一个简约的、理想化的认知框架。Ford（2002；2007）以英语口语中的"NP looks/is（really）Adj"构式为研究对象，提出了会话构式（constructions in conversation）的概念，并从交际需求和交际功能的角度分析了其用于称赞的社会语用功能。

第五，社会行为结构范式

社会行为结构范式主张将话语分析的研究重点从会话结构转移到会话行为上来，也就说研究会话的社会行为属性和社会制约条件，旨在发现说话人是如何通过构建语篇和多重话轮来实施某一会话行为的。因此，社会行为结构范式研究基于多个句子的完整语篇或者多重话轮话语，并从社会行为与话语结构互动的角度来分析采取某一言语形式的社会行为动因（谢心阳 2016；乐耀 2019）。Paul Drew（2011）主张研究会话与社会行为之间的关系，重点研究不同语境中社会行为的构建问题，主要研究内容包括"有序会话与社会互动的基本步骤、会话对社会行为的构建问题以及机构情景(如医患交际、法庭审判等)中的语言与互动"等等。Curl & Drew(2008)对比了家庭成员之间的日常对话和医院中医患之间的对话,发现"Can you……"主要用于家庭成员之间的日常对话,而"I wonder……"则主要用于医患对话之中,说明请求行为中语言形式的选择与社会语言语境有密切的关联;Couper-Kuhlen(2014)以会话中的五种话语发起行为为研究对象,包括邀请、建议、要求、提议及主动给予等,发现互动参与者会区分提议和主动给予、主动给予和要求、要求和建议,并指出社会行为和语法结构之间并不是一一对应的关系。

3. 语言类型学的研究方法

运用语言类型学理论全面评估汉语认识情态范畴各类语言表达形式的类型学特征,描写和概括汉语认识情态范畴不同语言表达形式语法化的路径和语义演变模式,概括汉语认识情态范畴的语言形式载体和其他语言类型参数之间的蕴含关系。

4. 语法化理论及其研究方法

语法化是一个涉及语法演变的术语,通过这种演变,词汇项和结构进入某种语言环境以表示语法功能,一旦这些词汇项和结构发生了语法化,它们就会继续发展出新的语法功能。语法化作为一种理论,最早是由法国语言学家 Meillet 提出,Givón(1971)进一步发展,他主张"今天的形态就是昨天的句法",后来 Lehmann、Heine、Fleischman、Traugott、Sweester、Claudi、Bybee 等人进一步将语法化理论发展完善。一般来说,重新分析和类推是促使语法化发生的两种普遍机制,语用推理是促使语法化发生的主要动因,包括转喻和隐喻等,语法化往往伴随着语义的主观化(Traugott 1993; 1995)。本书主要运用语法化理论及其研究方法考察汉语认识情态范畴各类语言表达形式的历时建构过程,试图构拟汉语认识情态范畴各类语言表达形式语法化的独特路径和语义演变模式。

第三节 语料来源及本书的主要内容

1.3.1 语料来源

本书的语料来源主要有三大类语料库:

一是自然口语类语料库,主要有媒体语言语料库(MLC)、北大语料库

(CCL)现代汉语“口语”和“相声小品”子语料库以及自建自然对话语料库(据学生对话录音转录,约10万字;根据访谈节目《圆桌派》对话转录,约10万字)。自然口语对话类语料库主要用于考察认识情态范畴各类语言表达形式的认识情态意义在自然口语对话中的互动建构过程,包括说话人对所表达言语内容的言者认识和判断,以及说话人对听话人的面子、态度和立场的主动关照,体现了自然口语对话中言者与言谈内容、听者三者之间的人际互动关系。

二是书面语语料库,主要是北大语料库(CCL)现代汉语语料库中文学作品部分。书面语语料库主要用于考察认识情态范畴各类语言表达形式的认识情态意义在书面语表达中的共时构建过程,既包括作者对书面语文本的态度、情感和认识,也包括作者对预设读者立场的主动关照,体现了书面语表达中作者、作品文本与读者三者之间的人际互动关系。

三是历时类语料库,主要是北大语料库(CCL)古代汉语语料库。历时类语料库主要用于考察认识情态范畴各类语言表达形式认识情态意义的历时获得过程,从历时语法化的角度考察描写认识情态范畴不同语言表达形式认识情态意义的历时获得过程和语义演变模式。

1.3.2 本书的主要内容

本书的主要内容分为十个部分,共十五章。

第一部分是情态范畴和认识情态范畴的概念界定及其国内外相关研究综述。其中,第二章主要介绍了模态和情态的定义以及国内外关于情态范畴的相关研究;第三章对认识情态进行了概念界定,归纳了认识情态范畴的典型特征,并将认识情态范畴与相近范畴——传信范畴进行了对比。此外,还对国内外关于认识情态范畴的相关研究进行了综述。

第二部分是现代汉语认识情态范畴主要语言表达形式的类型及其典型个案的选取。第四章在全面梳理和概括现代汉语认识情态范畴各类语言表达形式的基础上,将现代汉语认识情态范畴的主要语言表达形式概括为七大类型,主要包括情态动词类语言表达形式、语气助词类语言表达形式、语气副词类语言表达形式、让步假设连词类语言表达形式、心理动词构式类语言表达形式、可能补语构式类语言表达形式和特定句法构式类语言表达形式等。根据认识情态范畴的语义类别,综合考虑各类语言表达形式的使用频率及其各类语言表达形式之间的内在关联,选取“可能”作为可能类情态动词的典型个案,选取“应该”作为必要类情态动词的典型个案,对情态动词类语言表达形式的认识情态意义进行研究;选取由心理动词经历语法化发展而来的“怕”和“恐怕”作为语气副词类语言表达形式的典型个案，对语气副词类语言表达形式的认识情态意义进行研究；选取现代汉语中的典型语气助词“吧”和非典型语气助词“就是”作为语气助词类语言表达形式的典型个案，对语气助词类语言表达形式的不同语气类型及其不同语气功能进行研究；选取由心理动词“怕”在反问语境中经历语法化演变而来的“哪怕”作为让步假设逻辑连词类语言表达形式的典型个案，对逻辑连词类语言表达形式的认识情态意义进行研究；选取断言类心理动词构式“我(们)认为”构式、“我(们)以为”构式和“我(们)觉得”构式作为心理动词构式的典型个案，对心理动词构式类语言表达形式的认识情态意义进行研究；选取“V得/不C”构式、“V不得/不了”构式和“A不了”作为可能补语构式类语言表达形式的典型个案，对可能补语类语言表达形式的认识情态意义进行研究；选取“(NP)＋V＋起来＋AP”构式作为弹性态度类评价构式的典型个案，选取“不过……而已/罢了”构式作为主观极小量类评估构式的典型个案，对特定句法构式类语言表达形式的认识情态意义进行研究。

第三部分是情态动词类语言表达形式认识情态意义的共时建构和历时建构过程研究。第五章从共时和历时两个层面分别考察了可能类情态动词“可能”和必要类情态动词“应该”认识情态意义的建构过程。其中，可能类情态动词“可能”的核心情态语义特征是[＋或然]或者[＋可能]，即[－必然]，其所表达的“认识上的可能”是一个模糊的概率区间，即“可能”的概率赋值区间为“0＜X＜1”(“X＝可能”，“0＝否定”，“1＝肯定”)。说话人用“可能”表达说话人关于命题真值的模糊判断，这种模糊判断所表达可能程度的高低取决于说话人提供做出判断依据的证据性强弱以及获取证据的手段。情态动词“应该”既可以表达道义情态(deontic modality)，也可以表达认识情态(epistemic modality)。在道义情态表达中，“应该”表达的是必要性(necessity)，即施事主语有义务、有责任、有必要做出相关行为，反过来说，社会规范或者社会规则对施事主语从事或实现某种行为是具有强制性的；在认识情态表达中，“应该”表达的是较大可能的盖然推测(probability)，是基于“规范世界”的各种规范或者规则做出的盖然性推断，即说话人认为按照“规范世界”的各种规范来说“命题是真的”，属于确信度和肯定性程度都较高的判断。情态动词的“认识情态意义”源于其所表达的“道义情态意义”，从道义情态意义到认识情态意义的发展具有普遍的类型学特征。

第四部分是语气副词类语言表达形式认识情态意义的共时建构和历时建构过程研究。第六章从共时和历时两个层面分别考察了语气副词“怕”和“恐怕”认识情态意义的建构过程。现代汉语中的“怕”和“恐怕”具有多义性,既可以表达人的某种心理状态,也可以表达说话人关于命题可能性的不确定性推断,还可以表达说话人对于命题将要发生的某种担心认识。从历时语法化的角度来说,“表达人的心理状态＞表达说话人关于命题的担心认识＞表达说话人关于命题的不确定性推测”体现了由心理动词语法化而来的语气副词“怕”和“恐怕”的语法化斜坡。

第五部分是语气助词类语言表达形式认识情态意义的共时建构和历时建构过程研究。第七章从共时和历时两个层面分别考察了语气助词“吧”和“就是”认识情态意义的建构过程。语气助词“吧”的核心语气功能是在疑问句中表达说话人就自己所做出的言语判断征询听话人的肯定性态度,其交际意图是希望得到听话人的认同,并与听话人在所做言语判断的认识上达成一致。在陈述句中,语气助词主要表达说话人对所做出言语判断的不确定性语气,在祈使句中主要用于缓和祈使语气,包括体现对听话人面子关照的商榷语气和建议语气,以及体现说话人言者态度的勉强接受语气和无所谓的态度。语气助词“吧”四种语气功能体现了互动交际中三大要素——“说话人”“听话人”和“言语内容”之间的复杂互动关系。对互动交际中的说话人而言,选择语气词“吧”主要体现了说话人对两方面内容的主动关照:一是体现说话人对听话人态度的主动关照,包括在疑问句中征询听话人的态度、在祈使句中表达商榷语气和建议语气等,是听话人取向的(addressee-oriented);二是体现说话人对所表达言谈内容的言者态度,包括在陈述句中表达对所做言语判断的不确定性、在祈使句中表达勉强认可和无所谓的言者态度,以及在非现实条件句中缓和言者的断言语气和祈使语气等,是说话人取向的(speaker-oriented)。

句末语气词“就是”的核心语气功能是宣示说话人的言者态度,凸显说话人对于所叙述言语内容的情感态度和立场观点,具有一定的互动功能。概括起来说,语气助词“吧”具有“表达确认”“表达建议”“表达强调”“表达说话人言轻言小的认识意义”和“表达缓和语气”五种语气表达功能,这五种不同的语气表达功能体现了语气词“就是”由强及弱的语气变化。“就是”所表达的语气强弱的不同源于“就是”中的词汇项“就”和“是”词汇意义的语义滞留。具体来说,“就是”表肯定性应答、表认同和许可、表建议的语气功能都源于短语“就是”中判断动词“是”语义滞留的影响;“就是”表强调语气的功能源于短语“就是”中强调副词“就”强调语气的语义滞留;表说话人“言轻言小”的认识意义源于短语“就是”中范围副词“就”限制意义的语义滞留;表缓和语气的功能源于短语“就是”中关联副词“就”承接功能的语义滞留。此外,句末语气词“就是”在回忆性自述语体中具有标记自述者视角和自述者态度的话语功能。"就是"在回忆性自述语体中用以标记自述者视角和态度的话语标记功能体现了"就是"的主观性和交互主观性特征，具体来说，一方面，自述者用"就是"不仅表达了说话人对于话语内容的主观态度，还标记了对前面自述性话语内容（已发生的客观事态）的主观评价，是"就是"主观性特征的典型体现；另一方面，由于回忆式自述语体经常是单向式交际模式，为了体现交际的共建性、交互性和可持续性，自述者往往会虚拟一个听话人，并对虚拟的听话人明示自己对已发生事态的"现时现地"认识和态度。从互动交际的角度上来看，"就是"一方面体现了自述者对于虚拟听话人的主动关照，标记了自述者的"现时现地"叙述视角，体现了言语交际的交互性特征；另一方面，又体现了自述者对于已发生事态的主动介入，自述者主动明示自己对当时事态的态度，"就是"这种同时标记说话人对于听话人和说话人态度的主动关照，体现了"就是"的交互主观性特征。从这个角度上说，回忆性自述语体中的"就是"同时兼有标记自述者视角和自述者态度的话语标记功能。

第六部分是让步假设类逻辑连词认识情态意义的共时建构和历时建构过程研究。第八章从共时和历时两个层面考察了让步假设连词"哪怕"认识情态意义的建构过程。让步假设关系连词"哪怕"可以表达说话人关于所言说内容的确定性判断和肯定性言者态度。哪怕句的语篇表达模式一般为"A，哪怕 P，Q"，其中，小句"A"陈述某种事实或者情况；小句"P"一方面虚拟某种情况，表示假设关系；另一方面姑且承认这种情况的存在，表达让步关系；小句"Q"强调"A"的事实和情况不会因为"P"而有所变化。"P"和"Q"之间是让步假设的关系，从语义量级的角度来看，一般情况是小句"P"通过假设关系虚拟某一量级——大量或者小量，说话人通过让步关系赋予这一量级以主观性质和元语性质，即说话人主观认定这一量级为主观大量或者主观小量，然后，说话人通过对主观大量或主观小量的肯定或否定，从而肯定或否定语义量级中的全部量级。因此，这就使得"哪怕句"具有了强化说话人对某一命题（小句"A"）真值的肯定性判断功能，这种说话人对某一命题真值的肯定性认识属于必然认识情态的表达范畴（epistemic necessity）。从历时角度来看，"哪怕"认识情态意义的语义获得源于语用推理和前景信息的背景化。跨层结构"那怕"发生词汇化的典型句法环境为：在反问句中，并且"那怕"后接谓词性成分或者小句成分。"那怕"的词汇化过程大致经历了三个阶段：A. 跨层结构阶段；B. 跨层结构和语法词并存阶段；C. 语法词阶段。从跨层结构（阶段 A）到语法词（阶段 C）的词汇化过程中，经历了重新分析；促使"那怕"发生语义演变的是语用推理，一方面是"怕"由表达客观意义的"担心害怕"发展为表示"主观上的假设",另一方面是"那"由表达"反问意义"发展为表示"主观上的让步"。导致"那怕"发生词汇化的动因有两个,一是前景信息背景化,从跨层结构"那怕"到让步假设连词"那怕",其间经历了前景信息背景化的过程;二是韵律促动,跨层结构"那怕"位于句首的位置,按照自左向右组织自然音步的规则,句子起首的"那"是单音节的,不是一个标准的韵律词,谓语中心词"怕"也是单音节的,两个单音节词在一起,在韵律的促动下极易发生词汇化,形成一个标准音步,从而词汇化为一个标准的韵律词。

第七部分是断言类心理动词构式认识情态意义的共时建构和历时建构过程研究。第九章从共时层面考察了断言类心理动词"认为"认识情态意义的建构过程。断言类心理动词"认为"经常与第一人称主语构成心理动词构式"我(们)认为",主要表达说话人对小句宾语所表达的命题倾向于为真的肯定性判断,属于强断言认识情态范畴。第十章研究了断言类心理动词"以为"认识情态意义的建构过程。心理动词"以为"与第一人称主语构成心理动词构式"我(们)以为",主要表达断言认识情态意义和反预期认识意义。第十一章从共时和历时两个层面分别考察了断言类心理动词"觉得"认识情态意义的建构过程。断言类心理动词"觉得"与第一人称主语构成心理动词构式"我(们)觉得",主要表达说话人对小句宾语所表达的命题可能为真的断言认识,属于弱断言认识情态范畴。心理动词构式"我(们)觉得"经常以插入语的形式出现在句子或语篇中,且经常与表达揣度性推测的语气副词和表达不确定语气的语气助词共现。除了表达说话人关于命题可能为真的弱断言认识之外,在互动言语交际中,"我(们)觉得"构式在不同的话轮位置还起到了不同的话语组织功能;此外,在互动交际过程中,"我(们)觉得"构式还是说话人在言语交际中最常用的维护面子的语言表达形式之一;从历时层面来看,"我(们)觉得"经历了从句内的主谓短语历经词汇化,变成一个句外的具有断言认识功能的语用标记,然后进一步语法化为句间的具有话语连贯功能的话语标记的历时演变过程。"我(们)觉得"语义的虚化同时伴随着语义的主观化。

第八部分是可能补语构式类语言表达形式认识情态意义的共时建构和历时建构过程研究。第十二章从共时层面和历时层面考察了能性补语构式"V得/不C""V不得/不了"认识情态意义的建构过程。在互动言语交际中,能性补语结构"V得C"所表达的认识情态意义受到补语"C"类型的影响。当补语是动词时,"V得V"经常用于表达说话人关于命题为真或者事件发生的可能性推断,属于可能认识情态范畴(epistemic possibility);当补语是形容词时,"V得A"主要用于表达说话人的评估认识(evaluating),属于评估认识情态范畴(epistemic evaluation);“V 不 C”主要表达说话人关于命题不能成立或不会出现的可能性推断,表现出较高的确信程度,属于较大可能认识情态范畴(epistemic probability)。可能补语构式“V 得/不 C”出现的典型语言环境是对前一话轮中所出现的言语判断或某一事件未来能否实现的可能性进行评估(evaluating),总起来说属于可能认识情态范畴(epistemic possibility)。可能补语构式“V 不得/不了”的核心构式意义是表达说话人关于事件不可能发生的断言,表达的是一种认识上的确定性(epistemic certainty),同时还表明了说话人关于事件不会发生或不应该发生的言者态度或言者立场(speaker's stance),体现出说话人较强的主观倾向性。可能补语构式“A 得 C”构式主要用于表达说话人关于性状的比较性评判;“A 不了”构式主要表达说话人关于命题的否定性判断,否定判断的形式增强了说话人关于命题判断的确信程度,表现出强烈的主观色彩;另一方面,由于形容词往往表示某种性质或状态,因此“A 不了”的语言表达形式往往蕴含了说话人的某种主观倾向性,认定“不会 A”,体现出说话人强烈的言者态度和言者立场。从历时语法化的角度来看,补语结构“V 得/不 C”经历了“表达结果(已然事件)>表达可能(未然事件)”的语法化演变历程。在“V 得/不 C”结构中,补语“C”表达已然事件的结果,当被用于描写未然事件时,自然不再表达事件的结果或者动作的实现,而是用于表达结果出现的某种可能性或者动作实现的某种可能性,在从“表达结果”(已然事件)到“表达可能”(未然事件)的语法化过程中,非现实(irrealis)语境起到了至关重要的作用。从共时语法化的角度来看,能性补语结构“V 得/不 C”从表达“动力情态意义”——“表达动作实现所必须的生理和思维方面的能力”,到“表达动作实现所必须的环境方面或整体的条件”,演变为“表达动作实现所具有的某种盖然性”——“认识情态意义”,能性补语结构“V 得/不 C”经历了“可能[能力]>可能[条件]>可能[或然性]”的语义演变过程,由此,能性补语结构演变为可能补语构式,成为认识情态范畴的重要语言表达形式之一。

第九部分是特定构式类语言表达形式认识情态意义的共时建构和历时建构过程研究。第十三章从共时层面和历时层面考察了评估构式“(NP)+V+起来+AP”认识情态意义的建构过程。“(NP)+V+起来+AP”构式主要用于表达说话人对事件状态的态度评价,是人类表达评估认识情态的重要表达构式之一。其中,主语“NP”是可评估实体(或“评估对象”),“V 起来”体现了说话人的评估方式和手段,“AP”体现了说话人的评估态度,“(NP)+V+起来+AP”构式表达的是“对做某件事情(‘V+NP’)怎么样(‘AP’)”的言者态度和看法,是一种言者取向(speaker-oriented)的认识情态表达构式。第十四章从历时层面考察了主观极小量类评估构式“不过……而已/罢了”认识情态意义的建构过程。主观极小量类评估构式“不过X罢了/而已”构式的生成过程包括词汇结构层面的构式化和句法结构层面的构式化两个过程。词汇结构层面的构式化过程包括“不过”“而已”和“罢了”三个中间构式形式和特征组配的创新过程。所谓中间构式的构式化是指在语言交际互动中原子构式如何经过一系列的重新分析产生新的形式和意义的配对，从而产生新的构式（中间构式的构式化过程跟传统的词汇化过程类似，从构式语法化的角度来看，词汇化也是一种构式化）的过程；句法结构层面的构式化过程是指“不过X罢了/而已”形式特征和语义特征的创新过程，也就是两个或两个以上的原子构式或中间构式组构成为新的复杂句法构式，体现了构式的能产性、组构性和图式的等级梯度。因此，“不过X罢了/而已”构式是多个原子层面的微观构式分别经历了词汇结构层面的构式化（中间构式“不过”“而已”和“罢了”的构式化）和句法结构层面的构式化（宏观构式“不过X罢了/而已”的构式化）而产生的。“不过X罢了/而已”构式的核心语义图式是表达主观小量的言者态度或言者认识，围绕着这一核心语义图式，产生了多个扩展构式，包括“低量级限定范围副词＋X＋罢了/而已”构式、“低量级限定范围副词＋是＋X＋罢了/而已”构式、“叠加少量类限定范围副词＋是＋X＋而已/罢了”构式和“概量类限定范围副词＋低量级限定范围副词＋（是）＋X＋罢了/而已”构式等。

第十部分是汉语认识情态范畴各类语言表达形式认识情态意义的类型学特征研究。认识情态范畴是对说话人主观态度、视角、观点和语气的语法化，具有普遍的类型学特征。因此，第十五章运用语言类型学的理论和研究方法，将汉语认识情态范畴的各类语言表达形式纳入世界语言的类型中，归纳和概括了汉语认识情态范畴各类语言表达形式载体的类型学特征，包括情态动词类语言表达形式认识情态意义的类型学特征、情态副词类语言表达形式担心认识情态意义的类型学特征、语气助词类语言表达形式言者语气功能的类型学特征、让步假设连词类语言表达形式认识情态意义的类型学特征、心理动词构式类语言表达形式认识情态意义的类型学特征、可能补语构式类语言表达形式认识情态意义的类型学特征和特定构式类语言表达形式认识情态意义的类型学特征；分别构拟了汉语认识情态范畴七大类语言表达形式认识情态意义的历时语义获得过程和模式以及各自的语义演变规律和演变路径；将汉语认识情态范畴各类语言表达形式的类型学特征与世界主要语言认识情态范畴语言表达形式的类型学特征进行对比研究，挖掘汉语认识情态范畴语言表达形式的类型学价值。

第二章　情态研究

第一节　模态的定义及分类

2.1.1　模态的定义

情态(modality),最初是逻辑学中的术语,译为模态。从逻辑学的角度来说,模态逻辑(modal logic)是研究"可能"(possibility)与"必然"(necessity)等模态算子(modal operator)的逻辑关系。

2.1.2　模态的分类

关于"模态"的研究最早可以追溯到古希腊时期。亚里士多德(Aristotle)提出了著名的模态逻辑,包括"必然""可能""偶然"以及"不可能"四个模态算子。他主要研究了"可能"和"必然"两个模态算子的真值逻辑关系。他首先将命题的模态逻辑分为绝对模态和相对模态。所谓绝对必然性是指命题中的主项与谓项之间的本质联系,命题的主项和谓项之间的本质联系是指谓项是主项的本质中的一个因素,或主项是谓项的本质中的一个因素;在推理中,如果前提为真,那么结论也为真,这种结论依赖于前提的必然性称为相对必然性。根据必然性和可能性的相互可定义性,他还讨论了相对可能性和绝对可能性(张力锋 2005: 11)。他用一个正方形描述"可能"和"必然"两个模态算子之间的逻辑关系,这就是著名的"亚里士多德正方形(Aristotelian Square)",如图 2-1 所示。

模态算子"可能"用符号"◇"表示,"必然"用符号"□"表示,"否定算子"用"¬"表示,图 2-1 规定了"可能"和"必然"之间的关系。

亚氏模态逻辑理论并没有引起当时人们的普遍重视。后来,在数理逻辑的发展推动下,美国逻辑学家刘易斯(C. I. Lewis)于 1918 年提出了"严格蕴涵"(strict implication)系统,来反映命题之间的必然联系:如果"P"严

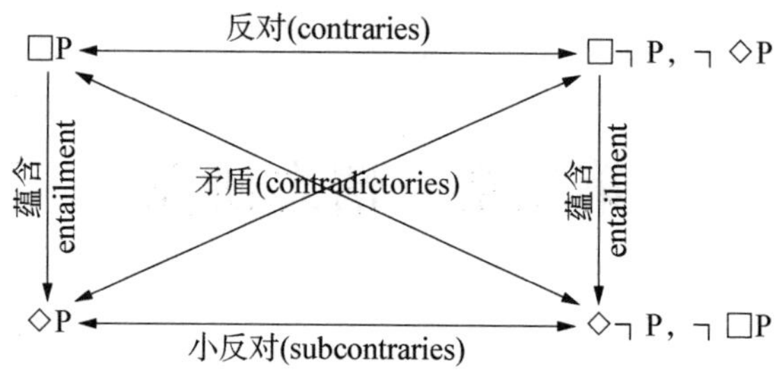

图 2－1　亚里士多德正方形

格蕴涵“Q”，那么就“不可能‘P’真而‘Q’假”，也就是说，“P”严格蕴涵“Q”，那么则必然“如果 P 则 Q”。

早期的模态逻辑研究主要集中于真值模态，进入到 20 世纪初，模态的意义和范围进一步扩大，逐渐包括了表达知识和信念的认识模态以及表达义务和许可的道义模态等。例如 Von Wright(1951)就将逻辑学中的模态“mode”分为四大类，具体来说：

第一类是真值模态(alethic)，包括四个模态算子，即“必然(necessary)、可能(possible)、或许(contingent)和不可能(impossible)”；

第二类是认识模态(epistemic)，包括三个模态算子，即“已证明的(verified)、未确定的(undecided)和反证的(falsified)”；

第三类是道义模态(deontic)，包括四个模态算子，即“义务的(obligatory)、已许可的(permitted)、没关系的(indifferent)和已禁止的(forbidden)”；

第四类是存在模态(existential)，包括三个模态算子，即“全称(universal)、存在(existing)和空(empty)”。

内田种臣(1978)将模态的概念推而广之，把时间和命令等概念也纳入到模态概念之中，他将模态分为四大类型[①]，具体来说：

第一类是真值模态，主要研究“必然性”和“可能性”所表达的逻辑系统；

第二类是时间模态，主要研究包含“过去、现在、将来”等有关时间要素的语句，把包含时间要素的语句的真值条件形式化；

第三类是认识模态，主要研究有关主体对事物“认识、不认识、相信、不相信”等语句的形式化；

第四类是规范模态，全面研究各种规范概念(如“义务、允许、禁止、权利、要求、特权”等)的逻辑关系等。

① 转引自王凤琴《〈模态逻辑〉简介》，《国外社会科学》，1982 年第 9 期，第 56 页。

Rescher(1968：24－26)将模态的范围进一步扩大，包括八种模态类型，具体来说：

第一类是真值模态(alethic modality)，主要表达“真实性”的概念，例如：

It is necessarily true (or：false) that P.

It is actually true (or：false) that P.

It is possibly true (or：false) that P.

第二类是认识模态(epistemic modality)，表达“所知与所信”的概念，例如：

It is known (or：X knows) that P.

It is believed (or：X believes) that P.

It is accepted (or：supposed, assumed) that P.

It is anticipated (or：expected) that P.

第三类是时间模态(temporal modality)，表达“时间”的概念，例如：

It is sometimes the case that P.

It is mostly the case that P.

It is always the case that P.

It was yesterday the case that P.

第四类是意愿模态(boulomaic modality)，表达“希望、渴望、遗憾”等概念，例如：

It is hoped (or：X hopes) that P.

It is feared (or：X fears) that P.

It is regretted (or：X regrets) that P.

It is desired (or：X desires) that P.

第五类是道义模态(deontic modality)，表达“要求、禁止、许可”等概念，例如：

It ought to be brought about that P.

It ought to be avoided (or：prevented) about that P.

It ought to be forbidden to bring it about that P.

It is permissible to bring it about that P.

第六类是评价模态(evaluative modality)，表达“好坏的评价”等概念，例如：

It is a good thing that P.

It is a bad thing that P.

It is a perfectly wonderful thing that P.

第七类是因果模态(causal modality),表达“因果”的概念,例如:

The existing state of affairs will bring it about that P.

The existing state of affairs will prevent (or merely: will impede) its coming about that P.

第八类是可能模态(likelihood modality),表达“可能性”的概念,例如:

It is likely that P.

It is probable that P.

综上所述,逻辑学中的模态所涵盖的范围比较广,可以从狭义和广义两个方面来理解。狭义的模态逻辑一般指的是真值模态逻辑,主要研究的是事物存在的必然性和可能性的逻辑关系;广义的模态逻辑是指包括真值模态逻辑、道义模态逻辑、认识模态逻辑、时间模态逻辑、可能模态逻辑、评价模态逻辑等多种模态逻辑关系在内的整个模态逻辑系统,是一个复杂而又系统的学科体系。

第二节　情态的定义及分类

2.2.1　情态的定义

语言学中的“情态”概念虽然来源于逻辑学中的“模态”,二者有一定的内在联系,但是,“情态”在语言学领域中则有专指意义。

在语言学领域内,情态的概念和所指范围要比“模态”的范围要小得多,它不表示句子主项和谓项之间的逻辑真值关系,而是描写说话人对整个句子所表达的命题倾向于为真或为假的态度或观点,因此,系统功能语言学将“情态”归为语言的三大元功能之一——人际元功能(interpersonal),用于表达言语行为主体对于人或事物认识的不确定性(uncertainty)。

Jesperson(1924)是在语气(moods)范畴内讨论“情态”(modality)的,他认为情态是形式和意念的“双面体”,表达谈话人对句子内容的某种态度(attitude)。

Halliday(1970: 355)认为情态是从语言的人际功能中推导出来的,是说话人传递命题意义的手段和方法,是说话人话语表达的重要参与形式,因此,虽然情态一般不涉及命题意义,但是它在很大程度上负载着话语的重要信息,甚至是句子的主要信息。他在区别“情态”(modalization)和“意态”

(modulaion)的基础上指出"情态用以表达说话人对命题的可能性判断,它包括可能性(probability)和经常性(usuality)"(Halliday 1994: 89)。

Lyons(1977: 452)将情态定义为说话者对句子传达的命题或对命题叙述的情况所持有的"观点"(opinion)或"态度"(attitude),他认为情态主要涉及必然性与可能性两种概念。

Quirk(1985: 219)将情态定义为说话人对命题成立的可能性的判断,是一种语义限制成分。

Coates(1988: 9)从语义-语用的角度界定情态(semantic-pragmatic modality),认为情态不仅仅编码了说话人的视角,而且还是说话人用于进行言语控制的缓冲手段(hedging),包括:标记说话人视角的转变(shifting point of view)、用于面子保护策略(face-saving strategy)、表达消极的礼貌策略(negative politeness strategy)和提供某一种尚未被说话人采取的观点或立场(offer opinions and fast position)等。

Maynard(1993)从话语互动的角度界定情态,他认为"在话语中情态主要传达说话人关于信息内容、言语行为本身以及话语中对话的参与者三大主要内容的主观情感(emotional)和心理态度(attitude)。

Bybee & Fleischman(1995: 2-3)认为情态是语言所表达语义的一种语义类型(semantic domain),其涉及的语义范围很广,包括"命令(jussive)、愿望(desiderative)、意图(intentive)、假设(hypothetical)、潜力(potential)、义务(obligative)、怀疑(dubitative)、劝告(hortatory)、感叹(excalamative)"等;情态的表达手段包括"形态的(morphological)、词汇的(lexical)、句法的(syntactic)和语调的(intonation)"等。此外,Saeed(1997)也认为情态是一个语义范畴(semantic domains)。

van der Auwera & Plungian(1998: 80)将情态定义为"涉及作为范式变体的可能性(possibility)和必要性(necessity)的语义域(semantic domains)",主要包括可能性和必要性。

Palmer(2001)认为情态是和时、体相关的跨语言的语法范畴(cross-language grammatical category),关注的是言语所报告(reported by utterance)的事件(event)或者情景(situation)。

Hengeveld(2004)从功能语法的角度界定情态,认为情态可以被看作从句在不同层面(different layers ofthe clause)的限定语(modifiers)或者限定算子(operators),并用两个分类参数(classifying parameters)来进行限定:一是根据评估对象(targets of evaluation)分类的情态,包括"参与者定位的情态(participant-oriented modality)、事件定位的情态(event-oriented modality)和命题定位的情态(proposition-oriented modality)";二是根据评估领域(domains of evaluation)分类的情态,包括"现实情态(Facultative)(或能力 Abilities)、动力情态(Deontic)、意愿情态(Volitive)、认识情态(Epistemic)和传信情态(Evidential)"等。

Portner(2009)把情态看作这样一种语言现象,即语法允许人们谈论某种不需要是真实的情况(situations which need not be real),或者是基于某种不需要是真实的情况来谈论某些内容。

本书从话语(discourse)的角度解读情态范畴(modality category),主张情态是跨语言的一个语法语义范畴,即说话人通过某些词汇手段或语法手段来表达说话人关于话语内容(utterance content)、言语行为(speech acts)以及会话参与者(interlocutors)等相关内容的主观情感(subjective emotion)、态度立场(attitude or stance)或主观评价(subjective assessment)。

2.2.2 情态的分类

关于情态的分类,学术界影响比较大的分类体系主要有以下几种:

Lyons(1977: 452-823)将情态分为道义情态和认识情态。道义情态(deontic)与道德主体实施某种行为的必要性和可能性有关,因此,与许可(permission)和义务(obligation)的社会职能有关。认识情态(epistemic)关注命题真值的可能性(possibility)和必要性(necessity),涉及知识(knowledge)和信仰(belief)。

Perkins(1983: 8-9)从可能世界(possibility)的角度将情态定义为一个事件或命题得以成立或不成立时所处的概念语境。他将情态分为认识情态(epistemic modality)、道义情态(deontic modality)和动力情态(dynamic modality)三大类,并运用自己的情态语义系统全面考察了英语中情态意义的各种语言表达形式,试图对英语的情态语义体系进行详尽的语言学描写。

Coates(1983)采用 Lyons(1977)的二分系统,将情态分为根情态(root modality)和认识情态(epistemic modality),并指出大部分英语的情态动词都存在这两种情态意义之间的不确定性(indeterminacy)。

Quirk(1985: 219)从"是否涉及人类对事件的掌控"的角度,将情态分为内在情态和外在情态两大类。外在情态包括可能性(possibility)、必然性(necessity)与预测性(prediction)等,此类情态一般与外在的可能世界有关;而内在情态涉及许可(permission)、义务(obligation)、意愿(volition)等,此类情态一般涉及人类对事件的掌控。

Palmer(1986)认为情态是说话人主观的态度与观点在语法上的体现，他把情态分为认识情态、道义情态和动力情态三大类。之后，他(2001：11)又从类型学的角度对情态的主要类型进行了总结，得出了一个相对对称的情态分类体系，如图2-2所示：

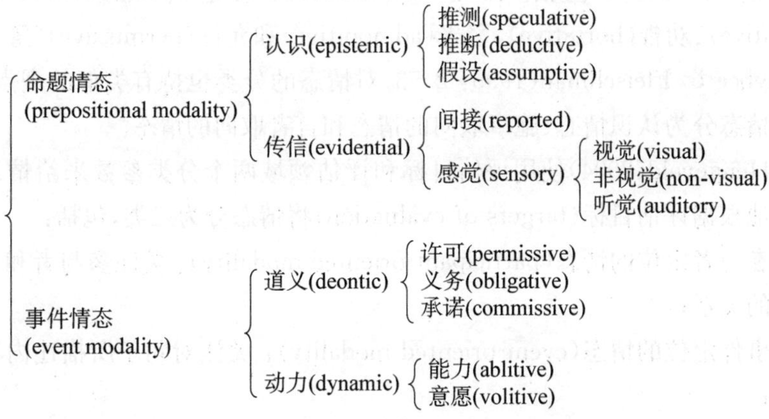

图2-2 Palmer(2001)的情态分类系统

Halliday(1994：355)将情态分为两大类，一类是主观取向(subjective modality)的情态，一类是客观取向的情态(objective modality)，例如：

(1) I think Mary doesn't know. /I don't think Mary knows.

(2) It's likely Mary doesn't know. /It isn't likely Mary knows.

在上述例句中，例(1)是主观取向的，而例(2)则是客观取向的。

Bybee、Perkins & Pagliuca(1994：179-180)所讨论的情态语义范围很广，涉及"可能、必然、或然、义务、需要、能力、愿望、命令、禁止、祈愿、劝告、允许、警告"等多种语义类型，他们将情态分为认识情态(epistemic modality)、施事指向的情态(agent-oriented modality)和说话人指向的情态(speaker-oriented modality)三大类。认识情态(epistemic modality)适用于断言，标明说话人所认定的命题的真实性程度，包括可能性(possibility)、盖然性(probability)、推断的确定性(inferred certainty)等。可能性(possibility)指命题可能是真实的；盖然性(probability)指更大的可能性，其命题的真实性程度要比可能性高；推断的确定性(inferred certainty)是更强意义上的可能性，它强烈地表明说话人有很充分的理由来推断命题是真的。施事指向的情态(agent-oriented modality)报道施事要完成主要谓词表达的动作所需要的内部条件和外部条件，包括"义务(obligation)、必要性(necessity)、能力(ability)和愿望(desire)"等；义务(obligation)报道促使施事完成谓词表达的动作而存在的外部的、社会的条件；必要性(necessity)报道促使施事完成谓词表达的动作而存在的物质条件；能力(ability)报道施事实施谓词所表达的动作所应当具备的内部条件；愿望(desire)报道施事实施谓词表达的动作而存在的内部意愿性条件；说话人指向的情态(speaker-oriented modality)包括"命令(imperative)、禁止(prohibitive)、祈愿(optative)、劝告(hortative)、警告(admonitive)和允许(permissive)"等。此外，Bybee & Fleischman(1995：2-3)对情态的分类也持有类似的观点，他们将情态分为认识情态、施事取向的情态和言者取向的情态。

Hengeveld(2004)使用评估目标和评估领域两个分类参数来给情态分类。他根据评估目标(targets of evaluation)将情态分为三类，包括：

参与者定位的情态(participant-oriented modality)：关注参与者和事件之间的关系；

事件定位的情态(event-oriented modality)：关注对句子所描述内容的评估；

命题定位的情态(proposition-oriented modality)：关注说话人对命题的态度和判断。

根据评估领域(domains of evaluation)将情态分为五类，包括"能力情态(abilities)、义务情态(deontic)、意愿情态(volitive)、认识情态(epistemic)和传信情态(evidential)"。

Narrog(2012：8-12)将情态分为八大类型，具体来说，包括：

认识情态(epistemic modality)：表达说话人的世界知识(knowledge)，即根据说话人的知识把命题内容标记为非现实的(non-factual)；

道义情态(deontic modality)：在特定的社会规则体系框架内标记命题的必要性或可能性；

目的情态(teleological modality)：根据某人的目的(goal)来标记命题的必要性或可能性。

愿望情态(boulomaic modality)：根据某人的意愿(volition)或者意图(intentions)来标记命题的必要性或可能性。

参与者情态(participant-internal modality)：根据说话人内在的处置(能力"ability"或物理的必要性"physical necessity")来定义命题的必要性或可能性。

情景情态(circumstantial modality)：根据特定的情景来定义命题的必要性或可能性。

存在情态(existential modality)：事件的状态由情景的可能性或必要

性来量化(quantified),因此,也被称作量化情态(quantificational modality)。

综上所述,学术界普遍认为情态可以大致分为根情态和认识情态两大类。根情态(root modality)包括动力情态(dynamic modality)和道义情态(deontic modality);道义情态(Deontic)与个人的外部条件(external factors)相关,包括"许可、义务和承诺";许可(permissive)指的是基于某种权威的许可(basis of some authority);义务(obligative)指说话人承担某种义务,这个义务有时也来源于某种权力;承诺(commissive)是指说话人承诺做某事,包括说话人的某种承诺或者威胁。动力情态(dynamic)与个人内部条件(internal factors)相关,包括能力(abilitive)和意愿(volitive);能力(abilitive)表达说话人有能力做某事;意愿(volitive)表达说话人愿意做某事。认识情态(epistemic modality)主要表达说话人关于命题真实性的评价(judgment),包括推理、推论和假设;推理(speculative)表达说话人的不确定性(uncertainty);推论(deductive)表达根据所观察数据的推导;假设(assumptive)表达从已知信息中进行推论。

第三节　情态研究综述

2.3.1　国外情态研究综述

国外的情态研究主要集中在情态助动词(modal auxiliary verbs)、情态副词(modal adverbs)和具有情态功能的动词(modal lexical verbs)等三个方面。

Perkins(1983)全面考察和研究了英语中的各种情态表达形式(modal expressions),主要包括以下五种:

第一类是情态助动词(modal auxiliary verbs),包括两类,一类是基本情态助动词(primary modals),例如"can、may、will、must、shall";另一类被称为次要情态助动词(secondary modals),例如"could、would、should、ought to"。

第二类是半情态助动词(quasi-modal auxiliary verbs),例如"have (got) to、need to、had better"等。

第三类是分词性的、形容词性的和名词性的情态表达形式,包括两个次类:

(1) 分词性的情态表达,例如"to、that、be、is to、be……to"等。

(2) 形容词性成分的情态表达,包括两个小类:

① 包含非动词来源的形容词性的表达(expressions incorporating non-verbally-derived adjectives),例如"be sure to/that、be likely to/that、be certain to/that"等。

② 包含动词来源的形容词和分词的表达(expressions incorporating verbally-derived adjectives and participles),例如"be advertised that、be affirmed that、be argued that"等。

(3) 名词性的情态表达(modal nominal expressions),指的是包含一个名词性成分的表达,这些语言表达形式具有情态表达功能,一般来说指的是出现在"there is a ……to/that"结构中的语言成分,一般包括四个小类:

① 指称一个动作的认识情态表达(epistemic expressions referring to an act),例如"affirmation、allegation、assertion"等。

② 指称一个动作的义务情态表达(deontic expressions referring to an act),例如"call、command、demand"等。

③ 指称一个义务状态的表达(expressions referring to a deontic state),例如"compulsion、obligation、prohibition"等。

④ 指称一个认识状态的表达(expressions referring to a epistemic state),例如"assumption、certainty、belief"等。

第四类是情态副词(modal adverbs),例如"arguably、allegedly、apparently"等。

第五类是具有情态意义的动词(modal lexical verbs),例如"believe、think、hope、assert、seem"等。

Fraser(1975:190)将具有情态意义的动词(modal lexical verbs)归纳为七大类型,具体来说,包括:

第一类是断言动词(acts of asserting),例如"affirm、assert、claim、state"等;

第二类是评估动词(acts of evaluating),例如"estimate、conclude、guess、regard"等;

第三类是规定动词(acts of stipulating),例如"call、declare、nominate、stipulate"等;

第四类是要求动词(acts of requesting),例如"ask、command、demand、prohibit"等;

第五类是建议动词(acts of suggesting),例如"advise、advocate、

suggest、warn"等；

第六类是允准动词(acts of exercising authority)，例如"allow、authorize、exempt、forbid"等；

第七类是保证动词(acts of committing)，例如"guarantee、promise、swear、vow"等。

Perkins(1983)曾经指出除了上述情态表达成分之外，英语中的"时态(tense)、条件句(if-clauses)、疑问(questions)"等语言形式也具有表达情态意义的功能。因此，Bybee & Fleischman(1995：2－3)总结说，情态的语言表达手段有很多种，包括"形态的(morphological)、词汇的(lexical)、句法的(syntactic)和语气的(intonation)"等。

2.3.2　国内情态研究综述

现代汉语中关于情态范畴的研究主要集中在情态动词、语气助词和语气副词的情态意义和用法上。

2.3.2.1　情态动词研究

学术界关于现代汉语情态动词的研究主要集中在以下五个方面：

第一，情态动词的命名研究。

现代汉语中的情态动词有多个名称，有的叫助动词(马建忠 1898；黎锦熙 1955；丁声树 1961；赵元任 1979；朱德熙 1982)；有的称之为能愿动词(王力 1943；马庆株 1988；郭志良 1993；崔希亮 2003；郭昭军 2003)；有的称之为情态动词(Tsang 1981；谢佳玲 2006；李明 2003；高增霞 2003；宋永圭 2004)等。

第二，情态动词的确定标准及范围研究。

朱德熙(1982：61)将助动词归为真谓宾动词，包括"能、会、得、要、敢、想、该、肯、许、准、能够、可以、可能、愿意、情愿、乐意、(不)配、值得、应该、应当"等。

马庆株(1988：19－20)将能愿动词定义为只能后加谓词性成分的非自主动词，并采用两条判断标准来进行判断。第一，能愿动词属于非自主动词，不能自由构成肯定祈使句；第二，能愿动词后面只能加上谓词性成分。由此，确定了现代汉语中能愿动词的最终数量为 58 个，共分为七个子类，具体来说：

第一类是可能动词 A 类，包括"可能"；

第二类是必要动词，包括"得(děi)、应、该、要$_1$、应该、应当、须得、必得、犯得着、犯不着"；

第三类是可能动词B类，包括“可、好、能、可以、能够、会、得以、容易、来得及、免不了”；

第四类是愿望动词，包括“愿、肯、敢、想、乐意、乐得、高兴、乐于、愿意、情愿、想要$_2$、要想、希望、企图、敢于、甘于、勇于、苦于、懒得、忍心、好意思”；

第五类是估价动词，包括“配、值得、便于、难于、善于、易于、宜于、适于、有助于”；

第六类是许可动词，包括“准、许、许可、准许、容许、允许”；

第七类是必然动词，包括“一定”。

孙德金(1996：347－363)采用“以语法功能为主，兼顾意义”的标准，在前人相关研究成果的基础上确定了37个助动词，共分为六个小类，具体来说：

第一类是意欲类，包括“想、要$_1$、准备、打算”；

第二类是意愿类，包括“愿、爱$_1$、肯、愿意、乐意、情愿、高兴”；

第三类是可能类，包括“会$_1$、能$_1$、爱$_2$、能$_2$、可能、可以$_1$、容易、能够”；

第四类是必要类，包括“应、该、用、得(děi)、要$_2$、配、应该、应当、需要、用得着”；

第五类是许可类，包括“可$_2$、能$_3$、可以$_2$”；

第六类是其他类，包括“敢、能$_4$、会$_2$、敢于、好意思”。

王晓凌(2003：19－20)取多家情态动词的最大合集，然后按照设定的标准进行限定，共获得情态动词19个，包括“会、要$_1$、要$_2$、该、好、得(děi)、能、能够、敢、肯、必须、可以、应该、应当、该当、可能、情愿、愿意、乐意”。

宋永圭(2004：2－3)采取多家交集的方式，确定了7个公认的情态动词，它们是“能、会、要、敢、肯、可以、应该(应当)”。

彭利贞(2005)采用典型范畴理论将“动词——情态动词——副词”看作连续统，并将情态动词分为三个小类，具体来说：

第一类是典型的情态动词，包括“要、会、肯、敢、能(能够)、应该(应当)、可以(可)”；

第二类是较典型的情态动词，包括“得(děi)、该、想、准、可能、一定”；

第三类是非典型的情态动词，包括“得(dé)、许、必须、肯定、情愿、乐意、愿意”。

第三，情态动词的句法特征研究。

彭利贞(2005：54－55)将现代汉语中情态动词的句法特征归纳为十条：第一，能单独作谓语；第二，可以单独回答问题；第三，可以单说；第四，可以放在“X不X”的格式里形成正反问句；第五，可以用“不”否定，有的可以用

“没”否定；第六，能用“很”修饰；第七，只能带谓词宾语，不能带体词宾语；第八，可以连用；第九，不能重叠；第十，不能带后缀“了”“着”“过”等体标记。当然，上述十条句法特征是学者们对情态动词句法特征归纳的最大合集，并不一定符合每一位学者（丁声树 1961；马庆株 1988；赵元任 1979；朱德熙 1982；周小兵 1991；孙德金 1996；谢佳玲 2002；王晓凌 2003；宋永圭 2004）的观点。

第四，情态动词的情态意义研究。

Tsang(1981)以现代汉语情态动词为研究对象，系统地研究了现代汉语的情态范畴。

黄郁纯(1999)研究了能愿动词“会、能、可以、应该、要、想”情态意义的表达功能。

郭昭军(2003)的博士学位论文“汉语情态问题研究”主要考察了现代汉语中助动词的情态意义，建构了现代汉语的情态系统。

彭利贞(2005;2007)对汉语的情态动词以及情态范畴和体范畴、否定范畴之间的关系进行了详尽地考察，全面研究了现代汉语的情态系统。

第五，情态动词的连用研究。

关于情态动词的连用，赵元任(1979：323)指出“能愿动词可以连用”；赵月华(1983：106)也曾经指出“只要意义上允许，能愿动词可以连用”。两人只是提到了能愿动词连用的问题，但是都没有展开论述。马庆株(1988：19－27)则对能愿动词的连用和连用规则进行了全面系统的描写。首先，马庆株指出能愿动词的连用分为连续连用和间隔连用两类。其中，能愿动词小类之间的连续连用顺序为：

可能动词 A＞必要动词＞可能动词 B＞愿望动词＞估价动词＞许可动词
(1)　　(2)　　(3)　　(4)　　(5)　　(6)

图 2－3　能愿动词的连续连用顺序(马庆株 1988)

其中，“＞”是“先于”的意思，在上述连用顺序中，如果任意截取相邻的两项，其中的关系符“＞”仍然有效；不相邻两项之间的关系也可以进行推导。

关于能愿动词的间隔连用，情况比较复杂。马庆株(1988)指出两个或两个以上互不包含的能愿结构，其中的能愿动词出现顺序有时有规律，它们中的一个或两个在一定条件下必须是肯定的，或者是否定的。不同的能愿动词或由它们构成的能愿结构连用，有时相隔不远，一般只相隔一个连词或起关联作用的副词，两个能愿动词出现在一个单句或分句中；相隔较远的能愿动词出现在相邻的句子或分句中。能愿动词连续连用的次序对于间隔连用时孰先孰后有一定的影响,间隔连用的能愿动词的“质”(肯定、否定)受一定条件的制约。

2.3.2.2 语气助词的情态研究

现代汉语中的语气助词一般位于词、词组或句子之后,表达说话人的语气(mood)。常用的语气助词有“吧、啊、嘛、呢、呗、吗”等。学术界对于语气助词的范围、情态意义及语用功能讨论的比较多,详见丁声树等(1961)、吕叔湘(1980)、胡明扬(1981)、朱德熙(1982)、李兴亚(1986)、太田辰夫(1987)、胡明扬(1988)、邢公畹、马庆株(1994)、李明(1996)、张谊生(2000;2016)、高增霞(2000)、齐沪扬(2002)、张小锋(2003)、周士宏、岑运强(2008)、陈颖(2009)、徐晶凝(2003;2007;2008;2018;2021)、沈威(2013)、赵春利、孙丽(2015)、方梅(2016)、赵春利、杨才英(2016)、田婷、陈前瑞(2018)、王咸慧(2019)、崔希亮(2019;2020)等等。

徐晶凝(2007: 72-73)认为汉语中的语气助词主要用于表达语言的交互主观性,也就是表达说话人在交际语境中对听话人的态度选择,因此,她把语气助词看作情态标记,将语气助词的意义归为情态意义。

徐晶凝(2008: 29)认为语气助词不参与汉语句子的语法结构,主要用作话语标记。她认为语气助词应该符合三个标准: 第一,在语法上不是语法结构必需的成分,有或没有不影响语法结构的合法性;第二,在语义上,它没有实在的意义,有或没有不影响语法表达式的内容(命题);第三,在语用上它是必需的成分,主要用于表明句子与语境的关联性以及要满足听话人的面子需要,以保证交际顺利进行,因此可能会直接影响到语句的效力(force)。在上述三条标准的基础上,徐文将现代汉语中语气助词分为两大类,一类是语气助词的典型成员,包括“吗、吧、啊、嘛、叹、呢、罢了、着呢、来着、不成”等,一类是非典型成员,包括“啦、了$_2$、的”。

现代汉语语气助词“吧”具有缓和语气的情态功能。“吧”可用于祈使句、是非问句和陈述句,而不能用于感叹句,原因就在于感叹句表达强烈的感叹语气与“吧”缓和语气的情态功能矛盾。

关于语气助词“吧”的情态功能,许多学者都曾经做过论述。胡裕树(1995: 376)认为“吧”表示“半信半疑”;胡明扬(1981: 5-6)认为“吧”是一个“表态语气助词,赋予说话内容以不肯定的口气”。李讷、汤珊迪(1981: 221)指出,“吧”的基本功能是表示“寻求同意”,而其他的各种特定意义都是从这个基本功能引申出来的。

屈承熹(1998: 109)认为“吧”的基本功能是表达“发话人的迟疑”

(speaker's uncertainty),也就是发话人对他所说的内容没有十分把握。张谊生(2000: 268)指出,“吧”主要表示说话人对自己的看法不很肯定,在不同的句类中,其揣度性语气的强弱并不相等。在陈述句句末,表示叙述不很肯定;在疑问句句末,表达希望对方给予证实;在祈使句句末,可以使“请求、命令、劝告、催促”等语气略为舒缓。刘月华等(2002: 424)认为“吧”的作用是“缓和语气”;齐沪扬、朱敏(2005: 68)认为“吧”的作用以缓和语气为主,这一情态功能主要来自其自身的话语标记作用。张小锋(2003)认为语气词“吧”的语气意义比较单一,表现的是说话者介于疑信之间的一种“不确定”态度。

徐晶凝(2003: 143)将“吧”的语义表述为“对命题内容做出推量,并要求确认”。卢英顺(2007: 80)认为“吧”不表示疑问语气,其语法意义是“削弱”或者“降低”语气。周士宏、岑运强(2008: 56)认为“吧”是信疑之间表“不确定”的情态语气词,是一种话语缓和成分(mitigator),其作用在于削弱句子的肯定口气。

赵春利、孙丽(2015: 121 - 132)认为句末助词“吧”的核心意义是“意向待定”,作为引发句时,往往具有意向待定的语法意义;而作为应答句时有两种功能,一是表达认可性应答,表现出勉强义;二是拒绝性应答,表现出一定的放任义。

综上所述,语气助词“吧”表达了说话人对命题的不确定性认识,具有缓和语气的情态功能。

语气助词“啊”的用法比较复杂,它可以独立成句,表达感叹语气,也可以以语气助词的身份出现在句中或者句末,具有一定的情态功能,还可以用于保持话语连贯、维持话轮,起话语标记词的作用。储诚志(1994: 45)采用对比的方法,将句末含有语气助词“啊”的句子和删除语气助词“啊”的句子进行比较,发现句末无“啊”时,语气较为干脆果断,带上语气助词“啊”以后,语气则要缓和些;此外,他还指出“在话语篇章中,一个句子能不能带‘啊’主要取决于‘啊’的缓和语气的功能是否与说话人当时的心理状态和话语的语气要求相和谐”(储诚志 1994: 48)。也就是说,对于陈述句而言,一个句子末尾能不能带“啊”要取决于说话人是不是要采用缓和语气的表达方式。熊子瑜、林茂灿(2004: 121)也指出语气词“啊”处于陈述句的末尾时,可以表达“解释、说明、提醒”等意义;姚晓红(2007: 58)认为“在陈述句中‘啊’可以用于表示解释和申明的语气”。

关于语气助词“嘛”的表达功能,学术界有两种观点:

第一种观点是认为语气词“嘛”具有加强肯定语气的情态表达功能。胡明扬(1987)认为语气词“嘛”属于表态语气一类,表达一种肯定的语气。吕叔湘(1996：337)将“嘛”的用法概括为“表示事情本应如此或理由显而易见”和“表示期望、劝阻”;徐晶凝(2007)认为“嘛”的原型情态意义是表明说话人对命题的确定性态度,并同时具有暗示听话人回应的功能。当“嘛”用在陈述句句末时,一般表达的是根据情理做出某一断言,同时暗示听话人应当认同说话人的断言。

强星娜(2008：54)从知情状态与认识情态二者的关系入手,分析了语气词“嘛”的情态功能。她认为语气词“嘛”具有标记说话人知情状态的功能,表达说话人对听话人知情状态的一种预测,也就是认为听话人不知道自己应该知道的。语气词“嘛”反映的说话人对命题为真的强确定性态度以及附带的所谓的“不满”情绪都源于“嘛”的核心情态功能——说话人的知情状态。王芳(2009：90)也认为“嘛”的基本语气功能是表达事情本应如此或者理由显而易见,具有“当然”的语气特征,同时还往往伴随着“确认”的语气特征。

第二种观点是认为语气词“嘛”具有缓和肯定语气的情态功能。李成团(2008：152)从语用取效的角度将语气助词“嘛”归为“缓和标记语”的范畴。所谓“缓和标记语”就是在交际过程中,能够起到减少实施某一言语行为所产生的负面效果(unwelcome effect)以便使“以言行事”(saying-doing)更加有效的语用表达策略(冉永平 2004)。语气助词“嘛”可以起缓和肯定语气的表达功能,即在话语表达过程中,使用“嘛”来弱化说话人的立场,从而避免说话人强行把观点绝对化或者强加于人,从而增强说话人所做出的断言的可接受性。

语气助词“呢”的语气功能与其出现的句子类别密切相关。

朱德熙(1982：207－214)将“呢”的用法分为三种,分别记为“$呢_1$”、“$呢_2$”和“$呢_3$”。“$呢_1$”用于陈述句,表示句子的时态,具有持续事态的语法意义;“$呢_2$”用于疑问句,表示疑问的语气;“$呢_3$”用于陈述句,表示说话人的态度和情感。

齐沪扬(2002：34)认为“呢”的基本语义是表示疑问语气,其所表达的反诘语气、感叹语气、肯定的陈述语气、疑惑的语气以及表示停顿等多种用法都是在疑问语气这一基本核心语义的基础上,经过词义泛化、句法功能变化以及语音变化等语法化手段逐渐衍生而成的。

申莉(2009：39)认为语气词“呢”的核心情态义是“引起听话人注意或使说话人的语气舒缓”,而“疑问、夸张、确认、肯定、状态的持续”等语法意义都是“呢”的基本语义和语境相互作用所产生的语用表达义。

目前,学术界普遍认为疑问句中的“呢”的基本功能是表达疑问意义。周士宏、申莉(2006: 121)认为“呢$_2$”是“表示疑问意义的标志词”(interrogative marker),是疑问句的标志。江海燕(2006: 69)用听感实验证实了语气词“呢$_2$”负载部分疑问信息的功能;邵敬敏(1989)认为疑问句中的“呢”具有“提醒兼深究”的情态意义;强星娜(2007: 41)也指出疑问句末尾的“呢”表达“深究”的情态意义;金立鑫(1996: 47)认为带有“呢”字的疑问句总是对前面的句子或者语境具有一定的依赖性,具有半独立的性质;“呢”附加在疑问句的后面,其语用功能在于提醒说话人或突出“根据当时的情况,对比目前所指的对象”,由于它和疑问句结合在一起,因此,就使疑问句有了“请听话人注意,根据当时的情况,说话人想了解对象‘Q’”的意思,并使这一意义得到凸现(其中,“Q”指“问题”);熊仲儒(1999: 114)认为,疑问句中的“呢”表示“确信”义。当问句中有疑问形式时,它派生出“深究”义;当问句中无疑问形式时,它是“语篇话题(转移)的标志”。

疑问句中的“呢”表达疑问义,而陈述句中的“呢”则具有表达说话人情态的人际表达功能。朱德熙(1982)将“啊、哦、诶、嚜、呢$_3$”归为一类,主要表说话人的态度或感情;刘嶔(2008: 22)在分析“我说呢”的用法时,也曾经论证过“呢”的这一功能,即表达说话人确定性的主观看法;孙占锋(2008: 275)从“主观量”(所谓“主观量”是指含有主观评价意义的量)的角度讨论了“呢$_3$”的主观量,认为陈述句中的“呢$_3$”增添了主观真值度的评价,即对客观信息给予了充分的主观肯定,主观真值度的量很高。

总之,疑问句中的“呢”主要表达疑问语气,陈述句中的“呢”不表达疑问语气,而是表示肯定语气,即说话人对于句子命题肯定性的观点或态度,以及说话人提请听话人注意新信息。

相对于“吧”“嘛”“呢”而言,学术界关于语气助词“呗”情态意义的研究相对较少。

张筱平(1993: 43-44)将语气词“呗”语气意义概况为七种:第一种,用于回答或自问自答的句子后面,含有“答案是十分肯定的、显而易见的、理应不说自明”的语气;第二种,用于提出解决问题的办法的句子后面,含有“办法很显然、问题很容易解决”的语气;第三种,用于对事物认识的句子后面,含有“满不在乎,任其存在或者任其发展、变化下去”的语气;第四种,用于请求、命令的句子后面,含有“恳请或者无须点明也本当去做”的不满语气;第五种,用于中途劝止的句子后面,含有“恳商或者是显然应该终止”的不满语气;第六种,用于断然决定的句子后面,含有“轻松或者痛快”的语气;第七种,用于主语后,含有“轻松地强调主语显而易见、理应如此”的语气。

徐晶凝(2007：72－73)将“呗”的核心情态意义概括为“述唯弃责”。所谓“述唯”,是指说话人认为自己所说的话(所做断言或所发出的祈使)是唯一的可能,而且说话人主观上认为那是听话人或大家都应当知晓的,他只是将这种可能性说出来了而已;所谓“弃责”,指的是说话人没有经过积极思考而轻率发话,并放弃自己可以对听话人的交际身份做处置的责任。

2.3.2.3 语气副词的情态研究

现代汉语中的情态副词一般被称作语气副词,主要用于表达说话人的语气,学术界对于语气副词的定义、范围、类别、句法功能、情态意义、语用功能及语气副词的主观化和语法化等各个方面都进行了广泛地研究,详见王力(1943)、赵元任(1979)、吕叔湘(1980)、Li & Thompson(1981)、张谊生(1996;2000)、崔诚恩(2002)、齐沪扬(2003)、史金生(2003)、齐春红(2006;2007)、杨万兵(2006)、岳中奇(2007)、齐春红、徐杰(2007)、罗耀华、刘云(2008)、张则顺(2014)、张则顺、肖君(2015)、杨德峰(2015)、叶琼(2016)、冯军伟(2016)、杨贝(2016)、王牧、周刚(2017)、潘海峰(2017)、崔蕊、韩沛玲(2018)、董正存(2017;2020),等等。

张谊生(2000)结合历时发展与共时变化,根据副词虚化的程度,将副词分为描摹性副词、限制性副词和评注性副词三大类。其中,“评注性副词”指的就是语气副词,大约有 159 个。张谊生从分布与组合、传信与情态、语用与篇章三个角度对评注性副词的功能进行了全面的考察分析,拓展了语气副词研究的广度和深度。

崔诚恩(2002：8)认为,情态副词表示“发话时点有效的、不能客体化的说话者内部的主观世界”,并将情态副词分为价值判断的情态副词、真伪判断的情态副词和发话行为的情态副词三大类。其中,价值判断的情态副词分为情景性判断副词、意外性判断副词、论理及理会性判断副词、巧合性判断副词四类;真伪判断的情态副词又分为表若然意义的情态副词、表或然意义的情态副词、表必然意义的情态副词、表实然意义的情态副词四类;崔诚恩从情态副词所出现的语篇类型和表达的口气类型的视角对情态副词的语义功能进行了研究。

齐沪扬(2002)详尽地考察了语气副词的语用功能,认为语气副词是表示语气范畴的一种重要的语法手段,在语气系统中所起的作用可以归结为表述性功能、评价性功能和强调性功能三个方面,并将语气副词纳入整个语气系统当中,同时采用焦点视角分析了语气副词的高位及低位表述功能。

史金生(2002)将语气副词定义为表达说话人情感认识的副词,他用三条标准来界定语气副词,第一条是语气副词与其他成分组合后充当句子成分的能力；第二条是语气副词与判断词“是”共现时的位置；第三条是语气副词在句子中的位置。在确定语气副词范围的基础上建立了现代汉语语气副词的分类系统。在确定语气副词的范围和类别之后，史金生还运用了大量的语料和实例讨论了副词的选择性，包括三个方面：一是副词与动词、形容词的组合关系；二是副词与副词的连用；三是副词与副词、连词、语气词、动态助词等成分的呼应配合关系。史金生(2003：21)对语气副词进行了全面的分类，并以逻辑推理为基础，将断定类语气副词分为揣度性推测(表“或然”)和确定性推测(表“必然”)两个小类。表揣度性推测的语气副词有“恐怕、恐、怕、也许、或许、兴许、许、大概、不定、大约、多半、该、似乎”等；表示确定性推测的语气副词有“必得、必定、必然、势必、一定、一准、准、准保、定、定然”等。史金生(2003)关于语气副词的分类系统如图 2-4 所示：

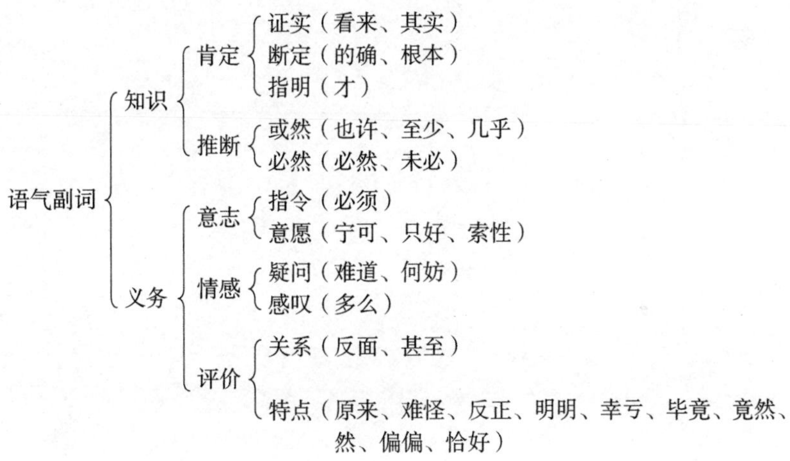

图 2-4　现代汉语语气副词的分类系统(史金生 2003)

齐沪扬(2003：66-67)从传信和传疑[①]的角度，将“大概、大约、多半、还是、也许、或许、怕”等归为传疑类语气副词，传达“疑信参半”的带有揣测意味的假性疑问的消息；将“一定、必须、必然、确实、诚然、的确”归为传信类语气副词，表示说话人对确定的客观事物的肯定性态度。

齐春红(2007：127)将“大概、大约、恐怕、多半、或者、也许、或许、兴许、不定、万一”等语气副词归为主观估量类；将“准、总、准保、管保、必定、定然、势必、想必、确然、确乎、的确、确实”等归为主观大量类中的推断类。齐春红指出主观估量类的语气副词表达的是主观上的“疑信参半”，也就是主观上

① 齐沪扬指出，“传信”和“传疑”相对。前者指说话人传达的内容是确实的消息，后者指说话人传达的内容是不确实的，即有疑问的消息。

对所在命题的肯定或否定的信息不确定；表主观大量的语气副词主观确信度为“1”。

罗耀华、刘云(2008：44)将“大概、大约、兴许、也许、或许”等表示对事物“质”的真实性进行揣测的副词归为或然性揣测类副词；将“一定、准保”等表示对事物确定性揣测的语气副词归为确定性揣测类副词。

目前，学术界已经初步确定了现代汉语语气副词的范围，并建立了语气副词的分类体系，对语气副词的情态意义也进行了相对全面的考察研究。

综上所述，现代汉语情态范畴的研究主要集中在情态动词、语气助词和语气副词的意义和用法上，温锁林(2001)认为现代汉语中“口气”(即“情态”)的语言表达方式除了情态动词、语气副词和语气词等词汇表达手段之外，还有“句法倒装、插入语”等句法表达手段和“儿化”等语音表达手段等。

第三章　认识情态研究

第一节　认识情态

3.1.1　认识情态的定义

"Epistemic"来自希腊语，原意为"知识"。最初是模态逻辑术语，主要关心的是一些陈述句的逻辑结构，它断定或蕴含相关命题是已知的或者在信念中的，后来被语言学家用来构建语言中情态动词和相关结构的理论框架。

David Crystal(1997)举例说明了认识情态与其他情态类型的差异，例如：

(1) The car must be ready.

例(1)中的情态动词"must"按照认识情态的理解，意为"汽车想必已经准备好了"；按照真势情态[①]的理解，意为"汽车显然已经准备好了"；按照义务情态的理解，意为"汽车必须准备好"。

通过对比，我们发现认识情态关注的是可能世界的非现实范畴(irreal)，与现实世界的客观事实(real)相对，所以"认识情态"表达的是说话人对于句子命题真值的确信程度(degree of a speaker's commitment)，关注的是句子命题为真的"可能性"(possibility)和"必然性"(necessity)，主要涉及说话人的知识(knowledge)和信仰(belief)等(Bybee & Fleischman 1995：4)。

Lyons(1977：791－793)认为认识情态表达的是说话人关于句子所表

① "真势情态"指的是"命题必然为真"，或者"命题偶然为真"。

达的命题和命题所描写情景的态度或观点，因此，认识情态关注的是说话人关于命题真值的评估状态，包括"正确性(verified)、错误性(falsified)或不确定性(undecided)"等。Coates(1983：18)认为认识情态关注说话人关于可能性的假设(assumptions)或评估(assessment)；Palmer(1986；2001)认为"认识情态"表达说话人关于命题叙实性的评价(judgment)；Traugott & Dasher(2002)认为认识情态表达的是说话人对事件的知识和信念，即对一个命题的真值进行程度方面的限定，表达了说话者对命题真值的主观估价(assess)；Bybee、Perkins & Pagliuca(1994：179－180)认为认识情态用于说话人做出断言，表明说话人对命题真值的承诺程度(commitment)。

Nuyts(1992)认为认识情态是说话人对语言所表达的事件状态的可能性评估(evaluation of the likelihood of a state of affairs)，体现了语言使用(language use)所蕴含的人类认知系统的组织结构(organization of the cognitive systems)；Nuyts(2001：21－22)从认知语用学的角度(cognitive-pragmatics)来界定认识情态，认为对正在考虑中的事件的某一假设状态(a certain hypothetical state of affairs)在可能世界中(in a possible world)将要出现(will occur)、正在出现(is occurring)或已经出现(has occurred)的机会的评估(chance ofevaluation)。换句话说，认识情态关注的是事件的某一状态(a certain state of affairs)的可能性(likelihood)在说话人考虑的可能世界的语境中(context of the possible world)是(is)/已经是(has been)/将会是(will be)真(ture)或假(false)的评估(estimation)。

Boye(2012：31)认为认识情态意义应该包括确定性(certainty)、可能性(possibility)和较大可能性(也叫盖然性 probability)；Boye(2016：117)将认识情态的意义定义为说话人关于命题认识程度的支持(support)，或者说话人关于命题的确信程度(degree of confidence)。他把认识情态的认知尺度描写为从对命题的高认识性支持(high epistemic support)，到中等程度的认识性支持(neutral epistemic support)，再到对命题否定(negative counterpart of a proposition)的高认识性支持(neutral epistemic support)的连续过程，具体描写为"knowledge＞certainty＞epistemic necessity＞probability＞likelihood＞uncertainty＞epistemic possibility＞doubt＞unlikelihood＞epistemic impossibility"。

本书综合 Bybee、Perkins & Pagliuca(1994)、Nuyts(2001)和 Boye(2016)关于认识情态范畴的相关论述，将认识情态界定为说话人对言语所表达命题真值的可能性评估和断言，表达了说话人关于命题的确信程度(degree of certainty)和承诺程度(degree of commitment)。说话人关于命题真值的确信程度处于从肯定(positive)到否定(negative)的认识尺度(epistemic scale)之中,说话人的认识尺度是一个连续统(continuum),即"知识(knowledge)>确定性(certainty)>认识的必要性(epistemic necessity)>很大可能性(probability)>较大可能性(likelihood)>不确定性(uncertainty)>认识上的可能性(epistemic possibility)>怀疑性(doubt)>不太可能性(unlikelihood)>认识上的不可能性(epistemic impossibility)"。说话人关于命题真值的承诺程度也处于一个连续统中,连续统的一端是对命题真值的完全承诺(complete commitment),另一端是说话人对命题真值承诺的完全分离(complete detachment)。对命题真值的完全承诺往往由命题的认识范畴来承担,与命题真值的完全分离则一般由"引用"(quotation)和"提到"(mention)(即"传信范畴")来承担①。

3.1.2　认识情态的特点

认识情态和义务情态是情态系统的两大类型,二者虽然关注的都是可能世界的"可能性"(possibility)和"必然性"(necessity),但是关注的视角不同。

认识情态关注的命题真值的"可能性"和"必然性",主要涉及说话人的"认识"(knowledge)和"信仰"(belief);而义务情态关注的是精神上负责的施事所从事的行为的"可能性"和"必然性",主要涉及"允许"(permission)和"义务"(obligation)等社会功能(social functions)(Lyons 1977: 793 - 823; Nuyts 2001: 28)。

义务情态一般表达"说话人发出某一指令或者做出祈愿",这种"指令"和"祈愿"的发生一般要后于当时的言语行为发生,或者同时发生,但是一般不能先于他的"指令"或"愿望"而发生(Lyons1977: 823)。而认识情态则不同,它表达的是"说话人对于句子命题真值的判断",这一句子命题可以是现在的、也可以是过去和未来的,因此认识情态的使用具有泛时性特征。从句法特征上来看,由于义务情态表达的是说话人发出指令和祈愿,因此,其主语一般都是有生命的,句子谓语的动词也必须是自主动词,而认识情态则没有上述限制,具有较强的自由性(李敏 2010: 57 - 58)。

Palmer(2001)将认识情态和义务情态划归于不同的情态类型。他将认识情态归于命题情态(propositional modality),而将义务情态归于事件情态(event modality)。命题情态和事件情态的主要区别是,命题情态研究的是

① M. Stubbs. "A Matter of Prolonged Fieldwork: Notes towards a Modal Grammar of English", *Applied Linguistics*, Vol. 7, Issue 1, 1986, pp. 1 - 5.

说话人对命题真假的判断，主要涉及说话人对于句子命题真值的推测（speculative）、推断（deductive）、假设（assumptive）以及传信（evidential）等；而事件情态则与说话人或者施事对潜在的将来事件的态度有关，主要涉及道义情态（deontic）和动力情态（dynamic），道义情态关注的是“许可”（permissive）、“义务”（obligative）和“承诺”（commissive）等，而动力情态关注的是“能力”（ablitive）和“意愿”（volitive），这些都与说话人或者施事对将来事件的态度有关。

Bybee（1985）将情态分为三种类型，分别是施事取向的情态（agent-oriented modality）、认识情态（epistemic modality）和言者取向的情态（speaker-oriented modality）。施事取向的情态包含了所有主语对谓语动词所表达动作完成负责的情态意义（all modal meanings that predicate conditions to an agent），包括“义务”（obligation）、“意愿”（desire）、“能力”（ability）、“允许”（permission）和“根可能”（root possibility）；言者取向的情态表达的是说话人从事谓语动词所表达动作的努力和尝试（a speaker attempts to move an addressee to action），包括“祈使”（imperatives）、“祈愿”（optatives）、“允许”（permissives）等情态意义；而认识情态指的是说话人对于句子命题真值的确信程度（a speaker's commitment）。从情态语义来源的角度来看，动力情态一般来说都是施事取向的，而道义情态则比较复杂，既有施事取向的，也有言者取向的表达；认识情态不关注说话人或者施事与谓语动词所表达动作之间的关系，而是关注说话人对于句子命题的认识和看法，关注的是句子命题的真值。尽管 Bernd Heine（1995）、Jennifer Coates（1995）等都讨论了一些兼表施事取向情态意义和认识取向情态意义的情态动词，指出三者的区别和独立是“弱独立的”（weaker distinction），但是，我们仍然可以发现三种情态意义的来源和关注角度是不一样的。

综上所述，通过认识情态与义务情态、事件情态以及与施事取向的情态和言者取向的情态的对比，我们发现认识情态具有以下四个特点：

第一，认识情态关注的是话语中的命题（the proposition contained in the utterance）；

第二，认识情态表达的是说话人对于命题真值的判断（truth of the proposition）；

第三，说话人做出判断的依据是说话人的“认识”（knowledge）和“信仰”（belief）；

第四，说话人对于命题真值的认识具有程度上的差异（degree of commitment）。

第二节　认识情态与传信范畴的比较

3.2.1　传信范畴

3.2.1.1　传信范畴的定义

"传信范畴"(evidentiality)，也叫"证据性范畴"，被说话人用来提供信息的来源(sources of knowledge)。广义的传信范畴指的是说话人对于句子命题所传递信息的真实性、可能性和必然性的态度，也就是说话人在说出一段话语的同时，表明自己获取信息的方式或者渠道(Chafe & Nichols 1986)，一般认为传信范畴给句子提供信息来源的说明或证据包括"亲眼所见""亲耳所闻""虽然不在场，但是可以提供相关证据"和"获取信息的其他各种渠道"等。

Aikhenvald & Dixon(2003)曾经指出，传信范畴表达的是"说话人声明(stating)自己对某一信息有相关的证据(there is some evidence)或详细说明有哪些类型的证据(what type of evidence)"。一些语法范畴，例如条件句(conditional mood)或完成体(perfective aspect)除了表达语法意义之外，也可以获得传信意义(a secondary evidential-like meaning)，虽然这些语法范畴并没有直接与信息的来源相关，但是这些语法范畴向传信范畴的扩展用法也是传信意义的表达策略(evidential strategies)之一。

3.2.1.2　传信范畴的类型

Palmer(2001)将传信范畴分为"报道型传信"(report)和"感知型传信"(sensory)两大类。其中，"报道型传信"包括二手证据型(second-hand)、三手证据型(third-hand)和引用的证据(quotative)。"感知型传信"包括视觉的(visual)、非视觉的(non-visual)、听觉型的(hearing)等，并举例说明了上述传信范畴的类型，例如 Tuyuca 语(a language spoken in Colombia and Brazil)中有一系列不同的后缀来分别表示上述不同的传信意义。

Nuyts(2001)和 Cornillie(2007)将传信范畴分为"信息来源型传信"(source-evidentiality)和"(互动)主观性(inersubjectvity)型传信"两大类。"信息来源型传信"包括信息来源于说话人和来源于其他人的传信形式；"互动主观型传信"是一种"心照不宣"的模式，这种"心照不宣"的模式包括感觉的(sensorial)、视觉的(visual)、推论的(inference)和传闻形式(hearsay)等。

Bert Cornillie(2009：45)将传信范畴定义为表达说话人做出某一言语

行为(making a speech act)的感觉(perceptual)或认识论(epistemological)的基础。他将传信范畴分为“直接传信范畴”(direct evidentiality)和“间接传信范畴”(indirect evidentiality)两类。“直接传信范畴”一般用于说话人亲眼看到某一行为,而“间接传信范畴”一般用于表达说话人自己没有亲眼见到某一行为,而是推论(deduced)出某一行为或者从别人那里听说了某一行为。“推论”(inferential)指的是有关事件的信息是通过别人获得的,一般包括“传闻”(hearsay)、“谣言”(report)和“引用”(quotatives)等。

3.2.2 认识情态和传信范畴的共性

有的学者将认识情态和传信范畴看作一种混合型的情态(conflation)。Aijmer(1980: 11)认为“认识情态成分是那些涉及说话人的证据和肯定性程度的语言成分”(about the speaker's evidence and degree of certainty); Palmer(1986: 51)将认识情态和传信情态归为一个大类——命题情态的范畴。他认为“认识情态不仅仅指那些指称可能性和必然性的概念,还包括说话人对所说的话的确信程度,特别是还应该包括证据性情态成分,例如‘传闻’(hearsay)、‘报道’(report)、‘引用’(quotative)和其他感觉类证据(evidence of the senses)等”(Palmer 1986: 51)。

Hengeveld(1988; 1989)提出了“认识论情态”的语法范畴(epistemological modality)。“认识论情态范畴”既包括主观的认识情态范畴(epistemic modality),也包括涵盖“引用”(quotative)、“推论”(inferential)、“经验”(experience)和“传闻”(hearsay)的传信情态范畴(evidential modality)。

3.2.3 认识情态和传信范畴的区别

虽然传信范畴和认识情态都表达说话人关于句子命题真值的判断,都表达可能世界的“可能性”和“必然性”,二者有时存在着交叉,但是,二者的差异也是很明显的,主要表现以下四个方面:

第一,认知机制的模式不同。

认识情态主要用于评估命题为真的可能性(evaluate the likelihood),而传信范畴表达的则是得到信息的推理过程(reasoning processes)。因此,从认知机制上来讲,认识情态是一种对于“可能性”的评估机制,而传信范畴更多的涉及信息来源的“推理”。

Nuyts(2001: 27)曾经指出“传信关注的是说话人对于信息的品质(quality)和类型(type)的暗示(indication of nature),说话人通过调用

(invoke)相关证据来证明话语表达中事件状态的信息的品质和类型”,因此,传信范畴是一种调用证据进行论证的过程,这个过程中不涉及任何对事件状态为真或假的评估。

从这个意义上来讲,我们可以把传信范畴看作一种通过推理的手段来进行的论证机制,而认识情态则是一种对命题真值的评估机制,其中并不包括任何推理和论证的过程。

第二,编码的情态意义不同。

认识情态评估的对象是命题为真的可能性(an evaluation of the likelihood);而传信范畴评估的对象是信息来源的可靠性(evaluation of the reliability of the source of information)。

Haan(2001)认为,尽管认识情态和传信范畴在有些语言中有重合(overlap),但是二者的重合并没有语言的普遍性(the overlap is not universal),而二者的差别是第一位的,因为从根本上来说,二者编码了不同的意义(encode different things):认识情态编码的是说话人对于信息的态度和判断(attitude toward that information),而传信范畴编码的是信息的来源(source of information)。

第三,表达的确信程度不同。

一般来说,传信范畴主要提供信息来源,并不直接表达说话人对于句子命题真值的确信程度,这种确信程度的差异主要蕴含在信息来源的可靠性(reliability)上,比如说,直接经验的可靠性往往要高于间接经验,视觉信息和感觉信息的可靠性往往要高于传闻信息和推理信息。

Nuyts(2001: 27)比较了“传闻传信”(hearsay)和“视觉传信”(visual perception)两种传信类型的可靠性差异。他认为“视觉传信”的可靠性要高于“传闻传信”的可靠性,“视觉传信”经常用于表达“必然性”和“确定性”(certainty),因此,“视觉传信”这种证据(evidence)的“确定性”(certainty)自然毫无疑问地共同决定(codetermine)了说话人对事件状态的评估情态意义(the outcome of his/her epistemic modal evaluation of a state of affairs)。从这个意义上来说,说话人的对于事件状态的评估和认识源于说话人提供的相关证据的可靠程度(the reliability of evidence),而不是说话人纯个人的认识和评估(speaker's commitment)。

认识情态用于表达说话人对于命题真值的认识和判断,这种说话人的判断和认识因说话人关于命题确信程度的不同而有所不同,因此,说话人的认识处于一个具有渐变性质的连续统之中,即说话人对命题真值的确信程度处于“命题一定为真”(absolute certainty that a state of affairs is real)到

"命题一定为假"(absolute certainty that it is not real)的连续统(continuum)的任意位置,包括"可能"(possibility)程度和"较大可能"(probability)程度等,如图 3-1 所示。

命题一定为假——命题可能为真——命题很大可能为真——命题一定为真
(否定)　　　　　　　(中间状态)　　　　　　　(肯定)

图 3-1　认识情态的连续统

综上,说话人对命题真值的认识和判断(即"认识情态")处于否定和肯定两个极端之间,具有明显的强弱之分,而传信范畴则主要表达说话人针对所说的话提供相应的证据,表明信息的来源。这些证据和信息的来源本身并没有程度的差异,传信的情态意义是通过信息来源的可靠性(reliability)推论(inferential)而来的。

第四,主客观性程度不同。

Lyons(1977: 797)将认识情态分为"主观认识情态"(intersubjective epistemic modality)和"客观认识情态"(objective epistemic modality)。"客观认识情态"表达的是一种关于事件状态为真或为假的客观的可测量的可能性(an objectively measurable chance),而"主观认识情态"表达的则是对于命题真值的纯个人的主观猜测(a purely subjective guess),举例来说:

(2) Alfred may be unmarried.(Alfred 可能没有结婚。)

按照 Lyons 的观点,例(2)表达的是说话人对于"Alfred 没有结婚"这一事实的个人的不确定性(uncertainty)看法,这是主观认识情态意义的解释;但是,如果说话人的判断和认识是建立在对"Alfred 没有结婚"这一事实的数学计算的可能性基础之上的话,例(2)表达的就是客观认识情态,换句话说,如果我们假定说话人知道 Alfred 属于 90 人的社区,社区中有 30 人没有结婚,那么对于 Alfred 而言,至少有三分之一的可能性没有结婚,在 Lyons 看来,这种基于数学统计的可能性判断属于客观认识情态。

Nuyts(2001: 34)认为 Lyons 所谓的"主观认识情态"也需要建立在一定的客观知识的基础之上。以 Alfred 的婚姻状况为例,说话人对于 Alfred 未婚的认识和判断,一定建立在这样的一个客观知识的基础之上,即在我们社会中,总是有一部分人是已婚的,有一部分是未婚的,因此,一定存在着一种可能性,那就是 Alfred 未婚,当然也存在着另外一种可能性,那就是 Alfred 已婚。说话人对于 Alfred 婚姻状况的判断和认识取决于说话人对 Alfred 的了解程度,因此可能存在一些其他的因素对说话人的判断产生影响，例如说话人对于 Alfred 的年龄、性格、生活方式等方面的了解等。因此，就像客观认识情态的情形一样，说话人知道 Alfred 处于一个 90 人的社区之中，而在这 90 人当中，有 30 人已经结婚，基于这样的证据（evidence）做出的认识和判断（客观认识情态）与前面说话人基于对 Alfred 的了解做出的认识和判断（主观认识情态）在本质上并没有区别，因为一个人在对一个事件状态一无所知的情况下是不可能做出任何判断的，一般情况下会说不知道。所以说，从这个意义上来区别客观认识情态和主观认识情态是不科学的。因此，Nuyts 主张用传信（即"证据性"evidentiality）来区别主观和客观认识情态，他采用了"主观认识情态"（subjective modality）和"交互主观传信情态"（intersubjective evidentiality）概念来代替 Lyons 的"主观认识情态"和"客观认识情态"这两个概念。Nuyts 所谓的"主观认识情态"是指说话人做出判断和认识的证据只有自己知道，并不为别人所知晓，而且说话人在做出判断和认识时，并没有提供相应的证据；而"交互主观传信情态"是指说话人做出判断和认识的证据为一个更大的言语社团所共享（the evidence is known to or accessible by a large group of people），说话人在做出判断和认识的同时，提供了证据的来源和类型。

因此，从认识情态和传信范畴的主观性程度上来看，认识情态义表达的是说话人自己的认识和看法，其做出判断的证据不为外人所知，即这些证据并不为听话人所共享，因此，对于听话人来说，说话人的判断和认识主观性较强；而传信意义表达的则是说话人通过针对某一信息向听话人提供相关的证据来表明自己的态度和看法，说话人提供了做出判断的证据的真实性和可靠性以及证据的类型和来源，因此，对于听话人来说，说话人的判断和认识较为可信和客观，从这个意义上来说，认识情态比传信范畴的主观性程度要高。

第三节　认识情态相关研究综述

3.3.1　国外认识情态研究综述

国外认识情态的研究涉及情态动词、心理动词、情态副词和某些形容词性的表达等多种语言表达形式。

情态动词不仅仅表达义务情态和动力情态，也表达认识情态。英语中，表达认识可能性的情态动词有"may"和"might"，表达认识必然性的情态动词是“must”，例如：

(3) Mary may/might lose her wallet.（玛丽可能丢了钱包。）

(4) John must be at home.（约翰一定在家。）

例(3)中的“may”和“might”不表达“允许”的情态意义，例(4)中的“must”也不再表达“命令”的情态意义，而是表达了说话人对于某一事件状态的可能性或必然性的判断，即例(3)表达了说话人对于“玛丽丢钱包”的可能性判断，例(4)表达了说话人对于“约翰在家”的必然性或肯定性判断。

Coates(1983：31)讨论了英语情态动词“must”的两种情态意义，即根情态意义[①](obligation/necessity)和认识情态意义(logical necessity/confident inference)，例如：

(5) “You must play this ten times over”, Miss Jarrova would say, pointing with relentless fingers to a jumble of crotchets and quavers.

(“你必须将这首曲子弹十遍”，Jarrova用无情的手指指着那些混乱的小钩和颤音说。)

(6) That place must make quite a profit for it was packed out and has been all week.

(那个地方一定赚了很多钱，因为那儿整个一星期都挤满了人。)

例(5)中的“must”表达的是“命令”的“根情态”意义，例(6)表达的是说话人对于某一事件逻辑上的可能性的判断和认识。

Bybee & Fleischman(1995)主编的《语法和话语中的情态》(《Modality in Grammar and Discourse》)一书收录了18篇论文，集中讨论了包括情态动词在内的多种语言形式的认识情态用法和认识情态意义。

Carmen Silva-Corvalán(1995：67－101)讨论了西班牙语中的情态动词“poder”(相当于英语中的“can” or “may”)和“deber”(相当于英语中的“must”)的根情态意义和认识情态意义，例如：

---

① “根情态”用来指称“非认识情态”，和“认识情态”相对，包括“道义情态”和“动力情态”(Coates 1983：20；Sweetser 1990：49)。

(7) [Teacher to child] (Deontic modality)

西语：**Puedes** salir de la sala ahora.

英语：You may leave the room now.

汉语：你现在可以离开教室了。

(8) [Someone predicting] (Epistemic necessity)

西语：El mundo **puede** estar al borde de una crisis nuclear.

英语：The world may be about to suffer a nuclear disaster.

汉语：世界将可能会遭受核灾难。

(9) [Loud car engine noises] (Denotic obligation/necessity)

西语：**Debes** estudiar para aprobar el excmen.

英语：You must study to pass the exam.

汉语：你必须努力学习通过考试。

(10) [Loud car engine noises] (Epistemic possibility)

西语：Ese **debe** ser Fernando.

英语：That must be Fernando.

汉语：那一定是 Fernando。

Lichtenberk Frantisek(1995：293－328)以澳大利亚所罗门群岛上的土著语言为研究对象,研究了混合认识情态——担心认识情态(apprehensional-epistemic modality)的各种语言表达形式。担心认识情态不仅仅反映了说话人对于事件状态的不确定性认识(uncertainty),还包含了说话人对于事件状态的个人态度——"不情愿的"(undesirable)。土著语言 To'aba'ita 中有一个情态标记"ada",从语法上来看,它是一个补足语的标记(complementizer),具有表达担心认识情态意义的功能,试比较：

(11) To'aba'ita 语：'Oe 'o mata'i.
you (SG) you (SG)：FACT be sick.

英语：You are sick.

汉语：你生病了。

(11′) To'aba'ita 语：**Ada** 'oko mata'i.
LEST you (SG)：SEQ be sick.

英语：You may be sick.

汉语：你(别)生病了。

例(11)陈述了一个客观事实,例(11′)则表达了说话人对于“你”生病的担心和认识,其中,“Ada”是一个担心认识情态的标记词,大致相当于英语中的“lest”。“lest”在英语中是“唯恐、免得”的意义,主要用在“fear”“worry”后面连接从句,并无实际的意义,从句中经常使用“should”或者动词原形。

To’aba’ita 语中的“Ada”在共时层面有三种意义,即“预防义”(precautioning)(包括“预防”和“避免”,“avertive” and “in case”)、“害怕义”(fear)和“担心认识情态义”(apprehensional-epistemic modality)。Lichtenberk Frantisek(1995:293-328)从历时的角度考察了“Ada”由实义动词到情态标记的语义演变历程,如下所示:

Precautioning>fear[①]>apprehensional-epistemic>epistemic

“预防”>“害怕”>担心-认识情态>认识情态

此外,Lichtenberk Frantisk 还讨论了其他语言的担心认识情态标记词。例如,古希腊语中的“Mé”可以引导一个小句,用以表达说话人的担心认识情态意义,如:

(12) Xenophon, Anabasis Ⅲ.2,25:

古希腊语:Dédoika mè: epilathó: metha tê:s oíkade hodou

I fear **LEST** we forget: SUBJUNCT ART: GEN homeward road:GEN.

英语:“I fear lest we may forget the road home”. (Goodwin 1929:24)

汉语:我怕我们可能忘记了回家的路。

斐济语(Fijian)是太平洋中南部诸岛(Austronesian)的一种语言,斐济语中的“dé”或“de”具有表达担心认识情态意义的功能,例如:

(13) Standard Fijian

① Lichtenberk Frantisek(1995:293-328)指出,并不是所有语言都经历了“fear”的语义演变阶段,例如 Czech 语言在演变过程中经历了“fear”的演变阶段,而 Martuthunira 语和 Hua 语言则没有经历“fear”的演变阶段。

斐济语：**de**　sega　beka　ni　dina

LEST　NEG　perhaps　COMP　be ture

英语：It may not perhaps be true.（Churchward 1942：24）

汉语：那恐怕很可能不是真的。

Nuyts（2001）采用认知语用学的视角考察了德语的形容词（adjectives）、副词（adverbs）、心理状态动词（mental state predicates）和情态动词（modal auxiliaries）等成分的认识情态意义，例如：

(14) It is probable that they have run out of fuel.（可能他们用完了燃料。）

(15) Probably they have run out of fuel.（他们可能用完了燃料。）

(16) I think/believe they have run out of fuel.（我认为/相信他们用完了燃料。）

(17) They may have run out of fuel.（他们也许用完了燃料。）

例(14)到例(17)，句中的形容词、副词、心理状态动词和情态动词都用于表达说话人对于命题真值的判断和认识，都具有认识情态意义的表达功能。

Nuyts(2001)将形容词、副词、心理状态动词和情态动词认识情态意义之间的语义演变关系概括如下：

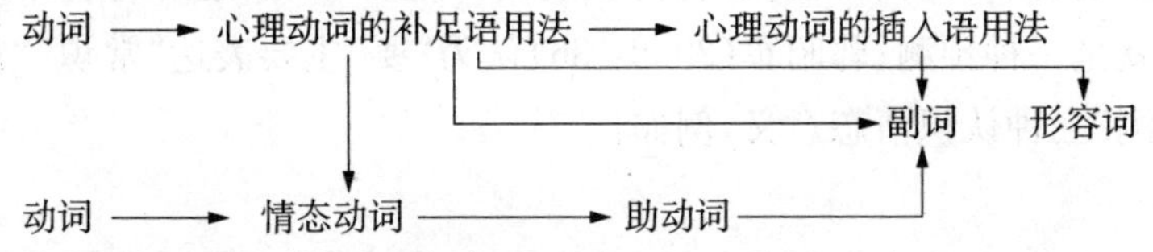

图 3-2　形容词、副词、心理状态动词和情态动词的语义演变关系图（Nuyts 2001）

3.3.2　国内认识情态研究综述

国内认识情态研究主要集中在情态动词（也叫“能愿动词”或“助动词”）、情态副词（也叫“句子副词”）、语气助词（也叫“语气词”）和个别实义动词、特定句法构式等语言形式的认识情态意义上。

3.3.2.1　情态动词的认识情态意义研究综述

关于情态动词（也叫“能愿动词”或“助动词”）认识情态意义的研究是汉

语认识情态研究的主体，代表性的研究成果非常丰富。

Tiee(1985)讨论了能愿动词“会”表达说话人关于命题可能性判断的认识情态意义以及能愿动词“该、应该、应当”表达说话人关于命题必然性判断的认识情态意义；范开泰(1988)把模态语义分为真值模态义、道义模态义和意愿模态义，其中真值模态义就是认识情态意义；贺阳(1992)将动词“会、能、可能、也许”所表达的“或然语气”和“一定、必然、必定”所表达的“必然语气”统称为“模态语气”，都属于情态动词的认识情态表达功能。

郭昭军(2003)的博士论文专门研究了现代汉语的情态系统，重点讨论了“能”“要”“想”“应该”等情态动词的多义性，并在区别根情态意义和认识情态意义的基础上，分析了“能”“要”“想”等情态动词的认识情态意义；彭利贞(2005)的博士论文也专注于现代汉语的情态系统研究。他认为单义的认识情态动词有两个——“必然”和“可能”，分别表示认识必然性(epistemic necessity)和认识可能性(epistemic possibility)；多义情态动词“得”(děi)、“一定”(必定)、“肯定”“准”“要”是表达认识必然性的多义情态动词；“会”“应该”“能”等是表达认识可能性(“盖然性”)的多义情态动词，并分别对其所表达的情态意义进行了详尽的考察研究。

张万禾(2007：67－68)考察了助动词“要”的情态语义，认为“要”既可以表达义务情态，又可以表达认识情态。“要”表达的认识情态属于可能认识情态(epistemic possibility)，用于表达说话人对某一行为或事件发生的可能性判断，张文还指出“要”表达认识上的可能性时，还有表达将来时的特征。郭昭军(2004)也指出，表意图情态的“要”包含预测义，也就是说，意图情态中实际上包含着行为者对自己行为实现的可能性认识，这种对将来的可能性判断就是一种预测；郭昭军(2008：36)认为“要”主要表达“常识”“认识可能”“预测”三种认识情态意义，例如：

(18) 只听说过在老年间，没有火车的时候，一头骆驼要值一个大宝。(常识 acknowledge)

(19) 二爷，我看哪，大清国要完！(认识可能性 epistemic possibility)

(20) 你们快要结婚了吧。(预测 prediction)

石毓智、白解红(2007：1－4)认为将来时标记向认识情态标记发展是人类语言的共性，这种语言共性在英语、德语、希腊语、保加利亚语、斯瓦希里语等多种语言中都很常见。汉语中的“要”可以用来表达将来时的语法意义，从将来时的语法意义进一步发展出表达认识情态的意义，因此，具有预测等主观推断的表达功能。

曾锦程(2009)认为汉语中的情态动词“能、会、可能、能够”都是表达可能认识情态的认识情态动词;杨黎黎(2012)认为情态词“可能”表达说话人不确定的推测,是一种低确定性认识情态意义;乐耀(2013)认为情态动词“应该”既可以表达认识情态意义,表达说话人在某类证据评价的基础上强调说话人对所言信息的信度,也可以表达传信意义,强调说话人对所言信息的证据做出交代;杨黎黎(2016)认为表达道义情态的“当”在上古时期可以表达对未然事件的推测,表达的是一种认识情态意义;同样表达道义情态的“要”在表达将来会发生的事件时,表达的是说话人的一种必然性的预测,表明说话人关于事件未来发生的确定性判断;李命定、袁毓林(2018)认为情态动词“会、可能、一定、应该”都是表达认识情态意义的动词,其中“会”表达的是说话人对于命题的态度,即“相信命题为真”,是一个“信念算子”;而“可能、一定、应该”表达的是说话人对命题真值的态度,相信命题为真具有可能性、必然性或合理性,是一种“概率算子”;吴芸莉(2018)认为汉语的情态动词“应该、可能”只是单纯地标示对命题真值的确信度;“会”表达的是根据经验来判断命题;“要”表达的是根据变化的趋势来判断命题。

3.3.2.2　情态副词的认识情态意义研究综述

近年来,关于情态副词认识情态意义的相关研究主要有三个角度:

一是从说话人关于所传递信息“信疑”的角度对情态副词的认识情态意义展开分类研究。齐沪扬(2003: 66-67)从传信和传疑的角度,将“大概、大约、多半、还是、也许、或许、怕”等归为传疑类语气副词,传达“疑信参半”的带有揣测意味的“假性疑问”的消息;将“一定、必须、必然、确实、诚然、的确”归为传信类语气副词,表示说话人对确定的客观事物的肯定性态度。齐春红(2007: 127)将“大概、大约、恐怕、多半、或、或者、也许、或许、兴许、不定、万一”等语气副词归为主观估量类,它们表达的是主观上的“疑信参半”,也就是主观上对所表达命题肯定或否定信息的不确定性。

二是从说话人关于所传递信息确定性或不确定性的角度对情态副词的认识情态意义展开分类研究。罗耀华、刘云(2008: 44)将“大概、大约、兴许、也许、或许”等表示对事物“质”的真实性进行揣测的语气副词归为“或然性”揣测类;将“一定、准保”等表示对事物“确定性揣测”的语气副词归为“确定性”揣测类。史金生(2003: 21)将断定类语气副词分为揣度性推测(“或然”)和确定性推测(“必然”)两个小类。崔诚恩(2002: 8)将真伪判断的情态副词分为表“若然意义”的情态副词、表“或然意义”的情态副词、表“必然意义”的情态副词和表“实然意义”的情态副词四类。王牧、周刚(2017)认为

“似乎、仿佛、好像、或许、也许、大约、大概、恐怕、多半”的“或然类”语气副词表达说话人对于命题可能成立的确信程度,此外,它们所表达的传信度也有一定的等级差异。

三是对单类或单个情态副词的认识情态意义展开专题研究。张则顺(2010;2014)认为汉语中的“一定、肯定、必定、必然、显然、当然、确实、真的、绝对”等确信类情态副词表达了说话人关于所表达命题真实性的确信和承诺,属于认识情态的语义范畴。

冯军伟(2010;2016)认为“恐怕”同时可以表达担心认识情态意义和可能认识情态意义。其中,“恐怕$_1$”在表达说话人对于事件可能发生的不确定性认识的同时,还表明了说话人对于未然事件或未知事件的个人态度——“不情愿或不希望其发生”,表达的是一种担心认识情态意义;“恐怕$_2$”表达的是说话人对于事件倾向于发生的可能性认识,表达的是一种可能认识情态意义(冯军伟 2016:30-48)。

张则顺、肖君(2015)认为“一定”既可以表达义务情态,也可以表达认识情态。表达认识情态时,表达的是说话人认识上的必然性推断。潘海峰(2017)认为“一定”表达言者对命题为真的必然性看法或态度,即表示“推断的必然”,表达的是一种认识情态意义;而“必定”表现的是言者推理世界中的某种必然性,表达的也是一种认识情态意义;

叶琼(2016)认为“好像”属于“揣测类”情态副词,主要表达说话人对于命题的不确定性推断。“好像”最初表达比拟义,后来引申出表达不确定的判断义,又进一步引申出语用模糊语(hedges)的用法。

杨贝(2016)认为“也许”主要表示是否存在某种可能性、可能性的程度或者对于原因的估计;“大概”侧重于表示对数量或时间不精确的估计或者对情况的推测;“恐怕”主要表示对消极情况的估计。

崔蕊、韩沛玲(2018)认为语气副词“敢情”既可以表达说话依据情理做出肯定性的评价,也可以表达说话人得到意外的新认识。

董正存(2017)认为“多半”“大半”“八成儿”等都可以表达说话人对某一命题实现的可能性进行推测或估计的认识情态意义,他认为在汉语中存在着“约量＞可能认识情态”的语义演变序列。

董正存(2020)认为“少说”也是一个情态副词,一般表达对命题中的量化成分进行估测,这种量化成分往往处于说话人主观心理量级的最小量值端,所以,本质上表达的也是说话人的一种认识情态意义。

3.3.2.3 语气助词的认识情态意义研究综述

汉语中的语气助词,也叫语气词,是汉语语气范畴(mood)的重要语言表达形式。

语气(mood)和情态(modality)密切相关,但是有所不同。

Palmer(2001: 1-10)认为,情态(modality)和语气(mood)都可以表达情态,认为语气范畴的典型特征是陈述语气(indicative)和虚拟语气(subjunctive)或者现实(realis)和非现实(irrealis)的对立。Bybee & Dahl(1989)认为情态是一个语义范畴(semantic domain),而语气则是语法形式范畴;Bybee & Fleischman(1995: 2-3)认为,语气指的是动词情态功能(modal function)的形式化语法范畴,往往是以屈折形式(inflectionally)来表达的,包括直陈语气(indicative)、虚拟语气(subjunctive)、祈愿语气(optative)、祈使语气(imperative)、条件句(conditional)等。König & Siemund(2007: 280-281)认为,语气范畴(mood)应该包括"indicative""subjunctive""conditional""optative"等下位语气类型。

在现代汉语中,语气(mood)范畴有两种典型的语言表达形式,一是句子的语气功能类型,包括陈述语气(declarative mood)、疑问语气(interrogative mood)、祈使语气(imperative mood)和感叹语气(exclamatory mood);二是附着在句末、承载说话人"口气"(英语中称为"tone",表达说话人对听话人和主题的态度,Gruber 2005: xii)的语气词(sentence-final particles),包括"啊、吧、嘛、呗、呢"等。

崔希亮(2020: 50-59)认为语气词是语言情态系统的重要组成部分,其主要功能就是表达言者态度,包括言者立场、观点、判断和预设等等,而言者立场、言者观点和言者判断这些言者态度正是认识情态范畴的重要内涵,所以语气词是现代汉语认识情态范畴的重要语言表达形式。徐晶凝(2008: 65)认为语气助词的原型意义是表达交互主观性态度(即"主体间性"),包括说话人对所说内容的信疑态度以及对交际双方关系的认识和建构(即"说话人对听话人的身份、其与自己的关系等方面的一种认识和处置")。

关于语气词"啊"的认识情态研究,学术界主要有四种观点:

一是"啊"具有缓和说话人语气的功能。李讷和汤珊迪(1981: 313-317)认为语气词"啊"的主要功能是"舒缓语气";屈承熹(2006: 112)认为"啊"具有缓和语气的作用,表示说话人的个人介入;郑岚心(2008)认为叹词"啊"有"缓和功能"和"追问功能";

二是"啊"具有传信范畴的表达功能。徐晶凝(2008: 143-144)认为"啊"的原型意义为"强传信式告知求应",具有传信意义;

三是"啊"具有表达情感态度的功能。张小峰(2003: 2)认为"啊"的核心功能是表情,在感叹句中表达情感,在问句中表达提醒,在祈使句中表达

"敦促"或"劝止";金智妍(2011: i)认为句末语气词"啊"主要表达说话人对听话人或命题内容的态度,是表态语气词,同时具有较强的表情功能;王英宪(2013: 257 - 304)认为感叹句中的语气词"啊"主要表达感叹和惊讶;孙雁雁(2013)认为句末"啊"的核心交际功能是"询问"和"调整";何鸣(2019: ii)认为"啊"是一个典型的情态标记语,主要用于加强说话人对话语内容或命题内容等所持看法或评价的肯定态度,凸显说话人的某种情感或情绪;

第四,"啊"除了表达说话人关于命题的情感态度,还表达了说话人对听话人的情感态度,具有一定的互动交际功能。王珏、毕燕娟(2017)认为"啊"具有表示言者希望与听者建立认知和交际协作关系的态度和愿望的功能;王咸慧(2019)认为高平调的"啊"用于表达让听话人注意话语内容的意图,可以表达"施为、提醒、求取共鸣和传递他人意图"的功能;低平调的"啊"主要用于消除听话人对于话轮结束的预期,是说话人保持话轮的一种方式。

综上所述,"啊"主要表达说话人关于命题内容或听话人的某种情感态度,在不同的句子类型中具有不同的情态表达功能。一般来说,在陈述句和感叹句中用于表达或加强说话人对于命题和听话人的某种感情或情绪;在祈使句和疑问句中主要用于缓和说话人的语气。

关于语气词"吧"的认识情态研究,学术界主要有五种观点:

一是"吧"表达说话人的不肯定语气。胡明扬(1981: 5 - 6)、张谊生(2000: 268)、金智妍(2011)等认为"吧"主要表达说话人对言谈内容的不很肯定,需要得到听话人的确认;张小锋(2003)、周士宏、岑运强(2008: 56)认为"吧"表现的是说话者介于"疑信"之间的一种"不确定"态度;

二是"吧"具有缓和语气的语用功能。刘月华等(2002: 424)、齐沪扬、朱敏(2005: 68)等认为"吧"的功能是缓和语气;

三是"吧"具有表达"发话人的迟疑"(speaker' uncertainty)的功能(屈承熹 1998: 109);

四是"吧"主要表达说话人对命题内容做出推量,并要求确认(徐晶凝 2003: 143);

五是"吧"核心语法意义是"意向待定"。赵春利、孙丽(2015: 121 - 132)认为句末助词"吧"作为引发句时,往往具有意向待定的语法意义;而作为应答句时有两种功能,一是表达认可性应答,表现出勉强义,二是拒绝性应答,表现出一定的放任义。

综上所述,"吧"主要表达说话人关于言谈内容的不确定性推测,具有缓和语气的语用表达功能。

关于语气词"嘛"的认识情态研究,学术界主要有五种观点:

一是“嘛”具有加强说话人关于命题判断的肯定语气功能。胡明扬(1987)认为“嘛”表达一种肯定的语气。吕叔湘(1996：337)认为“嘛”表示“事情本应如此或理由显而易见”；屈承熹(Chu 1998)认为“啊”表达对命题的确凿性；徐晶凝(2007：39－45)认为“嘛”的原型情态意义是表明说话人对命题的确定性态度，并同时具有说话人暗示听话人回应的功能。崔希亮(2019：60－68)认为“～嘛”的情态意义包括言者强烈的不满情绪、对某一命题不容置疑的态度、无所谓的态度以及对某一预设的认同态度等。

二是“嘛”具有表达说话人知情状态的功能。强星娜(2008：54)认为语气词“嘛”具有标记说话人知情状态的功能，表达说话人对听话人知情状态的一种预测，即认为听话人不知道自己应该知道的。王芳(2009：90)认为“嘛”的基本功能是表达事情本应如此或者理由显而易见，具有“当然”的语气特征，同时还往往伴随着“确认”的语气特征。

三是“嘛”具有表达说话人传信范畴的功能。杜建鑫、张卫国(2011：147－149)认为“嘛”的核心人际功能是表达说话人的“强传信”功能；郭红(2012：79－86)认为“嘛”具有传信功能，是一个传信语气词；沈威(2013：66－71)把“X 嘛”称为论据性推断结构。

四是“嘛”具有缓和肯定语气的情态功能：李成团(2008：152)从语用取效的角度将语气助词“嘛”归为“缓和标记语”的范畴。

五是“嘛”具有表达说话人情感的功能。金智妍(2011)认为“嘛”表达说话人对听话人的态度——说话人的亲昵关系。赵春利、杨才英(2016：32－45)认为“嘛”的认知意义是表达“主观认知的执意应然性”。在不同的语境中表达四种情感类型：气愤不满意型、急躁不耐烦型、撒娇不遵从型和无谓不在乎型。

关于语气词“呢”的认识情态研究，学术界主要有三种观点：

一是“呢”表达信息的提供(金智妍 2011)；完权(2018：18－34)认为“呢”在交际中表达说话人的信据性(argumentative strength)，表达“信据价值高”和“反馈期待强”，具有一定的交互主观性。

二是“呢”用于表达说话人提请听话人的注意。李军华、李长华(2010：93－98)认为“呢”的原型情态意义是说话人在强调话语内容中部分信息的基础上提请听话人注意，即具有[＋强调部分信息]和[＋提请注意]的特征。任鹰(2017：70－80)认为“呢”表示确认及申明，用于提醒听话人注意某一事态。

三是“呢”具有一定话语组织功能。张小锋(2003；2017)认为“呢”的核心话语功能为关联对比功能，其话语功能在于“凸显提问与预设的相关性”上。

此外，徐晶凝(2007：72－73)将“呗”的核心情态意义概括为“述唯弃责”。崔希亮(2011：39－45)认为“哈”表达的是说话人的一种主观态度，核心意义就是“寻求证实或认同”“赞同或附和”“表示惊异”，是汉语对话语篇中的交互主观性标记。

3.3.2.4　实义动词的认识情态研究综述

学术界关于实义动词认识情态意义的相关研究大致可以分为两类：

第一类是针对单个实义动词的认识情态功能展开研究，比较有代表性的研究成果是高增霞(2003：97－102)关于现代汉语中的“怕”“看”“别”的认识情态功能研究。高增霞认为“怕”“看”原来是表达“害怕义、观看义”的实义动词，“别”原来是表达“禁止义”的否定副词，后来语义逐渐虚化，演变成了表达担心认识情态意义的情态标记词。其中，“怕”的语法化过程是“害怕——担心——担心认识情态——认识情态”；“看”的语法化过程是“观看——提醒注意、警告告诫——担心认识情态”；“别”的语法化过程是“禁止劝阻、警告告诫——担心认识情态——认识情态”。

第二类是针对某一类实义动词的认识情态功能展开研究，比较有代表性的研究成果是方梅(2005：495－505)关于“认证义”谓宾动词的相关研究。方梅首先将认证义动词分为体验类、认识类、知识类和评价类四类，具体来说：

(1) 体验类，例如：觉得/觉着$_1$、感觉$_1$、感到、看(见/到)

(2) 认识类，例如：想$_1$、喜欢、明白、发现、考虑、怀疑、估计、认为、以为

(3) 知识类，例如：知道、记得、认识(到)、注意(到)

(4) 评价类，例如：想$_2$、看$_2$、感觉$_2$、觉得/觉着$_2$

方梅从控制度强弱的角度逐一分析了上述四类动词，指出评价类谓宾动词有向表达说话人视角和态度的语用标记虚化的趋势。当评价类动词表达说话人视角和态度时，说话人实现为句法主语，整个句子表达的是说话人对于某一命题真值的判断和认识，此时的评价类动词就具有了表达说话人断言认识的情态意义。

3.3.2.5　特定句法构式的认识情态研究综述

学术界关于特定句法构式认识情态意义的相关研究主要有三个方面：

一是关于“心理动词结构”的认识情态功能研究，比较有代表性的研究成果有：

郭昭军(2004：43－47)认为现代汉语中的心理动词结构“我想”是一个弱断言谓词，表示的是说话人不很肯定的主观看法，主要用于表达说话人对

于命题真值的判断和认识,属于认识情态(epistemic modality)的表达范畴;易美珍(2007: 85-88)认为表达认识情态意义的"我想₃"是现代汉语中表情态义的话语标记成分,"我想"从表"心理和愿望"的动作义发展出表"认为"的动词义,最后发展出话语标记的用法;李秋杨(2012: 16-21)对比了汉语中的"我想"和英语的"I think",认为汉语中的"我想"经历了从表示思考义到表示认知义,再到篇章义和话语标记的演变过程;

张丽萍(2009: 37-40)认为,在法庭话语中"我(们)认为"构式是一个话语标记语成分,具有认识情态意义的表达功能;

徐晶凝(2012: 209-219)、李水(2016: 91-97)认为"我觉得"是一个认识立场标记;唐筠雯(2018: 14)则认为"我觉得""我认为"是一种话语视角标记;柴闫、刘玉屏(2019: 30-35)认为"我觉得"是一个话语立场标记。

此外,程丽霞(2014: 17-20;2016: 70-75)还对"猜想类构式"从表"思考猜想"义向认识情态意义的演化过程以及"保证类构式"从表达"以言行事"向认识情态意义的演化过程进行了研究。

二是关于可能补语结构认识情态意义的研究,比较有代表性的研究成果有两小类:

第一小类是关于可能补语结构(肯定/否定结构"V/A 得/不 C")的研究,例如:

吴福祥(2002: 29-40)认为"V 得/不 C"是一种表达可能性的述补结构,叫"能性述补结构"。"V 得 C"一般表示某种结果或者状态的实现,但是,当"V 得 C"用于叙述未然事件时,就具有了表达实现某种结果或状态的可能性的功能,即表达说话人关于命题实现的某种认识上的可能性(epistemic possibility);当"V 不 C"后面带后续助词"了"时,往往表达实现义,当"V 不 C"后面不带后续助词"了"时,往往表达"悬想之可能",即表达事件实现的可能性。

孙利萍(2007: 94-95)认为现代汉语中的"可能补语结构"具有表达说话人主观推测可能的认识情态意义(epistemic possibility);孙娅爱(2009: 80-85)认为"V 不得/不了"可以表示动力情态和认识情态两种语义;"V 得/不得"可以表示动力情态、道义情态或认识情态三种意义;岳浩然(2012: 205-216)认为现代汉语的"V 得/不 C"是一个表达情态义的语法构式,既可以表达动力情态意义,也可以在语用推理的基础上表达某种认知情态,即认识情态意义。

第二小类是关于可能补语结构(否定结构"V/A+不了")的相关研究,例如:

柯理思(2005：261-290)认为“形容词+不了”结构表达的是一种“不可能性”，这种“不可能性”本质上是一种必然性(epistemic necessity)，即表达说话人关于命题相当肯定的态度(certainty)；彭利贞、关楠(2014：14)认为情态格式“V不了”既可以表达动力情态，即表达说话人没有能力做某事，同时也可以表达认识情态，即表达说话人主观上推测“V”的不可能性；胡斌彬(2016：72-80)认为当代汉语中的“搞/弄/闹+不好”既可以表达“担心-认识情态意义”，也可以表达说话人的可能性揣测意义，是一个表达说话人可能性揣测的认识情态标记。

三是关于其他单个构式的认识情态功能研究，研究成果比较丰富。

首先是关于负面评价构式的相关研究，主要包括：李宗江(2008)关于负面评价构式“问题是”的研究；郑娟曼、张先亮(2009)关于责怪式话语标记“你看你”构式的研究；李小军(2014)关于“好你个+X”构式的负面评价功能研究；方迪(2019)关于“这话说的”构式的负面评价立场表达功能的研究；方梅(2017)曾经对一系列负面评价构式进行了类型总结和分类研究。

其次，除了关于负面评价构式的相关研究之外，学术界还对其他各类构式的认识情态意义展开了广泛的研究，例如：洪波、董正存(2004：253-261)认为“非X不可”可以同时表达动力情态、道义情态和认识情态三种意义，表达认识情态意义时，主要表示说话人关于事件发生可能的必然性判断；郑娟曼(2009：9-15)认为“还NP呢”构式本质上表达的是说话人的一种否定意义，包括“反预期信息”和“反期望信息”两种意义；而王新(2020：88-93)认为“还NP呢”构式实际上表达的是一种“反事理评价”；唐雪凝、张金圈(2011：182-189)认为“这NV的”构式主要表达说话人对当前语境中的某种事物或某种事态进行感叹性评价；刘娅琼、陶红印(2011：110-120)认为汉语谈话中的否定反问句具有表达事理立场的情态功能；冯军伟(2009；2016)认为“(NP)+V+起来+AP”结构具有表达说话人评估认识情态意义的表达功能；赵志强、陈满华(2018：143-147)认为由表示“性质、数量达到某种程度”的“有$_3$”形成的“有QP”和“有+N+(那么/这么)+A”等构式具有表达“可能性”或“推断上某种确定性”两种认识情态意义的表达功能；范伟(2017：188-273)认为构式“大不了”“X定”和“X不到哪儿去”具有认识情态的表达功能，并从历时层面对其构式化过程和语义演变过程进行了考察研究。冯军伟(2020：96-102)认为“不过X罢了/而已”构式主要表达说话人主观上认定为量小的言者态度或言者认识，是说话人弱化言语行为语力的言语策略之一；方迪(2020：72-81)认为北京话中“还是的”可以表达说话人对自我立场的重申，即具有表达说话人立场重申的话语功能。

第四章　现代汉语认识情态范畴的语言表达形式及其典型个案

第一节　认识情态范畴的各类语言表达形式

4.1.1　英语认识情态范畴的各类语言表达形式

情态范畴的大多数语言表达形式，诸如情态助动词（modal auxiliaries）、情态副词（modal adverbs）、心理状态谓词（mental state predicates）、小品词（particles）等词汇表达形式和“附加形式（clitics）或词缀（affixes）、条件句（conditional）、附加疑问句（tag question）”等语法表达形式都具有认识情态的表达功能。

Palmer（1986：33－50）认为人类语言的情态范畴有多种语言表达形式，包括情态动词（modalverbs）、语气（mood）、小品词（particles）以及某些附着成分（clitics）等。Stubbs（1986：4）认为英语中认识情态范畴的语言表达形式包括动词进行时（-ing verbs）、私有认识动词（private verbs）（例如“believe、think、imagine”等）、逻辑连词和语用关系词（logical and pragmatic connectives）以及句子副词（sentence adverbs）等；Coates（2008：114－131）认为程度副词（degree adverbs）“slightly、a bit、quite”、限定形容词（modifying adjectives）“sharp、bitter”、表达式（expression）“you know、well、I think”等都具有认识情态表达功能，总称为认识情态形式（epistemic modal forms），其中表达式“I think”、附加问句（tag question）和“sort of”等认识情态的语言表达形式具有保护听话人负面面子（negative face）的否定礼貌功能（negative politeness function），所以，在口语交际中，认识情态形式不仅仅具有说话人定位或命题定位的认识情态意义（speaker-oriented or proposition-oriented modal meaning），还具有一定的听话人定位的情感意义（addressee-oriented affective meaning），也就是说，口语互动交际中的认

识情态形式不仅表达了说话人关于命题的态度，还表达了说话人关于听话人的态度。Nuyts(2001)从认知语用学的视角全面考察了荷兰语和德语中的认识情态表达形式，最终概括为“情态副词、情态形容词、心理状态谓词和情态助动词”四大类；Kärkkäinen(2003：20)认为认识情态有多种语言表达形式，主要有“认识短语、副词、形容词、名词、动词和分词形式”等。

Boye(2016：117)从语言类型学的角度将认识情态的语言表达形式概括为三大类：一是词汇类表达形式，包括“动词、形容词、名词和副词”，其中词汇类的认识情态动词(epistemic modal verbs)包括“know、believe、doubt”等；二是语法类表达形式(grammatical expressions)，包括“情态动词(modal verbs)、附加形式(clitics)或词缀(affixes)”；三是零形式(zero coding)，主要指陈述句(declarative sentence)。学术界普遍认为“断言”(assertion)表达了对命题的高确信度(high confidence)(Lyons 1977：808－809；Palmer 2001：64－65)，因此，Boye 将陈述句也看作断言标记(marker of assertion)，他将陈述句看作认识情态的零形式，用于标记说话人关于命题的高确信度(high confidence)。Hardjanto & Mazia(2019)曾将政治话语中的认识情态标记词概括为“动词、情态形容词、情态副词、情态助动词和情态名词”五大类。

综上所述，英语认识情态范畴的语言表达形式既包括词汇表达形式，也包括语法表达形式。词汇表达形式主要有“情态助动词、心理状态动词、情态形容词、情态名词、情态副词和小品词”等；语法表达形式包括“语气、零形式、附加形式、认识短语、词缀、条件句和附加疑问句”等。

4.1.2 现代汉语认识情态范畴的各类语言表达形式

认识情态范畴作为一个跨语言的语法语义范畴(cross-language grammatical-semantic category)，在人类语言中具有一定的普遍性，其语言表达形式也具有一定程度上的共性。

在现代汉语中，认识情态范畴的语言表达形式不仅包括“情态动词”(也叫“能愿动词”或“助动词”)、“语气副词”(也叫“句子副词”)、“语气助词”、“逻辑连词”等词汇类语言表达形式，还包括“心理动词构式”“可能补语构式”和某些特定构式等语法类语言表达形式。

其中“情态动词”“语气副词”“逻辑连词”“心理动词构式”等语言表达形式具有人类语言的共性特征，而“语气助词”“可能补语构式”和某些特定构式等语言表达形式是汉语特有的语言表达形式，具有一定的个性特征。

目前，现代汉语认识情态研究主要集中在情态动词、语气副词、语气助词、部分心理动词结构和某些特定句法构式等方面。

关于情态动词的认识情态功能研究，参见 Tiee(1985)、范开泰(1988)、贺阳(1992)、谢佳铃(2002)、郭昭军(2003;2011)、彭利贞(2005);彭利贞、刘翼斌(2007)、张万禾(2007)、石毓智、白解红(2007)、郭昭军(2003;2006;2011)、乐耀(2013)、李命定、袁毓林(2018)、陈振宇(2020)等。

关于语气副词的认识情态功能研究，参见吕叔湘(1980)、Li & Thompson(1981)、张谊生(1996;2000)、崔诚恩(2002)、齐沪扬(2003)、史金生(2003)、齐春红(2006;2007)、杨万兵(2006)、岳中奇(2007)、齐春红、徐杰(2007)、罗耀华、刘云(2008)、张则顺(2014)、张则顺、肖君(2015)、杨德峰(2015)、叶琼(2016)、冯军伟(2016)、杨贝(2016)、潘海峰(2017)、王牧、周刚(2017)、崔蕊、韩沛玲(2018)、董正存(2017;2020)等;

关于语气助词的认识情态功能研究，参见胡明扬(1981)、朱德熙(1982)、李兴亚(1986)、太田辰夫(1987)、胡明扬(1988)、邢公畹、马庆株(1994)、李明(1996)、张谊生(2000;2016)、高增霞(2000)、齐沪扬(2002)、张小锋(2003)、周士宏、岑运强(2008)、陈颖(2009)、徐晶凝(2003;2007;2008;2018)、沈威(2013)、赵春利、孙丽(2015)、方梅(2016)、赵春利、杨才英(2016)、田婷、陈前瑞(2018)、王咸慧(2019)、崔希亮(2019;2020)等。

关于部分心理动词结构的认识情态功能研究，参见张邱林(1999)、高增霞(2003)、郭昭军(2004)、方梅(2005)、易美珍(2007)、李明(2008)、张丽萍(2009)、冯军伟(2010;2011)、徐晶凝(2012)、李秋杨(2012)、张建理、吴洁雅(2013)、许光灿(2014)、李水(2016)、唐筠雯(2018)、柴闫、刘玉屏(2019)等。

关于特定句法构式的认识情态功能研究，参见李宗江(2008)，郑娟曼、张先亮(2009)、唐雪凝、张金圈(2011)、刘娅琼、陶红印(2011)、李小军(2014)、程丽霞(2014;2016)、冯军伟(2009;2016;2020)、方梅(2017)、赵志强、陈满华(2018)、王新(2020)、方迪(2019;2020)等。

综合上述国内外关于认识情态范畴各类语言表达形式的相关研究，本书将现代汉语认识情态范畴的主要语言表达形式归纳为七大类型，主要包括：

第一类，情态动词类语言表达形式(也叫“能愿动词”或“助动词”“情态助动词”，modal verbs or modal auxiliaries)；

第二类，语气副词类语言表达形式(也叫“句子副词”或“情态副词”，sentence adverbs or modal adverbs)；

第三类，语气助词类语言表达形式(也叫“语气词”，sentence-final particles)；

第四类，让步假设逻辑连词类语言表达形式(logical particles)；

第五类，心理动词构式类语言表达形式(mental-verb constructions)；

第六类，可能补语构式类语言表达形式(possible complement constructions)；

第七类，特定句法构式类语言表达形式(special constructions)；

其中，第一类情态动词类语言表达形式、第二类语气副词类语言表达形式、第三类语气助词类语言表达形式和第四类让步假设逻辑连词类语言表达形式属于认识情态范畴的词汇类语言表达形式；第五类心理动词构式类语言表达形式、第六类可能补语构式类语言表达形式和第七类特定构式类语言表达形式属于认识情态范畴的语法构式类语言表达形式。

第一类情态动词类语言表达形式、第二类语气副词类语言表达形式、第四类让步假设逻辑连词类语言表达形式和第五类心理动词构式类语言表达形式等语言表达形式具有人类语言的共性特征；第三类语气助词类语言表达形式、第六类可能补语构式类语言表达形式和第七类特定构式类语言表达形式等认识情态范畴的语言表达形式是汉语特有的语言表达形式，具有汉语独特的个性特征。

第二节　汉语认识情态范畴主要语言表达形式典型个案的选取

现代汉语认识情态范畴的主要语言表达形式包括情态动词类语言表达形式、语气副词类语言表达形式、语气助词类语言表达形式、让步假设逻辑连词类语言表达形式、心理动词构式类语言表达形式、可能补语构式类语言表达形式和某些特定构式类语言表达形式七大类型。这七大类语言表达形式虽然不能涵盖认识情态范畴所有的语言表达形式，但是，对这七大类语言表达形式认识情态意义的建构过程进行研究却可以让我们进一步加深对现代汉语认识情态范畴及其各类语言表达形式之间内在联系的认识。本书的研究不仅仅限于描写认识情态范畴七大类语言表达形式认识情态意义的共时和历时建构过程，还试图寻找不同语言表达形式类型之间的内在联系及一致性，探讨汉语认识情态范畴语言表达形式的类型学特征，这些研究都会为我们建构现代汉语认识情态范畴体系和深入开展现代汉语认识情态范畴研究提供有意义的尝试。

情态动词类语言表达形式、语气副词类语言表达形式、语气助词类语言表达形式、让步假设逻辑连词类语言表达形式、心理动词构式类语言表达形式、可能补语构式类语言表达形式和特定句法构式类语言表达形式等七大类语言表达形式基本涵盖了现代汉语认识情态范畴最主要的、最常见的语言表达形式。对七大类语言表达形式的所有成员进行全面地、详尽地研究几乎很难在一本书中完成，本书的研究目的不仅描写现代汉语认识情态范畴各类语言形式的认识情态意义，还试图通过对认识情态范畴不同类型语言表达形式认识情态意义互动建构过程的研究，来挖掘不同类型语言表达形式在表达认识情态意义时具有的内在联系和一致性，试图发现汉语认识情态范畴各类语言表达形式认识情态意义的语法化过程和语法化路径，试图概括和归纳汉语认识情态范畴各类语言表达形式的类型学特征。因此，本书将根据认识情态范畴的核心语义类型，参考日常互动交际中认识情态范畴各类语言表达形式的使用频率，综合考虑认识情态范畴不同类型语言表达形式之间内在的一致性，从认识情态范畴七大类语言表达形式中选取具有代表性的典型个案对现代汉语认识情态范畴不同类型的语言表达形式认识情态意义在交际过程中的互动建构过程展开研究，并归纳和概括汉语认识情态范畴各类语言表达形式认识情态意义的类型学特征。

4.2.1　情态动词类语言表达形式典型个案的选取

Bybee、Perkins & Pagliuca(1994：179 - 180)认为“认识情态”主要用于说话人做出断言，表明说话人对于所断言命题的真实性程度。断言范畴的无标记情况是对命题真实性的完全肯定，认识情态范畴属于断言范畴的有标记形式，标记的是说话人对于命题真实性的不完全肯定，包括“可能性”(possibility)、“盖然性”(也叫“较大可能性”probability)和“推断的肯定性”(inferred certainty)。其中“可能性”(possibility)指的是说话人认为命题可能是真的；“盖然性”也叫“更大可能性”(probability)，其命题的真实性程度比“可能性”要强；“推断的确定性”(inferred certainty)是更强意义上的“可能性”，它强烈地表明说话人有很好的理由来推断命题是真实的。Boye(2012：31)也有类似的分类，他将认识情态意义的核心语义类型分为“确定性”(certainty)、“可能性”(possibility)和“盖然性”(也叫“较大可能性”probability)等。

根据 Bybee、Perkins & Pagliuca(1994)和 Boye(2012)关于认识情态的界定和分类，我们知道，认识情态所表达的说话人的认识程度是一个连续统(continuum)，在这个连续统的较低一端是认识上的较低可能性(possibility)，在这个连续统的较高一端是认识上的确定性(certainty)，中间状态是认识上的盖然性，也叫“较大可能性”(probability)。因此，较低的可能性(possibility)和较大可能性(probability)都属于认识上的不确定性(uncertainty)。Auwera、van der Auwera、Schalley & Nuyts(2005)认为,"认识情态"本质上关注的是说话人关于自己断言真值的不确定程度(degree of uncertainty),所以,"不确定性(uncertainty)"才是认识情态的本质。

在现代汉语中,情态动词也叫"能愿动词"或"助动词"。综合马庆株(1988)和孙德金(1996)关于能愿动词或助动词的分类,我们把具有认识情态表达功能的情态动词分为可能类情态动词和必要类情态动词两大类,而其他类型的情态动词主要表达根情态意义(root modality),即动力情态意义(dynamic modality)和道义情态意义(deontic modality),主要类型包括意欲类情态动词"想(表达'意图')、要$_4$(表示'做某件事的意志')、打算、准备"等、意愿类情态动词"愿意、愿、肯、爱$_2$(表示'愿意'义)、情愿、乐意、高兴"等和许可类情态动词"可以$_2$(表示'许可'义)、可$_1$(表示'许可、可以'义)、能(表示'许可'义)"等。意欲类情态动词、意愿类情态动词和许可类情态动词一般都是主语取向的(agent-oriented),而认识情态则是说话人取向的(speaker-oriented),可能类情态动词和必要类情态动词既可以是主语取向的,也可以是说话人取向的,因此,既可以表达根情态意义(root modality),也可以表达认识情态意义(epistemic modality);而意欲类情态动词、意愿类情态动词和许可类情态动词则主要表达根情态意义。

现代汉语中可能类情态动词主要包括"可能、能够、能、容易"等;必要类情态动词主要包括"应该、应当、应、该、得(děi)、要$_5$(表示'需要、应该'义)、须要"等,分别表达认识情态范畴的可能性认识情态意义和盖然性认识情态意义①。

本节从可能类情态动词中选取最典型的个案"可能"作为可能类情态动词认识情态研究的典型代表,不仅仅因为"可能"最为常用,最为典型,还因为"可能"所表达的认识情态意义是认识情态范畴中"可能范畴"(possibility)的核心语义。"可能"的核心情态语义特征是[+可能]或者[+或然],即[-必然],与[+必然]相对,一切非必然的事情都是可能的,因此,"可能"所表达的[+可能]是一个弹性空间,包括从"完全可能""极可能""最可能""很可能"到"可能""不太可能""不可能""绝不可能"等一系列可能性,在现代汉语中,这些不同程度的"可能"使用频率很高,其中由"可能"扩展而

① 认识情态范畴中的"确定性"(certainty)一般由"一定、肯定、必定"等语言形式来表达,但是"一定、肯定、必定"等(根据《现代汉语词典》第7版)在现代汉语中都属于语气副词的范畴。

成的“很可能”在媒体语言语料库(MLC)中出现的频次高达5053次，“很有可能”在媒体语言语料库(MLC)中出现的频次高达2068次，“很(有)可能”[①]所表达的认识情态意义体现了认识情态范畴中“盖然性范畴”。因此，选择情态动词“可能”作为可能类情态动词的典型代表来研究情态动词的认识情态意义具有一定的代表性和普遍意义。

本节从必要类情态动词中选取最典型的个案“应该”作为必要类情态动词认识情态研究的典型代表，原因是“应该”最为常用，在媒体语言语料库(MLC)中出现的频次高达107318次，使用频率最高，因此也最为典型。在道义情态中，“应该”表达的是“必要性”(necessity)；在认识情态中，“应该”表达的是认识情态范畴中“盖然性范畴”，因此，选择情态动词“应该”作为必要类情态动词的典型代表来研究情态动词的认识情态意义具有一定的代表性和普遍意义。

综上所述，选取“可能”作为可能类情态动词的典型代表，选取“应该”作为必要类情态动词的典型代表，来分别考察认识情态范畴的可能性认识情态范畴(possibility)和盖然性认识情态范畴(probability)，可以准确反映认识情态范畴的本质，即“认识上的不确定性”(epistemic uncertainty)。

4.2.2　语气副词类和逻辑连词类语言表达形式典型个案的选取

在现代汉语中，表达认识情态意义的语气副词主要有两类，第一类是表达说话人关于命题判断不确定推测的语气副词(叶琼2016)，也叫“或然类”语气副词(崔诚恩2002；史金生2003；罗耀华、刘云2008；王牧、周刚2017等)，主要包括“也许、或许、恐怕、大概、大约、多半、好像、似乎、仿佛”等；第二类是表达说话人关于命题判断确定性推测的语气副词(罗耀华、刘云2008)，也叫“必然类”语气副词(崔诚恩2002；史金生2003；张则顺2010、2014；张则顺、肖君2015；潘海峰2017等)，主要包括“肯定、一定、必定、必然、当然、显然、绝对、确实、真的”等。

之所以选择“或然类”语气副词中的“怕、恐怕”作为认识情态范畴语气副词类语言表达形式的典型个案，是因为本书试图寻找认识情态范畴中“语气副词类”、“心理动词类”和“让步假设逻辑连词类”三大类语言表达形式之间的内在关联。

一、从心理动词到语气副词的语言演变具有类型学特征

“心理动词表达式”指的是由心理动词构成的心理动词构式，一般由第

① 笔者把“很可能”“很有可能”看作一个个固化结构，整体表达认识情态范畴的“盖然性”。

一人称加心理动词构成，其典型构式形式是“我(们)＋心理动词”构式。其中，感觉类心理动词、思维类心理动词、认知类心理动词、判断类心理动词和情感类心理动词都可以进入到该构式中，从而形成一系列心理动词构式的扩展构式，其核心构式意义是表达认识情态意义。

以情感类心理动词“怕、恐怕”为例，由情感类心理动词“怕/恐怕”构成的心理动词表达构式“我(们)＋怕/恐怕”构式，可以表达说话人关于命题为真的担心认识情态意义，即在表达说话人关于命题为真的判断的同时，还表达了说话人“不情愿、不愿意”的情感和态度，属于“复合型”认识情态，是一种复合了说话人“某种不情愿态度”的认识情态类型，其中，“不情愿、不愿意”的“担心态度”是心理动词“怕、恐怕”词汇意义的语义滞留(semantic persistence)；此外，“我(们)＋怕/恐怕”构式还可以表达说话人关于命题可能为真的不确定性推测(uncertainty)，表达的是认识情态范畴的核心子范畴之一——“认识上的可能性”(epistemic possibility)。“我(们)＋怕/恐怕”构式所表达的两种认识情态意义之间有内在的必然联系，即说话人对未然事件或为未知事件“担心”和“害怕”的情感态度，可以看作一种说话人的担心类型的认识，从说话人对未然/未知事件“不愿意发生”的情感态度推理出说话人对未然或未知事件潜在发生的可能性推断，即从“担心某一事件发生”到“推测某一事件可能发生”的过程，符合人类的一般认知规律。

因此，从情感类心理动词表达“说话人担心害怕的心理状态”(情感类心理动词的本义)，到表达说话人“关于未然或未知事件可能发生的担心认识”(担心认识情态意义 apprehensional-epistemic modality)，再到表达说话人关于事件可能发生的推测(可能认识情态意义 epistemic possibility)，体现了情感类心理动词从词汇范畴向语法范畴的语法化过程和语义演变过程。最明显的证据就是在现代汉语中“怕”“恐怕”同时兼有心理动词和语气副词两种词性，这种“双重词性”表明语气副词的“怕”“恐怕”是由心理动词的“怕”“恐怕”演变而来的。

在从心理动词到语气副词的语法化过程当中，“我(们)＋情感类心理动词”构式是情感类心理动词向语气副词语法化和虚化的重要一环。Thompson & Mulac(1991：313－329)将认识短语“I think”看作认识插入语(epistemic parenthetical)，他们认为，当“I think”不出现在句首位置时(出现在句中或句末位置时)具有副词的性质，处于从词汇范畴向语法范畴语法化过程中较高程度的阶段(higher degree of grammaticalization)。Du Bois(1987：805－855)认为语法化不仅仅包括词汇范畴向语法范畴的演化过程，还应该包括从话语模式向语法结构模式的演变过程，所以从这个意义上来说，认识短语“I think”实际上应该是正处于话语模式（discourse pattern）向语法结构模式（structural pattern）的语法化过程之中。Ramat & Ricca（1998：187－275）发现，在欧洲语言中有很多皮钦语（Pidgins）都有从“I think”发展成为副词的经历；Jan Nuyts（2001：141）也曾经指出“I think”相当于一个副词，处于语法化早期的词汇化或结构化阶段，这进一步佐证了我们做出的“心理动词经过心理动词构式向语气副词进行演变”的推断，因此，认识情态构式“我（们）＋情感类心理动词”是从心理动词到语气副词演化过程中非常重要的一环，是语法化早期的词汇化和结构化环节。

从心理动词到语气副词（西方语言学普遍将“语气副词”称为“情态副词”，modal adverb）的演变具有类型学方面的共性特征。在英语中，副词“presumably”来源于心理动词“presume”，副词“supposedly”来源于心理动词“suppose”，副词“maybe”来源于情态词“may”；在荷兰语和德语中，副词“vermoedelijk”来源于心理动词“vermutlich”，副词“vermoeden”来源于心理动词“vermuten”，等等，这些都进一步说明“心理动词＞语气副词”的语言演变是一条普遍规律。

因此，在现代汉语认识情态范畴的语气副词类语言表达形式中选取“怕”“恐怕”作为语气副词类语言表达形式的典型个案，是为了和心理动词构式类语言表达形式相关联，探索认识情态范畴各个语言表达形式之间的内在关系。

二、从心理动词向让步假设逻辑连词的演变

沈家煊（2001：491）认为“除了情态动词，一些表达逻辑关系的连词（例如因果关系连词‘因为’）也具有表达客观描述（例1）和主观认识（例2）的表义区别”，举例来说：

（1）小王回来了，因为他还爱小丽。（转引自沈文）

（2）小王还爱小丽，因为他回来了。（转引自沈文）

例（2）中，说话人根据自己的知识（我知道“他回来了”）来做出主观推测，即“小王还爱小丽”。此外，沈文还引用了德语例子（Keller 1995）对这种表达上的差异进行形式上的验证。在德语中，“weil”（“因为”）在分别表达客观描述和表达主观认识的因果关系时有着不同的语序差异，举例来说：

（3）Er ist nach Hause gegangen，weil er **Kopfweh hatte.**

（他回家了，因为他头疼）　　（转引自沈文）

(4) Er ist nach Hause gegangen, weil er **hatte Kopfweh.**

(我推定他回家了,因为我知道他头疼) (转引自沈文)

例(3)表达客观描述时,动词“hatte”(相当于汉语中的动词“有”)在句末位置,与主句的语序不同,从句采用的是“动词”居句末的形式,即“weil er Kopfweh hatte”,意为“因为+头痛+有”;而例(4)表达说话人的主观认识时,动词“hatte”(相当于汉语中的动词“有”)在句子的第二位置,即“weil er hatte Kopfweh”,意为“因为+有+头痛”,句子采用了与主句相同的语序,不再采用动词居句末的语言编码形式。

冯军伟(2012:89-93)曾经详细考察了让步假设类逻辑连词“哪怕”的主观认识表达功能,他认为“哪怕”主要表达说话人关于命题所做出的必然性判断,“哪怕”这种认识情态表达是心理动词“怕”在反问句的语境中经历语境义的固化而得来的。“哪怕”在反问句语境中,从“哪怕+VP”(表“反问义”)演变为“哪怕+VP”(表“让步义”),经历了从对未然事件的反问到对未然事件的假定(presupposition),进一步引申出让步假设义(concessional assumption)。在语用推理、前景信息背景化和韵律的促动等三重动因的作用下,“哪怕”经历重新分析,最终语法化为一个表达让步假设关系的逻辑连词。

杨黎黎(2012:16-23)曾经指出“在让步语境中‘可能类情态标记词’已经发展成为让步关系的标记词”。在“可能……但是……”结构中,“可能”本来表达说话人关于命题的低确定性推断,是一个典型的可能类情态标记词,但是,在让步语境中,这种“不确定性”不断地得到增强,进而演变成为一个让步类标记词,“可能”起到了一种“缓和语气”和“保护说话人面子”的语用功能。

李小军(2021:33-41)认为现代汉语的“至于”具有认识情态(表达必然或可能)和道义情态(表达必要)两种情态表达功能,其中,表认识情态时,主要是否定式“不至于+(S)VP”,也有反诘式“何至于”,出现的句子有未知未然事件句和违实性虚拟句两种。

因此,现代汉语中很多类型的逻辑连词(包括因果关系连词和让步关系连词等)都具有表达说话人主观认识的情态表达功能。

从心理动词“怕”到让步假设连词“哪怕”,从助动词“可能”到让步标记词“可能”,都说明了从动词向逻辑连词的语义演变具有一定的类型学共性。

赵艳(2017)认为“单音节让步假设类连词的语法化路径主要有两条:一是副词虚化;二是动词虚化”。以“即、就”的演变为例说明如下:

“即”本义是“就食”,后来引申为位移动词“接近”或“靠近”,由位移动词

“接近”“到达义”进一步引申为表示时间意义的时间副词，再进一步由时间副词虚化为表示纵予关系的逻辑连词，“即”经历了“本义实词＞时间副词＞纵予连词”的语义演变路径（赵艳 2017：20）。

古代汉语中的位移动词“就”经历了和“即”相似的语义演变过程，即“位移动词＞承接连词＞假设（条件）连词＞让步连词”的语义演变路径。在“即”“就”的语义演变过程中，反问语境是其发生语法化的重要条件。

张丽丽（2009：196－209）认为从“任由义”动词发展而成的纵予连词“纵”“纵使”“饶”“饶是”等兼具“纵予”和“假设”的双重功能是从强调词发展而来的。

无论是副词虚化，还是动词虚化，汉语让步假设类逻辑连词认识情态意义的产生大都来源于语境义的吸收，主要包括两种语境，一是强调语境，二是反问语境。表示某种条件和假设的词语长期在这两种语境中的高频使用促成了其认识情态意义的产生，从而最终语法化为表达让步假设关系的逻辑连词（详见第八章）。

因此，本书在汉语认识情态范畴逻辑连词类语言表达形式中选取了由心理动词“怕”在反问语境中经历语法化演变而来的“哪怕”作为让步假设逻辑连词类语言表达形式的典型个案。

4.2.3　心理动词构式类语言表达形式典型个案的选取

由心理动词和第一人称主语组构而成的“我（们）＋心理动词”构式是一个典型的认识情态表达构式，围绕着核心构式“我（们）＋心理动词”形成了一系列子构式，主要包括“我（们）＋感觉类心理动词”构式、“我（们）＋思维类心理动词”构式、“我（们）＋认知类心理动词”构式、“我（们）＋判断类心理动词”构式和“我（们）＋情感类心理动词”构式五大类，在这些心理动词构式中，尤以“我（们）＋判断类心理动词”构式使用频率最高，也最为典型，因此，本书将“我（们）＋判断类心理动词”构式作为认识情态构式“我（们）＋心理动词”的典型构式，并选取了“我（们）认为”构式、“我（们）以为”构式和“我（们）觉得”构式作为心理动词构式类语言表达形式的典型个案展开心理动词构式的认识情态研究。

4.2.4　语气助词类语言表达形式典型个案的选取

在现代汉语中，语气助词可以表达句子的语气类型或者言语行为类型，此外，语气助词还可以表达说话人关于所叙述内容的态度、情感、立场或者观点。换句话说，现代汉语中的语气助词既可以表达语气范畴，也可以表达认识情态范畴，具有双重表达功能。本书选取现代汉语中的典型语气词“吧”和非典型语气词“就是”作为认识情态范畴语气助词类语言表达形式的典型个案，考察语气助词类语言表达形式所表达的不同语气类型及其不同语气功能在交际中的互动建构过程。

4.2.5 可能补语构式类语言表达形式典型个案的选取

可能补语构式（possible complement constructions）指的是由可能补语构成的句法构式。根据 Bybee、Perkins & Pagliuca（1994）和 Boye（2012）关于认识情态语义类型的描写和论述，可能补语构式主要有两种语义类型。

第一类是“V 得/不 C”构式，主要表达说话人关于事件是否发生的可能性推断，表达的是一种“认识上的可能性”（epistemic probability）（详见吴福祥 2002；孙利萍 2007；李剑影 2007；岳浩然 2012；胡斌彬 2016 等）；

第二类是“V 不得/不了”构式，主要表达说话人关于事件不可能发生或者不会发生的断言，表达的是一种“认识上的确定性”（epistemic certainty）（详见柯理思 2005；孙姃爱 2009；彭利贞、关楠 2014 等）。

本书采用认知语用学的研究视角，考察互动交际中的“V 得/不 C”构式和“V 不得/不了”构式的认识情态表达功能，包括各类构式的语用背景、核心认识情态语义类型以及语境与认识情态语义类型之间的互动关系。

4.2.6 特定构式类语言表达形式典型个案的选取

一、认识情态的语义类型

Coates（1983：18）认为认识情态关注说话人关于可能性的评估（assessment）；Nuyts（2001：21）认为认识情态是说话人关于语言表达的事件状态可能性的评估（evaluation）；而 Palmer（1986；2001）认为认识情态表达说话人关于命题叙实性的评价（judgment）。在 Coates、Nuyts 和 Palmer 看来，认识情态是说话人对言语所表达信息或事件状态所做出的一种评估（evaluating）或者评价（assessment）。因此，说话人关于命题信息和事件状态的评估认识应该包括两种：

第一种是说话人关于命题真值真假的评估，表达的是说话人关于言语所表达命题为真的确信程度和承诺程度，主要涉及命题有可能为真的“可能性”（possibility）、命题很大可能为真的“盖然性”（probability）以及命题确定为真的“必然性”（即“确定性”certainty）；

第二种是说话人关于言语所表达命题信息或事件所处状态的评估，表达的是说话人关于命题信息或事件状态的某种态度（attitude），此时说话人的评估往往不涉及命题真值的“真”与“假”，而是着重于言者态度的表达。

崔希亮（2020：50－59）认为说话人的“言者态度”包括言者立场（stance）、言者情感（affect）、言者判断（judgement）和言者评价（evaluation）等。说话人关于命题信息和事件状态的评估态度处于从肯定到否定的连续统之中，在这个连续统中，肯定性态度和否定性态度处于连续统的两端，在肯定和否定之间是程度不同的态度量级（attitude scales）。

无论是关于命题真值的评估，还是对于命题信息或者事件状态的言者态度的评估，都是说话人关于言语所表达命题或事件的主观认识，都属于认识情态的表达范畴。

二、言者态度的语言表达形式

在现在汉语中，关于言语所表达命题或事件状态的言者态度的典型语言表达形式是语气助词（也叫语气词）。除了语气词以外，一些特定的句法格式也具有言者评估态度的表达功能，主要包括以下三类：

第一类是负面评价构式，主要表达说话人的否定态度。

负面评价构式主要表达说话人关于命题信息或者事件状态的否定评价态度，常见的负面评价构式有“问题是”构式（李宗江 2008）、“你看你”构式（郑娟曼、张先亮 2009）、“好你个＋X”构式（李小军 2014）、“这话说的”构式（方迪 2019）以及其他一系列负面评价构式（方梅 2017），等等。

第二类是主观极量评价构式，主要表达说话人的肯定性态度。

说话人通过对命题信息或事件状态在量级序列中所处的极性量级的主观断定，来表达说话人关于命题信息或事件状态的肯定性判断，表达的是说话人的肯定性态度，以主观极小量评估构式“不过……”构式、“……而已/罢了”构式和“不过……而已/罢了”构式为例，它们主要表达说话人通过主观判断上的“最低程度”——“主观极小量”的判断——来表达说话人关于事件状态的肯定性评估，属于确信度（certainty）较高的评估。

第三类是处于肯定态度和否定态度之间的评价构式，主要表达说话人的主观态度。

负面评价构式表达说话人关于命题或事件的否定评价；主观极量构式表达说话人关于命题或事件的肯定评价，而在说话人肯定态度和否定态度之间，是一个模糊的连续统，其中，还有诸多不同程度的“态度量级”（attitude scales），这些“态度量级”在语言中最常用的语言表达形式就是带有程度副词的形容词性短语，例如“很高兴”“特别失望”等。因为带有程度副词的形容词性短语反映的往往是客观事物或事件的“弹性”性状特点，这与说话人关于命题信息或事件状态的弹性评价是一致的，反映了人类在认识上的弹性和模糊性特征。以评价构式"(NP)+V+起来+AP"构式为例，"(NP)+V+起来+AP"构式主要用于表达说话人对事件状态的态度评价，是人类表达评估态度的重要构式之一。其中，主语"NP"是可评估实体(或"评估对象")，"V起来"体现了说话人的评估方式和手段，"AP"体现了说话人的评估态度，"(NP)+V+起来+AP"构式表达的是"对做某件事情('V+NP')怎么样('AP')"的言者态度和看法，是一种言者取向(speaker-oriented)的认识情态表达构式。

因此，本书在表达说话人言者态度的句法构式类语言表达形式中选取了"(NP)+V+起来+AP"构式作为弹性态度类评价构式的典型个案；选取了"不过……而已/罢了"构式作为主观极量类评估构式作为肯定态度类评估构式的典型个案，开展关于特定句法构式类语言表达形式的认识情态研究。

4.2.7 汉语认识情态范畴七大类语言表达形式之间的内在关联

情态动词类、语气副词类、语气助词类、让步假设逻辑连词类、心理动词构式类、可能补语构式类和特定句法构式类语言表达形式是汉语认识情态范畴最重要、最典型的七大类语言表达形式，这七大类典型的语言表达形式之间有着千丝万缕的联系。

首先，心理动词类、情态动词类和各种动词性句法构式类语言表达形式都具有谓词的性质，后面都需要接续谓词性成分，而语气副词也是附加在谓词性成分上的，语气助词则是附加在句子上的，从本质上来讲，也是附加在谓词性成分上的，而逻辑关系连词则是关联小句的，这说明这些认识情态范畴的语言表达形式都是关涉命题的，都属于命题态度成分。于康(1996：27-34)将汉语的句子分为命题成分和命题外成分，本书所讨论的认识情态范畴的各类语言表达形式都属于命题外的命题态度成分。

其次，从动词到情态动词，再到语气副词是一个连续统(彭利贞 2003：67)。傅雨贤、周小兵(1991：184-196)认为"助动词(本书中称为'情态动词')处于谓宾动词和副词的中介状态"。因此，"助动词+谓词性成分"与"语气副词+谓词性成分"在结构上是相似的，所以说，学术界关于"助动词+谓词性成分"是状中结构，还是连动结构，向来是有争议的。如果分析成状中结构，与"语气副词+谓词性成分"是一致的；而"助动词+谓词性成分"结构与"心理动词+谓词性/小句成分"也有具有高度的相似性。如果我们把谓词性成分作为助动词的谓词性宾语的话，助动词和心理动词(谓词性成分是心理动词的谓词性宾语或小句宾语)的功能就更加接近了，二者在结构上具有高度同构性。从历时的角度来看，大多数情态动词都是从实义动词发展而来的，往往具有多义性，在表达认识情态意义这一点上，大多数情态动词的功能和心理动词的功能是十分相近的。

再次，从连词的语义演变过程来看，大多数表达逻辑关系的连词都是从动词演变而来的，其中从空间域到逻辑域的隐喻性投射是其语义演变的主要机制。以心理动词为例，"怕、害怕"等是典型的心理动词，但是，围绕着心理动词"怕"产生了一批词，形成一个语义场（也叫"词族"），包括"怕、恐、恐怕、生怕[生恐、唯恐]、只怕、怕是"等，它们都兼有动词和副词双重词性，这进一步证明了"动词＞副词"演变模式的合理性；此外，在心理动词"怕"的基础上，还产生了表达让步假设逻辑关系的连词"哪怕"，这进一步证明了"动词＞副词＞逻辑连词"的演变模式具有一定的合理性。

第三节　小结

现代汉语认识情态范畴的主要语言表达形式包括情态动词类语言表达形式、语气副词类语言表达形式、语气助词类语言表达形式、让步假设逻辑连词类语言表达形式、心理动词构式类语言表达形式、可能补语构式类语言表达形式和某些特定构式类语言表达形式七大类型。

汉语认识情态范畴七大类语言表达形式之间存在着内在的关联和一致性。首先，心理动词类、情态动词类和各种动词性句法构式类语言表达形式都是关涉命题的，都属于命题外成分，本质上都属于命题态度成分。其次，从动词到情态动词，再到语气副词是词汇演变的连续统。从历时上来看，大多数情态动词都是从实义动词发展而来的，具有多义性，在表达认识情态意义这一点上，大多数情态动词的功能和心理动词的功能是十分相近的。汉语中的很多心理动词都兼有语气副词的功能（例如"怕、恐、恐怕、生怕[生恐、唯恐]、只怕、怕是"等），这说明语气副词中有很大一类是从心理动词演变而来的，因此，在汉语中还存在着"动词＞副词"词汇演变路径；第三，在心理动词"怕"的基础上还产生了表达让步假设逻辑关系的连词"哪怕"，因此，在汉语中存在着"动词＞副词＞逻辑连词"的语法化演变路径。

本书根据认识情态的典型语义类别，综合考虑各类语言表达形式之间的内在关联和一致性，选取"可能"作为可能类情态动词的典型个案，选取"应该"作为必要类情态动词的典型个案，来分别研究情态动词类语言表达形式所具有的表达可能性认识情态意义和盖然认识情态意义的情态表达功能；选取由心理动词经历语法化发展而来的“怕”和“恐怕”作为语气副词类语言表达形式的典型个案，来对语气副词类语言表达形式所具有的认识情态意义进行研究；选取现代汉语中的典型语气助词“吧”和非典型语气助词“就是”作为语气助词类语言表达形式的典型个案，来对语气助词类语言表达形式所表达的不同语气类型及其不同语气功能的产生过程进行研究；选取由心理动词“怕”在反问语境中经历语法化演变而来的“哪怕”作为让步假设逻辑连词类语言表达形式的典型个案，来对逻辑连词类语言表达形式所具有的认识情态意义进行研究；选取了断言类心理动词构式“我(们)认为”构式、“我(们)以为”构式和“我(们)觉得”构式作为心理动词构式的典型个案，来对心理动词构式类语言表达形式所具有的认识情态意义进行研究；选取“V得/不C”构式和“V不得/不了”构式作为可能补语构式类语言表达形式，来对可能补语构式类语言表达形式所具有的认识情态意义进行研究；选取“(NP)＋V＋起来＋AP”构式作为弹性态度类评价构式的典型个案，选取“不过……而已/罢了”构式作为主观极量类评估构式的典型个案，来对特定句法构式类语言表达形式所具有的认识情态意义进行研究。

第五章　情态动词类语言表达形式认识情态意义的建构过程

第一节　情态动词“可能”认识情态意义的建构过程

5.1.1　情态动词“可能”认识情态意义的共时建构过程

5.1.1.1　情态动词“可能”认识情态意义的相关研究

关于“可能”的语法性质，语法学界主要有四种观点：

第一种观点，“可能”是助动词，《现代汉语词典》(第7版)认为“可能$_3$”是助动词，表示“估计，不很确定”，例如“他可能开会去了”；朱德熙(1982)、孙德金(1996)、郭昭军(2003)等都将“可能”划分到助动词的范畴。

第二种观点，“可能”是能愿动词，赵元任(1979)、赵月华(1983)、Tiee(1985)、马庆株(1988)等都将“可能”划分到能愿动词的范畴。

第三种观点，“可能”是情态动词，Tsang(1981)、王晓凌(2003)、戴耀晶(2003)、宋永圭(2004)、彭利贞(2005)、朱冠明(2006)、梁清(2019)都将“可能”划分到情态动词的范畴。

第四种观点，“可能”是副词，《现代汉语八百词》将“可能$_2$”界定为副词，表示“估计；也许，或许”。“很可能”表示加强肯定估计，“不可能”表示否定估计。吕叔湘(1996)、胡静书(2014)、杨贝(2016)等都把“可能”划分到语气副词的范畴。

第一、二、三种观点虽然在命名上有一定的差异，但是大致可以归为一类，我们称为情态动词；第四种观点我们归为另一类——语气副词，不管归为哪一类，二者的语法功能大致相当，都表达说话人关于命题信息的主观判断，属于情态词(modal particle)的范畴。

关于“可能”意义的相关论述，主要有以下几种看法：

《现代汉语八百词》(吕叔湘 1992：336)将“可能”的意义解释为表示“估

计;也许,或许";

彭利贞(2005: 75)将"可能"的情态意义解释为[可能],具有元语言符号的特征,是模态逻辑的中心概念;李海霞(2011: 84-86)认为"可能"指"或许能成为事实的或然的属性",即表示纯粹或然;戴耀晶(2003: 371-381)认为"可能"的基本语义是"对事件的估计",可以用语义特征"可能"来概括,是句子的高层谓语,表示事件至少在一个可能世界里为"真"("可能"肯定式),也可以推出事件至少在一个可能世界里为"假"("可能"否定式);

周晓利、曾传禄(2015: 118-123)认为"可能"所表示的语义确信度一般比"也许"高,因此,所表示的委婉度比"也许"弱;杨贝(2016: 33-41)认为"可能"与"也许、大概、恐怕"相比使用频率更高,通过对与其共现词语的统计发现,"可能"侧重于表达"是否存在某种可能性""可能性的程度"或者"对于结果的估计"。

5.1.1.2 情态动词"可能"的认识情态意义研究

一、"可能"的情态属性和核心语义特征

在现代汉语中,与其他多义情态动词(例如"能、应该"等)分属于道义情态、动力情态或认识情态等不同情态类型不同,情态动词"可能"主要表达认识情态意义,属于认识情态表达范畴。蔡维天(2010: 208-221)把"可能"归为"知识助动词"(即"知识模态词"epistemic modal)的范畴,与同属于知识模态词的知识副词一样,是一个言者取向(speaker-oriented)的高层语法成分。Lin & Tang(1995)、曹逢甫(1996)、Huang(2009)、蔡维天(2010)、胡波(2015)、于浩鹏、何晓炜(2019)等都将助动词"可能"归为"提升情态助动词"(与"控制情态助动词"相对)的范畴。提升情态助动词"可能"关涉的是补足语短语或小句(complementizer phrase or sentence),允许补足语中的主语提升为话题(胡波 2015: 159-170),因此,知识助动词"可能"处于句子层级中较高的补词层(complementizer layer)(蔡维天 2010: 220)。

因为情态动词"可能"与一般情态动词不同,属于提升情态助动词,因此,按照蔡维天(2010: 220)关于模态词的分类,"可能"的语法功能与语气副词(蔡维天称为"知识副词")的语法功能相似,主要表达言者主语关于命题真值的确信程度或承诺程度,因此,吕叔湘(1996: 336)将其归入语气副词的范畴,并指出"在句中'可能'可以出现在动词前、助动词前和主语前等多个句法位置上",例如:

(1) 他**可能**知道这事儿。(转引自《现代汉语八百词》)

(2) 他**可能**得住院治疗。(同上)

（3）**可能**大家还记得这件事。（同上）

例(1)和例(2)都允许“可能”提升到主语前，例(3)同样允许“可能”移位到句法主语“大家”之后，即允许补足语中的主语“大家”提升为话题。由此可见，情态动词“可能”虽然在句法上可以关涉谓词性短语，也可以关涉整个小句，但是，从“可能”情态语义的辖域来看，无论是关涉谓词性成分，还是小句，“可能”都与句法主语没有施受事关系，其情态语义辖域都是整个句子，因此“可能”不是施事取向的（agent-oriented），而是一个言者取向（speaker-oriented）的情态算子（modal operator）。

语言学上的“可能”是一个言者取向的情态算子，主要表达说话人对命题为真的判断所持有的不确定性态度，与逻辑学上的“可能”概念相关，但是并不完全相同。

逻辑的“可能”主要指的是逻辑的“或然”，指没有逻辑的矛盾，与逻辑的“必然”相对，逻辑的“必然”指的是体现了逻辑的规律（王继同、黄华新1989）。从逻辑学的角度来看，“可能”至少可以从真值模态逻辑、概率模态逻辑和认识模态逻辑三个角度进行解读。

从逻辑学的视角来看，在真值模态逻辑（alethic modality）中，“可能”表达的是命题为真的可能性，“可能”与“必然”相对，“必然”表达的是命题为真的必然性，这种“非真即假”的“二值判断”是传统逻辑学的典型特征；而在概率模态逻辑中，“可能”表达的是命题为真的可能性程度。莱欣巴赫（Hans Reichenbach）用“概率值的连续标度法”（即“多值性”，取“0—1”之间的任何值）来代替古典逻辑的“非真即假”的二值性（即“0”或者“1”）（郑昊2010：18）。认识模态（epistemic modality）表达所知与所信的概念，包括对“命题信息确信是真的”（即“确信性”，certainty）的判断和“命题信息不太确信是真的”（即“不确信性”，uncertainty）的判断。“可能”表达的是对“命题信息或许是真的”的判断，这种认识上的判断根据说话人的确信程度不同而有所不同，认识模态中的“可能”显然不仅仅表达简单的“非真即假”的真值模态，而是与“概率模态逻辑”更加接近。

真值模态逻辑（alethic modality）关注的是命题的真实性问题，涉及“命题可能为真”（即“或然性”）或者“命题必然为真”（即“必然性”）两种情况。从语言学的视角来看，在现代汉语中，情态动词“可能”不仅仅表达命题可能为真（即“或然性”），更重要的是表达命题为真的可能性程度，因为在现代汉语中存在着“完全可能”“极可能”“最可能”“很可能”“可能”“不太可能”“不可能”“绝不可能”等各种情态表达形式。吕叔湘（1996：336）认为“很可能”

表示加强肯定估计,“不可能”表示否定估计。因此,“完全可能”“极可能”“最可能”“很可能”“可能”“不太可能”“不可能”“绝不可能”形成了“认识可能”的不同程度等级,在可能程度等级的两端是肯定和否定,我们把“否定”记为“0”,把“肯定”记为“1”,在“0”和“1”之间存在着不同程度的“可能性”,记为“X”,“X”的赋值范围为“0<X<1”,这就是概率模态逻辑的“概率值的连续标度法”,这种标记法为我们描写认识的可能性等级提供了一个很好的研究视角,打破了传统真值模态“命题为真或为假”的简单的二值赋值,而是采用了多点赋值的连续标度法,让我们对“可能”所表达的说话人的认识程度有了更为科学的认知。

“可能”所表达的认识的可能性程度处于否定和肯定之间,即“0<X<1”(“X=可能”)。“可能”所表达的可能性程度是一个连续统,最小无限接近于否定(我们记作“0”),最大无限接近于肯定(我们记作“1”),表达的是一种“模糊判断”,“可能”的取值可以为“0.1、0.2、0.3……0.8、0.9”中的任何数值。正因为“可能”表达的是一种模糊的概率判断,所以“可能”在语言学中主要表达的是说话人关于命题判断的不确定性(uncertainty),即“命题可能为真”,或者,“命题可能为假”,仅仅表达一种或然性,以例(1)为例:

(1) 他**可能**知道这事儿。

(1a) 他可能知道这事儿,也可能不知道这事儿。

其他常见的表达“或然”推断的情态词,例如“恐怕、恐、怕、也许、或许、兴许、许、大概、不定、大约、多半、该、似乎”等,除了“也许、或许、兴许”之外,其他情态词都不可以进入到“可能 VP,可能不 VP”的结构,试比较:

(1b) 他也许知道这事儿,也许不知道这事儿。

(1c) 他或许知道这事儿,或许不知道这事儿。

(1d) 他兴许知道这事儿,兴许不知道这事儿。

(1e) *他恐怕知道这事儿,恐怕不知道这事儿。

(1f) *他大概知道这事儿,大概不知道这事儿。

(1g) *他不定知道这事儿,不定不知道这事儿。

(1h) *他多半知道这事儿,多半不知道这事儿。

(1i) *他似乎知道这事儿,似乎不知道这事儿。

情态动词“可能”与语气副词“也许、或许、兴许”都表达“或然性”推断。

李命定、袁毓林(2018：35)认为“可能”是一种概率算子;袁毓林(1999：197)认为“可能”是介于肯定和否定之间的一种概率,其所含有的信息量比较小(小于1个比特),因此,“可能VP”和“可能不VP”在同一个复句中连用而不引起逻辑矛盾,也就是说不违反排中律。笔者同意袁毓林(1999)和李命定、袁毓林(2018)关于“可能”是概率算子的判断,同时,还应该指出的是,情态动词“可能”所表达概率所处的概率赋值区间为“0＜X＜1”(“X＝可能”,“0”＝“否定”,“1”＝“肯定”),因此,“可能”所表达的认识的可能性范围很广,除了认识上的“必然性”(命题必然为假,即“否定”;命题必然为真,即“肯定”)之外,都可以用“可能”来表达。语气副词“也许、或许、兴许”和情态动词“可能”一样,所表达的概率推断范围的赋值区间也是“0＜X＜1”。正因为“可能”的赋值空间比较大,所以“可能”的使用频率极高,在媒体语言语料库(MLC)中出现的频次高达177000余次。

情态动词“可能”的核心情态语义特征为[＋可能],即[－必然],也就是说,只要是“非必然的”都是“或然的”,都是“可能的”。语气副词“也许、或许、兴许”的核心情态语义特征也是[＋可能],即[－必然],属于表达[＋可能]的概率算子。那么,正是由于“可能”的概率赋值区间为“0＜X＜1”(“X＝可能”,“0”＝“否定”,“1”＝“肯定”),所以,“可能”所表达的“认识上的可能”的弹性空间很大,从“较大可能”,到“可能”,再到“较小可能”,都可以用“可能”来表达。从认知语言学的视角来看,人类对世界或世界万物的认知不是简单的“非真即假”的二值判断,而是一个多点赋值的连续统,是一个范围取值。也就是说,在“命题为真或为假”之间或者“命题的否定与肯定”之间存在着一个模糊区间,这个模糊区间是一个连续统,存在着诸多不确定性,而“可能”正是这种“不确定性”的模态标记。“可能”所表达的“不确定性”受到多种因素的影响：一是概率因素(possibility),当对命题真值没有任何判断依据时,说话人的判断往往倾向于纯概率上的主观猜测(speculate),这种主观上的概率推测在口语交际中比较常见;二是认知因素(epistemic),即说话人对命题真值的判断有一定的认知依据,说话人所做出的判断倾向于认知类判断,这种认知类判断的依据是多种多样的,包括说话人获得的关于客观世界或客观事物的事实类证据(evidences)、知识(knowledge)或信念(belief);除了获得依据的类型之外,获得依据的方式也会对说话人的认知判断产生一定的影响,比如说话人通过直接经验获得的(direct evidences),或者通过间接经验获得的(indirect evidences),或是通过推理(induce)或假设(assumptive)获得的,等等。吕叔湘(1996：336)对“可能”的释义是表达“估计”“也许、或许”。我们对吕先生关于“估计”的解释的解读有二：一是纯概率上的“估计”，说话人没有任何判断依据，即纯概率上的主观猜测；二是有一定依据的推断(deductive)或假设(assumptive)，属于认知上的“有据性”推断。无论是纯概率的猜测(speculative)，还是认知上的有据推断(deductive)，都属于说话人关于命题真值的主观认识，都属于认识情态(epistemic modality)的表达范畴。

正因为“可能”的核心情态语义特征为[＋可能](也就是[－必然])，其所表达的概率赋值区间为“0＜X＜1”(“X＝可能”，“0”＝“否定”，“1”＝“肯定”)，所以，在没有明确的语言标记进行限定的情况下，“可能”所表达的可能程度是一个处于一定范围的连续统，可能性高低不一，这是“可能”在认识情态表达上的第一个特点；第二个特点就是，现实交际中“可能”可以被精确地多点赋值。“可能”既可以表达模糊判断，又可以表达精确判断，这是由语言表达的精确性和模糊性这一对矛盾体的对立统一性造成的。也就是说，在言语交际中，出于交际的需要，我们可以利用语言的模糊性进行模糊表达，同样出于交际的需要，我们也可以利用语言的精确性进行精确表达。因此，当我们需要相对精确地表达说话人对命题真值的主观倾向性时，说话人就会根据交际的实际需要对“可能”所表达的模糊推断进行精确的多点赋值，即说话人可以用“完全可能”“极可能”“最可能”“很可能”“可能”“不太可能”“不可能”“绝不可能”的言语表达方式来相对精确地表达说话人关于命题真值所持有的主观态度，表示言者主体的主观倾向性；除此之外，我们还可以采用情态动词“可能”与表达“可能”的其他语言表达形式共现的方式来对“可能”的可能程度进行相对精确地定值，以明确表示说话人关于命题真值所持有的鲜明态度。

二、“可能”所表达“认识上的可能性”的连续统性质

袁毓林(1999)和李命定、袁毓林(2018)都认为“可能”表达的是可能世界。所谓“可能世界”，是指符合逻辑一致性的可能组合，即在可能世界中，事物组合只要没有逻辑矛盾就是可能的，“可能世界”最早是由莱布尼茨提出的。按照莱布尼茨关于“可能世界语义学”的观点，“一个命题P是可能的，当且仅当P在有的可能世界中是真的”。“有的可能世界”是哪些可能世界？到底存在着多少个可能世界？可能世界和现实世界是什么样的关系？哲学界对上述问题争论不休(详见冯棉1995；徐冬海1999；张家龙2002；何松旭2014；一之濑正树2018等)，这就导致了我们很难对“可能”所表达的情态语义有准确的理解。

概率逻辑模态为我们对“可能”所表达的认识情态意义进行解读提供了另外一个视角。按照概率逻辑模态“概率值的连续标度法”，我们可以把“可

能”所表达的“认识上的可能性”界定为“0＜X＜1”(“X＝可能”,“0”＝“否定”,“1”＝“肯定”)上的任何一点,“可能”表达的是“[＋可能]”,即“[－必然]”。也就是说,“可能”表达的是说话人认为“非必然”的“所有可能”,即说话人做出的认识上的推测是基于说话人在概率区间(“0＜X＜1”)范围内的所有“可能性”判断。因此,“可能”所表达的“认识上的可能性”是一个“只有范围,没有定值”的具有一定弹性的模糊区间,表达多种可能性,具体来说:

第一种,“可能”可以表达说话人毫无证据的主观猜测,仅仅表达说话人纯概率上的推测,例如:

(4) 主持人:“知道这宇航员在太空怎么上厕所吗?”

观众2:“他就是自己弄一个塑料袋。”

主持人:“一个塑料袋?”

观众3:“我想的话,**可能**把手和脚都要固定起来,要不然从马桶上要飞起来。”(中央电视台《乡约——花毽王》2010－06－24)

(5) 主持人:“能吼得多么嘹亮?能让那个钟楼都听到,对不对?”

观众:“**可能**大雁塔会晃一晃。”(中央电视台《乡约——秦歌第一人》2010－03－02)

(6) 主持人:“毛巾,一点不假,这是一块儿毛巾,然后这有果酱,有酱油,有果汁,有可乐,还有食用油,这些东西放在这儿,然后再加上我手里这块毛巾,放在这儿。这位大爷,先给我说一下,看到这些东西,会让你产生怎样的联想?”

观众:“是不是用来清洗,**可能**要擦手。”(中央电视台《乡约——不惑之年创业记》2010－05－18)

例(4)中,观众对“宇航员上厕所”进行主观猜测,“可能”仅仅表达说话人纯概率上的推测,没有任何评估依据;例(5)中,说话人关于“大雁塔会晃一晃”的判断,仅仅是一种夸张的表达方式,从一般常识来看,“吼秦腔导致大雁塔晃一晃”的可能性极低,所以,仅仅属于说话人纯概率上的猜测;例(6)中,观众仅仅依据所看到的东西进行主观猜测,句中的“可能”是说话人认为概率较大的某种可能,并没有提供任何证据。因此,例(4)—例(6)中“可能”所表达的认识上的可能性等级都比较低,属于说话人基于概率的纯主观猜测。

在日常口语对话中,说话人经常需要做出没有任何依据的纯主观猜测,表达某种基于概率的可能性推测,这种“可能性推测”没有任何证据,因此,根据说话人在概率上的判断，“可能”在概率赋值区间“0＜X＜1”（“X”＝“可能”）的范围内取任何数值，听话人很难通过说话人的言语行为特征来确定“可能”所表达可能性的高低，这种“可能性”仅仅是说话人基于概率的模态推断——即说话人认为“在概率上有可能”，仅此而已。

第二种，“可能”所表达的“认识上的判断”往往具有一定的判断依据，这种判断依据包括客观事实类、经验类、知识类或者说话人的某种信念和信仰等，此类可能性判断属于说话人在认识上的“有据推断”。

说话人根据已有的客观事实做出可能性推断，例如：

(7) 深圳卫视《22度观察》：“像克林顿时代提到这种建设性合作关系，之后小布什用‘利益攸关方’来形容两国的关系，到奥巴马时代您提到的积极全面的中美关系，再到我们说的战略再保证，这是一条怎样的发展脉络？”

吴建民：“用词**可能**有些不一样，克林顿时期用了伙伴关系，后来小布什说不是伙伴，我们是竞争对手、利益攸关方，后来慢慢又变成利益攸关方，是建设性合作的关系，后来到奥巴马上台之后，我们2009年4月1日定位是21世纪积极的、合作的、全面的关系。”（深圳电视台《22度观察——2010中美外交大趋势》2010-01-22）

(8) 主持人：“的确跟我们的父辈相比呢，那个时候每个家庭**可能**有三五个孩子，但是对于父母来说，没有感觉太大的压力。”（中央电视台《海峡两岸——台湾生育率下降让人急》2010-05-14）

例(7)中，不同时期中美的双边关系采用了不同的命名，这是客观事实，比如说克林顿时期中美双边关系是伙伴关系，小布什时期是建设性合作关系，奥巴马时期是应对共同挑战的伙伴关系，中美双边关系在命名的用词上显然是不同的，这是客观事实。因此，说话人基于已经出现的客观事实做出了“用词可能有些不一样”的断言。说话人使用情态词“可能”显然不是因为说话人由于缺乏证据而做出可能性较低的判断，而是基于交际上的礼貌原则而采取的缓和语气的言语交际策略，其实说话人在认识上的确定性程度是非常高的。例(8)中，“父辈们每个家庭有三五个孩子”是众所周知的，也是已经出现的客观事实，因此，情态词“可能”的出现显然仅仅是出于缓和语气的需要，而不是基于客观事实的可能性程度较低的推断。

说话人根据某些直接经验来进行可能性推断，例如：

(9) 吴建民:“摩擦是不可避免的。贸易越发展,**可能**各种各样的摩擦就会越多。你想我们过去70年代跟美国没有摩擦,我们没做什么生意,就没有摩擦,现在关系大发展了,就有摩擦了。”(深圳电视台《22度观察——2010中美外交大趋势》2010-01-22)

(10) 黎建南:“第一个,当然他找的就是流民,流民就是在外面流浪,这些人有时候为了几千块钱就会把自己出卖掉,有的时候一下子缺点钱,**可能**就答应配合医生做这个事。”(中央电视台《海峡两岸——台湾一家医院黑心骗保被罚1.5亿》2010-04-23)

例(9)中关于“贸易越发展,各种各样的摩擦就会越多”的推断,是基于过去70年代以来跟美国经贸关系的发展历史而做出的可能性推断,是基于某些直接经验而做出的可能性推断,这种可能性推断在认识上的可能等级中处于较高的位置;例(10)中,说话人根据“流民为了几千块钱就会把自己出卖掉”的既往经验,做出了“流民会因为缺钱,可能就答应配合医生做这个事”的可能性推断。

说话人根据人类的某些认知知识来进行可能性推断,例如:

(11) 叶海林:“关键是一些突发的紧急事件,有可能不是两国政策的蓄意所为,但是由于这种信息的不对称,双方**可能**会产生误判,因为我们知道在1945年以前的人类历史当中,我们作为一国的首脑是不相信另外一个国家的,我们认为所有对方对我们采取的行为都是恶意的,或者说都至少是故意的。”(深圳电视台《22度观察——“元首热线”:最神秘的外交通道》2010-06-13)

(12) 陈鲁豫:“有过那样的时候吗?比如说曾经伤害过你的人,无论是有意还是无意的,他在面对你的时候,他**可能**会不太敢接近你,或者不太好意思过来跟你打招呼。”(凤凰卫视《鲁豫有约——刘嘉玲:梁朝伟像个小孩　我会敬伤害过我的人一杯》2011-01-03)

例(11)中,“因为信息的不对称,可能会导致错误判断”,这是人类一般的认知规律;例(12)中,“曾经伤害过你的人,一般不好意思再接近你或者跟你打招呼”,这也是人们在社会生活中认知度较高的共享经验或者共享知识,说话人根据这些共享经验或者共享知识对命题信息做出相应的判断,其认识上的可能性程度往往比较高。

说话人根据自己的某些信念或者某些共同信仰来进行可能性推断,

例如：

(13) 陈鲁豫："我相信你**可能**具有这样的力量，这是一种，你必须要经历过很多事情之后，才具有这样的力量，对吗？"（凤凰卫视《鲁豫有约——刘嘉玲：梁朝伟像个小孩　我会敬伤害过我的人一杯》2011-01-03）

(14) 何冀平："因为人性才是共通的，大家看的时候，更多地感受到了我们里面几位警员、台湾警员，在这样的一个历史事件背景之下，他们表现的一些很难得的一些个人生活道路的选择，我想他们**可能**更多地被这些来感动，还有就是被这种真实的历史事件的再现（感动），觉得很真实、很生动。"（中央电视台《海峡两岸：台湾"3·19"枪击案被拍成电影》2010-05-11）

例(13)中的"我相信"结构和例(14)中的"我想"结构，都属于断言类认识情态表达构式，用于表达说话人基于个人的某种信念或信仰而做出的断言认识，因此，断言的肯定性程度比较高，"可能"在句中主要起到"弱化说话人断言语气"的语用功能，与其他类型的用法相比，"可能"所表达的"认识上的可能性程度"也比较高。

与第一类纯概率上的主观猜测相比，说话人根据某些客观事实、经验、知识或者信念信仰而做出的概率上的推断，属于认识上的"有据推断"，确信度更高。无论是"无据猜测"，还是"有据推断"，都属于说话人基于概率的主观推断。"判断依据的有无"决定了概率的大小，"无据猜测"往往是概率较低的猜测，是一种模糊推测；相较而言，"有据推断"表达的概率往往较高，体现出言者主体的主观倾向性。因此，"可能"所表达的"认识上的可能性"处于"0<X<1"（"X"="可能"）的区间内，"可能"在认识程度上的取值是一个模糊的范围，其认识程度的高低取决于概率的大小，而概率大小的取值高低则取决于"说话人做出推断的依据"的证据性强弱。我们可以根据"证据性的强弱"标准将"说话人做出推断的依据"按照由弱到强的顺序排列如下：

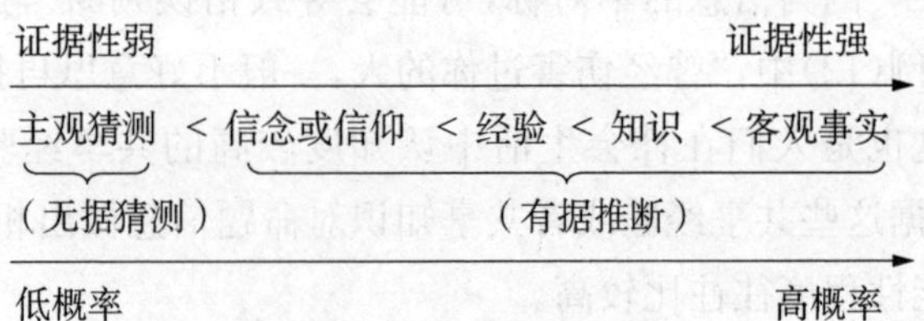

图 5-1　"可能"概率高低的判断依据

在图 5－1 中，说话人纯主观猜测的证据性较弱，因此属于低概率事件，往往表达低概率上的“可能”；“客观事实”的证据性较强，因此往往表达高概率上的“可能”。在“主观猜测”和“客观事实”之间，是一个证据性“由弱到强”的认知连续统，个人的信念和信仰主观性较强，因而证据性较弱；个人经验一般属于第一手的直接经验（direct experience），证据的客观性相对较强；人类一般的认知知识（knowledge）虽然属于间接经验（indirect experience），但是往往因为被社会或言语社团所广泛认同而共享为理想化认知模型，因而在交际过程中，人类一般认知知识的社会和公众认可度也非常高。当然，“信念或信仰”“经验”“认知知识”三者之间是一个模糊的连续统，不能截然分开。但是，从“主观猜测”到“信念或信仰”“经验”“认知知识”，再到“客观事实”，证据性“由弱到强”，同时，受到判断依据证据性由弱到强的影响，“可能”所表达的“认识上的可能”也经历了从“低概率可能”向“高概率可能”的过渡。

情态动词“可能”表达说话人在概率上的“可能性”判断，因此，概率的大小不同，“可能”所表达的可能性程度高低不同。“可能”所表达的“认识上的可能性”处于肯定和否定之间，即“0＜X＜1”（“X＝可能”，“0”＝“否定”，“1”＝“肯定”），因此，“可能”在认识上的可能性取值是一个模糊的范围取值，“可能性”大小的赋值取决于说话人推断的概率大小，推断的概率大小则取决于说话人做出判断的依据的证据性强弱。

三、“可能”所表达认识上可能性的不同概率赋值

由于“可能”所表达的“认识上的可能性”是一个范围取值（“0＜X＜1”），所以，从“低概率可能”到“高概率可能”都可以用情态动词“可能”来表达，这就导致了“可能”的模糊性特征。但是，在现实的言语交际过程中，我们不仅仅需要借助于模糊的语言手段进行表达，有时，还需要根据交际需要，采用相对精确的语言表达手段进行精确化表达。这就需要借助语言手段对情态动词“可能”的模糊情态语义进行精确赋值，主要的言语表达手段是在“可能”前添加程度限定词，从而为“可能”所表达的“认识上的可能性”进行概率高低的赋值，例如：“完全可能”“极可能”“最可能”“很可能”“不太可能”“不可能”“绝不可能”等，除此之外，还有“完全有可能”“最有可能”“极有可能”“很有可能”“有可能”等，我们暂不讨论这些短语中的“可能”到底是情态动词、形容词，还是名词，我们姑且根据其认识情态意义的表达功能，把这些短语看成一个个认识情态的言语表达形式。“可能”的这些言语表达形式表达了概率大小不同的“可能”，在认识程度上构成了一个“由高到低”的“可能性序列”，这个“可能性序列”在一定程度上体现了人类对客观世界的

认知规律。

在情态动词“可能”所表达的“认识的可能性序列”中,“完全可能”“极可能”“最可能”表达的是高概率推断,即说话人对命题为真的判断肯定度和确信度都比较高,例如:

(15) 中华医学会会长、中国工程院院士钟南山在接受中国之声专访时指出:“从流感发生规律来看,一般不止一个高峰,接下来还会有第二个、第三个,因此今年秋季**完全可能**出现另一个高峰。”(中央人民广播电台《新闻纵横》2009-08-30)

(16) 一个星期后,侦查人员发现,廖得贵先后两次运了两批鞋柜,放到距离他住所三公里外的一个出租铺位。警方分析,廖得贵**极可能**利用鞋柜藏匿毒品,立即租了对面4楼的一套房子进行全方位监控。(中央电视台《焦点访谈——两岸合作破毒案》2010-12-15)

(17) 为防止出现意外攻击事件,泰国警方在法院内外部署了3支警察团队。由于估计宣判后的4到5小时是最敏感的时间,**最可能**发生极端事件,所以泰国国防部、警察总部和陆海空军的最高指挥官已经部署了相应的安保措施。(中央电视台《中国新闻》2010-02-27)

“很可能”“很有可能”往往表达较高概率的推断,即说话人对命题判断的肯定程度高于一般的情况,但是比“完全可能”“极可能”“最可能”所表达的可能程度要低,例如:

(18) 尹卓:“苏比克在南海方向,大家都知道南海方向也是海军兵力比较集中的地方,印度洋的迪克加西亚港部署了,**很可能**是对伊朗的一个威慑。”(深圳电视台《22度观察——以美为首的多国潜艇怎样包围中国?》2010-08-19)

(19) 罗兵:“如果牙疼**很有可能**不光是牙齿本身的问题,**很有可能**是心脏有问题,或糖尿病初期症状,或者其他病的初级症状,所以不能轻视牙疼这个问题。”(北京人民广播电台《行家——牙齿保健专家:王伟健》2008-10-29)

“可能”“有可能”可以表达一般意义上的推断,我们称为“中性可能”,即说话人做出命题为真的推断概率为50%左右。换句话说,说话人认为“命题可以为真,也可以为假”。表达“中性可能”的“可能”主要表达说话人的某种不确定性(uncertainty)。在言语交际中,说话人经常用“可能……也可能……”“有可能……也可能……”“也可能…也可能……”“有可能……有可能……”等言语表达形式来表达“中性可能”,这种“亦A亦一A”式的言语表达方式恰恰体现了“可能”的“中性性质”,例如:

(20) 张鸿:“我相信绝大多数人都会做出正确的选择,就是我应该送他去,这是一个该不该的问题,然后到那儿**可能**有感谢,**也可能**不需要感谢,雷锋叔叔不留名就走了,但是如果雷锋叔叔在今天的话,他仍然遇到一个胃疼的青年在路上,他可能就会犹豫,为什么会犹豫呢?”(中央电视台《今日观察——莫让助人成恐惧》2010-03-23)

(21) 杜文龙:“因为它没有针对性,它只不过在正常的训练飞行过程中,发现什么样的信号就记录什么样的信号,实际上它是一种积累。这个积累在战时**有可能**有作用,**也可能**没作用,它是平时加强情报来源、进行情报梳理的一个重要渠道。”(中央电视台《新闻频道——印航母需派舰护送才能回国》2013-11-18)

(22) 于明德:“正常说,大多数药品从工厂出来要卖给批发公司,批发公司**也可能**是一道,**也可能**是两道,多的个别的,**也可能**到三道,就是由北京的一个药厂给了北京的一个批发公司,北京批发公司再把这个药品调给上海的批发公司……这是比较多的环节了。”(中央电视台《新闻1+1——药片利润1300%,救命还是要命?》2010-05-18)

(23) 张鸿:“老百姓是凭着他身边的这样的、可以看到的、可以听到的这些经验来认识这个数字,虽然这个数字可能,**有可能**高了,**有可能**低了,但是他觉得,这个事情本质上是真实的,也就是说,确实有很多人买了房子闲在那儿,等着投机挣钱。”(中央电视台《今日观察——空置房之谜谁来解?》2010-08-13)

例(20)中的“可能有感谢,也可能不需要感谢”、例(21)中的“有可能有作用,也可能没作用”和例(23)中的“有可能高了,有可能低了”都是“亦A亦一A”式正反推测,“A”和“一A”之间概率相当,都有50%的概率;例(22)中的“也可能是一道,也可能是两道,多的个别的,也可能到三道”是无倾向性的多项选择,每个选项之间的可能概率大致相当。因此,在例(20)—例(23)中,说话人并没有表现出明显的主观倾向性,是较为典型的中性概率推测。

“不太可能”往往表达较低概率上的推断,即说话人对命题判断的肯定程度较低，例如：

(24) 朱知寿："钛跟人体的相容性比较好，常作为人工关节的植入，不会产生毒素。从医学角度上，**不太可能**被人体吸收。"（天津电视台《财经视界》2008－09－04）

(25) 方来英："总会有人不看的。但是我想当信息渠道从四面八方都过来的时候，我们**不太可能**出现那种信息的孤岛。也许你在家没看到，但你到办公室你看见了；你在办公室没看到，今天你翻开报纸看见了。"（中央电视台《面对面——方来英：迎战甲型流感》2009－07－04）

"不可能""绝不可能""绝无可能"往往表达极低概率上的推断，即说话人对命题为真持否定态度，例如：

(26)《22度观察》："瓦格纳据说上任之后，也曾经试图改变这一切。"

何亮亮："**不可能**从根本上改变，所以现在倒好了，弄得天怒人怨，到白宫来，等于白宫在施加压力要通用换人。"（深圳电视台《22度观察——究竟是谁谋杀了百年通用？》2009－06－24）

(27) 张召忠："我并不认为当前朝鲜会在这种情况下进行核试验和导弹实验，而且即便是它进行导弹实验，它的导弹也**绝不可能**打到美国的西海岸。"（中央电视台《今日关注——军演再上航母？朝鲜威胁核战！》2011－02－24）

(28) 英国媒体认为，布朗担任财政大臣10年以后，又当了两年的首相，政治资本已经耗尽，他带领工党参加下次大选，工党**绝无可能**取胜。（中央人民广播电台《天下财经》2009－06－22）

四、"可能"与其他情态表达形式的共现情况

情态动词"可能"所表达的"认识上的可能性"是一个具有一定范围的弹性概率区间，"可能"既可以表达大概率可能，也可以表达小概率可能，因此，"可能"可以在"0＜X＜1"（X＝"可能"）范围内的取任何数值。有时候出于交际精确性表达的需要，说话人需要对概率取值进行限定，其概率取值的限定手段除了采用添加程度限定词之外，还经常采用在句中添加其他情态表达形式的手段。与"可能"共现的情态表达形式主要有四大类：

第一类是"会、要、将"等情态动词,这类情态词往往出现在"可能"的后面,即处于"可能"情态语义的辖域之内,这样的话,"可能"所表达的概率上的可能是一种取值范围较大的模糊可能性,而"可能性"的大小则由"会、要、将"进行限定,举例来说:

(29) 王福重:"一个小孩这一生当中**可能会**碰到各种问题,因此你干脆就不要生了。"(深圳电视台《22度观察——因为穷而不生孩子,错了吗?》2010-07-08)

(30) 铁道部运输局负责人表示,此举是为了维护售票公平,不过,在购票、验票、进站乘车等方面**可能要**花费更多时间。(中央电视台《新闻30分》2010-01-09)

(31) 广东省物价局发出通知,从9月份起,严格控制基本药物目录内五百多种药物的价格,要求医院的差价率必须低于药店,这意味着医院的药价**可能将**比药店便宜。(广州电视台《广视新闻》2010-08-21)

侯瑞芬(2009: 270-296)认为"会"主要表达对未来出现某种情况的肯定性推测;李命定、袁毓林(2018: 35)认为"会"表达的是说话人对于命题的态度,即"相信命题为真",是一个"信念算子";陈振宇(2020: 13)认为"会"表示某种自然趋向性,是一个必然认识情态标记,侧重于表示说话人认识的确定性。杨黎黎(2016: 1-2)认为"要"表示将来要发生的事件,是一种必然性的预测;"将"表示对动作行为的未然结果或客观发展趋势做出比较肯定的推断,表明事件可能发生,"要"和"将"都是具有推测意义的将来时标记。笔者同意上述相关论断,认为"会""要""将"都表达说话人对事件或动作行为未来发生趋势的倾向性预测,所谓"倾向性预测"是指说话人认为事件或动作行为在未来很可能发生,表达的是说话人的某种信念或信仰(belief)。那么,既然是表达说话人的倾向性判断,说话人所做出断言的肯定性语气相对较强,所以,"会""要""将"需要在"可能"的情态语义辖域内,遵循着"概率可能+信念可能"的由弱及强的情态语义组合模式。

第二类是同样表达"可能性"的语气副词"也许、或许、大概"等。由于这些表达可能性的语气副词与"可能"的情态功能类似,因此,"可能"和语气副词在句中的位置相对灵活,既可以是"可能+也许/或许/大概"的组合模式,也可以是"也许/或许/大概+可能"的组合模式,其情态语义组合模式是典型的“概率可能＋概率可能”，以加强说话人关于命题判断的不确定，例如：

(32) 许戈辉：“他或许会难过。”

桑普拉斯：“**可能也许**在内心深处会这么想。”(凤凰卫视《名人面对面——“球王”桑普拉斯：想当老大　就要不怕牺牲》2011-10-17)

(33) 解说：“做一个城市的主人翁，面对少则几万个、多则上百万个井盖的城市，一个人的随手拍**也许可能**挽救另一个人的生命，而城市的管理者更应采取行动。”(中央电视台《新闻频道——追问“夺命”井盖!》2013-03-26)

(34) 纪硕鸣：“但是由于这么一个事故以后，这个事故也是自然灾害引发的事故，**可能或许**变成一个十字路口，核能未来的何去何从就是一个问题了。”(凤凰卫视《时事开讲——网友质疑联合国并未发挥作用反在为西方国家背书》2011-03-24)

(35) 这一做法在韩国引发了一些争议，韩国KBS电视台今天的报道就指出，遏制通胀的“良药”**或许可能**会成为经济增长的“毒药”。(中央电视台《今日亚洲》2008-08-08)

(36) 林于乔：“其实不管是到关岛，或是到日本的嘉手纳基地，其实都还算不是很远的一个地方，也算近，**可能大概**都在三个小时以内的航程。”(中央电视台《海峡两岸——美军F-22战机高调亮相引关注》2010-07-16)

(37) 网友：“大概的话，基本上空置的楼盘还有很多，我粗略地描述一下，**大概可能**有三分之二左右。”(中央电视台《今日观察——空置房之谜谁来解?》2010-08-13)

第三类是表达不确定推断的其他情态表达形式，包括“说不定”“不一定”“搞不好”等，这些情态表达形式一般出现在“可能”的情态语义辖域内，遵循着“概率可能＋信念可能”的情态语义组合模式，以加强说话人的确定性，例如：

(38) 铁良：“我也可以用这个符号，这个符号不管怎么样，它起码**可能说不定**什么时候遛到我们这儿来，关键是我们打造了一个平台，打造得好，达到了一个经济利益，为当地经济发展起到了一个促进作用。”(北京人民广播电台《新闻天天谈——北京新医改》2010-06-20)

(39) 宋宜昌:“这个如果说它按照时间算,他提前了十分钟、二十分钟,即使是‘六倍音速’**可能**也**不一定**打中。”(深圳电视台《22度观察——“六倍音速”的潜在军事威胁》2010-06-28)

(40) 鸿薇:“有一个所谓不是很正式的统计,在金门地区,它的弹药,包含废弹、地雷,它的密度之高,**可能搞不好**是全世界第一。”(中央电视台《海峡两岸——金门八百余枚废弹大爆炸引关注》2010-08-05)

第四类是表达说话人不确定推测的语气助词“吧”,遵循着“概率可能+概率可能”的情态语义组合模式,以加强说话人的不确定性,例如:

(41) 丁明凯:“**可能**还是利益驱使**吧**,这个行业刚刚兴起不久,进来的门槛看似比较低,实际上真正是否能给考生提供服务,那结果可能真的是不一样。”(中央人民广播电台《山东新闻》2012-10-24)

(42) 她告诉记者:“**可能**是老师的一种本能**吧**,当学生生命安全受到威胁的时候,保护学生就是我们的一种责任。”(中央电视台《焦点访谈——直击芦山7.0级地震救援》2013-04-20)

除了上述四类共现的情态表达形式之外,还有一些情态词,例如“一定、肯定、应该”等,这些情态词和“可能”的相对位置比较灵活,例如:

(43) 主持人:“第一次回老家,有一件事情**可能一定**要去做,就是祭拜祖坟。”(中央电视台《乡约——车神回家》2009-05-14)

(44) 主持人:“你在这个小区当中**一定可能**经历过很多这种身份转换过程中遇到的一些困惑。”(中央电视台《对话:熨平城乡差距的力量》2009-03-02)

(45) 王润梅:“就是管道细的问题,可能这个雨早就不下了,而这一段这个水聚集特别多,只能看它一点点慢慢流走,**可能肯定**大家着急想通过这个路口,而我们也尽了我们最大的努力,这个时候也是无奈。”(中央电视台《新闻频道——追问“夺命”井盖!》2013-03-26)

(46) 记者:“那是不是像高速公路? 如果一个车能达到120(公里每小时),但是100辆**肯定可能**就很难跑出这样的速度。(中央电视台《面对面——真假“宽带”》2013-08-11)

(47) 主持人:这方面林先生**可能应该**了解。

林义相:“纽交所在北京设立一个代表处,我相信这也是双方利益共同点的一个体现。”(中央电视台《对话——我关注的战略经济对话》2008-03-02)

(48) 记者:“您可以看到灯箱摇摇欲坠,再往后,有两棵树已经完全倒在了地上,把大半条路都给挡住了。现在的话,现场的风**应该可能**有十级以上。”(中央电视台《中国新闻》2010-07-17)

其中“一定、肯定”属于必然性判断,与“可能”所表达的“或然性判断”是相反的,因此,“一定、肯定”与“可能”的共现并不属于情态词的连用,而是说话人在言语交际过程中对话语进行的适时调整,反映了说话人言语的在线生成过程(online-planning)。“一定/肯定+可能”体现了说话人从“必然性推断”向“或然性推测”的调整,这种调整往往出于礼貌原则或面子保护策略的考虑;“可能+一定/肯定”体现了说话人从“或然性推测”向“必然性推断”的调整,说话人的交际意图往往是加强言语判断的断言语气。

“应该”和“可能”的连用与“一定/肯定”和“可能”的连用类似,都属于互动交际过程中的话语调整。“应该”往往表达说话人关于理想世界或规范世界的理想性判断,而“可能”则往往表达可能世界的概率推断,因此,“应该+可能”的组合模式表达的是说话人意图弱化断言语气的交际意图,而“可能+应该”则表明了说话人断言语气的强化意图,即从可能性推测调整到说话人对规范世界的理想化描述,强化说话人的理想化认识。

五、小结

“可能”的核心情态语义特征是[+可能],即[-必然],其所表达的“认识上的可能”是一个模糊的概率区间,即“可能”的概率赋值区间为“0<X<1”(“X=可能”,“0”=“否定”,“1”=“肯定”)。说话人可以用“可能”表达说话人关于命题真值的模糊判断,这种模糊判断所表达可能性程度的高低取决于说话人提供做出判断的依据的证据性强弱以及获得证据的手段。

在互动交际过程中,说话人可以根据交际需要对表达模糊判断的“可能”进行精确化定值,常用的言语定值手段包括两类:

第一类,采用在“可能”前面添加程度限定词的方式,为“可能”所表达的“认识上的可能性”进行概率高低的赋值,包括“完全可能”“极可能”“最可能”“很可能”“不太可能”“不可能”“绝不可能”等,这些概率大小不同的“可能”在认识程度上构成了一个“由高到低”的“可能性序列”,这个可能性序列在一定程度上体现了人类对客观世界的认知规律。

第二类,采用在句中添加其他情态表达形式的手段来对“可能”的模糊判断进行限定，包括以下四种形式：

第一种形式是与“会、要、将”等情态动词共现，构成“概率可能＋信念可能”的由弱及强的情态语义组合模式，以增强说话人关于命题判断的确定性；

第二种形式是与同样表达“可能性”的语气副词“也许、或许、大概”等共现，构成“概率可能＋概率可能”的情态语义组合模式，以增强说话人关于命题推断的不确定性；

第三种形式是与表达不确定推断的其他情态表达形式“说不定”“不一定”“搞不好”等共现，构成“概率可能＋信念可能”的情态语义组合模式，以增强说话人推断的确定性；

第四种形式是与表达不确定推测的语气助词“吧”共现，构成“概率可能＋概率可能”的情态语义组合模式，以增强说话人推断的不确定性。

5.1.2 情态动词“可能”认识情态意义的历时建构过程

5.1.2.1 情态动词“可能”的历时研究综述

关于“可能”的成词过程及其“或然义”的来源，学术界主要有四种观点：

第一种观点，表达“或然义”的“可能”最初是两个动词“可”和“能”的动词连用，之后经历词汇化发展而来。陈曦(2017：72－74)认为“可能”连用最早出现在春秋时期，当时的“可能”仅仅是两个动词的连用，意为“可以能够”，动词短语“可能”经过重新分析词汇化为能愿动词“可能”，表达说话人的某种估计和推测，词汇化的过程始于元代，完成于清代。

第二种观点，表达“或然义”的“可能”是由“可$_{\text{(疑问语气副词)}}$＋能”词汇化而来的。江蓝生(1990：44－50)认为由疑问副词“可”与表示“能够”义的能愿动词“能”组合形成“可能”，可以表达“能否、能不能”和“会否，会不会”两种意义；朱冠明(2006：122－125)认为“可能”是“可$_{\text{(副词)}}$＋能”结构在疑问句语境中发展而来的，由于句末已经存在的句末疑问词导致“可$_{\text{(副词)}}$＋能”结构中的“可$_{\text{(副词)}}$”的揣度色彩大大降低，使得“可$_{\text{(副词)}}$＋能”语法化为表达说话人揣测意义的能愿动词“可能”；梁清(2019：38－43)认为“可能”是由表达推度询问语气的语气副词“可”和助动词“能”组成的临时组合“可$_{\text{(副词)}}$＋能”词汇化为“可能$_1$”(意为“能否、会否”)，然后在反问语境中，经过隐喻的语用推理，进一步语法化为表达“或然性推测”的助动词“可能$_2$”。

第三种观点，表达“或然义”的“可能”是由两个动词“可＋能”(表示“可以能够”)的动词连用和由“可$_{\text{(疑问语气副词)}}$＋能”共同词汇化而来的。董秀芳(2013：263)认为“可能”的发展变化与“可”在唐代的语义变化有关，她引用了江蓝生(1990：44－50)关于“可”表示推度询问意义的相关论述，并指出当“可能”表达“能否、能不能”意义时，其中的“能”表示的是“能力”，属于动力情态；当“可能”表达“会否、会不会”意义时，其中的“能”表示的是认识情态，因此，表示“会否、会不会”的“可能”慢慢从反问句环境中获得了肯定的含义，就有可能粘合为一个表示“大概、也许”的副词；胡丽珍(2019：91－103)认为表达推测义的“可能$_3$”有两条平行的演变路径：一是在肯定句中由表达现实意义的“可以能够”(“可能$_1$”)词汇化发展而来的；二是在疑问句中由表达疑问义的“可否能够”(“可能$_2$”)经历重新分析得来的；两种路径合力共同促成了推测义“可能”的产生，表达推测义的“可能$_3$”最早出现于明末清初，最终成词于十九世纪。

第四种观点，表达“或然义”的“可能”是一个来自日语的借词。胡静书(2014：59－63)将现代汉语中的“可能”分为三个。其中，把表达“能力许可”的“可能”称为“可能$_1$”，“可能$_1$”是一个表达动力情态的情态动词；把由表达疑问的语气副词“可”和“能”连用的短语“可能”称为“可能$_2$”，意为“能不能、能否”；把表推测义的“可能”称为“可能$_3$”，“可能$_3$”是一个语气副词，具有表达说话人推测的认识情态意义。胡静书认为表达认识情态意义的“可能$_3$”与“可能$_1$”“可能$_2$”没有关系，是一个从日语中借来的外来词。李海霞(2011：82－86)认为“可能”是汉语中的固有词，但是，清末“可能”语料的爆炸式增长确实是受到了西语翻译的促进和影响。

5.1.2.2　情态动词“可能”认识情态意义的历时建构

一、表推测义的情态动词“可能”的来源

根据前人关于情态动词“可能”成词过程的相关研究，依据语言研究“先内后外”的原则(胡丽珍 2019)，本书认为汉语中表达推测义的“可能”经历了两种可能的演变路径。

第一种可能的演变路径是从实义动词组合到情态动词组合，再到推测副词“可能”的词汇化演变路径。

“可能”表达“或然性推测”意义的历时获得大致经历了三个阶段。

第一个阶段的“可能”是表“许可义”的动词“可”和表示动作的实义动词“能”的临时组合，意为“可以做到”，例如：

(49) 养，**可能**也，敬为难；敬，**可能**也，安为难。(春秋战国《礼记》)

(50) 曾子曰：“吾闻诸夫子，孟庄子之孝也，其他**可能**也；其不改父之臣与父之政，是难能也。”(春秋战国《论语》)

第二个阶段的"可能"是表示"可以义"的助动词"可"和表示能力意义的助动词"能"的临时组合,意为"可以能够",此时的"可能"是两个助动词的连用,例如:

(51) 弟子六人悉愚暗,无**可能**言,必触忌讳。(汉《太平经》)

(52) 风雨时节,万物生多长,又好下粪地,地为之日壮且富多,**可能**长生。(汉《太平经》)

第三个阶段的"可能"是表"或然性"推测的情态动词,例如:

(53) 蒋爷下去,把他们拉上来。到了上面,才能告诉,不**可能**在水里头说话。(清代小说《小五义》)

(54) 就听进来一个人说:"你瞧乔家五奶奶由看台上往下吐唾沫,正吐在一个雷公崽子嘴里,他一叭哒吃了,还嚷好香!也不知哪里来的这么个愣小子,今天有他个好瞧的!"石铸等人一听就知道不好,**可能**是傻小子惹了祸,赶紧给了饭账出来一瞧,就听有人说:"这个雷公崽子被乔家五虎擒住了,吊在庙旁打呢!"(清代小说《彭公案》)

第二种可能的演变路径是由疑问副词"可"和助动词"能"的临时组合"可$_{疑问副词}$+能"演变而来的,演变过程经历了两个阶段:

第一个阶段是临时组合"可$_{疑问副词}$+能"阶段,例如:

(55) 恶苗承沴气,欣然得其所。感此因问天,**可能**长不雨?(唐《白居易诗》)

(56) 若是世间七宝,只首交汝难求,**可能**舍得己身,与我充为高座?(五代《敦煌变文集新书》)

第二个阶段是表达推测义的情态动词"可能",如例(53)和例(54)。

那么,表达推测义的情态动词"可能"到底是经历了第一种演变路径(陈曦 2017)?还是经历了第二种演变路径(朱冠明 2006;梁清 2019)?抑或是两种路径合力为之(董秀芳 2013;胡丽珍 2019)?学术界还有诸多的争议。

本节从历时的角度,参考频率标准,对情态动词"可能""或然义"的语义获得进行考察。

在考察"可能"的演变之前,我们先分别考察一下"可"和"能"的演变历史。

实义动词“可”最早表达“许可和准许”义，一般带体词性宾语成分。当“可”带动作行为宾语时，“可”可以被重新分析为助动词“可”，同样表达“准许、许可”义；作为助动词，“可”所表达的“准许、许可”可以来自施事自身的条件(内部条件)，也可以来自施事自身以外的外部条件。如果“准许、许可”的条件来源于施事本身，那么属于内部条件，表达“有能力、能够”之义，此时的“可”表达的是动力情态；如果“准许、许可”来源于施事之外的外部环境，那么属于外部条件，此时的“可”表达的是“可以、能够”的道义情态。在某种条件下“可以、能够做某事”，也就意味着有“做某事的可能”，因此，此时的“可”表示“可能、能够”之义，表达说话人对“施事做某事的可能性”的主观判断，属于认识情态表达范畴，因此，“可”具有表达动力情态、道义情态和认识情态的功能(苏俊波、余乐 2018：46－54)。根据苏俊波、余乐(2018)的语料举例，我们可以推断“可”的这三种用法早在春秋战国时期就已经出现了，“可”经历了“实义动词＞可以、能够(动力情态)/准许、许可(道义情态)＞可以、能够(认识情态)”的演变历程。

“能”经历了从表示“动物”到表示“人”，再到表示“能力”，再到表示“中性可能”，再到表示“知识可能”和“道义可能”的发展过程，朱冠明(2003：47)将情态动词“能”的语义演变过程描写为：

能(动物) —隐喻→ 能(人) —转喻→ 身体能力 —转喻→ 综合能力 —转喻→ 中性可能 —转喻→ 知识可能
身体能力 —转喻→ 心理能力
中性可能 —转喻→ 道义许可

图 5－2　情态动词“能”的语义演变过程(朱冠明 2003：47)

从朱冠明的举例来看，“能”从“中性可能”到“知识可能”的发展，在《左传》中就已经出现了相关的用例(朱冠明 2003：46)。

通过分别考察“可”和“能”各自演变的历史，我们发现，早在春秋战国时期“可”和“能”就都具有了表达“可以、能够”认识情态意义的功能。早期的“可能”属于同义助动词的连用，如例(51)和例(52)中的“可能”表达的是施事“无人”和“万物”的内部条件，表达施事有能力做某事，属于动力情态范畴。从语料出现的历时脉络来看，助动词“可”和助动词“能”的连用早在东汉中晚期(公元 200 之前)的《太平经》中就已经出现了。

从唐代开始一直到清末，一直有相关用例，但是，语例相对较少，罗列如下：

(57) 贪臣王公，鞅掌者可以勤万机；欲升汗漫，逍遥者**可能**为匹夫。(唐《唐文拾遗》清·陆心源辑)

(58) 此时虽圣运三千，而难期百六，火辰照地，金虎司方，此际风闻南在武州，此中安处，**可能**避难，修保残生。(唐《唐文拾遗》清·陆心源辑)

(59) 汝归，当取吾斋室西北隅大柱下玉函，函中有神素书，取而按方合服之，一年**可能**乘云而行。道成，来就吾于此。(北宋话本《太平广记》)

(60) 王文正太尉气羸多病。真宗面赐药酒一注缾，令空腹饮之，**可能**和气血，辟外邪。(北宋话本《梦溪笔谈》)

(61) 今观此阵，旌旗杂乱，队伍交错，刀枪器械无一**可能**胜吾者，始知前日之言谬也。(明·小说《三国演义》)

(62) 澄侯四弟左右：上次送家信的，三十五天即**可能**达，这次专人送，四十天还没有到，是为乐平、饶州一带有敌军，恐怕是途中绕了路。(清·曾国藩《曾国藩家书》)

(63) 贼人使那地躺招，就地十八滚，燕青十八翻，全凭腕胯肘膝间，钢刀随身团转，如没学过这套工夫的，进之必输。惟有三人**可能**拿他，一个是邱成，念其是三叔之义子，未免动了骨肉之情，暗暗不往前进。(清·小说《三侠剑》)

从搜集的语料来看，例句中的“可能”多是表达施事的内部条件，大多属于动力情态范畴。

“可”在东汉时期就有疑问副词的用法，相当于“岂、难道”，表达反诘语气；从唐五代时期(公元900年前后)开始，“可”产生了表达推度询问的用法(江蓝生 1990：44-50)。表达推度询问义的“可”经常和表达“可以、能够”的助动词“能”组合，“$可_{疑问副词}$＋能”最早出现在唐五代时期的诗文和禅宗语录中(见例55和例56)。

在同一历史时期，“$可_{揣度询问义疑问副词}$＋能”组合与表达“可以、能够”义的助动词连用“$可_{助动词}$＋$能_{助动词}$”组合相比，出现的频率要高很多。宋元时期，二者的使用比例大致相当，明清时期，二者的使用频次差距逐渐拉大，明朝时期，二者的使用比例是12∶1，清朝时期，二者的使用比例接近8∶1；在清朝时期，表达推测义的情态动词“可能”使用语例逐渐增多，在民国时期成为主流的用法。“$可_{揣度询问义疑问副词}$＋能”组合、“$可_{助动词}$＋$能_{助动词}$”组合和表推测义的“可能”三者在清朝时期的使用比例接近8∶1∶2，民国时期的使用频次比为5∶1∶60。不同历史时期，“$可_{揣度询问义疑问副词}$＋能”组合、

“可$_{\text{助动词}}$＋能$_{\text{助动词}}$”组合和表推测义的“可能”出现频次对比情况如表 5－1 所示。

表 5－1 “可$_{\text{揣度询问义疑问副词}}$＋能”组合、“可$_{\text{助动词}}$＋能$_{\text{助动词}}$”组合和表推测义的“可能”出现频次对比

	五代	北宋	南宋	元	明	清	民国
“可$_{\text{助动词}}$＋能$_{\text{助动词}}$”组合	0	6	1	0	2	18	3
“可$_{\text{揣度询问义疑问副词}}$＋能”组合	4	7	1	0	24	134	15
“可能”（推测义）	0	0	0	0	0	31	180

语料选取范围：五代文献包括《十六国春秋别本》《敦煌变文选》《敦煌变文集新书》《祖堂集》；北宋文献包括《本心斋疏食谱》（宋・陈达叟）、《童蒙训》《禅林僧宝传》《册府元龟》《资治通鉴》《晏几道词》《晏殊词》《李煜词》《柳永词》《欧阳修词》《秦观词》《苏轼词》《宋诗一百首》《三国杂事》《五代春秋》《太平广记》《梦溪笔谈》《靖康纪闻》《朱子语类》；南宋文献包括《五灯会元》《古尊宿语录》《无门关》《元好问词》《朱敦儒词》《朱淑真词》《李清照词》《辛弃疾词》《话本选集》；元朝文献包括《朴通事》《老乞大新释》《老乞大谚解》《元人小令》《元散曲》《倩女离魂》《西厢记杂剧》《三国志评话》《元代话本选集》《大唐三藏取经诗话》《大宋宣和遗事》；明朝文献包括《天工开物》《明季三朝野史》（顾炎武）、《柳如是集》《纪效新书》（戚继光）、《练兵实纪》（戚继光）、《万历野获编》《三国演义》《三宝太监西洋记》《东汉秘史》《两晋秘史》《二刻拍案惊奇》《云中事记》《云中纪变》《五代秘史》《今古奇观》《初刻拍案惊奇》《包公案》《周朝秘史》《喻世明言》《夏商野史》《大同纪事》《姜氏秘史》《封神演义》《水浒全传》《清暑笔谈》《皇明奇事述》《皇明异典述》《皇明本纪》《皇明盛事述》《皇明纪略》《续英烈传》《英烈传》《蜀王本纪》《西游记》《警世通言》《醒世姻缘传》《醒世恒言》《野记》《金瓶梅（崇祯本）》《隋唐野史》；清朝文献包括《宋论》（清・王夫之）、《廿二史劄记》（清・赵翼）、《文史通义》（清・章学诚）、《曾国藩家书》（清・曾国藩）、《经学历史》（清・皮锡瑞）、《经学通论》（清・皮锡瑞）、《七侠五义》《七剑十三侠》《三侠剑》《东周列国志》《二十年目睹之怪现状》《儒林外史》《儿女英雄传》《孽海花》《官场现形记》《小五义》《彭公案》《施公案》《济公全传》《红楼梦》《绿野仙踪》《聊斋志异》《镜花缘》《隋唐演义》；民国时期包括《明史演义》《民国演义》《民国野史》《清史演义》《雍正剑侠图》《顺治出家》《大清三杰》。

从表 5－1 关于“可$_{\text{揣度询问义疑问副词}}$＋能”组合、“可$_{\text{助动词}}$＋能$_{\text{助动词}}$”组合和表推测义的“可能”出现频次的对比中，我们可以发现明清时期“可$_{\text{揣度询问义疑问副词}}$＋能”组合是主流用法，出现的频次最高，到民国时期，表推测义的“可能”出现频次最高，取代“可$_{\text{揣度询问义疑问副词}}$＋能”组合成为主流用法，使用频次呈现压倒式优势。高频率是语法化背后的一个重要推手（Bybee 2003），一般来说，高频率会引起线性毗邻的语言单位的组块化（Haiman 1994；Krug 1998、2000；Bybee & Scheibman 1999；Bybee 2002、2003），语串频率（string frequency）则是导致相邻语言单位附着化（cliticization）和合并（merger）的最重要动因（Krug 1998：309—310），频率和语法化之间的这种因果关系都已经得到跨语言研究的证明（彭睿 2011：3）。因此，从使用频次的角度，我们认为表推测义的“可能”是从“可$_{\text{揣度询问义疑问副词}}$＋能”组合经历词汇化发展而来的，因为只有高频的使用才能最终导致语法化的发生，“可$_{\text{助动词}}$＋能$_{\text{助动词}}$”组合与“可$_{\text{揣度询问义疑问副词}}$＋能”组合相比使用频次太低，这种低频次的非主流用法（“可$_{\text{助动词}}$＋能$_{\text{助动词}}$”组合）不太可能语法化为高频次的主流用法（表推测义的“可能”），一般来说，都是高频次的主流用法（“可$_{\text{揣度询问义疑问副词}}$＋能”组合）在某种语用动因的促动下语法化为高频次的主流用法（表推测义的“可能”）。

二、“可能”表推测义的历时获得分析

朱冠明（2006：122－125）认为“可能”是“可$_{\text{(揣度询问义副词)}}$＋能”结构在疑问句的语境中发展而来的，由于句末已经存在的句末疑问词导致“可$_{\text{(揣度询问义副词)}}$＋能”结构中的“可$_{\text{(揣度询问义副词)}}$”的揣度色彩大大降低，使得“可$_{\text{(揣度询问义副词)}}$＋能”语法化为表达说话人揣测意义的情态词“可能”。胡丽珍（2019：91－103）也认为表达疑问义的“可否能够”（“可能$_2$”）是在疑问句语境中历经重新分析而得来的；梁清（2019：38－43）则认为“可能”是在反问语境中经过隐喻的语用推理语法化而成的。其中，以朱冠明关于“可$_{\text{(揣度询问义副词)}}$＋能”结构语法化为表揣测意义的“可能”最为典型，但是，从历时语料的考察来看，句末疑问词的出现并没有导致“可$_{\text{(揣度询问义副词)}}$”在表达功能上的明显差异，举例来说：

(64) 不与余秀英厮杀了，随即说道：“我等如果投诚，你**可能**救我等**么**?”

余秀英道：“你等若果矢志投诚，我当立保便了。”（清·小说《七剑十三侠》）

(65) 杨香五站起身形说道：“弟子去探莲花湖，**可能**称其职**吗**?”

胜爷说道：“你也是不称其职。”（清·小说《三侠剑》）

(66) 如不能盗印，必把比印大的东西盗来，如果盗来，老寨主**可能**收留?”

白爷说道：“我破出一身剐，敢把皇帝打”。（清·小说《三侠剑》）

例(64)和例(65)中，句末分别出现了疑问语气词“么、吗”，在CCL古代汉语语料库中以“么”出现的频次最高。但是，通过对例(64)、例(65)与例(66)的对比，我们发现句末疑问词的出现对句中“可$_{\text{(揣度询问义副词)}}$”的揣度功能并无明显的影响。

江蓝生（1990：44－50）曾经指出表达“揣度询问义”的“可”后面经常出现句末语气词，包括“耶、摩、么”等，还经常出现否定词“否”或“没有”等，除此之外，我们发现还经常出现“可VP不VP”句式，因此“可$_{\text{(揣度询问义副词)}}$……

耶/摩/么""可(揣度询问义副词)……否/没有""可(揣度询问义副词)VP不VP"是一种常见的组合模式。这些类型的组合形式从唐五代时期到明清时期的白话小说中陆陆续续都有出现。"可(揣度询问义副词)+能"除了句末添加语气词"么、吗"之外,也有添加否定词的语例,形成"可(揣度询问义副词)+能……否/不"的组合模式,例如:

(67) 老子大笑曰:"此乃是吾掌中所出,岂有不知之理。此是太极两仪四象之阵耳!有何难哉!"

通天教主曰:"**可能**破**否**?"

元始曰:"你且听吾道来:混元初判道为尊,炼就乾坤清浊分。太极两仪生四象,如今还在掌中存。"(明·小说《封神演义》)

(68) 圣上一看,乃是文华殿大学士陈宏谋,随即问道:"卿家**可能**对得此联**否**?"

陈宏谋奏道:"老臣才学浅陋,何能对得此对!"(清·小说《乾隆南巡记》)

(69) 人家忙问:"你的志趣如何?"她便笑说道:"……一旦无常猝至,万事皆休。平时斤斤以争,逐逐而致者,究竟**可能**带得一些回去**不曾**?所以姊姊们所盼望希冀的事物,做妹子的,却一桩也不中意。"(清·小说《八仙得道》)

"可(揣度询问义副词)+能"后面也会出现"VP不VP"正反疑问形式,形成"可(揣度询问义副词)+能VP+不VP"的组合模式,例如:

(70) 他的心中是想自己已经拜过先生,先生又是好好的,现在自己家中,怎么又另外拜起师父来?拜了这位师父,知道家中那位李先生**可能允许不能**?(清·小说《八仙得道》)

(71) 不道小金子开出口来,说出一句大可惊人的话道:"你敢打我,可别怪我要对不住你。我只问你,我那奶奶是怎样死的?我哥哥又是怎样死的?等回去对爹说出来,看你**可能活得成活不成**?"(清·小说《八仙得道》)

(72) 张仙笑道:"……形于歌曲,扮为戏剧,白发老妪,黄口稚童,当作神仙风流的艳史,永远传说起来,看你**可能受得受不得**?"(清·小说《八仙得道》)

(73) 迎春道:"乍乍的离了姊妹们,只是眠思梦想。二则还记挂着

我的屋子，还得在园里旧房子里住得三五天，死也甘心了。不知下次还**可能得住不得住**了呢！”（清·小说《红楼梦》）

（74）那护印亲随不知柳广地是仇总兵的走狗，就脱口答道：“要武官的印信倒有，不识我们老爷的印信**可能用不能用**？”（民国·小说《明代宫闱史》）

综上所述，与“可$_{(揣度询问义副词)}$＋能”共现的表达疑问语气的语言形式除了疑问语气词“么、吗”之外，还有否定词“否、不”，除此之外，还有表达正反疑问的“VP不VP”形式，因此，单纯地将“可能”推测义的语义获得归为句末疑问语气词对“可$_{(揣度询问义副词)}$”揣度色彩的吸收，从而导致“可$_{(揣度询问义副词)}$＋能”结构中的“可$_{(揣度询问义副词)}$”的揣度色彩大大降低，最终导致“可$_{(揣度询问义副词)}$＋能”结构语法化为表推测义的“可能”缺乏一定的说服力。那么，既然“可$_{(揣度询问义副词)}$＋能”的词汇化不是由于句末疑问语气词对揣度语气的语义吸收而导致的，那么，促动“可$_{(揣度询问义副词)}$＋能”发生词汇化的动因到底是什么呢？

通过对历时语料的考察分析，我们发现“可$_{(揣度询问义副词)}$＋能”出现的典型语用环境是疑问句，且在对话语体（非正式语体）中尤为常见。而表推测义的“可能”出现的典型语用环境则是肯定句，一般为非对话语体，由此，我们推断，导致“可$_{(揣度询问义副词)}$＋能”向表推测义的“可能”语法化的动因是语体因素，特别是说话人交际意图的转变。

Boye（2016：117）曾经将认识情态定义为说话人对命题认识的态度支持（support），或者说话人关于命题判断的确信程度（degree of confidence）。无论是“确信命题确定为真”，还是“确信命题确定为假”，都表达了说话人关于命题真值判断的高确信度（high certainty），表达了说话人关于命题认识的肯定态度或否定态度，体现了说话人较强的确定语气。关于命题认识的态度除了肯定态度和否定态度之外，还有其他态度类型，而情态范畴恰恰表达的就是肯定态度（“yes”）和否定态度（“no”）两极之间的态度领域，换句话说，表达了肯定意义和否定意义之间的意义区间（Halliday1994：88－95）。因此，情态范畴所表达的“可能性”不仅仅是“是”（“yes”）与“否”（“no”）之间的选择，还包括“是”（“yes”）与“否”（“no”）之间的各种不确定性选择。所以，在说话人所表达的肯定态度和否定态度之间，是说话人的各种确信度不同的不确定性态度（uncertainty），这种不确定性态度本质上属于说话人关于命题的怀疑态度，怀疑程度的差异取决于说话人对命题判断的确信程度。因此，确信语气和怀疑语气是人类语气范畴的“两极”，表达了说话人关于命题的态度。也正基于此，学术界经常从传信和传疑的角度对语气副词进行分类，齐沪扬（2003：66－67）认为传信类语气副词表达说话人对客观事物确定的肯定性态度；传疑类语气副词传达“疑信参半”的带有揣测意味的假性疑问消息；齐春红（2007：127）也认为传疑类语气副词（例如“大概、大约、恐怕、多半、或、或者、也许、或许、兴许、不定、万一”等）表达的是说话人主观上的“疑信参半”，表达主观上对所表达命题肯定或否定信息的不确定性。因此，认识情态的本质就是说话人“信疑态度”的表达，换句话说，认识情态表达的是说话人关于命题真值的“确信态度”（certainty）或“不确信态度”（uncertainty），说话人的“不确信态度”从本质上来说就是说话人对命题为真持有的怀疑态度。因此，确信语气和怀疑语气构成了语气对立的两极（苏俊波、余乐 2018），“确信”和“怀疑”之间是信疑程度的差异。

基于上述认识情态与疑问语气之间的内在关联，我们认为：在对话语体中，说话人用“可$_{\text{(揣度询问义副词)}}$＋能……？”表达说话人向听话人做出询问，此时说话人是真性疑问，需要听话人针对说话人的疑问进行回答，说话人的交际意图是向听话人获取自己不确信的信息——“怀疑”的信息。当说话人的交际意图发生改变时，即说话人的交际意图不是向听话人寻问持有疑问的信息，而是意在向听话人传递自己尚持有疑问态度的信息（即“不确信信息”）时，“可$_{\text{(揣度询问义副词)}}$＋能……”就会用在非对话语体的肯定句中，伴随着语体的改变，特别是使用语境的改变和交际意图的转变，“可$_{\text{(揣度询问义副词)}}$＋能……”不再表达“疑问”，而是表达“说话人持有怀疑态度的不确定性信息”，因为不是疑问句，所以不需要听话人做出回答或回应，因此，“可$_{\text{(揣度询问义副词)}}$＋能……”在非疑问语境中，在说话人非询问交际意图的促动下发生了词汇化，成为一个表达说话人不确定性推测的情态动词。从表达疑问到表达不确定认识，符合人类的一般认知规律。

从人类的认知常识来看，在说话人的认识空间内，“命题确信为真”或“命题确信为假”都表达了说话人在认识上的确信性（certainty），是认识空间的一极，而认识空间的另一极则是认识上的“不确信”（uncertainty）。认识上的不确信性可以有两种言语表达方式：一种是采用不确定性推测的语气进行表达，一种是采用疑问的语气进行表达，所以“表疑问”和“表不确定性”本质上是“一个硬币的两面”，二者都表达了说话人关于命题真值的不确信性，只是二者的语用功能不同。那么，说话人到底采用哪一种语言表达形式进行表达，这取决于说话人的交际意图和交际形式。当说话人的交际意图是向听话人索取自己所不确信的信息时，往往采用疑问的言语表达形式（即“可$_{\text{(揣度询问义副词)}}$＋能$_{\text{助动词}}$……”？的形式），这种形式往往出现在对话语体中；当说话人的交际意图是表达自己的不确信，并希望听话人知晓自己的不确信立场或态度，但并不寻求听话人的回答时（此时说话人的交际意图不是向听话人寻求不确定信息，而是主动表达自己的不确定性态度），说话人往往采用不确信的言语表达形式（即使用表推测义的“可能”）。

除了语体和语用的动因之外，在“可（揣度询问义副词）＋能助动词……”发生跨层结构的词汇化过程中，韵律动因也起到了重要的作用。冯胜利（1998：44－46）曾经指出汉语的自然音步是右向音步，即不受句法和语义因素影响的音步是从左向右组织的，句首的前两个音节就会被牢固地组织在第一个自然音步里。句子起首的第一个音步必须是一个标准韵律词，也就是说必须是两个音节，不允许有任何变通。董秀芳（2002：273）在分析双音词的词汇化时，就曾论证了自然音步的组合规则促进了句首跨层成分的粘合，她指出位于句首的跨层结构比位于句中的跨层结构更容易发生词汇化，因为句首是韵律管制最为严格的地方。在疑问句“可（揣度询问义副词）＋能助动词……？”中，“可（揣度询问义副词）＋能助动词……”这一跨层结构恰好处于句首位置，按照自然音步的组合规则极易发生跨层结构的词汇化。在历时语料中，我们也发现了一些近义的跨层结构，因为不符合自然音步组合规律而未能发生词汇化，以“可（揣度询问义副词）＋能够助动词……？”为例，说明如下：

（75）王明说道：“当初我和你初相结纳之时，洞房花烛夜，何等的快活！到落后你身死，我下海，中间这一段的分离，谁想到如今，反在阴司里面得你一会。这一会之时，**可能够**学得你我当初相结纳之时么？”（明·小说《三宝太监西洋记》）

（76）圣上道：“你看，那旗杆上飘带缠绕不清，你**可能够**上去解开么？”卢方跪着，扭项一看，奏道：“罪民可以勉力巴结。”（清·石玉昆《七侠五义》）

（77）又问：“可有后堂？”回答：“有后堂，叫人家占了。”说：“**可能够**叫他们腾一腾？”（清·小说《小五义》）

（78）说：“朋友你姓赵哇，你就是赵校尉老爷么？皆因我们晏贤弟盗来万岁的东西，也是一时之错，如今后悔已迟，情愿再把东西送回去，无门可入。你**可能够**与我们作个引线之人，便连我们都弃暗投明，改邪归正。你能应此事不能？”（清·小说《小五义》）

（79）夫人道：“妾自闺中积有数年，现有白银二百，业已随带在身，以备老爷不时之需。今愿奉君前去作贽，不知**可能够**如数否？”（清·小说《海公大红袍传》）

(80) 曹使也触起旧事，向陆锦道："崔承炽竟敢如此荒唐么？你去告诉张怀芝，这种人终日在外面游荡，如何好叫他做官，岂不贻误公事？先将崔承炽免职，看他**可能够**履行喜奎的三条条约么？"(民国·小说《民国野史》)

(81) 宗道："要修一个园子，闹得天都翻转来，何况巡狩？朕不过想北京市上逛逛，你**可能够**参我不能？"(民国《清朝秘史》)

清末民国初年是"可$_{\text{(揣度询问义副词)}}$＋能$_{\text{助动词}}$……"结构发生词汇化的时期，在民国时期表达推测义的情态动词"可能"逐渐成为主流用法。但是，同一时期、相同结构的近义表达形式"可$_{\text{(揣度询问义副词)}}$＋能够$_{\text{助动词}}$……？"出现频率也很高，却没有发生跨层结构的词汇化，这主要是受到自然音步组合规则的韵律影响。

综上所述，在"可能"表推测认识义的历时语义获得过程中，说话人交际意图的转变和语体的改变都起到了关键作用。当说话人交际的意图不再是向听话人寻求疑问的信息时，即在非对话语体中，说话人的交际意图发生了改变，同时，语体也从对话语体变为非对话语体，此时，言者交际的目的是主动向听话人表达自己关于命题信息的不确定性态度，表达疑问义的"可$_{\text{(揣度询问义副词)}}$＋能$_{\text{助动词}}$……"临时组合就在韵律的促动下发生了跨层结构的词汇化，从而语法化为一个表达推测认识义的情态标记词。

5.1.3 小结

"可能"的核心情态语义特征是[＋可能]，即[－必然]，其所表达的"认识上的可能"是一个模糊的概率区间，"可能"的概率赋值区间为"0＜X＜1"("X＝可能"，"0"＝"否定"，"1"＝"肯定")。说话人可以用"可能"表达说话人关于命题真值的模糊判断，这种模糊判断所表达可能程度的高低取决于说话人提供做出判断的依据的证据性强弱以及获得证据的手段。

在互动交际过程中，说话人可以根据交际需要对表达模糊判断的"可能"进行精确化定值，常用的言语定值手段包括在"可能"前面添加程度限定词的方式，包括"完全可能""极可能""最可能""很可能""不太可能""不可能""绝不可能"等；也可以采用在句中添加其他情态表达形式的方式来对"可能"的模糊判断进行限定。

从"可能"认识情态意义的历时建构过程来看，"可能"是在疑问句语境中由"可$_{\text{揣度询问义疑问副词}}$＋能$_{\text{助动词}}$"的临时组合经历词汇化发展而来的。在"可能"的词汇化过程中，语体的改变，特别是使用语境的改变和说话人交际意图的改变促动了“可$_{(揣度询问义副词)}$＋能$_{助动词}$……”由表达“疑问”，转而表达“说话人对命题信息所持有的怀疑态度”，从而完成其认识情态语义的历时获得过程，最终语法化为一个表达推测认识义的情态标记词。

“可能”的情态语义特征是[＋可能]，表达认识上的概率可能，这个概率可能从“大概率可能”到“一般概率可能”，再到“较大概率可能”，处于一个模糊的概率连续统内，这种特定的认识情态的语义特点可以从历时层面进行解释。因为表达推测认识义的“可能”来源于表达疑问义的“可$_{(揣度询问义副词)}$＋能$_{助动词}$……”临时组合，对说话人而言，因为对命题真值的不确信才会产生疑问，而这种疑问语气在没有得到听话人确认之前，说话人自己对命题真值的判断都是不确定的，这就是发生从“表疑问”到“表不确定性”演变的认知基础。

不管是“命题确信为真”，还是“命题确信为假”，都处于认识程度的两极(肯定性和否定性)，在“确定为真”(肯定态度)和“确定为假”(否定态度)之间是一个模糊区间(疑问态度)，疑问语气越强，不确定性越强，确定性越弱；疑问语气越弱，不确定性越弱，确定性越强，说话人的疑问语气和说话人的确信度是成反比的，因此，“可能”所表达“概率上的可能”的大与小本质上取决于说话人对命题真值的疑问语气的弱与强。

第二节　情态动词“应该”认识情态意义的建构过程

5.2.1　情态动词“应该”认识情态意义的共时建构过程

5.2.1.1　情态动词“应该”认识情态意义的相关研究

《现代汉语词典》(第 7 版)对“应该”的解释是“助动词，①表示理所当然；②估计情况必然如此”；《现代汉语八百词》(吕叔湘 1996：623)对“应该”的解释是“助动词，①表示情理上必须如此；②估计情况必然如此，‘应、应该、应当’意思相近，用法相似。”

朱冠明(2003：43)认为多义情态动词“应该”既可以表达道义情态的“该允”，也可以表达说话人对命题的真实性做出盖然的主观判断；彭利贞(2007：92)认为“应该”有两种情态意义，一是表达说话人对主语发出的义务或要求，即对听话人发出的义务，表示情理上必然如此，是一种义务情态表达；二是表达说话人关于命题为真的必然性推断，表示估计情况必然如此，是一种认识情态表达；彭利贞、刘翼斌(2007：31)认为“应该”表达说话人对命题真值的盖然性推断，其所表达的认识情态在情态级差上介于“可能”和“必然”之间。

李命定、袁毓林（2018：33－34）认为，“一定”和“应该”表达的都是说话人的信念，即说话人相信“该命题为真具有必然性和合理性”；乐耀（2013：106－134）则认为“应该”是一个具有推测意义的认识情态词，在对某类证据评价的基础上强调说话人对所言信息的信度，具有表达汉语传信范畴意义的功能。“应该”的否定和强调域与传信范畴的否定和强调域是一致的，“应该”主要是通过配合体貌和人称等相关语言范畴来表达传信意义的。

5.2.1.2 情态动词“应该”的情态意义研究

一、“应该”的道义情态意义

如果说“可能”表达“在可能世界中命题可能为真”，表达的是真值模态；那么“应该”则有两种情态意义，一是表达道义模态（deontic），也叫义务情态或者责任型情态，即说话人认定语法主语在道义上有责任、有义务做出某种行为；二是表达认识情态（epistemic），即说话人认为在规范世界（也叫“理想世界”）中命题为真。从道义情态到认识情态符合情态发展的一般规律（Sweetser 1982；Bybee & Pagliuca 1985；Traugott 1989；Heine et al. 1991；van der Auwera & Plungian 1998 等）。

人类在长期的生产生活实践中逐渐形成了各种各样的道德规范，包括“法律规范、道德规范、纪律规范、政治规范、礼仪规范”等各种各样的规则或者规范（郭芸、姚望舒 2016：144），这些规则或者规范形成了与现实世界相对应、并反映现实世界的虚拟的“规范世界”。“规范世界”和“现实世界”相对，规范世界是虚拟的，在客观上是不存在的，是非现实的（irrealis）、非叙实的（unfactual），而现实世界是真实的，是客观存在的，是现实的（realis）、叙实的（factual）。我们可以把“规范世界”看作现实世界的虚拟镜像，虽然我们生活在现实世界中，而不是生活在规范世界中，但是我们却时时刻刻要受到规范世界的影响、限制和制约。“规范世界”是“可能世界”中的一种，“可能世界”在理论上是无数的，而无论是“客观世界”，还是“规范世界”，都是“可能世界”的一种。著名哲学家 Gottfried Wilhelm Leibniz 在提出“可能世界”的概念时就曾经指出，“可能世界”有无穷多个，“现实世界”只是无穷的可能世界中的一种，是那个实现了的、最完美的世界（冯棉 1995：31－37）。虽然哲学界对于现实世界是不是最完美的还存在诸多的争议，但是可以肯定的是，现实世界也是诸多可能世界中的一种存在，所以，我们可以认为现实世界只是“可能世界”的一种现实性存在，而“规范世界”本质上也是一种可能世界,是一种现实中并不存在、但又反映现实世界的一种"经验世界"或"主观世界",袁毓林(1999：198)称为"理想世界"。这里所谓的"理想世界"并不是指人类完美的理想化世界,而是指仅仅在人类观念或者经验中存在的世界,因此也可以称为"观念世界"、"主观世界"或者"经验世界"等。在这里,我们把理想世界、观念世界、主观世界或经验世界统称为"规范世界"。在现实世界中生活的人都不可避免地受到"规范世界"中各类规则或者规范的限制、影响和制约。

在规范世界中,对人的行为的某些规范或者约束,我们一般称为"规范""义务"或者"道义"。语言中表达"规范""义务"或"道义"概念的词语,我们一般称为道义模态词,这些道义模态词表达对人的某种行为的要求、限制和约束,这就是道义模态。范晓蕾(2014：18-36)把道义模态称为"道义许可"或"社会许可"(societal permission),主要指说话人的命令、某人的权威、社会准则和道德标准等外在于参与者的人为境况(统称"社会条件")决定事态实现的相对强制性/合适性(即合法性),即社会道义或者义务对人的行为的要求或限制。

汉语的道义模态词包括表达"允许、禁止、义务"的各类词语。表达"义务"的词语主要包括表达"强义务"的词语和表达"弱义务"的词语。表达"强义务"的模态词包括"必须、得(děi)、不得不"等;表达"弱义务"的模态词包括"应该、应、该、应当、当、宜"等。

在道义情态表达中,"应该"类情态词表达的是"必要性"(necessity),即施事主语有义务、有责任、有必要做出相关行为,施事主语做出相关行为的必要性依据是来自"规范世界"的各种规则或规范,因此,道义情态本质上属于施事取向的情态类型,例如:

(1) 嘉宾:"后来想想我给郭老师拿笔写这封信的时候,我说**应该**感谢郭老师,能给我这个机会,但是我这个家庭条件确确实实不行,你这个心意我领了。"(中央电视台《乡约——黑土地里的歌星》2010-01-29)

(2) 主持人:"你不喜欢看也要陪她去?"

观众:"对对对,这是**应该**的。"

观众:"看话剧,我觉得男士**应该**表现得绅士一点儿。"(中央电视台《乡约——中国网络第一红娘》2010-08-11)

例(1)中,"应该"表达施事主语(也是"说话人")有义务、有责任、有必要从事某种行为(即“感谢郭老师”),因为按照“规范世界”的道德规范来说,别人给你机会,帮助你实现唱歌的梦想,你有义务、有责任、有必要感谢别人,这是长久以来在现实世界中形成的道德规范;例(2)则是依照社会规范做出的道义要求,即“男人应该绅士,应该陪女人去做自己不喜欢做的事情”。

二、“应该”的认识情态意义

情态动词“应该”不仅仅表达道义情态(deontic modality),还可以表达认识情态(epistemic modality),即说话人推测命题很可能为真,表达推测义。说话人做出推测的依据是来自“规范世界”的各种规则或规范,换句话说,说话人根据“规范世界”中的各种规范规则,或者根据“经验世界”中的各种经验做出可信度、可靠性很高的推测,属于较大可能性的盖然推测(probability),因此,“应该”所表达的认识情态本质上属于言者取向的情态类型,例如:

(3) 主持人:“天哪,我知道了。各种各样的体育项目它都会,今天能不能给大家伙儿表演一点文艺项目?”

嘉宾:“**应该**是没什么问题了。来,过来站好,来,上个手风琴。”(中央电视台《乡约——猩猩奶爸》2010-09-26)

(4) 主持人:“谁做啊?”

周波:“我记得很清楚,我**应该**是七八岁,我妹妹五六岁,就是我们两个烧的。”(中央电视台《乡约——周波闯市场》2010-12-15)

例(3)和例(4)中的“应该”后面跟判断动词“是”,不再表达施事主语的义务或者责任,而是表达说话人关于命题内容的肯定性判断。

在认识情态范畴内,“应该”是基于“规范世界”的各种规范而做出的盖然性推断,属于肯定性较高的认识,即说话人认为按照“规范世界”的各种规范来说“命题是真的”,所以吕叔湘(1996:623)将其解释为“估计情况必然如此”,换句话说,说话人确信“命题在规范世界(或理想世界)中是真的”,但是,相对于客观世界而言,仍然存在着诸多不确定性,规范世界是存在于人类主观中的理想世界或经验世界,规范世界毕竟不同于客观世界,在规范世界中必然发生的事情,在客观世界中并不一定必然发生,只是按照“规范”“理想”或者“经验”大概率会发生,因此,相对于客观世界而言,“应该”表达的是较大可能的盖然推断(probability)。而“可能”是基于概率而做出的可能性推测,概率的赋值区间在肯定和否定之间,即“0<X<1”(“X=可能”),属于不确定性推测(uncertainty),所以说话人可以根据概率的大小对[可

能]在认识的程度上进行赋值,包括"完全可能""极可能""最可能""很可能""不太可能""不可能""绝不可能"等一系列"认识上的可能"。

综上所述,"可能"和"应该"在认识情态意义表达上,除了所表示的认识程度存在一定的差异之外,在本质上也存在着一定的不同,即"可能"表达的是可能世界范畴,"应该"表达的则是规范世界(或理想世界)范畴;此外,二者在认识上的判断依据也有着本质的差异,"应该"是基于"规范世界"的各种规范而做出的较大可能性推断,说话人是有明确判断依据的,即"规范世界"中的各种共享的"规范",而"可能"则不需要有明确的判断依据,可以根据概率大小做出可能性推测。

5.2.2 情态动词"应该"认识情态意义的历时建构过程

朱冠明(2006:116-121)认为情态词"该"本义是"军中约",后来经历了"军中约——拥有('晐'的假借)——包含于、合于——应当"的演变过程。"应"在中古时期便有了道义情态意义和知识情态意义的两种用法。在情态动词"该"产生之后,表达道义情态意义的"应"和表达道义情态意义的"该"同义连用,在元明时期词汇化为一个双音词,既可以表达道义情态意义,也可以表达知识情态意义。

陈嘉嘉(2006:18)认为"应该"最早是同义助动词"应"和"该"的连用,出现在明朝中期,是一个助动词,表达义务情态,后来发展出认识情态意义,其语法化过程为如图 5-3 所示。

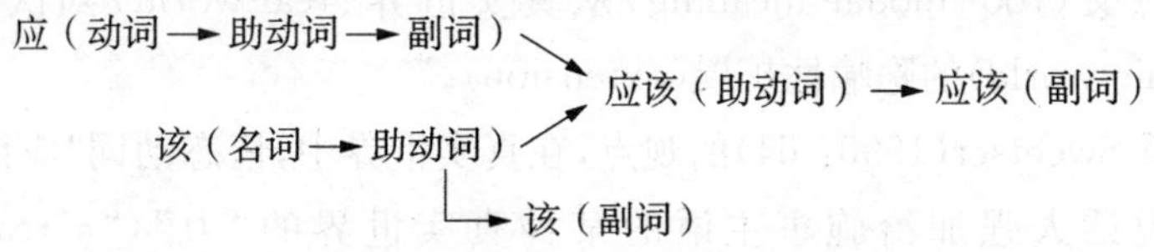

图 5-3 "应该"的语法化过程(陈嘉嘉 2006:18)

目前,学术界关于"应该"语法化的过程已经基本达成了共识,那就是"应该"最初是同义助动词"应"和"该"连用,后来在双音化的驱动下发生词汇化,中古时期发展成为情态动词"应该",作为情态动词的"应该"最早表达义务情态意义,后来发展出认识情态意义。从"应该"两种情态语义的先后获得顺序来看,"应该"所表达的认识情态意义源于其所表达的义务情态意义,即从道义情态意义"表达情理上必然如此"发展出认识情态意义"估计情况必然如此"。

郭昭军(2011:75)曾经指出"虽然必要和必然分属于道义模态和认识

模态，但是二者的逻辑实质是相同的，即‘必然性’（necessity）。认识上的必然性是指说话人根据已有的知识或者信息推测句子所表达的命题必定为真；而道义上的必然性在于它表达的是某种义务或社会规范，如果这种规范得到了遵守，那么句子所表达的事件就必定要发生，这就是‘该’类助动词大多同时表达必要和必然的根本原因。”

从道义情态到认识情态的发展具有普遍的类型学特征。在《语法化的世界词库》中，Heine & Kuteva（2002：154）指出，“道义情态>认识情态”（“Denotic modality > Epistemic modality”）是一条常见的语法化路径（Sweetser 1990；Bybee & Pagliuca 1985；Traugott 1989；Heine et al. 1991；vander Auwera & Plungian 1998），这条语法化路径已经在英语“will、must、should”等情态动词的语义演变过程中得到证实。

Sweetser（1990）和 Heine（2002）都认为从道义情态到认识情态的演变很可能是从“社会物质域”到“逻辑或认识域”的隐喻转移过程（metaphorical transfer），这意味着“应该”所表达的“估计情况必然如此”的认识情态意义本质上是道义情态意义“情理上必然如此”在认识域的隐喻投射，那么，受到原域语义的影响，“应该”所表达的“估计情态必然如此”更加强调说话人根据“规范世界”中某些规范和规则而做出的较大可能性推断。Sweetser（1990：64）认为情态动词从道义情态发展出认识情态的隐喻转移过程可以从“力和障碍的社会物理概念”（socio-physical concepts of force and barriers）的角度进行解读，他认为“情态动词的认识情态意义是情态动词的根情态意义（root-modal meaning）从真实世界（real-world）到认识世界（epistemic world）的隐喻性扩展（extension）。”

按照 Sweetser（1990：64）的观点，在真实世界中，情态动词“应该”可以被看作说话人强加给施事主语的某种真实世界的“力”（“a real-world force”），这种真实世界的“力”强迫句子主语必须从事某种行为。这种真实世界的“力”可以来自说话人，也可以来自说话人之外的某些带有力量的东西，比如各种道德规范、法律规则及社会观点等抽象的社会观念性的某种存在。而在认识世界中，“应该”就是可以被看作基于“规范世界”的各种规范（based on “ideal world” or “regulation world”）而获得的某种认识力（an epistemic force）①的标记（indicator），只是这种来源于规范世界或者理想世界的某些社会规范或观念的某种“认识力”迫使或使得说话人做出了“句子

① Sweetser（1990：64）把这种认识力（an epistemic force）的来源解读为某些前提的应用（“applied by some body of premises”）。

所表达的命题极有可能为真”的盖然判断。认识世界中的“认识力”本质上是真实物质世界中某种强制义务“力”的对应物(counterpart)，所以，Sweetser(1996：64)将多义词(同时表达义务情态和认识情态)的多种情态意义看作从社会物质领域(socio-physical domain)到认识领域(epistemic domain)内的隐喻性投射(metaphorical mapping)，在这个隐喻性投射过程中，词汇的情态意义经历了意义的“惯例化”或“习俗化”(conventionalization)。

以情态动词“应该”为例，举例说明如下：

(5) 你应该去给表弟过生日。(自造例)

(5a) 妈妈说：“你应该去给表弟过生日。”

(5b)“你应该去给表弟过生日，你过生日的时候，表弟来给你过生日了。”

(5c) 爸爸问：“儿子去哪儿了?”

妈妈说：“他应该去给表弟过生日了，今天是表弟的生日，上次儿子过生日的时候，表弟来给他过过生日。”

例(5)中的“应该”表达义务情态，是一个真实世界的“力”的标记。例(5a)中的“应该”标记的真实世界的“力”来自妈妈的权威(authority)；例(5b)中的“应该”标记的真实世界的“力”来自某种社会规范或者社会习俗。按照“礼尚往来”的社会观念，“表弟来给你过生日了”，所以“你也应该去给表弟过生日”。这种“礼尚往来”的社会观念就是“规范世界”中的规范或者规则。“规范世界”所赋予的“力”在现实世界中是广泛存在的，无论是来自长辈(例如“妈妈”)，或是来自上级，都是由社会观念(例如“尊老爱幼”的观点赋予了长辈的话语权)或社会体制(例如“等级制度”赋予了上级的权力)等各种社会规范赋予的。

例(5c)中的“应该”表达的是认识情态，说话人做出盖然性判断的认识力(epistemic force)就是规范世界中的某些规范。从认知语言学的角度来说，这种认识力就是理想化认知模型(ICM)(Lakoff1987：291)。说话人做出推断的认识力的来源就是规范世界中“礼尚往来”的社会道德规范，因为儿子过生日的时候，表弟来给他过过生日，所以按照“礼尚往来”的社会道德规范，儿子也应该去给表弟过生日。正是基于规范世界的社会道德规范，才会使说话人根据已然的客观事实“今天是表弟的生日，儿子又恰好不在家”做出了命题“儿子很可能去给表弟过生日了”很可能为真的盖然性推断。

按照 Sweetser(1990：64)把说话人认识力(an epistemic force)的获得解读为某些前提的应用(applied by some body of premises)。他认为“与真实世界的道义迫使施事做出某一行为类似，在认识的逻辑世界中，已经存在某些前提使得说话人产生了一种认识力，这种认识力迫使说话人做出了命题很可能为真的结论”。从逻辑学的角度来说，已经存在前提(premise)是“儿子过生日的时候，表弟来给他过过生日”，结论(conclusion)是命题“儿子去给表弟过生日了”很可能为真，Sweetser 将表示道义情态的情态动词认识情态语义的获得过程解释为从前提到结论的逻辑推导过程(logical inference)，认识力来源于某些前提的应用(applied by some body of premises)，这些认识力引导(induce)说话人得出了命题很可能为真的结论。按照逻辑三段论来说，在从前提到结论的推导过程中需要存在一个大前提，这个大前提是从前提推导出结论这一逻辑推理过程的科学性保证，笔者认为这个逻辑推理的大前提就是规范世界。说话人关于例(5c)的逻辑推理过程如下：

> 大前提：规范世界中的规范之一——“礼尚往来”；
> 小前提：儿子过生日的时候，表弟来给他过过生日，今天是表弟的生日，儿子又恰好不在家；
> 结论：儿子很可能是去给表弟过生日了；

“儿子过生日的时候，表弟来给他过过生日”“今天是表弟的生日，儿子又恰好不在家”这一系列的小前提是已经存在的客观事实，按照逻辑推理的三段论，从这些客观事实推导出“儿子很可能是去给表弟过生日了”的主观判断必须存在一个大前提，那就是规范世界中的各种规范，这个规范世界的规范就是 Sweetser 所提到的“认识力”(epistemic force)，这种认识力是存在于说话人的观念世界或主观世界当中的，并为某一个言语社团范围内的成员所普遍共享，或者对特定的言语社团具有一定的强制性，也只有如此，说话人基于规范世界(即说话人的“认识力”)做出的盖然性推断才具有可接受性，相反，如果不存在这样的大前提(言语社团共享的规范世界)，没有共享的社会道德规范存在，那么，推理就是不合理的，在现实世界中是不能被接受的。这一点在跨文化交际过程中得到了广泛的证实。文化背景不同，大脑中的规范世界或观念世界是不同的，那么，同一种社会行为在不同的规范世界或者观念世界中的可接受度也是不同的，由此而产生的推理过程和结论自然就是不同的。

由此可见，在认识世界中，说话人做出命题很可能为真的判断的依据有两个，一是小前提，各种已然的客观事实，比如说“今天是表弟的生日，儿子恰好不在家，前几天表弟曾经给儿子过过生日”等；另一个就是大前提，即规范世界中存在的“礼尚往来”的社会道德规范，促使说话人从这些已然的客观事实（小前提）推断出命题“儿子给表弟过生日去了”真值很可能为真。规范世界在不同的领域发挥着相似的作用。在真实世界中，规范世界的各种规范作为社会道义，强制施事主语做出某一行为，这时，规范世界中的各种规范就产生了某种道义力量（forceful obligation），我们把它简称为“道义力”（deontic force）；而在认识世界中，规范世界的各种规范作为言语社团共享的认识逻辑或认识观念，使得说话人得出命题很可能为真的推断，此时，规范世界的各种规范就产生了某种认识力（an epistemic force）；因此，在认识世界中，说话人根据规范世界做出命题很可能为真的判断本质上是真实世界中存在的道义力迫使施事主语做出某一行为在认识世界中的镜像投射（mirror projected）。

与 Sweetser（1990）和 Heine（2002）不同，Bybee（1988）、Traugott（1989）和 Traugott & König（1991）是从语用的角度来解释情态意义从义务情态向认识情态的语义演变过程的。他们认为从施事取向到认识情态意义的语义演变过程中，包含着“隐含义的规约化”。通过隐含义的规约化可以使由情态动词的特定意义推理而来的意义变为该情态动词意义的一部分（Bybee、Perkins & Pagliuca 1994：196）。表达道义情态的“应该”是施事指向的（agent-oriented），表达认识情态意义的“应该”是言者主语指向的（speaker-oriented），从施事主语按照规范世界的各种规范从事某种行为（“必要性”necessity），到说话人按照规范世界的各种规范推测命题（“施事主语从事某一行为”）很可能为真（“盖然性”probability），本质上就是一种隐含意义的规约化，即“施事指向意义的义务”在语用过程中被推理为“说话人根据义务进行认识上的推理”，换句话说，就是说话人根据存在的“强制义务”（或“共享规范”）对命题做出很可能为真的推断，表达说话人的认识情态意义。Horn（1972）、Steele（1975）、Coates（1983）等都将情态动词所表示的认识情态的语力（force）归结于作为这一意义来源的施事指向义的语力。

5.2.3　小结

情态动词“应该”既可以表达道义情态（deontic modality），也可以表达认识情态（epistemic modality）。

在道义情态表达中，“应该”表达的是“必要性”（necessity），即施事主语有义务、有责任、有必要做出相关行为，反过来说，社会规范或者社会规则对施事主语从事或实现某种行为是具有强制性的；

在认识情态表达中，“应该”表达的是较大可能的盖然推测(probability)，是基于“规范世界”的各种规范或者规则做出的盖然性推断，即说话人认为按照“规范世界”的各种规范来说“命题很可能是真的”，属于确信度和肯定性都较高的判断。

情态动词的“认识情态意义”源于其所表达的“道义情态意义”，从道义情态到认识情态的发展具有普遍的类型学意义。“道义情态>认识情态”情态语义的演变规律可以从两个角度来解释：

第一个角度，从道义情态意义到认识情态意义的语义演变是语法转喻的结果，即情态动词“应该”从表达“社会物质域”转向表达“逻辑或认识域”。我们可以用“力和障碍”(force and barrier)从社会物质领域(socio-physical domain)向认识领域(epistemic domain)的隐喻性投射(metaphorical mapping)来对“应该”的语义演变进行解读，在情态意义的隐喻性投射过程中，词汇的情态意义经历了意义的惯例化或习俗化(conventionalization)。

第二个角度，从道义情态意义到认识情态意义的语义演变体现了情态意义从施事取向到认识情态意义的转变规律。“应该”的道义情态意义是施事主语取向的，其“认识情态意义”是言者主语取向的，情态意义从施事取向到言者取向的转变反映了情态意义演变的一般规律。在这个演变过程中，包含着隐含义的规约化，隐含义的规约化可以使由情态动词的特定意义推理而来的意义变为该情态动词意义的一部分，情态动词“应该”的认识情态意义就来自其义务情态意义在语用过程中所产生的隐含意义的规约化。

第六章　语气副词类语言表达形式认识情态意义的建构过程

第一节　语气副词“怕”认识情态意义的建构过程

6.1.1　“怕”的义项分类

现代汉语中的“怕”有多种用法,《现代汉语词典》(第7版)中,“怕”有四个义项,两个词性:

怕:

①(动词)害怕;畏惧。例如:老鼠怕猫/任何困难都不怕。

②(动词)禁受不住。例如:瓷器怕摔。

③(动词)担心。例如:他怕你不知道,要我告诉你一声。

④(副词)表示估计,有时还含有忧虑、担心的意思。例如:这个瓜怕有十几斤吧/如果不采取果断措施,怕要出大问题。

《现代汉语八百词》(1996:376)对“怕”的解释和《现代汉语词典》中的解释略有差异。不同之处在于将“怕”的词性标注为动词,下列四个义项,其分列的义项和《现代汉语词典》分列的义项相同,试比较:

怕:[动词]

① 害怕。可带“过”。可带名词、动词、小句作宾语。例如:老鼠怕猫。

② 禁受不住。必带动词宾语。例如:这种蓝布怕晒/病人怕着凉。

③ 表示疑虑;担心。必带动词、形容词、小句作宾语。例如:他怕迟到,六点就动身了。

④ 表示估计,“我怕”或“怕”用在谓语前,有插入语的性质。例如:

这么大的雨,我怕他不来了/这一箱怕有五十斤。

综合词典中的释义和现实语料中“怕”的用法,我们可以把“怕”的用法概括为四类:

第一类,心理动词,害怕。“怕”表示人的某种“担心、害怕”的心理状态,是典型的心理状态动词,这是现代汉语“怕”的基本意义①。“怕”在句中主要作谓语中心词,可以带名词性宾语、谓词性宾语或小句宾语,可以跟“了、过”等时态成分,可以受否定副词“不、没”的否定等,例如:

(1) 叶海林:“也有一些网友认为说既然美国到我们家门口来侦察我们,我们是不是也反侦察一下美国,美国不**怕**你的侦察,它本来就是给你看的,如果你不看,你就不**怕**它了。”(深圳电视台《22度观察——美航母兵临黄海,试探还是挑衅?》2010-07-05)

(2) 婆婆:“明明是逃避责任嘛,她就**怕**苦**怕**累,现在就光顾着玩,天天上网玩。饭也顾不上吃,觉也顾不上睡。”(深圳电视台《22度观察——因为穷而不生孩子,错了吗》2010-07-08)

(3) 毕辉:“因为在22日,台湾初中生要进行学力测试,在游行现场附近,就有一些中学,所以很多家长就很**怕**这些游行活动对学生会造成比较大的影响。”(中央电视台《海峡两岸——点评台海一周热点》2010-05-22)

(4) 贺东梅:“对啊,当时什么都不**怕**了,就要进城,没想那么多,后来经理看我胆子大,那行吧。”(中央电视台《乡约——贺大胆进城记》2010-10-25)

第二类,属性动词,禁受不住或禁受得住。“怕”用于表达人或事物不具有某种静态的属性,一般带形容词性宾语或者动词性宾语。“怕”表达恒久的属性时,一般不能受“了、过”等时态成分的修饰,例如:

(5) 广东地区开始降温,由于禽流感病毒喜冷**怕**热,人禽流感疫情可能随着寒流来到广东。(广州电视台《广州电视新闻》2009-01-23)

(6) 解说:“由于蛇类动物体内,缺乏维持体温的生理机制,所以它

① 从历时的角度来看,“怕”的本义应该是“憺怕无为”,后来演变出表达“担心、害怕”的意义,参见徐时仪(2004)、朱艳丽(2009)等。

们不但怕冷，怕热，而且还怕风。”（深圳电视台《解密——祖传蛇药之谜》2010-03-26）

例(5)中的“怕”表达了禽流感病毒“喜冷怕热”的生物属性；例(6)中的“怕”表达了蛇类“怕冷、怕热、怕风”的生活属性。

“怕”也可以用于表达人或事物具有某种静态的属性，此时的“怕”需要被表达主观否定的否定词“不”否定，但是不能被表达客观否定的否定词“没”否定，例如：

(7) 当兵就得不**怕**苦不**怕**累不**怕**死，智勇双全。有了这样的高素质，何祥美才能成为意志顽强的复合型士兵。（中央电视台《新闻联播》2010-01-24）

(8) 小片：“啥？不**怕**压、不**怕**水的灯？话说电灯自1879年问世以来，就没离开过玻璃管，易碎是它的特性，他的灯怎么能压不烂、泡不坏呢？”（中央电视台《乡约——电脑传奇》2010-04-23）

例(7)和例(8)中的“怕”被“不”否定以后，整个否定结构表达的是人或者事物具有的某种属性。例(7)说明了军人“不怕苦、不怕累、不怕死”的精神；例(8)说明灯泡“不怕压、不怕水”的属性。

综上所述，“怕”表达人或事物的属性时，其主语和句法特点跟心理动词“怕”有很大的差别。具体来说，第一，心理动词“怕”的主语一般都是有生命的人或动物，而属性动词“怕”的主语既可以是有生命的人或动物，也可以是无生命的事物；第二，心理动词“怕”可以受时态助词和否定副词修饰，而属性动词“怕”则受到一定程度的限制，只能受“不”否定。从上述两点来看，属性动词“怕”的动词性已经大大减弱，已经不再是典型的动词。

第三类，副词，用于表达说话人的担心认识情态意义。“怕”用于表达说话人对于命题真值的不确定性认识(uncertainty)，同时还蕴含了说话人对于命题的个人态度——不情愿的(undesirable)。“怕”在表达说话人的担心认识时，一方面表达了说话人对命题真值的确信程度，另一方面也表达了说话人对于命题真值的不期望态度。因此，“怕”的情态意义既是认识的，又是态度的，是两种情态意义的混合，我们称之为担心认识情态意义①。“怕”表

① 参见3.3.1国外认识情态研究综述中，Lichtenberk Frantisek(1995：293-328)关于担心认识情态的相关论述。

达担心认识情态意义时，句子命题所表达的往往是尚未发生的事件或说话人未知的事件，例如：

(9) 陈嘉上："其实我很少去婚礼，我是很怕婚礼，我**怕**婚礼变成一个秀场，可是那天在超的婚礼上我感受的是爱情，是分享。"(凤凰卫视《鲁豫有约——邓超孙俪共迎新生命　重温两人婚礼　闫妮讲述感动记忆》2011-09-23)

(10) 黄渤："今天我**怕**我们俩撞衫。"(凤凰卫视《鲁豫有约——"小人物"黄渤　长得不像拿奖的样　女儿长势良好》2012-01-10)

第四类，副词，用于表达可能认识情态义。"怕"用于表达说话人关于命题真值的低确信程度，属于"可能性"(possibility)推断。说话人做出可能性推断的依据包括"客观事实(facts)、说话人的知识(knowledge)或信仰(belief)"等，例如：

(11) "我曾学过弹钢琴，可现在没时间弹啦，**怕**有两三年没动了。"(1994年报刊精选)

(12) 傍晚了，回家来的后生娃子们把门外雪地踩出一串足印，**怕**有半尺厚了吧，这一会儿的工夫！(《人民日报》1993年12月份)

6.1.2 语气副词"怕"认识情态意义的历时建构过程

张敏(2008)和周晓林(2009)都曾从历时的角度考察过心理动词"怕"的语法化过程和机制。

张敏(2008：50-51)认为，"怕"由心理动词演变为表达揣测语气的评注性副词，其间经历了词类转变和词义虚化两个同时发生的过程。张敏指出，"怕"在唐代以前一直用作动作义"害怕"，唐代以后出现了"害怕兼担心"和"估计兼担心"两种词义，到五代时期出现了纯粹表达估计揣测义的用法，这是评注性副词"怕"的萌芽，宋代以后"怕"评注性词义逐渐固定下来并开始广泛使用。诱发"怕"发生语法化的句法环境是连动结构，即动宾结构中出现了两个谓词性成分，语义表达的重心导致谓词核心的后移，句法结构由原来的动宾结构被重新分析为状中结构；另一方面，"怕"的句法辖域也发生了变化。作为心理动词的"怕"原来支配名词性宾语、谓词性宾语或小句宾语，虚化以后的"怕"的句法辖域不再是谓词性宾语或小句宾语，而至整个句子，

“怕”由命题内表达成分转变为表达说话人主观态度和认识的命题外表达成分。在“怕”的语法化过程中，“怕”还经历了词义的主观化。“怕”作心理动词时，句法主语一般都是有生命的人或者动物（或者是拟人化的事物），“怕”主要用于表达句法主语的心理活动，后来句法主语的范围进一步扩大，包括无生命的具体事物，表达“禁受不住”义，此时的“怕”已经不是典型的动词，而是表示事物的某一属性；之后，句法主语的范围扩大至抽象的事物，此时句法主语已经成为说话人评论的对象，“怕”经历了从句法主语到言者主语的转变；另一方面，心理动词“怕”由表达“担心害怕”的动词逐渐虚化为表达说话人主观态度和认识的副词，“怕”由实词（动词）虚化为表达语法关系的虚词（副词）。

周晓林（2009：45－47）在考察假设连词“哪怕”的语法化时，也考察了心理动词“怕”的虚化过程，她认为“怕”经历了从动词演变为副词，再进一步演变为连词的语法化过程，其中，句法位置的改变和词义的虚化是“怕”语法化的主要动因。周晓林认为，“怕”在宋代完成了从心理动词到副词的语法化过程。当“怕”与其他动词连用时，句法结构发生了重新分析，“怕”虚化为副词；与此同时，“怕”的语法功能也发生了相应变化，即“怕”不再是谓语中的主要动词，而是变成了谓语中主要动词的修饰性成分——副词。“怕”从副词虚化为连词大致发生在元代前后。“怕”最初表达“怕惧义”，后来演变为表达猜测或疑虑的“恐怕、可能”。宋元之间，“怕”的句法位置更加灵活，用作动词或者副词的“怕”可以直接位于句首，这样的句法位置为“怕”进一步虚化为连词提供了条件。另一方面，“怕”的语义也发生了进一步虚化，由表达猜测或疑虑的词汇义“恐怕、可能”进一步虚化为表达“假设、即使”的语法关系义，上述两个因素共同导致了“怕”进一步虚化为让步假设连词。

“怕”从惧怕义心理动词，经担心认识情态意义和可能认识情态意义，进一步虚化为表达让步假设关系的逻辑连词，在汉语中并不是孤立的词汇演变个案；杨黎黎（2012：16－23）发现，情态动词“可能”从表达动力情态意义[①]（上古汉语）发展出认识情态意义，进而从表达不确定的认识情态意义进一步虚化为表达让步假设关系的标记词。

6.1.3　语气副词“怕”认识情态意义的共时语法化过程

高增霞（2003：97－102）从共时语法化的角度，结合词语的句法语义特

---

① 本书不赞同杨文关于“可能”在上古汉语中表达动力情态意义的观点，但是赞同“可能”从表达不确定认识情态意义发展出表达让步假设关系的标记词功能，关于“可能”认识情态意义的产生过程参见5.1.2小节。

征考察了现代汉语中的“怕”、“看”和“别”，指出它们分别由害怕义动词、观看义动词、禁止义否定副词发展出了表示担心认识情态的标记词用法。高增霞首先将“怕”的用法分为四种，分别记作：Pa，表达“害怕”（动词）；Pb，表达“疑虑担心”（动词）；Pc 表达“既表担心又表推测”（副词）；Pd 表达“猜测”（副词）。之后，她先后考察了“怕”的主语特点、小句宾语的类型以及“怕”的否定形式、疑问形式和受程度副词修饰的能力等五个方面，证明心理动词“怕”的语法化过程是“Pa→Pb→Pc→Pd”。其间，“怕”经历了句子主语从句法主语到言者主语、操作域从实体到事件到命题、否定形式从有到无、疑问形式从有到无、程度副词修饰的能力从大到小的演变过程。高增霞还指出 Pc 和 Pd 是“怕”的两种副词用法。Pc 的“怕”表达担心认识情态意义，Pd 的“怕”表达认识情态意义。担心认识情态不仅仅表明说话人对命题真值的确信程度，还表达了说话人对命题真值的主观态度和主观期望，而认识情态则主要表达说话人对于命题真值的不确定性，所以，“怕”的 Pc 和 Pd 两种用法的本质区别在于是否表达了说话人对于命题真值的期望值。高增霞还进一步指出“怕”Pd 的用法虽然丢失了表明说话人担心态度的功能，但是却多出了表达礼貌的语用功能。此外，高增霞还论证了“怕”的 Pc 用法是 Pb 到 Pd 语法化的中间环节，她认为 Pc 标志“担心”的情态意义是心理动词 Pb“担心义”的语义滞留（persistence）；而 Pd 则是在 Pc 基础上语义的进一步延伸（extenstion）和虚化（bleaching）。

6.1.4 小结

在现代汉语中，“怕”是一个多义词，既可以表示人的心理状态“害怕”，也可以表示说话人关于命题真值的不确定认识，同时表明说话人对命题为真的不情愿态度，表达一种担心认识情态意义；此外，“怕”还可以单纯地表达说话人关于小句所表达命题真值的可能性推断（possibility），属于确信程度较低的认识情态表达。

从共时的层面来看，“怕”可以同时具有表示人的心理状态、表达说话人的担心认识和表达说话人的可能认识三种意义；从历时的角度来看，“怕”的三种意义具有历时演变关系，即“怕”从表“惧怕义”的心理动词，经担心认识情态意义发展出可能认识情态意义。“怕”在历史上曾经经历了“表示心理状态‘害怕’＞表达担心认识情态意义＞表达可能认识情态意义”的语义演变过程。

在汉语中，围绕着心理动词“怕”产生了一批词，形成一个“词族”，包括“怕、恐、恐怕、生怕（生恐、唯恐）、只怕、怕是”等，它们具有大致相同的语义特征，共有一个核心义素[＋怕]，虽然在语义上彼此之间也存在着一定的差异，但是，它们都经历了大致相同的语义演变过程。"怕""恐""恐怕"等大都经历了从心理动词到担心认识情态标记词，再到可能认识情态标记词的语义演变过程，"生怕（生恐、唯恐）、只怕、怕是"①等也都有表达担心认识情态意义和可能认识情态意义的双重表达功能。

第二节　语气副词"恐怕"认识情态意义的建构过程

6.2.1 "恐怕"的义项分类

现代汉语中的"恐怕"一般不能跟名词性宾语，只能跟谓词性宾语或者小句宾语，主要有三个义项：

① 动词，害怕；担心。例如：他恐怕把事情闹僵，所以做出了让步。

② 副词，表示估计兼担心。例如：恐怕他不会同意/这样做，效果恐怕不好。

③ 副词，表示估计、推测。例如：他走了恐怕有二十天了。

（《现代汉语词典》第7版）

"恐怕"的第一个义项是动词，表示"害怕、担心义"，记作"恐怕$_1$"；"恐怕"的第二个义项和第三个义项都是副词，表达的是说话人关于命题真值的认识和态度，记作"恐怕$_2$"；二者的区别在于，第二个义项表达一种担心认识情态意义，记作"恐怕$_{21}$"；第三个义项表达的是一种确定性不高的可能认识情态意义，记作"恐怕$_{22}$"。"恐怕$_1$"是一个心理动词，而"恐怕$_2$"是一个副词，二者词性不同；"恐怕$_{21}$"和"恐怕$_{22}$"是副词"恐怕$_2$"的两种不同用法。

"恐怕$_1$"与"恐怕$_2$"的区别在于，"恐怕$_1$"是动词，表达担心害怕义，"恐怕$_1$"所关联的语义成分"他"和"把事情闹僵"都是动词"恐怕$_1$"的论元成分；而"恐怕$_2$"是副词，主要表达说话人关于命题真值的认识和个人意愿，是一

① 《现代汉语词典》（第7版）和《应用汉语词典》都收录了"生恐、生怕、唯恐（也作惟恐）、怕是"，都没有收录"只怕"。其中，《现代汉语词典》（第七版）将"生恐、生怕、唯恐（也作惟恐）"标记为动词，将"怕是"标记为副词；《应用汉语词典》将"生恐、生怕"标记为副词，将"惟恐、怕是"标记为动词。这说明学术界对"生恐、生怕、唯恐（也作惟恐）、怕是"的词性以及"只怕"的词汇性质还有一定的争论。

个高位的功能词，具有认识情态表达功能。“恐怕$_2$”在互动交际话语中尤为常见，例如：

(13) 许子东：“私立的学校现在黑人都有固定的比例，为什么？因为**恐怕**人家说它政治不正确，所以就留了比例，就是说我有百分之多少给黑人，百分之多少给女生，百分之多少给少数的什么人，反而公立学校不可以立这个比例。”(凤凰卫视《锵锵三人行——清华破格录取蒋方舟 中国人诚信危机?》2008-07-25)

(14) 阮宗泽：“过去把加勒比地区都认为是美国的势力范围，现在扩展到包括西太平洋地区。这种大规模的军事集结反映出一个问题，太平洋**恐怕**不太平。”(中央电视台《今日关注——挥师东进 美重兵布亚太》2012-01-14)

(15) 主持人：“岩松，你看，如果从长远来考虑，跨国公司帮助中国建立一个更完善的市场环境，**恐怕**更有利于他们未来在中国的发展。”(中央电视台《新闻1+1——用“双打”来解决洋贿赂》2009-08-12)

例(13)是一个省略句，承前省略了句法主语“私立学校”。将省略的句法主语补充完整，即“因为私立学校恐怕人家说它政治不正确，所以就留了比例”。句中的“恐怕”是一个典型的心理动词，表达“担心”或“害怕”的心理状态。因此，“恐怕”是整个句子的谓语中心词，“人家说它政治不正确”是小句宾语，是动词“恐怕”所关涉的论元成分；从二者表达的语义角色来看，“私立学校”是感事成分，“人家说它政治不正确”是感受的对象；例(14)中的“恐怕”既表达了说话人关于命题“太平洋不太平”的主观判断，也表达了说话人对于所做出判断的个人态度——即说话人“不情愿”或者“不赞同”的态度，因此，句中“恐怕”同时复合了“命题可能为真”的主观认识和“不愿意命题为真”的主观态度；例(15)中的“恐怕”主要表达说话人关于命题“更有利于他们未来在中国的发展”可能为真的推测。说话人对“更有利于他们未来在中国的发展”所表达的命题为真所持有的态度是中立的，即说话人并没有表达出个人在情感态度上的明显倾向性。

因此，例(13)中的“恐怕”是典型的心理动词，即“恐怕$_1$”；例(14)和例(15)中的“恐怕”不是心理动词，是一个高位的功能词——副词，即“恐怕$_2$”。“恐怕$_1$”和“恐怕$_2$”可以在句法层面进行区别，表达心理状态的心理动词“恐怕$_1$”与句子中的其他成分之间具有论元支配关系，而表达认识情态意义的“恐怕$_2$”是附着在命题之外的命题外成分，和句内的其他成分之间没有论元支配关系，主要表达说话人对命题的认识、态度和观点，具有人际表达功能。虽然例(14)和例(15)中的“恐怕”都表达说话人关于命题可能为真的推断，都表达说话人的认识情态意义，但是，二者在认识情态意义表达上还存在着细微的差异。其中，“恐怕$_{21}$”除了表达说话人关于命题可能为真的可能性推测之外，还同时表明了说话人关于命题为真的个人态度——“不情愿或不愿意命题为真”，表达了一种综合了说话人个人认识和个人态度的复合认识情态意义，我们称之为担心认识情态意义（apprehensional-epistemic modality）。所谓担心认识情态意义是指说话人在说出一段话的同时，既表达了对命题倾向于为真的推测性认识（即“命题很可能为真”），也表达了说话人对命题真值的意愿和态度（即“不希望命题为真”）；而“恐怕$_{22}$”表义相对单纯，仅仅表达说话人对命题倾向于为真的可能性推测，并没有表明说话人“不情愿或不愿意”的个人态度，属于认识情态范畴的可能性范畴（possibility）。

“恐怕$_2$”表达认识情态意义时，一般不是孤立的单个句子，它需要有一个前景句，作为说话人做出推测和认识的语言背景。因此，当“恐怕”表达认识情态义时，一般出现在两个或者两个以上的小句组成的话语或语篇中。“恐怕$_{21}$”和“恐怕$_{22}$”出现在话语或语篇中时，其前后出现的两个小句之间的语义关系是不同的。一般来说，“恐怕$_{21}$”经常出现在表示结果的小句中，强调基于一般的认知习惯和常识，从前一小句所表达的命题出发来推测将会出现怎样的结果；而“恐怕$_{22}$”则主要用于表示原因的小句中，强调基于一般的认知习惯和常识推测前一小句所表达的命题之所以出现的原因。“恐怕$_{21}$”和“恐怕$_{22}$”所在小句和前后小句之间的这种语义推理关系在书面语语篇和互动交际话语中的分布和比例是不同的。

6.2.2　语气副词“恐怕$_2$”认识情态意义的共时建构过程

6.2.2.1　语气副词“恐怕$_2$”认识情态意义在书面语语篇中的共时建构

一、语气副词“恐怕$_{22}$”可能认识情态意义的共时建构过程

书面语语篇的典型特点是表达连贯、逻辑性强，体现在语篇上就是书面语语篇中经常出现各种各样的关联词，句子和句子之间具有严密的逻辑关系。“恐怕”出现的小句和前后小句之间复杂的语义推理关系在书面语语篇中体现得尤为明显。在书面语语篇中，“恐怕$_{22}$”经常用于连接两个小句“P”和“Q”，表达说话人对命题倾向于为真的可能性推测。“恐怕$_{22}$”经常出现在表示原因的小句（“Q”）中，强调基于人们一般的认知习惯和常识推求前一小句（“P”）所产生的原因，是一种“回溯追因”，在本质上属于逻辑上的“回溯

推理”(abduction)。

回溯追因的推理过程为：

> 大前提是人们普遍的认知习惯或常识；
> 小前提是现实中已经出现的事实或结果；
> 推理是按照普遍的认知习惯或者常识，推测事实或结果所产生的原因。

从逻辑上来说，“由因到果”是一种惯常的、客观的、无标记的常规逻辑关系，即一定的原因产生相应的结果；而此处“P”和“Q”之间的语义关系是“由果到因”，这种“由果到因”的逻辑关系是一种超常的、主观化程度较高的非常规逻辑关系，那么相应的“由果到因”的回溯推理也是一种主观化程度较高的推理，此处的“恐怕”不负载任何的客观意义，只是表达说话人对于命题真值的认识和推测，属于一种确信度不高的可能性认识(uncertainty)，例如：

> (16) 主持人：“季先生在临终前写过一个证明，这个证明是这样写的，他说我已捐给北大120万，而今后不再捐赠，由此可见P季羡林先生对于他的遗产的捐赠行动，确实也发生了一些变化，Q恐怕是因为他当初提的那个条件并没有得到真正的满足。”(北京人民广播电台《博闻天下——消失的奢侈品》2009-09-11)
>
> (17) 我想，P巴老的许多作品之所以会成为中华现代文化的珍品，Q恐怕原因就在于他知道自己手中的那支笔。(《人民日报》1994第2季度)
>
> (18) P弄虚作假的原因很复杂，但最根本的原因，Q恐怕还在于学生忽视了自身科学精神的培养。这与目前的社会风气当然有较大的关系。(《人民日报》1995-08-28)
>
> (19) P而有些企业虽然年年喊节约，却见效甚微，Q恐怕同他们眼中无芝麻有关。(《人民日报》1995-10-11)

例(16)中，小句P“季羡林先生对于他的遗产的捐赠行动，确实也发生了一些变化”是已然的客观事实，因为“季先生在临终前写过一个证明，这个证明是这样写的，他说我已捐给北大120万，而今后不再捐赠”，根据这个事实“P”，我们可以推测季先生对遗产捐赠行动产生变化的原因是“Q”，即“季先生捐赠的时候提出的条件可能并没有得到真正的满足”，其“回溯追因”的推理过程如下：

常识：捐赠者通常对于被捐赠钱物的使用有一定的要求和条件；

事实：季先生临终前突然宣布今后不再向北大捐赠；（“P”）

推理：季先生捐赠时提出的条件很可能没有得到真正的满足。（“Q”）

例（17）、例（18）和例（19）也存在类似的“回溯追因”的推理过程，“恐怕$_{22}$”所关涉的小句“Q”表达对前一小句“P”所表达的命题之所以出现的原因的推测，表达说话人对于某一命题可能为真的认识和推断。

现实语料中，除了有“由果到因”的语义关系之外，还存在另外三种情况：

第一类，“恐怕$_{22}$”所引导的小句是前面小句成立的条件，例如：

（20）P你负过伤，大概是打在左腿上，Q恐怕是在二十一二岁的时候！（邓友梅《别了，濑户内海！》）

（21）P至于留给西方传媒的是什么，Q恐怕只有悲哀。他们本来想把这次大会当作一次展示西方“新闻自由”的机会，想不到适得其反。（《人民日报》1995-09-27）

例（20）是一个句群，“P”是一个命题组，而“Q”是命题组“P”之所以成立的充分条件，这种充分条件的假言判断为“如果P，那么Q”。“P”和“Q”之间存在一种预设关系，即“P”预设着“Q”。这里的“恐怕$_{22}$”表达是说话人所陈述命题之所以成立的前提条件，其推理过程如下：

常识：在某时某地发生过某事。

事实：某事发生了。（“P”）

推理：大概是在某一时间和某个空间。（“Q”）

已然的事实是“你负过腿伤”（命题组“P”），根据常识，我们知道某个事件的发生一定处于某一具体的时空范围内，那么，我推测“你负过腿伤”大概是在某一时间（大概“二十一二岁的时候”）。

例（21）的情况比较特殊，因为这里的“P”不是一个命题，而是一个问句，如果我们把它还原为逻辑命题的话，“P”可以改写为“这次大会留给西方传媒一样东西”；“Q”是一个省略句，我们将它还原为“这次大会只留给西方传媒悲哀”。那么“P”和“Q”之间是一种必要条件的假言判断，如果无“P”，必无“Q”，即只有“P”，才“Q”。那么“P”和“Q”之间是一种蕴含关系，即“Q”蕴含着“P”。这里的“恐怕$_{22}$”表达的是说话人所陈述命题之所以成立的必要条件，其推理过程如下：

常识：第四次世妇会留给西方传媒悲哀。

事实：第四次世妇会留给西方传媒一样东西。（“P”）

推理：大概只有悲哀。（“Q”）

上述回溯推理有一个客观的历史背景，即据1995年9月27日《人民日报》一篇题为《西方传媒的悲哀》一文的报道，西方传媒不顾中国为保护妇女权益做出的巨大努力，不顾中国为第四次世界妇女大会做出的种种贡献，不顾几万名代表和与会者的感情，只是寻找中国的“阴暗面”，甚至不惜胡编乱造诋毁中国，这让中国的新闻媒体工作者真正看清了西方传媒的本质，即世界上从来没有绝对的“新闻自由”，西方标榜的“新闻自由”实质不过是造谣的自由、歪曲的自由、诽谤的自由！本来希望借此机会抹黑中国的西方传媒得到的是中国人民、中国新闻工作者以及参加会议的西方和发展中国家人士的极大愤慨和反对。这个历史事件让人感觉到西方传媒失去了传媒起码的道德底线，让人感到西方传媒非常悲哀。那么，例(21)的“回溯追因”过程为：第四次世妇会留给西方传媒一样东西（“P”）是客观事实。基于对1995年第四次世界妇女大会这样一个客观历史事件的认知，那么我们推测“第四次世妇会留给西方传媒只有悲哀”（“Q”）。

“恐怕$_{22}$”引导的小句“Q”和前面小句“P”之间，无论是充分条件的假言判断，还是必要条件的假言判断，这里的“恐怕$_{22}$”表达的都是对所陈述命题成立条件的推测，二者都属于“回溯追因”的推理，只不过，这里的“因”不是我们惯常意义上的原因，而是命题成立的条件，是一种广义上的“因”。

第二类，“恐怕$_{22}$”前面的小句是说话人的一种言语行为，例如：

(22) P我其实带着少数民族的血统，Q这点恐怕你还不知道吧。（王雨辰《每晚一个离奇故事》）

(23) P没准你已经得了网络综合症，Q恐怕你还不知道吧！（来自百度搜索）

“恐怕$_{22}$”前面小句“P”表达的命题是一个言语行为小句，一般是说话人的一个言语行为或者言语判断。说话人之所以做出这样的言语行为或者言语判断（“P”），是因为说话人推测或者认定对方不知道“P”。例（22）中，说话人之所以说“我其实带着少数民族的血统”，是因为说话人认定听话人并不知晓“我带着少数民族的血统”。同样，例（23）中，说话人对“你得了网络综合症”的言语判断，是因为说话人认定听话人并不知道自己得了网络综合症。因此，“P”和“Q”都属于言域（沈家煊 2003：196）范围内的“由果推因”关系。

第三类，“恐怕”前面的小句“P”是一个否定命题，例如：

（24）李惠颜又说：“一P 孩子的生日不能给人知道，Q 恐怕被仇人听见，用巫术的方法把孩子弄死。（阴法鲁、许树安《中国古代文化史》）

（25）李惠颜还说：“一P 不能直接问小孩子有多少年纪，只能够用‘有几个手指’来代替发问孩子的年岁。Q 其原因……恐怕触犯了神的尊严。”（阴法鲁、许树安《中国古代文化史》

例（24）中，“恐怕”前面小句表达的命题是一个否定命题，即“－P”，而“恐怕”引导小句“Q”是前面小句“－P”产生的原因，命题“P”和“Q”之间的关系不是结果和原因之间的关系，而是原因和结果之间的关系，即：

之所以一P，是因为 Q；
因为 P，所以 Q。

因为“恐怕”所引导的小句“P”是一个否定命题，所以“P”和“Q”之间的语义关系不是结果和原因的关系，而是原因和结果的关系，所以这一类情况不属于“回溯追因”，而是一种常规的预测推理，这种预测推理的“恐怕”表达的是担心认识情态意义，因此，例（24）和例（25）中的“恐怕”不是“恐怕$_{22}$”，而是“恐怕$_{21}$”。

二、语气副词“恐怕$_{21}$”担心认识情态意义的共时建构

在书面语语篇中，“恐怕$_{21}$”连接多个小句时，一般用在表示结果的小句（“Q”）中，与前面小句“P”之间的语义关系是逻辑上的因果关系，强调基于常识，从小句“P”所表达的命题出发来推测将会出现什么样的结果（即“Q”）。

从逻辑上来说，"由因到果"是一种惯常的、无标记的常规逻辑关系，属于演绎推理(deductive reasoning)，是一种常规的语用推理(pragmatic inference)，与"由果到因"的回溯推理相比，"由因到果"的语用推理主观化程度比较低。此处的"恐怕$_{21}$"一方面负载主观推理意义，这种主观推理意义是由"由因到果"的常规语用推理赋予的；另一方面也保留了一定的客观词汇意义，即表示人的某种心理状态——"担心"。从主观化角度来看，这里的"担心义"是"恐怕"语法化过程中的一种"语义滞留"(persistence)。所谓"语义滞留"是指一个实义词演变为功能词以后，原来的实词义往往并未完全丧失，新出现的功能词多少还保留着原来实义词的某些特征，这些残存的特征对功能词的用法会施加一定的制约(Hopper 1991：28－30)。Hopper & Traugott(1993)认为，当一个形式经历从词汇项到语法项的语法化时，它原来的一些词汇意义踪迹往往会粘附着它，它的词汇历史上的具体细节会反映在对它的语法分布的制约上；沈家煊(2001)也认为，在语法化过程中实词的语义"滞留"在虚词中，并且限制虚词的语义和语法功能。从心理动词的"恐怕"到副词"恐怕"，"恐怕"发生了实词的虚化和语义的主观化。一方面，心理动词"恐怕"的词类降格，由实词语法化为半实半虚的副词，即由实义词变成功能词；另一方面，"恐怕"的语义发生主观化，由表达客观意义("人的某种心理状态")变为表达主观意义("认识情态意义")，即由表达"担心害怕义"演变为表达说话人对命题真值的主观认识和态度——"担心认识情态意义"。"恐怕$_{21}$"出现在表示结果的小句里时，表达说话人对于结果小句所表达的命题真值的担心认识，这种担心认识义受"恐怕"词汇意义的语义滞留的影响。

由于"恐怕$_{21}$"引导的小句"Q"是说话人担心害怕发生的事情，所以一般都是未然的，如果是已然的话，也应该是说话人所未知的事件，是说话人内心害怕并竭力要避免的，体现了说话人的内在态度，所以"恐怕$_{21}$"既表达了说话人对未然事件或未知事件一种态度和意愿("担心害怕"，因而"不愿意命题为真")，也表达了说话人对未然事件和未知事件状态的可能性推断，所以，"恐怕$_{21}$"表达的情态语义是一种复合的认识情态意义——担心认识情态意义(Lichtenberk Frantisek 1995)，例如：

(26) "P 我还要告诉你，我经常吐血，Q 恐怕活不长了。"(叶蔚林《蓝蓝的木兰溪》)

(27) "没有，P 我眼神不好，Q 恐怕得配副镜子了。"(王朔《谁比谁傻多少》)

(28)"P但我的数理化很糟糕的,Q恐怕做得不好,我知道整个年级里就数你物理化学最棒,所以就想来请教你。"(鹅考《大明星爱上我》)

(29)他说,P他身体欠佳,Q恐怕忍受不了长达18个月之久的审查之苦。这样,威尔逊将于今年7月正式退休。(《人民日报》1995-02-25)

例(26)中"恐怕"引导的小句"Q"和前面小句"P"之间是因果关系,因为"生病了,经常吐血",所以"恐怕活不长了"。这里的"恐怕"既表达了"吐血"和"活不长了"两个事件之间的因果关系,也表达了说话人对"活不长了"这一未然事件的不确定性认识和不情愿的情感态度,所以,例(26)中的"恐怕"是"恐怕$_{21}$",表达说话人的一种"估计兼担心"的担心认识情态义。

"恐怕$_{21}$"用于表示不确定性预测时,"恐怕$_{21}$"引导的小句"Q"和前面小句"P"之间主要有五种语义关系,具体来说:

第一种,"P"和"Q"之间是一种狭义的因果关系,例如:

(30)"因为你见到西门吹雪,恐怕就不一定有机会赌了。"(古龙《陆小凤传奇》)

(31)如此发展下去,50年后,中国将有26亿人口。由于人多地少,恐怕连吃饭都成问题。(辛平《错误批判马寅初的前前后后》)

例(30)和例(31)中的关联词"因为""由于"标记的是狭义的"由因及果"的因果关系。"恐怕$_{21}$"表达的是基于小句"P"而对"Q"小句所表达命题真值的不确定性推测,这种不确定性推测同时还包含了说话人的"担心或不情愿"的感情态度。

第二种,"P"和"Q"之间存在条件关系,例如:

(32)国内的外贸公司,无论它的实力有多强劲,恐怕谁也不愿去冒这个险。(1994年报刊精选)

(33)天很冷,若不是大姐把我揣起来,不管我的生命力有多么强,恐怕也有不小的危险。(老舍《正红旗下》)

例(32)和例(33)中的"无论""不管"表达的是一种条件关系,即说话人推测在任何条件下都可能会产生小句"Q"所述命题这一结果,而且这一结果是说话人不情愿看到的。

第三种,“P”和“Q”之间存在假设关系,假设关系可以分为一般假设关系和让步假设关系两种。

第一小类,“P”和“Q”之间存在一般假设关系,例如:

(34) 今天上午她又赶上了一件事,如果不是因为多了个心眼儿,恐怕又要惹出一场乱子来。(陈建功、赵大年《皇城根》)

(35) 这个小傻瓜,要不是她抢先叫醒她,恐怕乃文早就用力摇醒她了。(于晴《红苹果之恋》)

例(34)和例(35)中,“如果”“要不是”是标记一般假设关系的关联词,即前面小句“P”提出假设,后面小句“Q”说明这种假设可能产生的结果,“P”和“Q”存在逻辑上的先后因果关系,这种逻辑上的因果关系是一种非叙实情景,是说话人假定的(supposed)。

第二小类,“P”和“Q”之间存在让步假设关系,例如:

(36) 在这个人面前,纵使有诸葛亮的聪明机智,恐怕也难有丝毫的用武之地。(克劳塞维茨《汉风》)

(37) 乔尼说,“哪怕我们连续观察一整夜,恐怕也只能得出同样的结论。(罗恩·哈伯德(美)《地球杀场》)

例(36)和例(37)中的“纵使……也……”“哪怕……也……”是标记让步假设关系的关联词,“P”做出让步,即假设一种情况是真实的,“Q”表示转折,表达“Q”的出现并不会受到“P”的影响。黄伯荣和廖序东(2017:136)将“即使”类的假设关系归于相背假设一类,即“在相背假设复句里,偏句、正句语意是相背的,假设和结果不一致。偏句先退一步说,把假设当作事实承认下来,正句则说出不因假设实现而改变的结论”。这种让步假设关系的复句在语义上强调的是“Q”小句所表达的命题不会因为“P”小句的出现而发生任何改变。

第四种,“P”和“Q”之间存在转折关系,转折关系可以分为一般转折关系和让步转折关系两种,例如:

(38) 正好余校长来了,他看了看书说:“这个作者我认识,他以前也是民办教师,我和他一起开过会。他幸亏改了行,不然,恐怕和我现

在差不多。"(刘醒龙《凤凰琴》)

(39) 如果不是修复在当年临潼县的鸿门旧地,尽管将其复原得如何逼真,恐怕也会失去使人回溯历史、旅游览胜的情趣。(《人民日报》1995年6月份)

例(38)中的"不然"表达的是一般转折关系,"他幸亏改了行"("P"),否则的话,"就会和我差不多"("Q");例(39)中的"尽管……也……"表达的是一种让步转折关系,即"P"先承认某一个事实,"Q"表达相反的意思。"P"和"Q"之间虽然是一种让步转折,但是二者在逻辑上仍然表达"由因到果"的关系,而且"Q"所表达的"结果"不会因为前面"P"的出现而发生改变。

第五种,"P"和"Q"之间存在递进关系,例如:

(40) 因为记的是历史,但不全是录音报道,不仅有加工,恐怕还有虚构。(《读书》第128卷)

(41) 不但人民生活水平难以提高,恐怕安居都会出现困难。(1994年报刊精选)

例(40)和例(41)中的"不仅……还……""不但"表达递进关系,"P"和"Q"两个小句所表达的语义程度不同,"P"小句表达的语义要轻一些,"Q"小句表达的语义是在"P"小句语义的基础上更进一步,所以语义稍重,"P"和"Q"两个小句不能颠倒,二者存在语义程度上的轻重关系,小句"Q"所表达的命题预期可能出现的情形,同时也是说话人主观上担心或不愿意出现的情形。

无论是狭义的因果关系,还是条件关系、假设关系、转折关系和递进关系,"P"和"Q"之间都存在一种先后的逻辑关系,即"由因到果"。这里的"因"和"果"都是广义概念上的"因果",包括体现先后时间关系的"事实因果"、表达先后逻辑关系的"条件因果"和表达先后认知顺序的因果等。由于小句"P"是"因","恐怕"引导的小句"Q"是"果",那么"恐怕$_{21}$"在连接"P"和"Q"表达预测推理时,不仅仅表达说话人对于小句命题的不确定性推测,还同时表达了说话人对"Q"所陈述命题的主观意愿和态度——"担心害怕,不愿意'Q'发生,或者害怕'Q'发生"。这种担心认识的情态意义在语篇形式上的体现就是"恐怕$_{21}$"所引导的小句"Q"往往是一个否定命题,例如:

"恐怕$_{21}$"引导的小句"Q"用"不"来否定,例如:

(42) 现在如果完全照搬，比如搞三权分立，搞英美的议会制度，并以此来判断是否民主，恐怕不适宜。(邓小平《会见香港特别行政区基本法起草委员会委员时的讲话》)

(43) 擦过以后，毛巾上既有眼泪，又有鼻涕，恐怕是不能要了。(王小波《白银时代》)

“恐怕$_{21}$”引导的小句“Q”用“没”进行否定，例如：

(44) 像庾信的《哀江南赋》富于音乐美，如果译成白话文，恐怕没人爱看，不像个东西，唐诗宋词也有这个问题。(《人民日报》1995-05-29)

(45) 兵士偷偷送信给谢石告急，说：“现在敌人来势很猛，我军粮食快完，恐怕没法跟大军会合了。”(《中华上下五千年》)

“恐怕$_{21}$”引导的小句“Q”用“没有”进行否定，例如：

(46) 倘若她是七十岁的老人，儿女就当是我的年龄，有一本书我都不宜看，那恐怕没有什么人宜看。(王小波《艺术与关怀弱势群体》)

(47) 五年前，当从东京传来争得奥运百年盛典举办权的喜讯时，彻夜狂欢的亚特兰大市民们恐怕没有想到他们面临着多么艰苦的工作。(《人民日报》1995-08-18)

“恐怕$_{21}$”引导的小句“Q”用“连……否定词”的形式来否定，例如：

(48) 小小一个丁蜀镇，在中国偌大的版图上，还占不到蝇头那么大的位置，恐怕连标个小圈儿的资格都没有。(《人民日报》1995-07-07)

(49) 现在市民们抱怨有米无鱼，如果要我当市长，恐怕会弄得市民们连米也没有吃的啰。”(1994年报刊精选)

“恐怕$_{21}$”引导的小句“Q”是述补结构的否定形式，例如：

(50) 我的数理化很糟糕的，恐怕做得不好，我知道整个年级里就数你物理化学最棒，所以就想来请教你。(鹅考《大明星爱上我》)

(51) 遇到呵叱,受到讥讽,遭到谩骂,恐怕要吃不香、睡不好。(《人民日报》1995-08-18)

“恐怕$_{21}$”引导的小句“Q”使用其他的一些否定形式,例如“未必”“难以”“别无”“鲜”等,例如:

(52) 她想,没准是个老干部,能见到那样大的外国人,恐怕未必吃过S县的小米。(李国文《月食》)

(53) 如果说有人从高变矮,返老还童,恐怕人们难以相信。然而,这种怪事确实发生过。(《中国儿童百科全书》)

(54) 既不能起疑情而开悟,也不得佛力加持而生西,除种一点善因外,恐怕别无收获了。(《佛法修正心要》)

(55) 流逝,可以洗刷掉人们的记忆。当年的风云人物李春华,近况如何?恐怕已鲜为人知了。(滕树超《李春华:从“反修防修”战士到勤劳致富能手》)

三、书面语语篇中“恐怕$_1$”“恐怕$_{21}$”“恐怕$_{22}$”的计量统计

笔者使用南开大学“中文文本语料检索系统”(TCS2008系统)对书面语语篇“现当代文学作品”中出现的“恐怕”进行了检索,共搜集到“恐怕”的全部语料1726例。随机抽取了前900例进行计量统计,得到“恐怕$_1$”“恐怕$_{21}$”“恐怕$_{22}$”的使用频率,统计分析如下:

第一是心理动词“恐怕$_1$”,表达人的某种担心害怕的心理状态。此时“恐怕$_1$”前后的成分往往都是“恐怕”的论元成分,所以,当“恐怕$_1$”前面有其他成分时,“恐怕$_1$”不能自由提前,或者提前后语义发生较大变化,在随机抽取的900例语料中共计出现了45例,出现频率约占“恐怕”全部语料的5%。

第二是“恐怕$_{21}$”,表达说话人的担心认识情态意义。此时的“恐怕$_{21}$”往往处在一个复杂的推理性语篇当中,“恐怕$_{21}$”引导的小句和前面小句之间的语义关系是广义的“由因到果”的关系,属于“演绎推理”中的“语用推理”。这种广义的“由因到果”的关系除狭义的因果关系之外,还包括条件关系、假设关系、让步关系、转折关系和递进关系等。此时的“恐怕$_{21}$”是一个副词,除了表达说话人对于命题可能为真的推测以外,还表达了说话人的主观意愿和态度——“不情愿或不愿意命题为真”。此类语料在随机抽取的900例语料中约有633例,出现的频率最高,约占“恐怕”全部语料的70.3%。在表示担心认识情态意义的633例语料中,“恐怕$_{21}$”引导的小句中采用否定形式

的有276例，约占“恐怕$_{21}$”语料的43.6%。

第三是“恐怕$_{22}$”，表达说话人关于命题的不确定性推测，主要有两种常见的语篇模式：

一是出现在文学作品中的对话部分，说话人往往用“恐怕$_{22}$”对前面话语中出现的某些信息进行可能性评估，例如：

(56) 怕李老人又顶上来，赶紧说：“管它造什么呢，反正咱们得交差！”

“就是！就是！”晓荷连连点头，觉得白巡长深识大体。

“那么，四爷你就跑一趟吧，告诉大家先交二斤，下月再交二斤。”

李四爷瞪了冠晓荷一眼，气得没说出话来。

白巡长笑得怪不好看的，“事情**恐怕**不那么简单啊。”(老舍《四世同堂》)

(57) 常谈到：“老弟兄们，到底我们谁应当先走呢？”于是年纪最长的一个便很慷慨地抢着说：“当然啦，当然啦。我比你们大许多岁数，当然我先走啦，我**恐怕**不能给你们送行了。”(李广田《上马石》)

在对话性话语中，“恐怕$_{22}$”还经常出现在一个话轮的始发位置，用于表达说话人基于一定的话语语境或言谈背景，对将要发生的事情进行可能性预测，例如：

(58) 一个年轻的姑娘和一个中年人正一边跺脚，一边说着什么。

“**恐怕**这趟车又没有。”那姑娘说。

“八点钟还有一趟到齐齐哈尔的车。”男人的口吻很耐心。(刘军《张伯驹和陈毅的交往》)

(59) 我看了他一眼，是胡桃似的多皱而贫血的脸。天上的云慢慢厚起来，月亮一时隐没在云里了。我低低地说了一句，近乎自语：“天**恐怕**要下雨。”(柯灵《雨街小景》)

此外，“恐怕$_{22}$”还经常用于言者或“作者”对某一情形进行可能性推断，例如：

(60) 大家挨个与陈毅碰过杯，一仰头，吞下了这杯烈酒。不管对元帅的指点是否理解，这些非同寻常的话是都铭记心中了。**恐怕**领会

最透彻的是叶飞。(铁竹伟《陈毅的最后一次家宴》)

(61) 我离开三家村时,村里的青年们都送我上车,表示惜别。我也觉得有些儿依依。(曾经搪塞他们说:"下星期再来!"其实**恐怕**我此生不会再到这三家村里去吃茶且拉胡琴了。)(丰子恺《山中避雨》)

对话语篇中的"恐怕"往往处于话轮的始发位置,或者是一段话语的开始位置,所以"恐怕"和前面的句子之间显然没有明显的逻辑推理关系,前面的句子仅仅是说话人进行言语表达的话语背景或者言谈语境。此时,"恐怕"出现的话语语境是:基于前一话语片段或言语背景,说话人表达对某一事物或事件的主观推测或推断。此时的"恐怕"一般都是"恐怕$_{22}$",在随机抽取的 900 例语料中有 105 例,出现的频率约占 11.7%。

二是"恐怕"出现在叙述性语篇(narrative discourse)中,"恐怕$_{22}$"引导的小句和前面小句之间是广义的"由果到因"的关系,属于"回溯推理"中的"回溯追因"。这种广义的"由果到因"的关系包括"恐怕$_{22}$"引导的小句是前面小句的充分条件或者必要条件,此外,还包括言域范围内的"由果到因"的关系。此时的"恐怕$_{22}$"是一个副词,表达说话人对于命题真值的可能性推测。此类语料在随机抽取的 900 例语料中约有 117 例,出现频率约占"恐怕"全部语料的 13%。

6.2.2.2　语气副词"恐怕$_2$"认识情态意义在互动交际话语中的共时建构

口语交际话语的句子结构松散,多用短句,句子和句子之间的关联性较差,较少使用关联词,因此,"恐怕"出现的小句和前后小句之间复杂的语义推理关系在互动交际话语中体现得并不太明显。"恐怕"出现在结果小句中,基于一般的认知习惯和常识进行"由因到果"演绎推理(即"恐怕$_{21}$"),或者出现在原因小句中,基于一般的认知习惯和常识进行"回溯追因"(即"恐怕$_{22}$")的情况都比较少见。"恐怕"的主要用法是,根据互动交际的对话语境,说话人直接使用"恐怕$_{22}$"对某一命题或命题信息进行可能性评估,表达说话人的个人观点或判断,因此,"恐怕"在互动交际对话中的使用表现出明显的倾向性——表达可能认识情态意义(即"恐怕$_{22}$")。

通过对媒体语言语料库(MLC)中的"多人谈"语料部分进行考察,我们共获得"恐怕"的语料 1182 例。随机抽取前 900 例进行计量统计,所得到"恐怕$_1$""恐怕$_{21}$""恐怕$_{22}$"的使用频次,统计分析如下:

第一,心理动词"恐怕$_1$"出现的语例共有 3 例,约占全部"恐怕"语料的 0.3%,例如:

(62) 王树林："职业病主要就是说尽量地对顾客拿来的东西，不管是什么，都是非常认真、非常细心的，当时**恐怕**吃亏，吃亏企业受损失。实际当时我们跟绩效挂着钩呢。"（北京人民广播电台《行家——知行英语网：宋佳玲》2009-10-25）

(63) 张阿姨："每天我都是坐下闲暇的时候，没事我就翻一翻，看一看，我也**恐怕**我这脑子有忘的时候，毕竟是快60岁的人了。"（北京人民广播电台《资讯早八点——红娘》2008-12-22）

(64) 窦文涛："可是你知道，他后来写了个诗，我觉得这反映他当时，他闹不清形势，他这个诗叫什么呢？'登山一马当先，岂敢冒充少年？只因**恐怕**落后，所以拼命向前。'就全在里面了。"（凤凰卫视《锵锵三人行——许子东》2012-01-13）

第二，"恐怕$_{21}$"是一个副词，表达说话人的担心认识情态意义，在随机抽取的900例语料中总计出现了32例，约占全部语料的3.5%。此时的"恐怕$_{21}$"往往是基于"由因到果"的常规语用推理，即根据一定客观事实或者原因推测出将要发生的不利后果，这个后果往往是说话人所不愿意看到的，同时表达了说话人不情愿的情感态度，例如：

(65) 接线员："我们一共就有十辆，我**恐怕**找不出三辆车来。"（北京人民广播电台《城市零距离——无障碍设施》2008-09-11）

(66) 赵连石："结果它们短短的一瞬，就把情况交流了一下，它们迅速纷纷占领制高点，老胡一看不得了，今天**恐怕**要毁了，这样干扰了猴群，它们要不从这儿迁徙，干扰了正常的迁徙路线，干扰了它们的生活。"（北京人民广播电台《人物周刊——环保志愿者：赵连石》2009-07-06）

(67) 窦文涛："我们都没戴口罩，而且观众一直在投诉，说我们的杯子应该加杯盖。"

许子东："有我们的唾沫。"

梁文道："我**恐怕**是给你们谁传染了。"（凤凰卫视《锵锵三人行——"艾滋女"派生轩然大波　网络报复怎辨真伪》2009-10-22）

例(65)—例(67)中，说话人做出因果推理的依据往往是一些已然的客观事实，由目前已然的客观事实推理出将要出现的不利后果，是典型的"由因及果”的常规推理，处在这种常规语用推理模式中的“恐怕”往往表达说话人的担心认识情态意义，此外，表达担心认识情态意义的“恐怕$_{21}$”最常见的语境就是假设关系或因果关系复句，例如：

(68) 主持人：“看来**如果**没有人及时通知司机纠正错误，**恐怕**就会一错再错，我们也希望相关人员工作的时候认真一些。”（北京人民广播电台《新闻热线》2010-02-23）

(69) 录音：“今天的雨不大，大家伙儿还能坚持，在这儿排着队等；**如果**赶上大雨，**恐怕**乘客就等不了了。”（北京人民广播电台《新闻热线》2010-07-02）

(70) 赵晓鲁：“**如果**你太贵了，**恐怕**老百姓就不干了。”（北京人民广播电台《城市零距离——北京出行新政策》2010-01-25）

(71) 杨晓楠：“**因为**我喝了20多年酒，酒精依赖17年，养成习惯了，**恐怕**这一辈子都改不了了。”（北京人民广播电台《人物周刊——戒酒之家：杨晓楠》2009-09-13）

第三，“恐怕$_{22}$”是一个副词，表达可能认识情态意义，在随机抽取的900例语料中总计出现了865例，约占全部语料的96.1%。互动交际话语中的“恐怕$_{22}$”往往直接用于对某一命题或命题信息进行可能性评估，例如：

(72) 窦文涛：“我说这个6成潜力股，咱是有社会经验的人，**恐怕**九成九他一辈子也是潜力股、蓝筹股，但是这些女孩子你发现没有，她还是存着一个指望，指望你是蓝筹股。”（凤凰卫视《锵锵三人行——马家辉：女人把钱放第一位　革命才成功》2010-05-26）

(73) 窦文涛：“我跟你说，人类里头，我估摸着能跟章鱼比肩的，**恐怕**只有咱们香港的成龙大哥了。”（凤凰卫视《锵锵三人行——窦文涛：本届世界杯球场充满君子风范》）

(74) 李栓科：“我们经过了一个两公里宽的泥石流地带，当时下着暴雨，然后巨大的这个泥石流夹杂着巨大的石头，有些石头**恐怕**直径得好几米，大大小小的滚滚而下。”（凤凰卫视《锵锵三人行——李栓科：人类活动对地球温度影响微乎其微》2010-08-11）

综上所述，在互动交际话语中，“恐怕”主要用于表达可能认识情态意义，占全部语料的96.1%，表达心理状态和担心认识情态意义的“恐怕”仅占不足4%，这充分说明“恐怕”的多种意义和用法在语体使用上表现出较强的选择倾向性。

6.2.2.3 “恐怕$_1$”“恐怕$_{21}$”“恐怕$_{22}$”在不同语篇类型中使用频次的对比

“恐怕$_1$”“恐怕$_{21}$”“恐怕$_{22}$”在书面语语篇和“多人谈”类互动交际话语中出现频次的差异，如表6-1所示：

表6-1 “恐怕$_1$”“恐怕$_{21}$”“恐怕$_{22}$”在不同类型语篇中出现的频次对比

	“恐怕$_1$”		“恐怕$_{21}$”		“恐怕$_{22}$”	
	频次	占比	频次	占比	频次	占比
书面语语篇	45	5%	633	70.3%	222	24.7%
互动交际话语	3	0.3%	32	3.5%	865	96.1%

根据表6-1中“恐怕$_1$”“恐怕$_{21}$”“恐怕$_{22}$”在不同类型语篇中出现频次的对比情况来看，我们可以做出以下三种推断：

一是“恐怕”在现代汉语中基本用作语气副词。《现代汉语词典》(第7版)中将“恐怕”定性为心理动词和语气副词，《汉语动词用法词典》没有收录心理动词的“恐怕”，这说明学术界关于“恐怕”词性的定性还是有争议的。从表6-1“恐怕”使用的频次来看，无论是书面语语篇，还是互动交际类话语，作为心理动词的“恐怕$_1$”出现的频次占比都极低，远远低于表达认识情态意义的“恐怕$_2$”，这说明“恐怕”从心理动词向语气副词的语义演变过程基本已经完成，从使用频次的统计来看，“恐怕”基本可以定性为语气副词。

二是“恐怕”从表达心理状态向表达说话人关于命题可能性推断的语义演变的适宜语境是互动交际类话语。从表6-1的统计数据来看，表达说话人担心认识意义的“恐怕$_{21}$”在书面语语篇中使用频率较高，高达70%以上，是“恐怕”的主要用法。而在互动交际类话语中，表达说话人关于命题可能性推断的“恐怕$_{22}$”是“恐怕”的主要用法，使用频率高达96%，这说明表达可能性推断的“恐怕$_{22}$”最适宜的语言环境是互动交际类话语。

第三，从历时语法化的角度来说，“恐怕$_1$>恐怕$_{21}$>恐怕$_{22}$”大致体现了“恐怕”的语法化斜坡，“恐怕$_{21}$”是从“恐怕$_1$”向“恐怕$_{22}$”语法化过程中的过渡状态。相对于灵活性较强的口语而言，书面语语篇由于其逻辑上的严密性，使得“恐怕$_2$”在一定程度上保留了心理动词的语义特征——“担心、不情愿”，这说明“语义滞留”在不同语体类型上也有一定的程度差异。

综上所述，共时层面，“恐怕$_1$”“恐怕$_{21}$”“恐怕$_{22}$”的使用频次在书面语语篇和互动交际话语中的使用频次有明显的差异，“恐怕$_{21}$”在书面语语体中更为常见，体现了书面语语体的逻辑性和连贯性；“恐怕$_{22}$”在互动交际对话语体中更为常见，说明“恐怕$_{22}$”的使用更加灵活和自由，虚化程度更高。因此，“恐怕$_{1}$”“恐怕$_{21}$”“恐怕$_{22}$”在共时层面上使用频次的差异在一定程度上反映了“恐怕”在历时层面的语义虚化过程；另一方面，也从侧面反映出促使“恐怕”发生语法化和语义虚化的一个不可忽视的因素——语体因素。换句话说，“恐怕”从“心理动词”到“语气副词”的语法化过程，从“表达担心认识情态意义”到“表达认识情态意义”的语义虚化过程中，语体是一个不容忽视的动因。

6.2.3 语气副词“恐怕$_{2}$”的语法化和主观化过程

6.2.3.1 “恐怕”的语法化

“恐怕$_{1}$>恐怕$_{21}$>恐怕$_{22}$”大致体现了“恐怕”的历时语法化过程。在“恐怕”的语法化过程中，“恐怕$_{1}$”是心理动词，表达人的某种心理状态，词汇意义比较客观和具体；“恐怕$_{22}$”和“恐怕$_{21}$”都是副词，主要表达说话人的某种主观认识意义，语义相对主观和抽象。其中“恐怕$_{22}$”主要用于回溯推理，而“恐怕$_{21}$”主要用于演绎推理，与“由因及果”的常规演绎推理相比，“由果及因”的回溯推理主观化程度更高，因此，从“恐怕”的使用频率和“恐怕$_{2}$”所关涉语用推理的类型来看，“恐怕$_{21}$”是动词“恐怕$_{1}$”向副词“恐怕$_{22}$”虚化过程中的过渡状态。从主观化的角度来看，从“恐怕$_{1}$”到“恐怕$_{21}$”，再到“恐怕$_{22}$”，是一个语义虚化的过程，“恐怕$_{21}$”的担心义是心理动词“恐怕”语法化过程中的一种“语义滞留”(persistence)。“恐怕”作为心理动词时，其词汇意义为“担心、害怕”，当“恐怕”发生语法化和语义虚化之后，一方面，“恐怕”的词类降格，由动词变为副词，即由实义词变成功能词；另一方面，语义发生了主观化，由表达客观意义变成表达主观意义，即由表达“心里的担心害怕”演变为说话人对命题判断的一种担心认识义，因此，“恐怕$_{21}$”的“担心认识义”受心理动词“恐怕”所残存的词汇语义特征的影响和制约。

6.2.3.2 “恐怕”的主观化

一、“恐怕$_{2}$”的主观性

现代语义学认为，句子的意义不单纯表达命题意义，还应该表达言语行为的主体(说话人)的观点、感情和态度。其中，说话人的观点、感情和态度一般体现为语言的主观性。语言的主观性(subjectivity)是指语言的这样一种特性，即在说话中多多少少总是含有说话人“自我”的表现成分，也就是说，说话人在说出一段话的同时表明自己对这段话的立场、态度和感情，从而在话语中留下自我的印记(Lyons 1977：793 - 823；沈家煊 2001：268 -

269)。Benveniste(1971：225)指出“语言带有的主观性印记是如此之深刻，以至于人们可以发问，语言如果不是这样构造的话究竟还能不能名副其实地叫做语言”。

Edward Finegan(1995：1-15)曾经指出“说话人的视角(perspective)、说话人的情感(affect)和说话人的认识(epistemic modality)是语言主观性的三大体现”。所谓“说话人的认识”是指在说出一段话的同时表明了说话人自己对这段话的看法，“恐怕”恰恰表达了说话人的认识，例如：

(75) 许子东：“私立的学校现在黑人都有固定的比例，为什么？因为**恐怕**人家说它政治不正确，所以就留了比例。”(凤凰卫视《锵锵三人行——清华破格录取蒋方舟　中国人诚信危机?》2008-07-25)

(76) 李宗浩：“所以我们中国救援队的医疗分队在这方面应该是考虑得比较全面的，既有现场抢救，也有流动医院的处理，因为真正在现场，附近的医院**恐怕**已经受到毁坏了，救援队同流动医院紧密地结合起来才能够很好地挽救生命。”(中央电视台《今日关注——灾后第六天　一个都不放弃》2008-05-17)

(77) 韩扬：“意义还是真实地记录了人类历史上的灾害，因为灾害牵扯到社会发展的方方面面，应该说也是非常重要的一种历史信息，**恐怕**根本的意义应该是这个。”(中央电视台《今日关注——四川大地震　文物遭浩劫》2008-06-03)

与例(75)不同，例(76)和例(77)中的“恐怕”都表达了说话人对于小句所表达命题可能为真的主观认识和推断，分别是“恐怕$_{21}$”和“恐怕$_{22}$”。“恐怕$_{21}$”表达说话人的担心认识情态义时，既表达了对命题为真的主观认识和判断，同时也表达了说话人关于命题很可能为真的个人态度——“不情愿”；“恐怕$_{22}$”主要表达说话人对命题可能为真的主观推断，因此，“恐怕$_{21}$”和“恐怕$_{22}$”都是关涉命题的命题外成分，不参与句子的命题建构。因此，句法主语和言者主语往往不一致，例(76)的句法主语是“附近的医院”，例(77)的句法主语是“根本的意义”，而句子的言者主语是说话人。言者主语是研究语言的主观性时常用的概念。“言者主语”(speaker subject)(又叫做“言说主语”utterance subject)最早是由Benveniste(1971：225)提出来的，后来引起语法学界的普遍关注。“言者主语”通俗地讲就是话语表达中阐明立场、态度和感情的说话人，它一般是存在于句外，是隐含的。句子的主语一般都是句法主语(syntactic subject)，所谓“句法主语”是指处于主语的句法位置，是句子谓语动词所表示的动作的施事。因此，句法主语是一个语法范畴，而言者主语则是一个语用的范畴，是一个高层次的话语表达成分，一般隐含在话语表达之中。从句法主语和言者主语的差异来看，“恐怕$_2$”的主观化程度高于“恐怕$_1$”的主观化程度。从例(75)的“恐怕$_1$”到例(76)的“恐怕$_{21}$”，再到例(77)中的“恐怕$_{22}$”，实际上反映了共时状态下的“恐怕”的主观化过程。

二、“恐怕$_{22}$”的交互主观性

语言的主观性是指说话人在说出一段话的同时表明自己对这段话的立场、态度和感情，而交互主观性在表达说话人对于命题认识和态度的同时，更加关注听话人“自我”。Traugott(2003：128)指出，在发生主观化时，也可能发生交互主观化，从而使语言具有交互主观性。所谓“交互主观性”是指说话人用明确的语言形式表达对听话者“自我”的关注，这种关注可以体现在认识意义上，即关注听话人对命题的态度和认识，也可以体现在社会意义上，即关注听话人的面子或自我形象。

一般来说，“恐怕$_{22}$”表达说话人的认识情态意义时，主要表现在三个层面：

第一，单纯地表达说话人的主观推测。所谓单纯地表达说话人的主观推测，是指说话人根据“现有的情况”(如例78)或“事理”(如例79)对命题的可能性进行主观推测，例如：

(78) 蒋肖：“我们看到一个形势就是，现在整个三峡是在退水期，这部分库容量现在按照40000立方米往下下泄，这个库容**恐怕**很快还会退回来，下一次洪峰来的时候还可以继续再使用。”(中央电视台《今日关注——三峡迎大考　中国防大汛》2010-07-20)

(79) “好多北京的土话、地方语言，外地(人)不懂。……揣面、串面。抻面，你知道吗？这个外地人**恐怕**也不知道抻面是怎么回事，啊，就是抻条儿，抻面条儿。”(侯崇忠“1982年北京话调查资料”)

第二，表达说话人“希望听话人对认识内容进行确认”。所谓“希望听话人对认识内容进行确认”，是指说话人根据现有情况或一般事理表达说话人对于命题的可能性认识，并将此认识以委婉的语气传递给听话人，并希望得到听话人的确认或认可，此时的句法主语一般都是第二人称，言者主语和句法主语往往不一致，例如：

(80) 编后：失去一段感情不是世界末日，你还可以选择其他的感

情啊，可是现在，**恐怕**你就彻底失去选择的权利了。（山东电视台《公共频道——民生直通车》2013-07-18）

（81）刘苏里："从一定意义上讲，就是所谓的这种泥石流啊，……如果在那种迎头的时候，**恐怕**你是一点折都没有。"（凤凰卫视《锵锵三人行——人类活动对地球温度影响微乎其微》2010-08-11）

"恐怕$_{22}$"在表达说话人"希望听话人对认识内容进行确认"时，经常出现在疑问句或感叹句中，与语气助词"吧"共现，例如：

（82）解说："暂存几天？小伙子，**恐怕**你是想据为己有吧？"（山东电视台《公共频道——民生直通车》2013-01-16）

（83）"如果叫你像我这样生活八年，**恐怕**——别说不好听的话——**恐怕**你早跑回来了吧！"（冯骥才《一百个人的十年》）

现代汉语语气助词"吧"具有缓和语气的情态功能，"吧"可用在祈使句、是非问句和陈述句中。李讷、汤珊迪（1981：221）指出"吧"的基本功能是表示"寻求同意"，而其他的各种特定意义，都是从这个基本功能引申出来的；徐晶凝（2003：143-148）把"吧"的语义表述为"对命题内容做出推量，并要求确认"。"吧"和"恐怕$_{22}$"的高频共现，说明在"寻求确认"的这一语用功能方面，二者具有高度的一致性和相宜性。

第三，表达说话人期望与听话人就命题内容在认识上达成一致。

所谓表达说话人期望与听话人就命题内容在认识上达成一致，是指说话人根据现有的事实或者一般事理预测听话人可能会得出某种认识，然后将此认识传达给听话人，以期双方在认识上达成一致。此时，句中的命题内容往往是显而易见的（如例84），或者是一般的认知常识（如例85），或者是大家普遍拥有的共同认识（如例86），例如：

（84）该校规定，凡是被正式录取的学生，学费的80%都由新加坡政府承担。新闻中的20万奖学金，**恐怕**是助学金之误，因为4年的助学金算起来恰好是20万左右。（天津人民广播电台《观点》2008-07-18）

（85）赵伦："真正离公车制度的改革差之甚远，它的真正意义、出发点也不是从公车改革这个角度说的，真正谈到公车制度改革，**恐怕**是一个非常困难的一个系统的工程。"（北京人民广播电台《城市零距

离——公车限行》2008-09-27)

(86) 主持人:"春节**恐怕**是咱老百姓最重要的节日之一了,常言道,入乡随俗,居住在望京地区的外国朋友昨天就和北京市民一起提前分享起这节日的喜悦和欢乐来。"(北京人民广播电台《新闻热线》2008-01-23)

Schiffrin(1990: 142)曾指出"'交互主观性'不仅涉及说话人对听话人的关注,而且还设想了听话人对话语的理解和反应"。因此,"恐怕$_{22}$"在第二、三层面的用法则较为明显地关注了听话人"自我"("self")。无论是说话人希望听话人对认识内容进行确认,还是说话人希望与听话人就命题内容在认识上达成一致,都采用了较为委婉的表达方式,照顾到了听话人的"面子"(face-saving),具有明显的交互主观性(intersubjectivity)。

Traugott & Dasher(2002: 40)曾经描绘出了一个主观化的历史发展斜坡"非/低主观化>主观化>交互主观化",之后 Traugott(2003: 124-140)又把具有交互主观性的语言表达放在一个共时斜坡上,即"非/低主观性>主观性>交互主观性",并指出共时斜坡以历史斜坡为基础。对于"恐怕"而言,"恐怕$_{1}$""恐怕$_{21}$""恐怕$_{22}$"恰好处在"非/低主观性>主观性>交互主观性"的共时斜坡上,这种共时层面的语义特点又从另一方面反映了其历时主观化的演变过程。

6.2.4 小结

现代汉语中的"恐怕"是一个多义词,兼有心理动词和语气副词双重词性。"恐怕"在共时层面可以表达三种意义,一是表达人的某种心理状态;二是兼有表达说话人关于命题很可能为真的推测和表明说话人关于命题为真的不情愿态度,即表达担心认识情态意义;三是表达说话人关于命题很可能为真的可能认识情态意义。

表达担心认识情态意义的"恐怕$_{21}$"和表达可能认识情态意义的"恐怕$_{22}$"出现在书面语语篇和互动交际话语中时,其前后出现的两个小句之间的语义关系是不同的。一般来说,在书面语语篇中,"恐怕$_{21}$"和"恐怕$_{22}$"所在小句和前后小句之间具有较为明显的语义推理关系,即"恐怕$_{21}$"经常出现在表示结果的小句中,强调基于一般的认知习惯和常识,从前一小句所表达的命题出发来推测将会出现怎样的结果;而"恐怕$_{22}$"则主要用于表示原因的小句中,强调基于一般的认知习惯和常识推测前一小句所表达的命题之所以出现的原因。而在互动交际话语中,表达某种心理状态的"恐怕"和表达担心认识情态意义的“恐怕”出现的频率非常低。出现在互动交际对话语境中的“恐怕”主要用于表达说话人对话轮中出现的某一命题或命题信息进行可能性评估，表达说话人的主观认识，因此，属于典型的可能认识情态范畴，这说明“恐怕”的多种语义在不同的语体类型中表现出了较强的选择倾向性。

此外，“恐怕$_{1}$”“恐怕$_{21}$”“恐怕$_{22}$”在共时层面上使用频次的差异在一定程度上反映了“恐怕”在历时层面语义虚化的发展脉络；“恐怕$_{1}$”“恐怕$_{21}$”“恐怕$_{22}$”恰好处在“非/低主观性＞主观性＞交互主观性”的共时斜坡上，这种共时层面的语义特点又从另一方面反映了其在历时层面主观化的演变历程。

第七章 语气助词类语言表达形式语气功能的建构过程

第一节 语气范畴和情态范畴

根据 Johan Vander Auera & Alfonso Zamorano Aguilarn(2016：9-27)对情态(modality)和语气(mood)发展历史的梳理，我们知道，语气(mood)是一个古老的概念，早期也写作“mode”，最早来自拉丁语的“modus”一词，主要与“方式”(manner)和“方法”(measure)有关。“语气”至少有三个概念，一是与句子或言语行为的类型(sentence or speech act types)相关；二是作为动词的标记形式之一，与心理的倾向性(inclination of the mind)相关；三是与命题的可能性和必要性(necessity and possibility of a proposition)相关。

情态(modality)相对来说是一个较新的概念，“modality”一词最早来自拉丁语中的“modalitas”，后来通过法语中的“modalité”一词进入到英语中，在《牛津英语词典》(1545 年版)中被解释为“与情态(mode)有关的事物的某些方面”(aspects of a thing which relate to its mode)。“情态”(modality)早期被哲学家和逻辑学家用于表达“必要性”(necessity)和“可能性”(possibility)的概念，后来被语言学家用于表达动力情态(dynamic)、义务情态(deontic)和认识情态(epistemic)等概念。

从语气的发展历史来看，情态(modality)是从语气(mood)中分化出来的，二者高度相关。

Palmer(2001)认为情态(modality)和语气(mood)都可以表达情态意义(modal meaning)；Narrog(2005：167)和 Thieroff(2010：2)都认为，情态(modality)和语气(mood)经常被定义为情态意义(modal meanings)语言表达形式的“范例集合”(a paradigmatic sets)。众所周知，情态(modality)经常涉及“现实范畴”(reality)、“叙实范畴”(reals or irreals)、“可能性范畴”、

“必要性范畴”。Koppin(1877：14)和 Hale(1906：194)均指出“现实范畴(reality)经常用陈述语气(indicative)来表达,可能性(possibility)经常用虚拟语气(subjunctive)来表达,必要性(necessity)可以用祈使语气(imperative)来表达”。由此可见,将语气范畴(mood)和情态范畴(modality)截然分开几乎是不可能的。

即使语气范畴(mood)和情态范畴(modality)高度相关,但是,在现实的语言研究中,两个概念在使用过程中还是有一定分工的。

在现代语言研究中,语气范畴(mood)经常被用于描写句子和言语行为的类型(sentence or speech act types),句子的语气类型包括“陈述语气(indicative)、虚拟语气(subjunctive)、疑问语气(interrogative)和祈使语气(imperative)”等。言语行为类型则包括“命令语气(Jussive)、强制语气(Compulsive)、建议语气(Advisory)、允许语气(Permissive)、承诺语气(Promissive)、劝告语气(Hortative)、恳求语气(Precative)、强制语气(Obligative)、意愿语气(Intentional)、推论语气(Presumptive)、假设语气(Hypothetical)和让步语气(Concessional)”等,这些语气类型往往反映了言语行为的不同类型。Marjorie McShane、Sergei Nirenburg & Ron Zacharski(2008：57－90)就曾经把语言的语气类型分为“Indicative、Conditional、Consecutive、Dubitative、Hortative、Imperative、Inferential、Intentional、Monitory、Narrative、Renarrated、Indirect Indicative、Obligative、Deontic、Optative、Permissive、Potential、Predictive、Promissive、Subjunctive”等20种类型。

情态范畴(modality)经常被用于表达行为主体的“能力”(abilitive)和“意愿”(volitive)、道德主体的“许可”(permission)、“义务”(obligation)和“承诺”(commissive)以及言者主体的关于命题真值“可能性”和“必要性”的判断等。Palmer(2001)将情态分为命题情态(propositional modality)和事件情态(event modality),其中,把命题情态又分为认识情态(epistemic modality)和传信范畴(evidential);事件情态(event modality)则包括道义情态(deontic)和动力情态(dynamic),道义情态包括“许可”(permissive)、“义务”(obligative)和“承诺”(commissive),动力情态包括“能力”(abilitive)和“意愿”(volitive),等等。

学术界普遍认为语气范畴(mood)和情态范畴(modality)都可以表达说话人对所叙述内容的观点和态度,但是,二者的性质有所不同。

Koppin(1877：14)和 Hale(1906：194)认为“情态”(modality)是一个纯粹的语义概念(semantic notion),而“语气”(mood)则往往被视为语法语气

(grammatical mood),是一个语法概念。Bybee & Dahl(1989)也认为情态是一个语义范畴(semantic domain),语气则是语法形式范畴;Bybee & Fleischman(1995: 2-3)指出"语气"(mood)指的是动词情态功能(modal function)的形式化语法范畴,往往是用屈折形式(inflectionally)来表达的,包括"直陈语气(indicative)、虚拟语气(subjunctive)、祈愿语气(optative)、祈使语气(imperative)和条件句(conditional)"等。Hengeveld(2004)把语气范畴(mood)看作一个与"情态范畴"(modality)和"言语范畴"(illocution)等语义范畴(semantic categories)相对的语法形式范畴(formal category)。

其次,二者的语言表达形式不同。Lyons(1977)认为"情态"(modality)主要由情态助动词(modal auxiliaries)来表达,而"语气"(mood)则主要用来表达言语行为的不同类型(speech acts)。

尽管语气范畴(mood)和情态范畴(modality)高度相关,在语言研究中有所侧重,但是,在实际语言使用中,二者往往都可以表达说话人关于所说话语的情感和态度。以保加利亚语言为例,在保加利亚语动词(Bulgarian verbs)的屈折语气形式(flective moods)中有一种叙述语气(narrative mood),可以表明说话人对所传达信息的内容缺乏某种确定性(lack of certainty)(Marjorie McShane、Sergei Nirenburg & Ron Zacharski 2008: 57-90),属于语气范畴(mood),而说话人关于所叙述内容的确定性判断,常常被认为是说话人关于命题的认识情态意义,一般被归为情态范畴(modality)。

与保加利亚语言类似,在现代汉语中表达语气范畴的语气助词同样可以表达句子的语气类型(mood)或者言语行为类型,也可以表达说话人关于所叙述内容的态度、情感、立场或者观点,换句话说,现代汉语中的语气助词既可以表达语气范畴,也可以表达认识情态范畴,具有双重表达功能。本章将以现代汉语中的典型语气词"吧"和非典型语气词"就是"为典型代表来考察语气助词类语言表达形式所表达的不同语气功能及其不同语气功能在互动交际中的互动建构过程。

第二节 语气助词"吧"言者语气功能的互动建构

7.2.1 "吧"语气功能的相关研究

在现代汉语语气系统中,"吧"是最常用的、使用频率最高的、学术界讨论最多的语气助词之一，目前，学术界对“吧”的语气功能主要有六种基本观点。

第一种，“吧”表达说话人的不肯定语气。胡明扬（1981：5－6）、张谊生（2000：268）、金智妍（2011）等认为“吧”主要表达说话人对言谈内容的不很肯定，需要得到听话人的确认；张小锋（2003）、周士宏、岑运强（2008：56）等认为“吧”表现的是说话者介于“疑信”之间的一种“不确定”态度；

第二种，“吧”具有缓和语气的语用功能。刘月华等（2002：424）、齐沪扬、朱敏（2005：68）等认为“吧”的功能是缓和语气；卢英顺（2007：80）认为“吧”不表示疑问语气，其语法意义是“削弱”或者“降低”语气；

第三种，“吧”具有表达“发话人的迟疑”（speaker' uncertainty）的功能，即表达说话人关于所说言语的某种程度上的不确定性（屈承熹 1998：109）；

第四种，“吧”主要表达说话人对命题内容做出推量，并要求确认，具有情态表达功能（徐晶凝 2003：143）；

第五种，“吧”核心语法意义是“意向待定”，即“命题信息未定而主观情态求证的意向”。赵春利、孙丽（2015：121－132）认为句末助词“吧”作为引发句时，往往具有“意向待定”的语法意义；而作为应答句时“吧”有两种功能，一是表达认可性应答，表现出勉强义，二是拒绝性应答，表现出一定的放任义；

第六种，“吧”具有表达说话言者态度的表达功能，崔希亮（2020：50－59）认为“吧”的功能需要区别不同的话语形式，在始发句（initial utterance）中表达“推量并确认”，而在应答句（response utterance）中则表达说话人“勉强接受”的言者态度。

综上所述，“吧”不仅仅表达说话人希望得到肯定回复的疑问语气，更重要的是表达说话人关于言谈内容的不确定性（uncertainty），无论是表达说话人的不确定语气、发话人的迟疑，还是意向待定，无论是用于缓和语气、要求听话人确认，还是勉强接受的言者态度，都表达了说话人关于所叙述内容的认识和判断以及对听话人的主动关照，都属于认识情态的表达范畴。

7.2.2 互动交际中“吧”的功能分布

根据对媒体语言语料库（MLC）中三人及以上对话语料的考察，我们发现，语气助词“吧”不仅仅具有人际表达功能，还具有一定的语篇表达功能。语气助词“吧”的典型功能是人际之间的语气表达功能，主要表现为三个方面，一是表达说话人对于言说内容（或命题）的确信程度、态度或情感立场；二是表达对听话人关于所言谈内容（或命题）的态度关照；三是表达说话人对所言谈内容的非现实(counter-factual)语气；除了承担人际之间的语气表达功能之外，在互动交际话语中，语气助词“吧”还承担着一定的篇章组织功能，包括话轮转换功能、标记话题功能和例举功能等。

“吧”在媒体语言语料库三人及以上对话语料中共计出现了1869次，除了“网吧、酒吧”等中出现的同形汉字“吧”和重复的语例之外，语气助词“吧”共计出现了1798次。语气助词“吧”的人际语气功能和语篇表达功能在三人及以上的对话语料中出现的频次分布，如表7-1所示：

表7-1　语气助词“吧”在互动交际中的功能分布

<table>
<tr><th></th><th></th><th></th><th></th><th>频次</th><th>占比</th><th>总占比</th></tr>
<tr><td rowspan="12">人际功能</td><td rowspan="3">疑问句</td><td rowspan="3">征询听话人的态度</td><td>S,对吧?</td><td>379</td><td>21.08%</td><td rowspan="3">60.57%</td></tr>
<tr><td>S,是吧?</td><td>499</td><td>27.75%</td></tr>
<tr><td>S+吧?</td><td>211</td><td>11.74%</td></tr>
<tr><td rowspan="3">陈述句</td><td rowspan="3">表达说话人的态度</td><td>不确定性态度
“推测副词+吧”</td><td>299</td><td>16.63%</td><td rowspan="3">17.57%</td></tr>
<tr><td>较为确定性态度
“应该+吧”</td><td>13</td><td>0.72%</td></tr>
<tr><td>确定性态度
“确定性副词+吧”</td><td>4</td><td>0.22%</td></tr>
<tr><td rowspan="4">祈使句</td><td colspan="2">商榷语气</td><td>96</td><td>5.34%</td><td rowspan="4">16.19%</td></tr>
<tr><td colspan="2">建议语气</td><td>138</td><td>7.68%</td></tr>
<tr><td colspan="2">勉强认可的言者态度</td><td>32</td><td>1.78%</td></tr>
<tr><td colspan="2">无所谓的言者态度</td><td>25</td><td>1.39%</td></tr>
<tr><td rowspan="2">非现实条件句</td><td colspan="2">虚拟条件句：缓和断言语气</td><td>2</td><td>0.11%</td><td rowspan="2">0.33%</td></tr>
<tr><td colspan="2">让步条件句：缓和让步语气</td><td>4</td><td>0.22%</td></tr>
<tr><td rowspan="3">语篇功能</td><td colspan="3">话语停顿功能</td><td>29</td><td>1.61%</td><td rowspan="3">5.34%</td></tr>
<tr><td colspan="3">标记主位功能</td><td>25</td><td>1.39%</td></tr>
<tr><td colspan="3">例举功能</td><td>42</td><td>2.34%</td></tr>
</table>

根据表7-1所示，在互动交际语境中，语气助词“吧”既具有人际表达功能，也具有一定的篇章连贯功能。其中，“吧”最重要的功能是，在疑问句中表达说话人就自己所做出的言语判断征询听话人的肯定性态度，其交际意图是希望得到听话人的认同，与听话人在所做言语判断的认识上达成一致。在媒体语言语料库三人及以上的对话语料中占比高达60%以上，是语气助词“吧”的核心语气功能；此外，语气助词“吧”在陈述句中主要表达说话

人对所做言语判断的不确定性语气，在祈使句中主要用于缓和祈使语气，二者的占比大致相当，约占16%—17%上下；此外，约有5%左右的语气助词“吧”在语篇中具有标记语音停顿、标记主位和标记举例等篇章连贯功能。

7.2.3 互动交际中“吧”的语气功能类型

根据语气助词“吧”在互动交际中的功能分布（参见“表7-1”），我们把“吧”的语气功能概括为四类：一是在疑问句语境中表达征询听话人的肯定性态度；二是在陈述句语境中表达说话人关于所言谈内容的不确定语气；三是在祈使句语境中表达弱化祈使语气和言者态度；四是在假设句中表达非现实语气。

7.2.3.1 “吧”用于征询听话人的肯定性态度

在互动交际话语中，“吧”主要用在疑问句（占比60%以上）中，意在征询听话人关于说话人所谈内容的情感、态度或立场。这里的“征询”并非“意向未定”（赵春利、孙丽2015：121—132），而是“意向已定，并请求听话人进行确认”。换句话说，说话人关于所言谈内容（或命题）的判断、态度和立场是有明显倾向性的，即说话人认为听话人会认可自己已有的推断、态度或立场，因此，说话人认定听话人会给予肯定的确认，换句话说，听话人对说话人言语判断的认可在说话人的预期之内，从这个意义上来讲，“吧”可以算作合乎说话人预期的合预期标记；从交际意图上来讲，说话人希望得到听话人确认，即徐晶凝（2003：143）所谓的“做出推量，并要求确认”；从语料的统计情况来看，在使用“吧”的疑问句后面，听话人几乎都给予了合乎说话人预期的肯定性确认。因此，“吧”在疑问句中承担的人际表达功能是说话人就自己的言语推断征询听话人的肯定性态度，因为听话人的肯定性态度在说话人的预期之内，所以，说话人做出征询的目的不是意在了解听话人的态度，而是希望听话人在所谈内容（或命题）的态度和立场上与说话人保持一致（alignment with the speaker）。在媒体语言语料库三人及以上的对话语料中，表达征询听话人肯定性态度的“吧”共有1089例，约占全部语料的60.57%。

在互动交际话语中，疑问句中的“吧”主要出现在以下三种话语模式中：

第一种，“S，对吧？”的语言表达模式，在媒体语言语料库三人及以上的对话语料中约有379例，约占全部语料的21.08%，例如：

（1）主持人：“不过，一般国内的用户本来对沃尔沃的重型卡车等等了解得就不多，一般来说主要还是对沃尔沃轿车的了解比较多一点，

对吧?”

杜芳慈:“对。”(中央电视台《今日关注——吉利:购“沃”能否掌“沃”?》2010-03-30)

(2) 主持人:“你现在所在的位置应该是唐宁街的现场,**对吧**? 能不能给我们介绍一下现场的情况?

李庆庆:“好的。我现在所在的位置就是英国首相府的所在地——唐宁街,我的身后就是唐宁街10号。”(中央电视台《今日关注——英国大选:三雄并起 谁得天下?》2010-05-06)

第二种,“S,是吧?”的语言表达模式,在媒体语言语料库三人及以上的对话语料中约有499例,约占全部语料的27.75%,例如:

(3) 主持人:“关键你有任何可能性,你得有证据才行,**是吧?**”

朴键一:“对。它只是一种韩国人叫‘心证’,没有证据”。(中央电视台《今日关注——残舰出水 真相何时浮出水面?》2010-04-25)

(4) 主持人:“沃尔沃在吉利收购以后,在中国市场上是不是还有一些自己的优势?比如说,它可能会有一些劳动力成本比较低的优势,**是吧?**”

杜芳慈:“沃尔沃这个品牌对于中国的老百姓来说不陌生,而且刚才讲了,它的安全方面是非常突出的。如果到了中国以后,除了要保持它原来的品质以外,中国的劳动力成本和中国的生产组织方式等等这些优势如果能嫁接得好,它会把成本降得很低。”(中央电视台《今日关注——吉利:购“沃”能否掌“沃”?》2010-03-30)

第三种,“S+吧?”的语言表达模式,在媒体语言语料库三人及以上的对话语料中约有211例,约占全部语料的11.74%,例如:

(5) 主持人:“等于是跟踪他们的这种发展和变化,待会儿给我们做详细介绍。廉主任也经常回去**吧?**”

廉湘民:“对,我是1992年第一次到西藏,后来也经常去。”(中央电视台《今日关注——透过历史看西藏:快乐西藏人》2009-03-29)

(6) 主持人:“现在像这种所谓指挥,应该也是一套信息化的集成系统**吧?**”

尹卓:“是的,大部分都要通过数据线来的,有些属于数据线,有一

些属于整个是卫星通讯。”(中央电视台《今日关注——重金购舰 透视俄罗斯强军路》2009-08-28)

从语料统计的结果来看，三种语言表达模式中，听话人的回答，无论是采用“对、是”等正面回答形式(如例1、例3、例5、例6)，还是通过言语表述来表达肯定态度的非正面回答形式(例2和例4)，说话人都在一定程度上对说话人的征询给予了肯定性确认。这说明语气助词“吧”的“征询义”本质上是对听话人认同态度的征询，即征询听话人关于说话人所做出推断的认同性态度。

从征询所采用的语言表达形式来看，“S，对吧？”和“S，是吧？”的使用频次占比超过一半，其中的“S”都表达了说话人关于所言说内容(或命题)的推断。以例(1)为例，“一般国内的用户本来对沃尔沃的重型卡车等等了解得就不多，一般来说主要还是对沃尔沃轿车的了解比较多一点”是说话人的推断，说话人用“对吧？”来征询听话人关于自己所做言语推断的态度，“吧”没有附着在命题判断“S”上，而是附着在是非问句“对？”的后面，期望得到听话人的肯定性确认，从这个意义上来讲，说话人实际上做出了命题倾向于为真的可能性推断，并用语气助词“吧”表达“希望得到听话人确认”的语气意义，这就是我们传统意义上将语气助词“吧”的语气功能解读为“无疑而问”的原因，也就是说，语气助词“吧”并不表达说话人关于命题判断正确与否的疑问，而是表达对听话人态度的征询，并希望听话人在态度立场上与说话人保持一致，所以说，“吧”的语气功能是希望得到听话人的肯定性确认。

对于“S+吧”的语言表达形式而言，“S”也是说话人对于所言谈内容(或命题)的推断，语气助词“吧”并非表达说话人对命题判断正确与否的疑问，而是表达对听话人态度的询问，试比较：

(7) 主持人：“晓福是残奥会开幕式的旗手，但是我估计您可能没有机会完完整整地看一下开幕式或者闭幕式，可能闭幕式刚才咱们这一小时算是最长时间的一次看了吧？”

王晓福：“对，最长的一次。”(中央电视台《今日关注——超越梦想：盛会落幕 关爱永存》2008-09-17)

(7a) *可能闭幕式刚才咱们这一小时算是最长时间的一次看了吗？

(8) 鲁健：“其实我们以前的战机也到钓鱼岛海域进行过巡逻吧？”

吴大辉：“所有他披露的这些飞机从2007年开始，从来没有间断过在中国的周边海域进行例行的飞行训练,或者说巡航。"(中央电视台《今日关注——中国军机飞临钓鱼岛 若敢"拦截"后果自负》2013-01-11)

(8a) *其实我们以前的战机也到钓鱼岛海域进行过巡逻吗?

众所周知,语气助词"吗"往往表达"有疑而问",说话人对听话人的回答往往没有预期,也就是说,听话人可以给予肯定性回答,也可以给予否定性回答;而"吧"则属于"无疑而问",说话人对听话人的回答是有预期的,即说话人认为听话人会给予肯定性的回答。上述例句中的"S+吧?"都不能转换为"S+吗?",这说明说话人用"吧"的交际目的不是为了征询听话人关于命题真值的判断,而是征求听话人对说话人所做言语推断的态度和立场。

7.2.3.2 "吧"用于表达说话人的不确定语气

在互动交际中,语气助词"吧"的第二大功能是在陈述句中主动表达说话人关于所言谈内容(或命题)的不太肯定(uncertainty)的言语判断、态度或者立场。从语料统计的结果来看,表达说话人不确定性推测的"吧"约有299例,约占全部语料的16.63%,例如:

(9) 窦文涛:"这个就是酸葡萄**吧**。但是我倒觉得您讲您的父亲,其实我觉得他里头有辛酸。"(凤凰卫视《锵锵三人行——王蒙:京奥国人变漂亮 哈哈大笑很重要》2008-09-05)

(10) 主持人:"现在都有自己的房子了?"

丹增:"这就算是个窝**吧**。"(中央电视台《今日关注——透过历史看西藏:百万农奴站起来》2009-03-27)

由于"吧"表达说话人的不确定性推测,所以经常和同样表达不确定性推测的副词"大概、估计、恐怕"和能愿动词"可能"等共现,形成"弱+弱"的认识情态标记连用模式(Coates 1983),例如:

(11) 窦文涛:"哎呦,韩国人的意思**大概**是凌晨5点多他掉下去的**吧**。"(凤凰卫视《锵锵三人行——民族主义和性使女模特半裸坠楼成焦点》2008-04-26)

(12) 谢茜:"我就听到后面扑通扑通的声音,人全都掉下去了。我**估计**最少有一百人**吧**。"(人民广播电台《中国之声——新闻纵横》2013-05-02)

(13) 主持人:"您觉得以后会不会做出这方面的具体安排?"

高洪:"这**恐怕**得根据实际需要**吧**。"(中央电视台《今日关注——中日韩聚首 朝核问题现曙光》2009-10-10)

(14) 庄陈有:"手术可能不是失败,**可能**是当时候技术所限**吧**。"(凤凰卫视《锵锵三人行——庄陈有:香港历史上唯一一个盲人政务官》2008-02-14)

此外,在所调查的语料中,有13例语料采用了"应该+吧"的认识情态标记连用模式,占全部语料的0.72%,例如:

(15) 于美华:"另外可能美国还要和中国、六方会谈的其他几个国家进行商谈,我想如果不出意外的话,**应该**能够正式公布**吧**。"(中央电视台《今日关注——朝核问题新博弈 摘帽还是戴帽?》2008-10-10)

(16) 马燕红:"搞了半天还是1984年拿得最多,一次拿了5块,后来几届奥运会都没有超过,所以我觉得至少**应该**能平或者超**吧**。"(中央电视台《今日关注——备战奥运 我们准备好了》2008-07-06)

在所调查的语料中,有4例语料采用了"确定性副词('一定、肯定'等)……吧"的认识情态标记连用模式,约占全部语料的0.22%,例如:

(17) 茅于轼:"那么我想,大家都是来得冠军的,没得上**一定**是垂头丧气吧,但是,不是,你看闭幕式的时候,没得冠军的照样兴高采烈。"(凤凰卫视《锵锵三人行——和谐社会先追求财富还是先追求快乐》2008-10-28)

(18) 孟广美:"这不是一个单纯的心态问题,你**肯定**做了什么对不起人的事情**吧**,你才会心生这个念头。"(凤凰卫视《锵锵三人行——从肥肥去世看港人温情的一面》2008-03-01)

众所周知,"应该"主要表达说话人关于命题较为肯定的推测(probability),"一定、肯定"也经常表达说话人关于命题的确定性判断(certainty)。多个认识情态标记的最佳匹配模式主要有两种:一种是"强+强"的匹配模式,另一种是"弱+弱"的匹配模式(Coates 1983),因此,"表达不确定性推测的语气副词('大概、可能、恐怕'等)……吧"的语言表达模式属于"弱+弱"的匹配模式,而"应该……吧""确定性推测副词……吧"的语言表达模式属于"强＋弱"的匹配模式，是一种典型的超常规匹配模式，这种超常规匹配模式的背后必然具有特定的交际意图和特定的语用表达功能。从语用表达上来看，说话人之所以采用"应该……吧""确定性推测副词……吧"超常规匹配模式，是因为言语交际中的礼貌原则和面子保护策略，是说话人有意采用的委婉言语表达方式，换句话说，说话人意图通过使用表达不确定推测的"吧"来弱化(softening)说话人关于命题判断的确定性语气("应该"和确定性副词的情态表达功能)，从而避免对听话人的面子产生威胁，避免违反礼貌原则。因此，在"应该……吧""确定性推测副词……吧"这两种"强＋弱"的匹配模式中，"吧"的主要语用表达功能就是语气缓冲功能(hedging function)。

在陈述句中，语气助词"吧"表达说话人关于所言谈内容(或命题)不太肯定的言语判断、态度或者立场，是"吧"使用频率排名第二的语气功能。但是，这一功能并不是独立产生的，而是来源于"吧"的核心语气功能。

我们知道，疑问句语境是语气助词"吧"的典型语境，问答句话轮序列是"吧"出现的典型话轮序列，其核心语气功能在于征询听话人的态度，即说话人就自己的言语推断来征询听话人的肯定性态度。因为在说话人的预期中，说话人认定听话人会认同自己的言语判断，因此，说话人的交际意图是希望听话人在所言谈内容(或命题)的态度和立场上与自己保持一致。陈述语气和疑问语气相对，在陈述句中，说话人在对所言谈内容做出判断之前，并没有征求听话人的态度，所以，当说话人对所言谈内容(或命题)做出判断的时候，面对听话人尚未确认的态度，显然采用表达不确定性推测的言语表达形式是最安全的，这有利于保护说话人自身的面子免受威胁，在语用上，属于一种被动的消极礼貌表达策略。另一方面，说话人使用表达征询语气"吧"的交际意图是希望听话人与说话人所做出的言语判断保持一致，即希望听话人认同说话人的言语判断，因此，如果说话人采用带有"商量"意味的不确定表达手段，更有利于获得听话人的好感，体现对听话人面子的主动关照，更容易获得听话人的认同或肯定性确认，所以，采用表达不确定推测的语言表达形式"不确定性推测词语……吧"来表达说话人关于所言谈内容(或命题)的判断，既有利于被动保护说话人自身的面子免受威胁，也有利于体现对听话人面子的主动关照，属于"双赢"的语用表达手段，也是语言互动主观性的重要体现。由此，这种交际上的语用表达需要就在客观上造就了陈述句中"吧"的缓和语气功能。换句话说，说话人使用"吧"来表达说话人关于所言谈内容(或命题)不太肯定的言语判断、态度或者立场，实质上是以对听话人面子的主动关照来换取听话人对说话人言语判断的认同态度，是一种以“互动”换“双赢”的言语交际策略。

我们将语气助词“吧”分别在疑问句中和陈述句中所承担的不同语气功能，对比如表 7－2 所示：

表 7－2 “吧”在疑问句和陈述句中的语气功能对比

“吧”出现的语境	疑问句	陈述句
语气类型	疑问语气	不确定性陈述语气
语调类型	降调	降调
话轮序列	问答序列	非问答序列
是否需要听话人做出回应	需要听话人确认	不需要听话人确认
语气功能	征询听话人的态度	表达说话人的不确定性态度
主观性类型	主观性	互动主观性

“吧”从表达询问听话人态度的核心语气功能发展出表达说话人关于所做出言语判断的不确定推测的语气功能，有两大理想条件：一是语调因素(intonation)，二是互动交际语境因素(interactive context)。

首先，语气助词“吧”所负载的降调为“吧”从表达询问语气到表达不确定推测语气的发展提供了可能。

根据表 7－2 所示，无论是在疑问句中，还是在陈述句中，语气助词“吧”都负载了降调，换句话说，疑问句和陈述句中的“吧”所负载的语调类型是一致的，这是表达疑问语气的“吧”和同样表达疑问语气的“吗”最大的区别。众所周知，疑问语气最典型的语调类型是“升调”，“升调”表达“疑问”，而“降调”表达“陈述”，因此，“降调”是陈述语气的典型语调。语气助词“吧”却偏偏负载了降调，这说明同样表达疑问语气的“吧”相对于“吗”来说所表达的“疑问度”更低。而降调的使用，实际上在一定程度上中和或降低了言者的疑问度，这就是传统意义上的“无疑而问”。所谓“无疑而问”，“无疑”显然指的是对命题内容的推断没有疑问，那么，为什么要“问”呢？问的是听话人的态度，更多的是为了得到听话人的认同，从而使交际双方在认识上达成共识，这才是明明“无疑”却偏要“问”的交际意图。因此，降调的使用，在客观上为语气助词“吧”从表达疑问到表达不确定推测提供了“过渡”语境。

此外，“疑问＞不确定推测”的语义发展模式符合人类的一般认知规律。从一般的认知常识来看，因为对听话人的态度有疑问，所以才会询问听话人；另一方面，正因为对听话人的态度有疑问，所以，说话人在表达言语判断的时候才会采用表达不确定语气的言语表达手段，从而避免自己的言语判断可能与听话人的判断不一致而产生“面子威胁”现象。从现实的语料来看，有很多出现在听话人和说话人轮流交替的问答话轮序列中的语气助词“吧”除了被理解为询问听话人的态度之外，同样也可以被理解为表达说话人的不确定性推测，例如：

(19) 主持人：“我们对六方会谈什么时候重启能有什么样的期待？”

朴键一：“首先这几方得沟通，所以美国的助理国务卿马上要到中国来。”

主持人：“这个助理国务卿在中国好像待的天数还不少，好像要待两天的时间**吧**。”

朴键一：“下周就过来了。”(中央电视台《今日关注——中日韩聚首 朝核问题现曙光》2009-10-10)

(20) 鲁健：“我记得去年6月22号中国的外交部副部长崔天凯在接受记者采访时说了这么一句话，我认为‘有些国家正在玩火，我希望美国不要引火上身’。您怎么看这样的说法？”

罗援：“这个问题确确实实(是这样)，因为美国不是南海的域内国家，但是它现在介入南海争端，而且在拉偏架，有可能就造成地区战略利益的失衡，有可能就是比如造成擦枪走火的事件，或者其他一些意外事件。”

鲁健：“美国应该也不希望出现引火烧身的情况**吧**。”

罗援：“美国不想引火烧身，但是这个时候如果拉偏架有可能事与愿违。”(中央电视台《今日关注——悬念2012：南海之争 紧张还是缓和？》2012-01-02)

(21) 窦文涛：“砂眼了？”……

张涵予：“点一种那个他们特制，特备的那种油。”

窦文涛：“我天，那不得，肯定得发炎了**吧**。”

张涵予：“还好，他们有两个人专门负责。”(凤凰卫视《锵锵三人行——〈集结号〉独家幕后》2008-01-22)

例(19)—例(21)是来自媒体语言语料库中的语例，从转写的文本资料来看，三个例子都使用了句号，而不是问号，即文本转写人员都认为三个例句是陈述语气，而不是疑问语气。通过对视频资料的确认，我们发现例(19)中的“S……吧”应该是表达说话人关于命题的主观推测，属于典型的陈述语气，但是例(20)和例(21)则可以做两可的解读，换句话说，例(20)和例(21)句中的"S……吧"在互动交际中既可以理解为询问，也可以理解为说话人的主观推测。

例(19)中，"S……吧"后面的话轮并没有做出应答，所以"S……吧"应该是针对前一话轮"首先这几方得沟通，所以美国的助理国务卿马上要到中国来"进行的可能性推测，属于陈述语气；如果说话人在后续话轮中做出了应答，那么就可以被作为两可的解读，即"S……吧"就可以被理解为问答话轮序列中的提问话轮，试比较：

(19a) 朴键一："首先这几方得沟通，所以美国的助理国务卿马上要到中国来。"

主持人："这个助理国务卿在中国好像待的天数还不少，好像要待两天的时间**吧**。"

朴键一："下周就过来了。"

(19b) 朴键一："首先这几方得沟通，所以马上美国的助理国务卿要到中国来。"

主持人："这个助理国务卿在中国好像待的天数还不少，好像要待两天的时间**吧**？"

朴键一："是的，两天时间。"

例(20)可以做两可的解读。话轮"美国应该也不希望出现引火烧身的情况吧"可以被看作对前一话轮"这个问题确确实实，……或者其他一些意外事件"的回应，是说话人根据前一话轮做出的主观推测，那么，"S……吧"应该被看作陈述语气；如果我们把"S……吧"和后续话轮看作一个整体，那么，"S……吧"就是问答话轮序列中的询问话轮，那么，"S……吧"就应该被看作疑问语气，后一话轮"美国不想引火烧身"是对询问话轮"S……吧"的回答；例(21)亦是如此，话轮"我天，那不得，肯定得发炎了吧"。显然可以看作对前一话轮的回应，说话人做出了确定性推测，那么，"S……吧"就可以被看作陈述语气；如果根据后续的应答话轮"还好"来判断，那么"肯定得发炎了吧"就可以看作问答话轮序列中的询问话轮，那么，"S……吧"就应该被看作疑问语气。

其次，言语交际的互动语境(interactive context)为"吧"从表达询问语气到表达不确定推测语气的发展提供了语用条件。

"吧"表达询问语气时，说话人在预期中已经认定听话人会做出肯定性确认，说话人的交际意图是为了验证自己的预期，并希望听话人就说话人所做出的言语判断在认识上保持一致。此时的语气助词"吧"出现的典型语境是问答话轮序列，一般来说，询问需要得到听话人的回应或确认，这在话轮当中体现为询问话轮后面是应答话轮，二者构成最小的话轮序列（turn sequence）。而在非问答话轮序列中出现的"吧"（即陈述句中的"吧"）的后面，说话人的话轮并未结束，话轮在很大程度上还要继续，因此，并未给听话人提供转换话轮的话轮转换相关处（transition-relevance place）（参见 Sacks、Schegloff & Jefferson 1974），因此，往往不需要听话人做出回答，或者说不需要得到听话人的言语确认或认同。因此，在陈述句语境中出现的"吧"就不再表达询问义，因为在说话人的预期中，说话人认定听话人会认同自己的言语判断，因此并"不需要得到听话人明确的回答或回应"，而这恰恰就为"吧"从表达询问语气向表达不确定的推测语气提供了可以发生"语境化"的现实条件。换句话说，"不确定性推测"的语气功能是"吧"在非问答序列语境中"不需要听话人做出回答的询问语气"发生"语境化"的结果。因此，在非问答话轮序列中，当说话人使用语气助词"吧"时，因为不需要（或者现实不允许）听话人做出回答，所以，此时"吧"原来询问听话人态度的语气功能就会转变为表达说话人不确定推测的语气功能。这一语气功能转变的客观条件就是言语交际的互动语境，因为互动语境在客观上为说话人提供了静默的听话人（或者假想的听话人），即听话人没有做出回应，但是，在说话人预期中（或想象中）听话人一般都会做出肯定性确认，因此，并不需要听话人的直接的客观上的回应，换句话说，说话人默认听话人认同了自己的判断。因为在现实语料中，表达询问的语气助词"吧"所表达的言语判断往往都会得到听话人的认同，或者说话人认为显而易见，所以说话人就自然而然地认定（尽管保持静默的）听话人会给予肯定性确认，所以，在非问答话轮序列中，"吧"就自然而然地发展出表达说话人不太肯定的推测语气。尽管如此，在说话人的预期中，说话人依然主观上认定听话人会认同自己的言语判断，即在陈述句中"吧"的语气功能是表达说话人关于所做言语判断的不确定语气，这种不确定语气是基于礼貌原则和面子保护策略而做出的委婉表达，而在说话人的预期中，说话人依然认为听话人会认同自己的言语判断。例如：

(22) 刚强："为什么安倍铺路。"

高洪："他是他的一个重要的助手**吧**，副职嘛。"（中央电视台《四面出击——安倍鹰派路线意欲制衡中国？》2013-01-05）

(23) 孟广美:“但是我必须去这样讲,那你去装修房子的时候,很多人就说我家的地板全是紫檀木的。”

窦文涛:“紫檀地板?拿这个铺地板?”

孟广美:“您这个托盘就价值不菲了**吧**,那如果铺满家的紫檀地板那还得了?”

马未都:“对,那个紫檀跟这个紫檀不是一种。”(凤凰卫视《锵锵三人行——牛年话五行:木》2009-01-29)

例(22)中,说话人做出“他是他的一个重要的助手”的言语判断,是因为“他是副职”,所以,在说话人看来,“副职是一个重要的助手”是显而易见的普遍认知规律,因此,尽管说话人采用了不确定的推测语气,说话人依然认为或者预期听话人会认同自己的言语判断;例(23)中,说话人根据“紫檀”的珍贵价值,做出了“您这个托盘就价值不菲了”的言语判断,听话人在后续话轮中给予了肯定的认同“对”,但是,在说话人的话轮序列中,“您这个托盘就价值不菲了吧”显然不是询问对方的态度,而是预期到了听话人认同态度的主动判断。综合例(22)和例(23)来说,陈述句中的“吧”表达说话人关于所言说内容的不确定推测,本质上是由“吧”的核心语气功能“寻求听话人的确认”在非疑问语境(即非问答话轮序列)中演变而来的,因此,从“无疑而问”到“不确定推测”是自然而然发生的,符合人类的一般认知规律。

即使是“S,对吧”“S,是吧”这种典型的询问形式,在非问答话轮序列中也不再表达询问义,而是表达说话人认为是“理所当然”或“显而易见”的,在话轮序列中并不需要听话人做出确认性应答,例如:

(24) 窦文涛:“不是,据说金屋藏娇这个事儿是从汉武帝那儿来的,其实你别看汉武帝这个人,那就是英雄美人,**是吧**,他就爱女人,他有好几个他爱的夫人嘛。”(凤凰卫视《锵锵三人行——牛年话五行:金》2009-01-27)

(25) 马未都:“那么流行到今天,大概有400多年,400多年塑造了它一个无形资产,就是一听紫檀,肃然起敬,没办法,**对吧**,这是它的一个无形空间所造成的价值。”(凤凰卫视《锵锵三人行——牛年话五行:金》2009-01-27)

例(24)和例(25)中的“是吧”“对吧”出现在一个话轮的中间位置,其所在的话轮并未结束,没有出现话轮转换相关处(transition-relevance place),

那么，听话人在客观上不可能也不被允许接管话轮，从而做出肯定性确认或回应。所以，说话人尽管在言语表达形式上采用了“是吧”“对吧”的询问语气来寻求听话人的认同或确认，但是，事实上并不需要听话人做出真正的言语回应，因为说话人的言者意图并不是征询态度，而是体现对听话人态度的主动关照，也就是说，说话人用“是吧”“对吧”来对“说话人认定是理所当然或显而易见的判断”与听话人进行互动，并认定听话人和自己在对所做言语判断的认识上是一致的，因此，互动交际语境一方面为说话人提供对听话人态度的主动关照(即“询问听话人的言者态度”)，另一方面也为说话人提供了默认形式的听者确认，所以，正是这种互动的对话语境(interactive context)为“吧”从表达询问到表达对言语的不确定性推断的发展提供了理想条件。

综上所述，在陈述句语境中，“吧”的语气功能是表达说话人关于所言谈内容的不确定性推测，这一语气功能是从其表达对“听话人态度的征询”的这一核心语气功能发展而来的。促使“吧”发生语气功能转变的动因是语用因素，即说话人在未得到听话人态度确认的前提下，遵循了人类普遍的交际策略——礼貌原则；说话人使用语气助词“吧”的交际意图有两个，一是为了被动保护说话人的面子免受威胁，避免“丢脸”(disgrace)；二是为了主动保护听话人的面子，避免冒犯(offensive)。基于上述语用动因，说话人在表达对所述言谈内容的判断时，选择了不确定性推测的言者语气，而这种不确定的言者语气在非问答话轮序列的语境中不断得到强化，最终语境化为“吧”在陈述句中的语气功能。“吧”的语气功能发生这一语境化过程的条件有两个，一是语调因素，二是互动交际语境。首先，“吧”在表达疑问语气和不确定推测语气时，都是负载了降调。与典型的疑问语气采用“升调”不同，“吧”所负载的降调在一定程度上中和或消减了“吧”的疑问语气，这就使得不管是否会得到听话人的肯定性确认，说话人都会在预期中认定听话人会做出肯定性确认，从而与说话人的言语判断在认识上保持一致，这就是传统意义上的“无疑而问”；其次，互动交际语境可以为说话人提供对听话人态度的主动关照(即“询问听话人的言者态度”)，同时，也可以为说话人提供听话人的默认态度。换句话说，当“吧”出现在陈述句中时，“吧”往往处在非问答话轮序列中，“S……吧”的后面还有延续的话语，说话人的话轮尚未结束，说话人使用语气助词“吧”不是为了询问听话人的态度，而是为了体现对听话人态度的主动关照，为了与听话人进行交际互动，说话人在预期中认定听话人会给予肯定性确认，所以，在言语交际的表层并不需要听话人做出真正的言语回应，此时“吧”的询问语气功能就自然而然地弱化为说话人对听话人态度的主动关照。在语用交际动因——礼貌原则和面子保护策略的影响下，说话人倾向于使用不确定的推测语气来委婉地、礼貌地获得听话人的认同，这样既能体现说话人对听话人面子的主动关照，又体现了说话人与听话人的交际互动，因此，表达询问听话人态度的核心语气功能在非问答话轮序列类型的互动交际语境中就转变为主动表达说话人不确定推测的陈述语气功能。

7.2.3.3 “吧”用于缓和说话人的祈使语气

在现代汉语中，祈使句主要用于要求对方做或不要做某事，包括“命令、禁止”和“请求、劝阻”两类。其中，表达“命令、禁止”的句子往往带有强制性，语气强硬、坚决；表示“请求、劝阻”的句子包括“请求、敦促、商请、建议、劝阻”等，语气相对缓和(黄伯荣、廖序东 2017：105)。

语气助词“吧”的核心语气功能是征询听话人(符合说话人预期)的认同态度，因此与表达“请求、商请、建议”的请求、劝阻类祈使语气属于相宜的语气类型，二者极易共现；与带有强制性语气、表达“命令、禁止”的句子在语气类型上相排斥，因此，往往不能共现。如果在表达强制语气的命令句后面添加语气助词“吧”后，强硬而坚决的强制语气就消失了，并产生了相对缓和的建议语气，试比较：

(26) 快去捞饭！(转引自黄伯荣、廖序东 2017：105)

(26′) 快去捞饭吧！

因此，“吧”在祈使句中主要起到缓和言者语气的语气功能，具体来说，有表达商榷语气、建议语气、勉强认可的言者态度和无所谓的言者态度四类语气功能。

一、商榷语气

所谓商榷语气，是指说话人针对所做请求寻求听话人的认可，希望达成一致。这一点与“吧”核心语气功能是一致的，“吧”的核心语气功能是征询听话人的态度，目的是为了得到听话人的确认，与听话人在对言谈内容的认识上达成一致。

表达商榷语气和表达征询在本质上是一致的，二者的主要区别在于“吧”出现的言语行为类型不同。当“吧”出现在问答话轮序列中时，“S……吧”一般来说执行提问类言语行为，因此，“吧”表达征询义，需要听话人做出言语回应；当出现在祈使句中执行请求类言语行为时，“S……吧”既可以出现在问答话轮中，此时需要听话人做出回应(如例 27)，也可以出现在非问答话轮序列中，此时则不需要听话人做出言语确认(如例28)，试比较：

(27)(播放短片)“八两？”

“是。”

“官家老爷，可怜可怜我们，叫他爸爸回来看孩子一眼**吧**，求求你，管家老爷？”(中央电视台《今日关注——透过历史看西藏：百万农奴站起来》2009-03-27)

(28)不仅如此，这里近日还推出全茶宴。这个黄金周，不要走得太远，就来金井**吧**，逛茶园、品秋茶、吃茶宴。(中央人民广播电台《新闻频道——湖南新闻》2013-09-30)

出现在祈使句中表达商榷语气的“吧”在媒体语言语料库三人及以上的对话语料中出现了96例，约占全部语料的5.34%。

二、建议语气

所谓建议语气，就是建议听话人做某事或者不做某事。与表达强制性语气的命令句不同，建议语气的强度较低，相对缓和，体现了对听话人面子的主动关照。表达建议语气的“吧”在所调查的语料中出现了138例，约占全部语料的7.68%，例如：

(29)顾长卫：“《立春》。”

许子东：“大家过年去看**吧**。”(凤凰卫视《锵锵三人行——儿子作礼物 顾长卫“中年泪纵横”》2008-01-28)

(30)肖炼：“贸易战一旦打起来，没有赢家，只有输家，就比中美谁输得起，咱们看**吧**。”(中央电视台《今日关注——货币战硝烟四起 中国如何应对？》2010-10-16)

如果将例(29)和例(30)中的语气助词“吧”删除，句子的语气显得比较强硬，与命令句的语气相近，对于互动交际中的听话人而言，删除“吧”的祈使句不礼貌，也不利于得到听话人的认同，更不利于交际双方达成一致。

三、表达勉强认可的言者态度

当“吧”出现在应答话轮序列中时，往往表达说话人勉强认同的言者态度。“吧”的这一语气功能已经得到了学界的广泛认可，赵春利、孙丽(2015：121-132)指出应答句中的“吧”表达认可性应答，表现出勉强义；崔希亮(2020：50-59)认为应答句(response utterance)中的“吧”表达说话人“勉强接受”的言者态度。表达建议语气的“吧”在所调查的语料中出现了 32 例，约占全部语料的 1.78%，例如：

(31) 窦文涛：“宁可信其有，不可信其无。”

袁立：“那好**吧**。”(凤凰卫视《锵锵三人行——明星座驾车牌网上再遭泄密》2008-10-16)

(32) 窦文涛：“好家伙，声振寰宇，全这样，他是这样一种。”

张涵予：“往往这样**吧**，他可能……。我觉得现在播音员都很少这么着了。”(凤凰卫视《锵锵三人行——八年龙套生涯　终吹响那声“集结号”》2008-01-24)

四、表达说话人认为无所谓的言者态度

在祈使句中，“吧”还可以表达说话人对言谈内容无所谓的言者态度，赵春利、孙丽(2015：121-132)曾经指出“吧”出现在应答句中时，可以表示拒绝性应答，表现出一定的放任义。从语料考察的结果来看，“吧”在表达“放任义”时，既可以出现在应答句中(如例 33、例 34)，也可以出现在非应答句中(如例 35、例 36)，试比较：

(33) 尹卓：“所以这个你没办法，但是这一条捷径就非走不可，你总要选一个海峡，另外，这是国际水道，我选哪个都可以，没有任何政治上的含义。”

王世林：“对，就是随它去解读**吧**。”(中央电视台《今日关注——中俄演兵　震慑亚太》2012-04-22)

(34) 窦文涛：“闻过则喜，就是说，你有人说我，我觉得你像纽约，像巴黎，像这些城市，你发现没有，那就是说，螳臂当车，你骂我。”

梁文道：“你就骂**吧**。”(凤凰卫视《锵锵三人行——中国性不开放导致集体性焦虑》2008-03-08)

(35) 窦文涛：“你知道，就是你说这个例子，真的是很对的，你玩儿别人**吧**，你玩儿别人，你早晚有一天被别人玩儿。”(凤凰卫视《锵锵三人行——从“璩美凤事件”看和谐社会》2008-03-06)

(36) 张召忠：“其实客观它采取这么几个，第一个我把鸡蛋并不是都放在一个篮子里，我有 100 枚鸡蛋，我放到 100 个地方，你炸**吧**，你起码得 100 个炸弹才能炸完，你又不知道我有多少。”(中央电视台《今日关注——钻地弹送前线　美真要对伊朗动手?》2010-03-20)

"吧"表达说话人无所谓的言者态度时，经常出现在"A 就 A"格式的后面，例如：

(37) 窦文涛："你明白吗？所以你必须适应这个社会，就是说，**骂就骂吧**，坏名声也是名声。"(凤凰卫视《锵锵三人行——孟广美体验空中"巨无霸"　称有些失望》2008－02－15)

(38) 王蒙："有很多理想的东西，有很多人性最好的那部分的那种表现。"

许子东："下一代的人怎么说，**不相信就不相信吧**，喊什么喊呢？就对北岛那一代是这样看，你们喊什么喊，咬着眉头都不相信。"(凤凰卫视《锵锵三人行——王蒙谈生活意义：在新疆的生活让我变得乐观》2008－07－12)

"吧"表达说话人无所谓的言者态度，在媒体语言语料库所调查的语料中出现了 25 例，约占全部语料的 1.39%。

综上所述，在祈使句中，"吧"的主要语气功能是缓和言者语气，体现了对听话人的主动关照，或者表达言者态度，体现对说话人"自我"的表达。其中，表达商榷语气和建议语气体现了说话人对听话人面子的主动关照，表达说话人"勉强认同"和"无所谓"的言者态度体现了说话人对"自我"的主动表达。出现在祈使句中表达缓和言者语气的语气助词"吧"在媒体语言语料库所调查的语料中共计出现了 291 例，约占全部语料的 16.19%。

7.2.3.4　在非现实条件句中"吧"用于缓和说话人的语气

"吧"除了出现在疑问句、陈述句和祈使句中之外，还可以出现在非现实条件句中，包括虚拟条件句和让步条件句中，主要用于缓和说话人的言者语气，在媒体语言语料库所调查的语料中出现了 6 例，约占全部语料的 0.33%。

所谓虚拟条件句，是指条件小句所叙述的客观事实并未实际发生，而是在主观上虚拟条件小句所述事实已经发生的情形下，结果小句所述事实必然出现的情况。虚拟条件句本质上是一种反事实条件句(counter-factual conditionals)，也叫做"违实条件句"。在虚拟条件句中，因为说话人对于结果小句所叙述的判断是基于尚未发生的、主观虚拟的客观事实而做出的推断，所以说话人关于结果小句断言的确信程度往往不高，具有一定的不确定性，因此，说话人经常在虚拟条件句的结果小句中使用语气助词"吧"来缓和说话人的断言语气，标记说话人关于命题判断的不确定，例如：

(39) 吉野家店员坦言,店家长期使用美国牛肉,但是否从树森公司进货,他们并不了解,反倒是民众开始有些担心。

民众:"**如果**这样的话,应该会少来一点**吧**,如果真的有(瘦肉精)的话。"(东南卫视《海峡新干线》2012-03-02)

(40) 孙哲:"美国人的习惯是说,我们两个在这个问题上有纠纷,如果在其他问题上我们还可以共同赚钱,那么一块同舟共济**吧**,再一块同心协力**吧**。"(中央电视台《今日关注——美签特保案 损人不利己》2009-09-12)

例(39)和例(40)中,"如果A,B吧"表达在虚拟条件"A"下,可能出现结果"B"。由于说话人做出结果推断的条件是非现实的虚拟情况,因此,说话人进行结果推断的时候,语气往往不会太强,此时语气助词"吧"的出现正好起到了缓和言者断言语气的语用功能。

让步条件句往往强调结果的出现与条件无关,Haspbelmath & König (1988: 565)将让步条件句描写为"If {a or b or c or d……}, then q",也就是说,在让步条件句中,说话人强调条件"a or b or c or d"的出现,都不会影响结果"q"的出现,凸显说话人某种强主观性认识,说话人对于"q"必然发生的确信程度非常高,因此,说话人的断言语气非常强。

Haspbelmath & König(1988)将让步条件句分为级差让步条件句(scalar concessive conditionals)、选择让步条件句(alternative concessive conditionals)和普遍让步条件句(universal concessive conditionals)三种类型。语气助词"吧"经常出现在后两种让步条件句中,例如"不管/无论A还是B,都……"类的选择让步条件句和"甭管怎么V,都……"类的普遍让步条件句。说话人关于"虚拟条件与断言结果之间不相关"的断言语气非常强,在互动交际话语中,这种强硬的断言语气无疑对听话人而言是一种潜在的面子威胁。因此,说话人采用语气助词"吧"来缓和言者的强断言语气,恰恰体现了互动交际中的"礼貌原则"以及对听话人面子主动保护的语用交际策略,例如:

(41) 查建英:"不管是男人还是女人**吧**,都是这样,就是这样深情的东西好像越来越少了。"(凤凰卫视《锵锵三人行——女人裸露就是反封建?》2009-01-09)

(42) 张鸣:"你看他们搞张爱玲,你看张爱玲还可以理解,美女啊,不管是不是美女吧，我们一帮过去的糟老头子也爱得要死，喜欢得了不得。"（凤凰卫视《锵锵三人行——阎崇年被打　历史研究该如何"搞"?》2008-10-15）

（43）高洪："一方面呢，不管它是不是真正意义上的、完整意义上的重返亚太吧，它事实上也没有离开过。"（中央电视台《今日关注——研发六代战机　日本意欲抗衡中国?》2012-03-25）

（44）窦文涛："我觉得有变化，就是说十年前、十五年前那个时候特流行的歌儿啊，好像甭管怎么说吧，你觉得这里边有种真情啊。"（凤凰卫视《锵锵三人行——80后爱"嘻唰唰"　国人唱歌记词不记调儿》2008-12-18）

例(41)到例(43)属于选择让步条件句，例(44)属于普遍让步条件句，句中的语气助词"吧"既不表达对听话人态度的征询，也不表达说话人对于言谈内容的不确定语气，更不执行某种言语行为，语气助词"吧"对说话人所表达的让步语气的强度有明显的影响，因此，在表达无条件的让步条件句中，语气助词"吧"的主要功能是弱化言者的强断言语气以体现对听话人面子的主动关照。

7.2.3.5 "吧"四类语气功能之间的关系

从语气助词"吧"在互动交际中的功能分布来看，四大语气功能在语气类型和使用频率上有明显的差异，具体来说：

语气助词"吧"在疑问句中的使用频率最高，因此也最为典型，主要表达对听话人态度的征询，表达说话人针对所表达的言语推断征询听话人的肯定性态度。在说话人的预期中，说话人认定自己的言语推断会得到听话人的认同，说话人的交际目的是希望听话人与说话人在对言语推断的认识上保持一致；在陈述句中，语气助词"吧"主要表达说话人对所做出言语判断的不确定语气；在祈使句中，语气助词"吧"主要用于缓和祈使语气，包括体现对听话人面子关照的商榷语气和建议语气以及体现说话人言者态度的勉强接受语气和无所谓的语气；在非现实条件句中，语气助词"吧"主要用于缓和言者的强断言语气。

另一方面，语气助词"吧"四大语气功能之间也有内在的一致性。从互动交际的三大要素——"说话人""听话人""言语内容"之间的关系来看，"吧"的四大语气功能大致可以分为两种类型：

一是体现说话人对听话人态度的主动关照，包括在疑问句中征询听话人的态度、在祈使句中表达商榷语气和建议语气等，这些语气功能都是听话人取向的(addressee-oriented)；

二是体现说话人对所表达言谈内容的言者态度，包括在陈述句中表达对所做言语判断的不确定语气、在祈使句中表达勉强认可和无所谓的言者态度以及在非现实条件句中缓和言者的强断言语气等，这些语气功能都是说话人取向的(speaker-oriented)。

7.2.4 互动交际中"吧"的语篇功能类型

在互动交际中，语气助词"吧"除了具有人际关系的表达功能之外，还具有语篇的组织功能，主要包括"话语停顿功能、标记话题功能和例举功能"等，在媒体语言语料库三人及以上的对话语料中共计出现了96例，约占全部语料的5.34%。

7.2.4.1 话语停顿功能

所谓话语停顿功能，是指"吧"所出现的位置往往是说话人的话语停顿位置，"吧"无明显的语气表达功能，只是起到话语连贯功能。这在一定程度上反映了说话人言语的在线组织过程(online-planning)，体现了说话人的思维过程。在媒体语言语料库三人及以上的对话语料中，单纯标记话语停顿的语气助词"吧"出现了29例，约占全部语料的1.61%，例如：

(45) 查建英："国家支持很重要，政府要投钱，但是他总是有这么一个雷声大雨点小，虎头蛇尾。他最后**吧**，实际上到后边就会发现，政府投不出这个钱来，而且没有商业的这个动力。"(凤凰卫视《锵锵三人行——从孟买袭击中看破碎的印度"华丽大国梦"》2008-12-05)

(46) 窦文涛："工会宣传干事，是吗？"

蒋雯丽："是，因为我其实那个时候**吧**，就是高中毕业以后，差了三分落选嘛，我就去了那个水利电力学校。"(凤凰卫视《锵锵三人行——蒋雯丽大胆改形象吓坏儿子　成名前曾当女工》2008-01-30)

(47) 许子东："反正是我有一个感性的认识是什么呢？以前**吧**，吃肉包子**吧**，面粉多，肉少，但是我讲的是很早以前，二、三十年以前。"(凤凰卫视《锵锵三人行——郎咸平：中国越生产　美国越富裕》2008-07-22)

7.2.4.2 标记主位功能

主述位理论最早是由Mathesius提出的，主要研究句子的信息结构。一般来说，主位是句子表述的出发点，是交际中已知的信息；述位是句子的表述核心，是说话者所要述说的内容(张伯江、方梅 1996：22)。Halliday

(1985)认为主位包含“意念成分(ideational)、人际成分(interpersonal)和篇章成分(textual)”等。张伯江、方梅(1996：8-27)将主位分为话题主位、人际主位和篇章主位，汉语的语气词本质上是说话人对句子信息结构心理切分的手段，并不与句法成分相干，他们只体现篇章功能，而不体现句法功能，汉语中的语气词像“吧”“呀”“哪”等都是常见的主位标记。在媒体语言语料库三人及以上的对话语料中，标记主位的语气助词“吧”出现了25例，约占全部语料的1.39%。

语气助词“吧”可以出现在话题主位后面，标记说话人交际言谈的话题，话题主位为后面的陈述成分确立基本的言谈框架，例如：

(48) 窦文涛：“你看好莱坞大片在正剧当中，非常注意在一些小噱头上弄点小幽默。可是咱们这个小幽默**吧**，你闹不太清楚是导演故意让你幽默呢，还是说咱笑场了。”(凤凰卫视《锵锵三人行——大话〈赤壁〉“奥运和谐巨无霸”》2008-07-16)

(49) 宋晓军：“比如说咱们在苏丹啊，在尼日利亚，包括修铁路，慢慢也开始有一些浙江的一些产业，低端的一些生产线过来。这样给他们找到工作，所以说中国这事儿**吧**，在这儿弄的，当然西方现在也在出力，你像什么斯皮尔伯格。”(凤凰卫视《锵锵三人行——索马里海盗神秘生活　16分钟抢劫1.1亿美元》2008-12-09)

例(48)和例(49)中，“吧”前面的名词“咱们这个小幽默”“中国这事儿”是句子的话题，属于真正意义上的话题。语气助词“吧”在话题后边，标记话题主位。

(50) 窦文涛：“怎么了？”

张涵予：“因为那一楼道的人**吧**，都是那种受过歌剧训练的感觉。”(凤凰卫视《锵锵三人行——八年龙套生涯　终吹响那声“集结号”》2008-01-24)

(51) 查建英：“对，其实这个**吧**，倒让我想起来，就是网上流传过一个很好笑的、中印两方军队合作演习的这么一套照片。”(凤凰卫视《锵锵三人行：从孟买袭击中看破碎的印度“华丽大国梦”》2008-12-05)

例(50)和例(51)中，“吧”前面的名词“那一楼道的人”和代词“这个”既是句子的话题，又是句子的主语，两个身份兼而有之，语气助词“吧”在话题后，标记说话人的言谈对象。

除了标记话题之外，“吧”还可以标记人际主位。一般来说，说话人在说出一段言语的同时，往往同时表明了说话人关于所言谈内容的态度、立场和观点，这就是语言的主观性，语言的主观性往往可以通过人际主位成分来表达，例如：

(52) 宋扬：“现在**我觉得吧**，这个事真的是没有谁来强迫谁，我觉得有的时候政府来强迫某一件事情也不一定(能成功)。”(北京人民广播电台《城市零距离——固话月租费》2010－11－19)

(53) 龚海龙：“**我感觉吧**，这几年小散户也没赚到钱，反正作为我来说，股市上没有什么利润可谈，又回到十年前的起点了”。(中央人民广播电台《新闻纵横》2012－01－04)

例(52)和例(53)中的“我觉得”“我感觉”是典型的人际主位成分，表明了说话人关于言谈内容的主观态度，“吧”作为人际主位的标记成分，将人际主位和说话人真正的言语判断分开，为我们判断人际主位成分提供了形式上的标记。

在复杂语篇中，“吧”还可以标记篇章主位，具有标记篇章主位的话语功能，例如：

(54) 何永：“那个大江南北的同学吧，有的就是已经要大家捐机票才能回来，有的已经都不在了，**所以吧**，我当时做这个片子的时候都特别感动。”(凤凰卫视《鲁豫有约——高晓松　宋柯曾打击水木年华唱歌“没戏”》2011－05－04)

(55) 李鸿雁：“**其实吧**我内心也特别热爱我们王哥庄的妇女。”(中央电视台《乡约——崂山有个王哥庄》2012－02－06)

例(54)和例(55)中的“所以”“其实”属于篇章中连接句子的词语，往往不参与句子命题的表达，其主要功能就是连接句子，引出后面的言谈内容，属于典型的篇章主位成分(张伯江、方梅 1996：25)。语气助词“吧”出现在篇章主位后面，提示听话人注意后面的言谈内容，具有标记篇章主位的话语功能。

7.2.4.3　例举功能

吕叔湘(1996：53)曾经指出“吧”在句中停顿处可以用于举例。通过对媒体语言语料库所调查语料的考察，我们发现，具有例举功能的语气助词“吧”共计有42例，约占全部语料的2.34%。

语气助词“吧”既可以用于单项举例，也可以用于多项举例。“吧”用于单项举例时，往往带有一定的随意性，例如：

(56) 许子东：“很多人议论男运动员、女运动员这个形象，比方说举重**吧**，很多人都有个印象说你举得好，但是说举重会不会影响形象？但你看刘春红，打破世界纪录，人家多漂亮，头发一弄。”（凤凰卫视《锵锵三人行——杨威夺金等结婚　男篮放飞“鸭子”等吃“鸡”》2008-08-15）

(57) 郎咸平：“我这样讲好了，比如说你像国有企业，比如说在英国**吧**，英国也是跟中国一样，也是有国营企业。”（凤凰卫视《锵锵三人行——郎咸平作客锵锵　大话中国股改》2008-07-15）

“吧”用于多项举例时，除了带有举例的轻松随意之外，往往还带有显而易见的意味，例如：

(58) 窦文涛：“你说咱们实际上都算心眼活的，时不时地还得想想，这社会什么社会？炒点股票**吧**，弄点这个**吧**，不能不顾自己生活啊。”（凤凰卫视《锵锵三人行——儿子作礼物　顾长卫“中年泪纵横”》2008-01-28）

(59) 窦文涛：“可是人家说了，现在在大学里就抄了，学生有作弊的**吧**，教授有抄论文的**吧**，你说这事儿怎么创意呢？”（凤凰卫视《锵锵三人行——温家宝大学演讲为何号召学生“仰望星空”》2008-12-24）

例(58)中的“炒点股票吧，弄点这个吧”表明举例的随意性；例(59)中的“学生有作弊的吧，教授有抄论文的吧”表明作者认为所举事例是显而易见的。

综上所述，语气助词“吧”在语篇中具有标记语音停顿的篇章连接功能，具体来说，主要包括三类：一是单纯起到填充语音停顿的功能；二是标记主位功能；三是例举功能。当然语气助词“吧”在标记主位和举例时也具有一定的语音停顿功能，但是，“吧”在承担语音停顿的同时，具有明显的标记话题主位、人际主位、篇章主位和例举的功能，因此，后两种用法与第一类用法（即“单纯填充语音停顿的功能”）有明显的功能差异。

7.2.5 小结

目前,学术界对“吧”的语气功能主要有六种主流看法:一是表达说话人的不肯定语气;二是具有缓和语气的语用功能;三是具有表达“发话人的迟疑”的功能;四是表达说话人对命题内容做出推量,并要求确认;五是表达说话人的“意向待定”,即“命题信息未定而主观情态求证的意向”;六是在应答句中表达说话人的言者态度。这六种观点都反映了一定的语言事实,即“吧”在不同的句子语气类型中具有不同的语用功能。第一种观点和第三种观点是“吧”在陈述句中的主要语气功能;第四种观点是“吧”在疑问句中的语气功能,第二种观点和第六种观点是“吧”在祈使句中的主要语气功能;第五种观点是比较综合的看法,赵春利、孙丽(2015:121-132)指出“吧”在不同的语气类型中分别承担着“揣测、求证、征询、商讨”四种不同的语气功能,他们把“吧”的核心语气功能概括为“意向未定”,同时也指出“吧”的语气功能也会因为附着于引发句还是应答句而体现出一定的功能差异和情态倾向。本书赞同赵春利、孙丽(2015)关于“吧”在不同语气类型中具有不同语气功能的观点,并在此基础上,运用定量分析和定性分析相结合的方法考察了语气助词“吧”在互动交际过程中的功能分布。

通过对语气助词“吧”在互动交际话语中的功能分布进行考察,我们发现,语气助词“吧”的核心语气功能是在疑问句中表达说话人就自己所做出的言语判断征询听话人的肯定性态度,其交际意图是得到听话人的认同,与听话人在对所做言语判断的认识上达成一致。在疑问句中,说话人使用语气助词“吧”而不是语气助词“吗”来征询听话人的态度,其根本原因在于,在说话人的预期中,说话人认定听话人对说话人所做出的言语判断持有肯定的认同态度。通过对对话语料的统计调查得知,听话人对说话人的言语判断往往都会给予肯定的确认,这意味着说话人对于自己的言语判断不是“意向未定”,而是“意向已定”,所以,说话人才会使用“无疑而问”的“吧”,而不是使用“有疑而问”的“吗”来表达询问。换句话来说,说话人使用“吧”来表达“无疑而问”,从形式上来看是“疑”,但是本质上是“无疑”,说话人的交际目的意在取得听话人的认可态度,从而与听话人在对所做出的言语判断的认识上达成一致。从互动交际的视角来看,“吧”语气功能不在于“征询”,而在于在认识立场上达成一致,即“说话人希望与听话人共建一致性认识立场”,是一个“立场趋同标记”(stance-convergence marker)。之所以把“吧”的这一功能定性为其核心语气功能,原因就在于“吧”的这一用法在媒体语言语料库三人及以上的对话语料中占比高达60%以上,是典型的语气功能。

此外，语气助词“吧”在陈述句中主要表达说话人对所做出言语判断的不确定性语气，在祈使句中主要用于缓和祈使语气，二者的占比大致相当，约占16%—17%上下；在陈述句中，“吧”表达说话人关于所做言语判断的不确定性语气是从其表达“与听话人在认识立场上寻求一致”这一核心语气功能发展而来的。促使“吧”发生语气功能转变的动因是语用因素，即说话人在未得到听话人态度确认的前提下，遵循了人类普遍的交际策略——礼貌原则和面子保护策略；说话人使用语气助词“吧”的交际意图有两个，一是被动保护说话人的面子免受威胁，避免“丢脸”；二是主动保护听话人的面子，避免“冒犯”。基于上述语用动因，说话人在表达对所述言谈内容的判断时，选择了表达不确定性推测的言者语气，而这种不确定的言者语气在非问答性话轮序列中最终发生了语境化，演变成为“吧”在陈述句中的语气功能。“吧”发生这一语境化过程的条件主要有两个，一是语调因素，二是互动交际语境。首先，“吧”在表达疑问语气和不确定推测语气时，都是负载了降调。与典型的疑问语气采用“升调”不同，“吧”所负载的降调在一定程度上中和或消减了“吧”的疑问语气，使得不管是否会得到听话人的肯定性确认，说话人都预期听话人会做出肯定性确认，与说话人的言语判断保持一致，也就是我们传统意义上的“无疑而问”；其次，互动交际语境可以为说话人提供对听话人态度的主动关照（即“询问听话人的言者态度”），同时，也可以为说话人提供听话人的默认态度。换句话说，当“吧”出现在陈述句中时，“吧”往往处在非问答话轮序列中，“S……吧”后面还有延续的话语，说话人的话轮尚未结束，说话人使用语气助词“吧”不是为了询问听话人的态度，而是为了体现对听话人态度的主动关照，为了与听话人进行交际互动，从而共建一致性立场。因此，在语用交际动因——礼貌原则和面子保护策略的影响下，说话人倾向于使用不确定性推测语气来委婉地、礼貌地获得听话人的认同，这样既能体现说话人对听话人面子的主动关照，又体现了说话人与听话人的交际互动，因此，表达询问听话人态度的语气功能在非问答话轮序列类型的互动交际语境中就演变成为主动表达说话人不确定性推测的语气功能。

在祈使句中，语气助词“吧”主要用于缓和祈使语气，包括体现对听话人面子关照的商榷语气和建议语气以及体现说话人言者态度的勉强接受语气和无所谓的语气；在非现实条件句中，语气助词“吧”主要用于缓和言者的强断言语气。在现代汉语中，祈使句主要用于要求对方做或不要做某事，执行特定的言语行为，包括“命令、禁止、请求、劝阻”等，这些言语行为类型在一定程度上对听话人而言，都属于面子威胁行为。因此，对于说话人而言，体现对听话人面子的主动关照，寻求听话人肯定性态度，并希望与听话人在认识上达成一致性的“吧”就成为说话人在执行这些高风险性言语行为（即“祈使行为”）时的最佳选择，说话人选用“吧”的交际意图就是缓和“命令、禁止、请求、劝阻”的语力。在应答句中，说话人使用“吧”的意图是在不冒犯听话人面子的前提下，委婉地表达说话人的言者态度，包括勉强认可语气和表达言者无所谓的言者态度。

语气助词“吧”四种语气功能集中体现了互动交际中三大要素——“说话人”“听话人”“言语内容”之间的复杂关系。对互动交际中的说话人而言，选择语气助词“吧”主要体现了说话人对两个要素的主动关照，具体来说：

一是体现说话人对听话人态度的主动关照，包括在疑问句中征询听话人的肯定性态度、在祈使句中表达商榷语气和建议语气等，这些语气功能都是听话人取向的(addressee-oriented)；

二是体现说话人对所表达言谈内容的言者态度，包括在陈述句中表达对所做出的言语判断的不确定性、在祈使句中表达勉强认可和无所谓的言者态度以及在非现实条件句中缓和言者的强断言语气等，这些语气功能都是说话人取向的(speaker-oriented)。

除了承担语气表达功能之外，约有5%左右的“吧”在语篇中还具有标记语音停顿、标记主位和标记举例等篇章连贯功能。当然“吧”在标记主位和标记举例时，也具有一定的标记语音停顿功能。但是，“吧”除了标记语音停顿之外，还具有明显的标记话题主位、人际主位、篇章主位和例举的其他篇章连贯功能。

第三节　语气助词“就是”言者语气功能的互动建构

7.3.1　语气助词“就是”的语气类型

7.3.1.1　“就是”的相关研究

现代汉语中的“就是”有两个，一个是副词，表达三种语法意义：一是表达同意，相当于“对”；二是表达强调肯定；三是确定范围，排除其他；另一个是表示假设兼让步的连词，相当于“即使”（吕叔湘 1980：285）。除此之外，“就是”还具有“让步、解说、递进、条件、选择、转折”等六种篇章衔接功能（张谊生 2002：80－90）；在自然口语中，“就是”可以作为话语标记来使用，姚双云、姚小鹏（2012：77－84）认为“就是”具有“应答标记、话轮发端语和停顿填充词”的语用功能；史金生、胡晓萍(2013：13－20)认为“就是”具有“确立话题、自我修正、标记迟疑和明示”的语用功能。上述研究考察的“就是”是句中“就是”的语法意义和语用功能，“就是”除了出现在句中之外，还可以出现在陈述句或祈使句的末尾，表达特定的语气功能，有“就是”“就是了”和“就是啦”三种形式，关于句末语气词“就是了”的语用功能，学术界已经有了一定的研究成果。吕叔湘(1980：286)认为句末的语气助词“就是了”具有表达“不用犹豫、不要怀疑”和“如此而已，把事情往小里说”的语气功能。汪如东(2010：60－65)认为“就是了”表达“强调和肯定”的语气，经常与“总之、反正”“顶多、大不了、无非”等总括性词语搭配，还可以表达让步，起承接上下句的作用。张振亚(2013：47－51)认为“就是了”主要用于“问题-解决”的叙述语篇中，表达妥善处理的语义。关于句末语气词“就是”的语气功能学术界却鲜有提及，从副词到连词，再到语气词，“就是”经历了怎样的语法化和语义虚化过程等，这些都为本节的研究提供了空间。

本节主要研究四个方面的内容：第一，句末语气词“就是”表达哪些类型的语气功能？第二，“就是”不同语气类型之间有哪些语义关联？本节试图以“就是”为例，探讨词汇意义的语义滞留对虚化中的语气词语气功能类型的影响；第三，勾勒“就是”词汇化和语法化路径及其语义演变的模式。此外，还将比较“就是”“就是了”和“就是啦”各语气类型分布的异同，并讨论“就是”在回忆性自述语体中标记自述者视角和自述者态度的话语表达功能。

7.3.1.2　语气助词“就是”的言者语气类型

句末语气词“就是”在不同的语境中呈现出不同的语气功能，本节通过对北京大学汉语语言学研究中心(CCL)现代汉语语料库的统计考察[①]，将句末语气词“就是”的语气功能概括为“表达确认、表达建议、表达强调、表达‘言轻言小’的认识意义和表示缓和语气”等五大类型，下面将基于语料库的计量统计，分别展开论述。

一、表达言者的确认语气

所谓表达确认，就是说话人针对交际的另一方提出的要求和问题、表达的意愿或表述的话语等表达“确认”的言者态度，包括“肯定性的应答、认同和许可以及做出承诺”等。在语料库中，此类用法共计出现了 95 例，约占

① 通过对北大现代汉语语料库的计量统计，共获得位于句末的“就是”语料(包括“就是。”“就是！”和“就是；”)共 1647 条，排除表达“判断”和“同意”意义的状中短语“就是”，共获得句末语气词“就是”的有效语料 363 条。

“就是”全部语气类型的26.2%。

1. 肯定性应答

说话人对听话人提出的意见和要求等给予肯定性的回答，即答应对方，例如：

(1) 段誉道：“除非你给我狠狠地打还两下。”钟灵很不愿意，但见他怒气冲冲地转身欲行，便仰起头来，说道：“好，我让你打还两下就是。”(金庸《天龙八部》)

(2) 那村女道：“你答应我不生气，我才跟你说。”张无忌道：“不生气就是。”(金庸《倚天屠龙记》)

此类用法一般用在对话语篇的应答句中，说话人对于听话人提出的要求给予肯定性的回答，“就是”用以承担说话人肯定性应答的语气。在语料库中，此类用法共计出现了8例，约占“就是”全部语气类型的2.2%。

2. 表达“认同和许可”

说话人基于交际语境、某种现实情况或原因，对某人或者某事表达了说话人的主观态度，即“表示认同”，或“表达许可”，例如：

(3)“规规矩矩给我滚出去！要钱，要船票，随便多少，我给就是。”(马识途《夜谭十记》)(表达认同)

(4) 胡雪岩从手上取下一个戒指，交给古应春：“我往来的几家号子你是晓得的，看存着有多少头寸，你随意调度就是。”(高阳《红顶商人胡雪岩》)(表达许可)

此类用法一般用在对话中，说话人主动或者被动表达自己的态度，给听话人以确认。在语料库中，此类用法共计出现了42例，约占“就是”全部语气类型的11.6%。

3. 做出承诺

所谓做出承诺，是说话人对听话人做出承诺或保证，让听话人放心，包括“主动承诺和被动承诺”两类，例如：

(5) 李自成向大家说道：“都不用说啦，我替你们伸冤就是！”(姚雪垠《李自成》)(表达主动承诺)

(6) 学海：“刚才你自己说的痛痛快快地干一杯……”，“慢慢来，这

杯酒我喝完了就是。”学海不再勉强她喝。(周而复《上海的早晨》)(表达被动承诺)

此类用法一般用在对话中,说话人出于某种原因主动或者被动地做出承诺,以便对听话人的要求或话语做出回应,这种承诺是说话人主动或被动做出的,因此是言者取向的。在语料库中,此类用法共计出现了45例,约占“就是”全部语气类型的12.4%。

二、表达言者的建议

所谓提出建议,是指在祈使句中说话人对听话人发出指令、给予警告、提出要求、直接或者委婉地提出建议等,语气的强弱取决于交际双方的社会关系、社会地位以及交际语境、交际意图等各种语用因素。在语料库中,此类用法共计出现了53例,约占“就是”全部语气类型的14.6%。

根据说话人提出建议时的语气强弱,我们把言者的建议分为“弱建议、一般建议和强建议”三种。

所谓弱建议,是指说话人认为句子所表述内容(S)是正确的、自己应该做的,或者认为是听话人应该做出的选择,或者建议听话人应该做的,相当于现代汉语中的表达妥善解决意义的“S+就行(了)”。弱建议一般用于普通的陈述句中,倾向于表达说话人的言者态度。如果从听话人的角度而言,则是一种建议,因此,弱建议是听话人取向的,是从听话人利益出发,建议听话人哪些是正确的,哪些是应该做的,例如:

(7) 二婶说:“她二婆享不了我娃的福了,我还能活几年? 等娃长大了,到她二婆坟上烧个纸就是。”大婶说:“你那坟那么远,谁去呀?!”三个老妯娌就呱呱呱地笑了一回。(贾平凹《秦腔》)

(8) “三代,你就不要难为人家孩子了,快回院里把钱取来交给她就是。”我爷爷见吴三代一定要那个女子致谢,就忙着催吴三代快回去取钱。(《作家文摘》1996年)

所谓表达一般建议,是指根据交际语境或现实情况的综合考量,说话人对听话人的言语或行为明确提出自己的建议,往往用在表达建议的祈使句中,例如:

(9) 李正安慰他说:“没有什么,我们已和运河支队取上联系了,你好好休养就是。”(知侠《铁道游击队》)

(10) 医生说:“当然要紧,往后再不得生气、熬夜、喝酒,好生吃些保肝药就是。”(贾平凹《秦腔》)

所谓强建议,是指说话人基于某种原因或考虑对听话人发出指令、提出要求或给予禁止性的警告等,往往用在表达命令或要求的祈使句中,例如:

(11) 先生说赶快追,什么意思啊?贾诩说你不要问什么意思了,你现在追就是。(易中天《易中天品三国》)

(12) 插剑入鞘,说:“爬起来吧。我饶你这一遭,以后说话小心就是。”(姚雪垠《李自成》)

三、表达言者强调性的断言

“就是”表达强调,包括两类:一是语气上的强调,即着重加强说话人的肯定语气;二是认识上的强调,即用以加强说话人关于命题判断的确信程度。

1. 加强肯定的强调语气

所谓加强肯定的强调语气,是指在说话人明示语言信息时,特意强调说话人的肯定语气,或者强调言语表述中说话人意在突出的某一重要信息,例如:

(13) 不由得怒气转盛,把心一横,暗道:今日把命拼了就是。(金庸《神雕侠侣》)

(14) “另外我们就是什么,念点儿什么阿拉伯文哪,什么这些东西,一般的就是。”(1982年《北京话调查资料》)

例(13)中“今日把命拼了”,用“就是”表达说话人激愤之下做出的“不顾一切的决定”,意在强调说话人的肯定语气;例(14)中,说话人用“就是”意在强调言语表述中的部分内容“一般的东西”。表达“语气上的强调”一般在用在对话语篇或口语语篇中,在语料库中,此类用法共计出现了38例,约占“就是”全部语气类型的10.5%。

2. 表示强化说话人的确信程度

“就是”除了表达语气上的强调之外,还经常用在总括句、条件句和假设句中,用于强调说话人所做结论的确定性程度(适用于总括句);或者用于强调说话人所提条件的充足性(适用于条件句);或者用于强调说话人推断结果或情况出现的必然性(适用于假设句)。无论是哪一种情况,说话人用“就是”的目的是强化说话人的主观认识和判断,意在强调言者认识的确信程度很高,因此,我们将这种用法称为“认识上的强调”。“就是”表达“认识上的强调”一般用在叙述语篇中,少量也会用在口语或对话语篇当中,在语料库中,此类用法共计出现了62例,约占“就是”全部语气类型的17.1%。

第一类,总括句:“反正/总之+S+就是”结构

“就是”与“反正、总之”等词语共现,在总括性或总结性的句子末尾,用于表达说话人做出确定性程度很高的结论,以强化说话人的总结性认识或总结性陈词,例如:

(15) 各层楼宇的走廊,说是每晚用清水拖洗一次,但隔天就可以了,总之不肮脏就是。(《作家文摘》1993年)

(16) 夏天智说:“钱的事不说啦,反正我把书稿交给你,你给我把书拿回来就是!”(贾平凹《秦腔》)

在语料库中,此类用法共计出现了9例,约占“就是”全部语气类型的2.5%。

第二类,条件句:“只/只要/只管/尽管+S+就是”结构

“就是”和连词“只、只要”搭配使用,用在表达充分条件假言推理的条件句中,说话人意在强调自己所提条件的充足性,例如:

(17) 其实“文以人传”也没有什么不好,只要大家心中有数就是。(《人民日报》2000年)

(18) 你要喜欢,二回我拿猪头肉跟你换精肉肥肉,你只莫加收我的钱就是。免得你吃二遍苦,受二茬罪。”(陈世旭《将军镇》)

“就是”还经常与表达无条件关系的连词“不管”和副词“只管/尽管”搭配使用,说话人意在强调不受任何条件限制,不要有所顾虑,放心去做,强化了说话人对所做判断和决定的确信程度,例如:

(19) 那可不知道,不管是什么陆地,我们逃到那边去就是。(陈筱卿译《海底两万里》)

(20) “公安的注意力肯定不会在这儿,你们只管放心大胆地干就是。”(张平《十面埋伏》)

在语料库中，此类用法共计出现了43例，约占“就是”全部语气类型的11.9%。

第三类，假设句“如果、要是、万一、既然、倘若＋S_1，S_2＋就是”结构

“如果A，那么B”可以表达假言命题，就是陈述一种事物情况是另一种事物情况的条件，可以记为“P→Q”（“P蕴涵Q”）。“P”表达假定可能出现的某一情况或者条件，“Q”表达满足（“P”）条件下必然将会出现的结果，“就是”用在结果小句“Q”的末尾，用于强调说话人对结果出现的必然性和肯定性的确信程度，例如：

(21) 如果有一天，《大实话》变成假唱，不用说，分道扬镳就是。（郭德纲《郭德纲相声集》）

(22) “……我悄悄去张上一张，要是敌人果真还在，咱们转身便逃就是。”（金庸《天龙八部》）

在语料库中，此类用法共计出现了10例，约占“就是”全部语气类型的2.8%。

四、表达言者“言轻言小”的认识情态意义

“就是”往往和表少量的范围副词以及表极量推断的估测副词共现，表达说话人“言轻言小”的认识意义。此时的“就是”一般用在口语或对话语篇中，少量也用在叙述语篇中。在语料库中，此类用法共计出现了16例，约占“就是”全部语气类型的4.4%。

第一，“表少量范围副词＋S＋就是”结构

“就是”与“不过、只是、只不过、仅仅”等表少量的范围副词连用，说话人有意把事情往小里说，往轻里说，用于表达说话人“言轻言小”的认识意义，例如：

(23) 不要以为它是个神话，事实上它是个真理。只不过是用佛教的方式表达就是。（牟宗三《中国哲学十九讲》）

(24) 新伦敦从来便没有多大出息，平素不过能混过日子就是。（赵苏苏译《查泰莱夫人的情人》）

第二，“大不了、顶大＋S＋就是”结构

“大不了”主要用在表达“极性估测”的句子当中，用于凸显说话人不可

动摇的"强意志力",是一种凸显说话者的主观情态表达成分(邵敬敏2016)。"就是"与"大不了、顶大"等表达极性推测的词语共现,说话人意在表明"S"所述的极端情况早已在自己的预料之中,说话人可以承受,没有什么大不了的,表达说话人"言轻"的认识意义,例如:

(25) 跟你说:"何建国,没你,我们家的地球照转! 大不了,花钱请护工就是!"(王海鸰《新结婚时代》)

(26) "哪这么严重。顶大不济,离婚就是。"(王海鸰《新结婚时代》)

五、缓和语气

"就是"用在祈使句中还具有缓和语气的作用,表达说话人认为"无所谓、不在乎、不介意;轻而易举、容易做到;自然而然、顺理成章和轻松随意、云淡风轻"的语气意义。在语料库中,此类用法共计出现了 64 例,约占"就是"全部语气类型的 17.6%。例如:

(27) 他问孙四海哪里有锅卖,邓有梅一旁听着接腔应了,说自己家里有口锅闲着没用,给他拿来就是。(《作家文摘》1993 年)(无所谓、不在乎、不介意)

(28) 七姑奶奶认为这根本算不了一回事,写信给胡雪岩就是。(高阳《红顶商人胡雪岩》)(轻而易举、容易做到)

(29) 顺便说一句,这姊妹两个老太太都很会烧菜。要让老太太写这种文章,那全是经验之谈,信手拈来就是。(裘山山《老太太的"回头率"》)(自然而然、顺理成章)

(30) 爱情、性欲这一类的东西,只是糖水! 吞了它而把它忘记就是。(赵苏苏译《查泰莱夫人的情人》)(轻松随意、云淡风轻)

7.3.2　语气助词"就是"语气意义的共时建构过程

从"表确认、表建议、表强调"到表"言轻言小"的认识意义,再到表达缓和语气,体现了"就是"由强到弱的语气变化。"就是"的语气意义从何而来?不同语气类型之间有怎样的语义关联?语气词"就是"和副词"就是"、连词"就是"、短语"就是"又有什么样的语义关系?这些问题都可以从"就是"中"就"和"是"词汇意义语义滞留的角度进行解释。

所谓语义滞留是指当一个形式经历从词汇项到语法项的语法化时，它原来的一些词汇意义踪迹往往会粘附着它，它的词汇历史上的具体细节会反应在对它的语法分布的制约上，这种现象被称作滞留（Hopper & Traugott 1993）。沈家煊（2001）曾将“语义滞留”定义为“实词的语义‘滞留’在虚词中，并且限制虚词的语义和语法功能”。史维国（2016）以时间副词“就”“才”“老”和“被”字被动式的语义功能为例，考察了词汇项的词汇意义对语法项语法意义和语法分布的制约；冯军伟（2016：30－48）考察了实义动词“恐怕”的语义滞留对副词“恐怕”表达两种不同认识情态语义类型的影响。

“就是”表肯定性应答、表认同和许可、表建议的语气功能都源于短语“就是”中判断动词“是”语义滞留的影响；“就是”表强调语气的功能源于短语“就是”中强调副词“就”强调语气的语义滞留，表说话人“言轻言小”的认识意义源于短语“就是”中范围副词“就”限制意义的语义滞留；表缓和语气的功能源于短语“就是”中关联副词“就”承接功能的语义滞留。

7.3.2.1　判断动词“是”的语义滞留对“就是”语气类型的影响

一、“就是”表确认语气的来源——表肯定性判断的动词“是”的语义滞留

关于判断动词“是”的由来，学术界比较一致的看法是从回指性指示代词“是”发展而来的。吕叔湘（1979：80－81）认为，判断动词“是”的基本作用是表示肯定，联系、判断、强调都无非是肯定，只不过轻点儿重点儿罢了；李临定（1986）认为“是”的基本意思是表示肯定的判断。梁银峰（2012）认为判断动词“是”的本质是对事物内涵的确认。综上所述，判断动词“是”用于表达肯定性的判断，是对事物内涵的确认。语气词“就是”所表达的确认语气源于判断动词“是”对事物内涵确认的性质，“就是”表达的确认语气包括肯定性应答、认同许可和承诺三种语气，其中表达肯定性的应答直接源于判断动词“是”所表达的肯定性判断意义，试比较：

(31) 哈布里问努尔哈赤：“听说佟家庄园有个南山学艺、北山打虎的英雄，你可认识？”……额亦都会意以后，就转脸笑着说：“远在天边，近在眼前。这位努尔哈赤大哥就是。”（李文澄《努尔哈赤》）（“就是”：语气副词“就”＋判断动词“是”）

(32) 那村女道：“你答应我不生气，我才跟你说。”张无忌道：“不生气就是。”（金庸《倚天屠龙记》）（语气词“就是”：表达肯定性应答）

姚双云、姚小鹏（2012）认为“就是”具有应答功能，显示说话人的主观肯

定，是一种如意性应答，也就是本研究的肯定性应答，即“说话人答应对方，表达同意”。

二、“就是”从表确认到表建议的演变——语用推理

从“表肯定性的应答——答应对方，表达同意”到表“认同和许可”，再到表“承诺和建议”，是语用推理的结果。在言语互动交际中，按照合作原则中“质”的准则，如果交际一方提出问题，且交际的另一方知道答案，就应该做出肯定的回答——“是”(判断动词)；那么，如果交际的一方提出了一定的要求或请求，且交际的另一方愿意的话，就会做出肯定性的应答，表达同意——“S+就是”(语气词：表肯定性应答)，这些用法一般用在对话语篇的问答话轮中；从语用推理的角度来说，如果交际一方通过言语行为表达了一定的要求，听话人如果愿意，就会对对方的言语行为表达认同或许可，这种“认同和许可”可以是不得已而做出的被动认同，也可以是主动许可；如果在互动交际过程中，听话人没有提出相应的要求，而是说话人在综合考虑听话人的意愿和交际语境的基础上，主动满足听话人可能的意愿和潜在的需求，做出有利于听话人利益的决定，这就是说话人所做出的承诺，这种承诺是说话人取向的(speaker-oriented)，即说话人认为自己怎样做是最好的，是最符合听话人的意愿和需求的；另一方面，如果说话人在综合考虑听话人的意愿和交际语境的基础上，认为听话人应该怎样做是最好的，这就是说话人提出建议。与说话人取向的“表达承诺”不同，提出建议是听话人取向的(addressee-oriented)，是基于听话人的利益而提出建议。

因此，从基于对话语体“问-答”模式的“肯定性应答”到表达“认同和许可”，再到非对话语体基于“信息陈述-意见表达”模式的“表达承诺”(说话人取向)和“提出建议”(听话人取向)，是语用推理机制起作用的结果。

7.3.2.2　副词“就”的语义滞留对“就是”语气类型的影响

现代汉语的副词“就”可以表达多种语法意义，既可以是表达时间短的时间副词，也可以是表达加强肯定的语气副词，还可以是表达限定范围的范围副词，也可以是强调“数量多寡”的评价副词，还可以是“承接上文，得出结论”的关联副词。以上“就”的不同语法意义在不同的语境中导致语气词“就是”产生了不同类型的语气功能。

一、“就是”表强调语气的来源——表加强肯定的语气副词“就”的语义滞留

语气词“就是”表达强调语气，有两种形式，第一种形式是加强肯定的强调语气，此时，句中已经有明确的语言单位序列承载信息传递功能，“就是”不承载确认的语气意义，而是起到强化肯定的语气功能。这种“强调”的语

气功能来源于表“加强肯定”的语气副词“就”的语义滞留。

第二种形式是强化认识的确信程度，主要用在总括句、条件句和假设句中，用于强调说话人所做结论的可靠性，或者用于强调说话人所提条件的充足性，或者用于强调说话人推断结果出现的必然性。此时“就是”用来强化说话人的主观认识和态度。其中，“就是”表强化的语气功能来源于表“加强肯定”的语气副词“就”的语义滞留，而表达说话人认识的确信程度（即说话人认为自己所做出的判断是“可靠的、充足的和正确的”）则来源于形容词“是”的语义滞留。汉语中“是”，除了是表达肯定性判断的判断动词“是”之外，还可以是表达“正确的、对的”的形容词“是”。因此“就是”用在总括句、条件句和假设句的末尾，主要是加强“说话人认为自己得出的结论、提出的条件和推断的结果是正确的和必然的”确信语气。

二、“就是”表“言轻言小”认识意义的来源——范围副词“就”的语义滞留

副词“就”可以用在名词、数词和谓词性短语前面限定范围。“就”用在名词和数词前时具有限制范围的功能，与范围副词“只”一样，是一个焦点敏感算子（focus-sensitive operator），有一定的操作域，我们称为“句法指向范围”（syntactic target），在这个范围内的所有成分都有可能成为焦点（董秀芳2003）。例如：

(33) ˈ就老周讲了半个小时，其他人都没讲。（自省语例）

例(33)中，“就”的直接限制范围“老周”成为焦点成分，此时的“就”一般重读，表示排他性的语义，相当于范围副词“只”。

当“就”用在谓词性成分前面时，往往会承载重音标记。吕叔湘(1980)认为，当“就”重读的时候，可以表达说话人认为“数量少”的认识意义，是表达说话人主观认识的评价副词，例如：

(34) 老周ˈ就讲了半小时，下面就讨论了。（转引自吕叔湘《现代汉语八百词》）

邓川林(2018：87)认为“就”是一个量级副词，表达特定的量级关系。当“就”修饰谓语且重读时，它就兼有焦点标记和量级副词的作用。作为焦点标记，“就”的句法指向范围（焦点投射范围）是整个谓词性成分及其补足语标记，补足语“半个小时”是一个数量成分，是句子的新信息，因此被投射

为句子的焦点成分；作为量级副词，“就”修饰谓语且重读时，优先选择右侧成分为焦点，然后将其置于语用量级的较低点，所以“就”就具有了表达“言其少”的认识情态意义。

“就是”作为谓词性短语是范围副词“‘就’＋判断动词‘是’”，“就”往往承载重音，是标记焦点的敏感算子，标记后面的成分是焦点，意在表达说话人认为“言其少”的认识意义。在语用表达动因的促动下——主语承前省略或对话省略，宾语成分作为新信息被说话人强调和凸显，从而发生话题化和主语化，“就是”的句法位置发生被动性位移，从句首位置被位移到句末位置，句法结构从“(S承前省略或对话省略)＋就是＋O”变成“O＋就是”，逐渐演化为表达说话人语气功能的语气助词。

当“就是”用在句末时，经常和“不过、只是、只不过”等范围副词连用。“不过、只是、只不过”等也是表达量小的范围副词，具有表达说话人“往小里说、往轻里说”的认识意义，二者的组合是同义构式的叠加和复合，说话人“言轻言小”的认识语气得到进一步增强。

当“就是”和“大不了、顶大”副词连用时，用以表明“S”所述的极端情况早已在说话人的推测和认识之中，且说话人认为情况不严重，没有什么大不了的，凸显说话人的强意志力，也具有表达说话人“言轻”的认识情态义。

三、“就是”表示缓和语气的来源——表“承接功能”的关联副词“就”的语义滞留

吕叔湘(1980)曾经指出，“就”经常用做承接连词和“如果、只要、既然、因为、为了”搭配使用，表示承接上文，自然而然地得出结论，有时还可以表达容忍和无所谓的态度，或者承接对方的话，表示同意。例如：

(35) 如果他去，我就不去了。(转引自吕叔湘《现代汉语八百词》)

(36) 丢就丢了吧，着急也没有用。(同上)

(37) 就这样吧，你先去和他们商量商量。(同上)

语气词“就是”和“因为、只要”等表达假设关系和条件关系的连词连用时，用于加强说话人关于虚拟结果出现的必然性和条件出现的充足性的确信程度，表达认识上的强调语气；而用于祈使句时，则往往具有缓和语气的作用，表达说话人认为“无所谓、不在乎、不介意；轻而易举、容易做到；自然而然、顺理成章和轻松随意、云淡风轻”的语气意义。“就是”既可以起到加强语气，也可以起到缓和语气的功能，原因就在于关联副词“就”在复句中处于不同的位置，具体来说：

第一,“就”和假设连词连用时,“就”出现在表达结果的后一分句中(“如果 S_1,就 S_2”);和条件词语连用时,往往出现在强调充足条件或无条件的条件句中,即倒装的条件句(“S_2,只要/尽管 S_1”)中。无论是结果小句,还是条件小句,从信息结构的角度上来说,都是说话人语义表达的重心,是说话人的交际意图之所在。“就+VP”自然承载新信息,“就”是一个焦点敏感算子,自然而然地标记后面的“VP”是句子的焦点。即使在语用动因的促动下,“就是”发生句法位移变成语气词“就是”之后,“就是”所在的小句“S”仍然是语义表达的重心,再加上表正确意义的形容词“是”的语义滞留,“就是”就从原来强调“VP”转变为对命题“VP”为真的确定性判断,此时的“就是”除了与前面的连词搭配,起到承接上文的作用,还起到加强说话人关于结果和条件必然出现的确信语气的作用①,此时“就是”表达认识上的强调是关联副词“就”和形容词“是”两个词汇项语义滞留共同作用的结果。

第二,关联副词“就”出现在复句的前一分句中(例 36 和例 37),往往表达“容忍、无所谓和同意”的语气意义。此时句子的表义重心在后一分句,“就”引导的前一分句不是语义表达的重点,“就”表达“认可或姑且这样”的无所谓态度,所以“就”只能起到缓和祈使句祈使语气的作用。因此语气词“就是”用在祈使句末尾,表达“自然而然、轻松随意”的语气功能源自用于前一分句的关联副词“就”的语义滞留。

7.3.3 语气助词“就是”语气意义的历时建构过程

7.3.3.1 “就是”的语法化

张丽丽(2009:196-209)、李宗江(1997:25-30)等认为“即、便、就”经历了大致相似的语法化和语义演变历程。便利义动词“便”在东汉时期出现强调副词的用法(张丽丽 2009:196-209),强调副词“便”和判断义动词“是”连用,在双音化和频率的作用下词汇化为语气副词“就是”(黄斌 2001;王建军 2006)。在对话省略的前提下,“就是”后置,判断义减弱,表达确认的语气义逐步增强,“便是”语法化为句末语气词。“就”是一个后起的副词,最早出现在元代,在语法类推和语体因素的影响下,于公元 1200 年—1450 年期间,发生了“就”对“便”的替换(梅祖麟 1984;王建军 2006;刘顺、潘文 2014),语气词“就是”得以产生,其语法化路径描写如下:

---

① 由于表加强肯定的强调副词“就”的语义滞留,关联副词“就”在表假设(“如果……就……”)和条件(只要……就……)的复句中不单单表示承接的连接功能,还具有凸显满足条件的结果必然出现的强调功能。

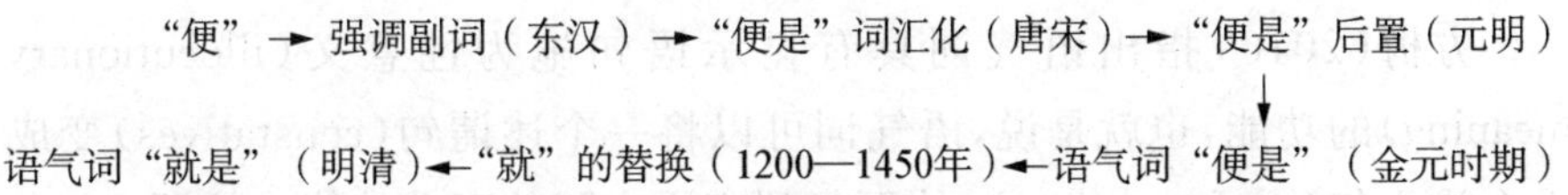

"便"→强调副词（东汉）→"便是"词汇化（唐宋）→"便是"后置（元明）

语气词"就是"（明清）←"就"的替换（1200—1450年）←语气词"便是"（金元时期）

图 7-1 "就是"的语法化

7.3.3.2 词汇项的语义滞留对"就是"语义演变的影响

"就是"中的词汇项（副词"就"和判断动词"是"）词汇意义的语义滞留对语气副词"就是"的语义类型产生了非常大的影响。"就是"作为语气副词，主要有三种语法意义：①可以单用，表示同意；②可以表示强调肯定；③可以确定范围，排除其他（吕叔湘 1996）。其中第一个义项源于判断动词"是"的语义滞留；第二个义项源于表示加强肯定的语气副词"就"的语义滞留；第三个义项源于范围副词"就"的语义滞留；副词"就"和动词"是"词汇意义的语义滞留对语气副词"就是"语气功能类型所产生的影响如图 7-2 所示：

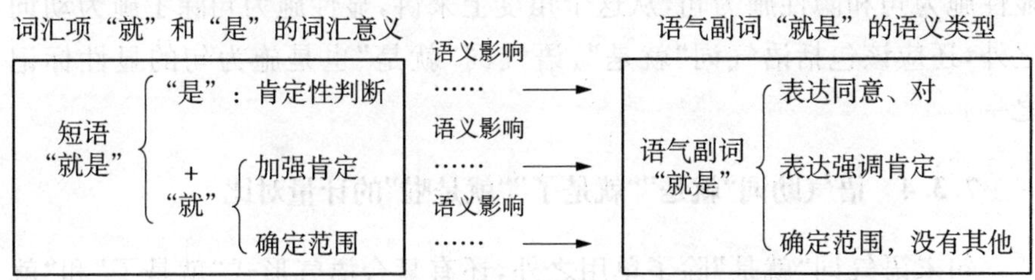

图 7-2 词汇项"就"和"是"的词汇意义对语气副词"就是"语义类型的影响

此外，副词"就"和判断动词"是"词汇意义的语义滞留同样对语气助词"就是"的语气类型也产生了一系列非常大的影响，如图 7-3 所示：

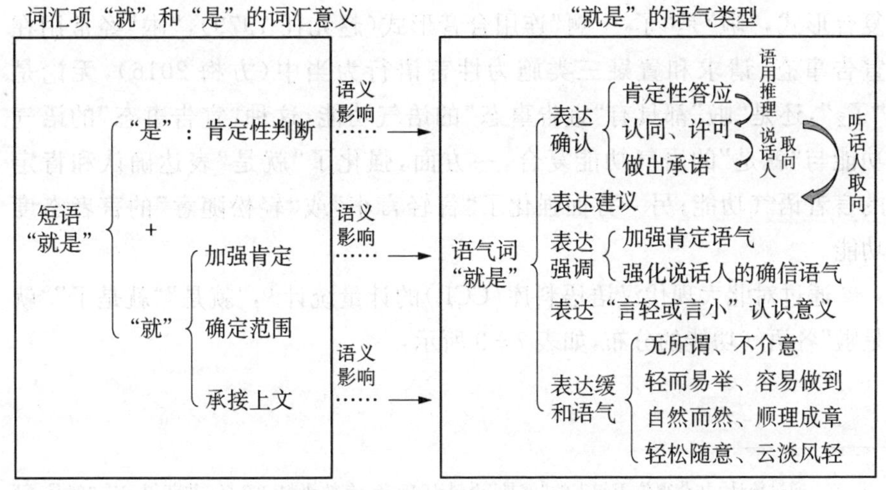

图 7-3 词汇项"就"和"是"的词汇意义对"就是"语气类型的影响

方梅(2016)指出语气词具有显示语句施为性意义(illocutionary meaning)的功能,也就是说,语气词可以将一个述谓句(constatives)变成一个施为句(performatives),从而起到言语交际的互动功能。按照Searle(1969)提出的言语行为理论(Speech Act Theory),施为性言语行为意在体现说话人的交际意图(communicative intention),语气词“就是”处于句末,承载了说话人关于言语内容的交际意图,其核心语气功能在于宣示言者的态度:一方面,宣示言者对言语内容的强化态度,即表达言者对言语内容给予肯定、确认和强调的态度,这主要源于动词“是”和语气副词“就”语义滞留的影响;另一方面,宣示言者对言语内容的弱化态度,即表达言者认为言语内容不重要、“言轻言小”或“轻松随意”的言者态度,这主要源于范围副词“就”和表达“承接上文,得出结论”的关联副词“就”语义滞留的影响。另外,一般认为,按照施为句有没有施为动词,可以分为显性施为句和隐性施为句,从这个角度上来讲,显性施为句除了施为动词之外,还应该包括语气词“就是”,语气词“就是”也是施为句的显性标记之一。

7.3.4 语气助词“就是”“就是了”“就是啦”的计量对比

句末语气词“就是”除了单用之外,还有复合语气形式“就是了”和“就是啦”,“就是了”是“就是+$了_2$”的复合形式,其中“$了_2$”具有宣告“新言态出现”的语气功能(肖治野、沈家煊2009),即提供给听话人一个新言态,相当于“我说[P]了”,隐含了一个元语言成分“我说”;刘勋宁(1990)认为“$了_2$”具有“申明新事态、新情况”的语气功能;“就是啦”是“就是+啦”的复合形式,“啦”是“$了_2$+啊”连用合音形式(赵元任1979),“啦”经常用在宣告事态、请求和置疑三类施为性言语行为当中(方梅2016),无论是“$了_2$”,还是“啦”都具有“宣告事态”的语气功能,这种“宣告事态”的语气功能与“就是”的语气功能复合,一方面,强化了“就是”表达确认和肯定的言者语气功能;另一方面强化了“言轻言小”或“轻松随意”的言者态度功能。

通过对北大现代汉语语料库(CCL)的计量统计[①],“就是”“就是了”“就是啦”各语气功能的分布,如表7-3所示:

① 通过统计,共获得位于句末的“就是”语料1647条,有效语料363条;共获得句末“就是了”语料1240条,有效语料1142条;获得“就是啦”语料50条,有效语料45条。

表7-3　语气词“就是”“就是了”“就是啦”各语气类型的频次及占比(%)

比较项＼语气类型		表达确认			表达建议	表达强调		言轻言小	缓和语气				自述体标记
		肯定应答	认同许可	表达承诺		加强语气	加强确信程度		无所谓不在乎	容易解决	顺理成章	轻松随意	
就是	频次	8	42	45	53	38	62	16	7	13	23	21	35
	占比(%)	2.2	11.6	12.4	14.6	10.5	17.1	4.4	1.9	3.6	6.3	5.8	9.6
		26.2			14.6	27.6		4.4	17.6				9.6
就是了	频次	15	112	110	297	92	194	179	26	36	41	34	6
	占比(%)	1.3	9.8	9.6	26	8	17	15.6	2.2	3.2	3.6	3	0.5
		20.7			26	25		15.6	12				0.5
就是啦	频次	1	5	6	6	7	7	8	0	2	2	1	0
	占比(%)	2.2	11.1	13.3	13.3	15.6	15.6	17.8	0	4.4	4.4	2.2	0
		26.6			13.3	31.2		17.8	11				0

通过统计，我们发现“就是”“就是了”“就是啦”各语气功能的优先使用顺序如下：

就是： 表达强调＞表达确认＞缓和语气＞表达建议＞表达言轻言小的认识意义

就是了： 表达建议＞表达强调＞表达确认＞表达言轻言小的认识意义＞缓和语气

就是啦： 表达强调＞表达确认＞表达言轻言小的认识意义＞表达建议＞缓和语气

通过对比，我们发现三个语气词的语气类型分布表现出大致相同的优先顺序，但也有差异，原因就在于复合语气词“就是了”和“就是啦”分别复合了其他语气词“了$_2$”和“啦”的语气功能，因此，自然和“就是”语气类型的分布表现出一定的差异。由于句末语气词“了$_2$”具有“申明新事态、新情况”的语气功能，所以“就是了”表建议的语气功能最常用；而“啦”复合的语气词“啊”具有强烈的语气功能，所以“就是啦”表“强调、认同和言者态度”的语气功能最常用，而表建议的语气功能则因为语气太强，在交际中容易冒犯听话人而不太常用，缓和语气的功能则因为与“啦”的强语气功能相冲突，使用频率最低，最不常用。

7.3.5 “就是”自述语体中标记自述者视角和自述者态度的功能

句首和句中的语气副词“就是”具有话语标记的功能，可以做应答标记、话轮发端语和停顿填充词（姚双云、姚小鹏 2012），具有确立话题、自我修正、标记迟疑和明示的语用功能（史金生、胡晓萍 2013），主要起到开启话轮和延续话轮的话语功能；而句末语气词“就是”则具有结束话题的话语组织功能和标记话轮终结的言语行为功能，例如：

(38) 佛教所说，你不要以为它是个神话，事实上它是个真理。只不过是用佛教的方式表达就是。（牟宗三《中国哲学十九讲》）

“就是”除了具有标记话轮终结的话语标记功能之外，还具有明显的口语语体色彩。口语语体一般可以分为对话语体和自述语体，在对话语体中，“就是”用以表肯定性应答，表确认和许可，也可以用于加强肯定语气，强化说话人的确信认识，表达言小言轻的认识意义。

自述语体（self-narrate），包括演讲（speech）、自白（monologue）、回忆（reminiscences）、口头报告（oral report）、告解或供述（confession）、辩解（apologia）等。根据 Norman Friedman（1975）和 Arnold Heidsieck（1994）关于叙述视角（point of view）的分类，自述语体又分为第一人称自述视角（first-person self-narrator perspective）和第三人称自述视角（third-person self-narrator perspective），其中回忆体属于典型的第一人称自述体。申丹（1994）根据叙述者是否在追忆性的往事内，把自述体的自述者视角又分为外视角（outer perspective）和内视角（inner perspective）。所谓外视角，也叫外聚焦，是指“现在的我”处于被追忆的往事之外，而内视角，也叫内聚焦，是指“现在的我”处于被追忆的往事之中。“就是”是回忆性自述语体中自述者内视角的言者标记之一，也就说，“就是”经常用于回忆性自述语体（reminiscences），标记说话人的心理活动，或者对于所叙述内容进行言者评议，将“现在的我”置于被叙述的事态之中，具有标记第一人称自述体自述者内视角的功能——表达自述者视角和自述者态度。此时的“就是”兼有解释和强调的语气意义，这种“解释＋强调”的语气意义源于语气副词“就是”的明示功能，归根结底还是源于动词短语“就是”表判断的语义滞留。例如：

(39) 那阵，简直跟宣判一样。张三哪个村，李四哪个县，决定你的命运呀就是。那阵儿毛主席不是有条指示吗，统统分下去。（冯骥才

《一百个人的十年》)

(40) 主任就说了,大家在这儿都要好好表现,不好好表现上边追下来我可不好办,啊,要批谁一盘,我可负责不了。唉呀,这意思我们不过比四类强点儿就是。(冯骥才《一百个人的十年》)

例(39)和例(40)中,“就是”用以表达自述人(“现在的我”)的心理活动或自述人的内心态度,以便与已发生事态的叙述性言语分开,标记了自述者第一人称的内视角特征。这种用法主要出现在回忆性自述语言中,在北京大学现代汉语语料库中出现了35例,占比9.6%,体现了“事态叙述+评议/心理活动”的第一人称自述体特征。

Traugott & Dasher(2002)认为,说话人在交际过程中发出某个语句时,同时传递了三个方面的内容:

一是语句内容本身,传递的是语句的命题信息,体现了语言的客观性(objectivity);
二是说话人对语句内容的主观态度,体现了语言的主观性(subjectivity);
三是说话人对于交际参与者(包括说话人和听话人)的态度,体现了语言的交互主观性(intersubjectivity)。

“就是”在回忆性自述语体中用以标记自述者视角和态度的话语标记功能体现了“就是”的主观性和交互主观性特征。一方面,自述者用“就是”不仅表达了说话人对于语句内容的主观态度,还标记了对前面自述性话语内容(已发生的客观事态)的主观评价,是“就是”主观性特征的典型体现;另一方面,由于回忆式自述语体经常是单向式交际模式,为了体现交际的共建性、互动性和可持续性,自述者往往会虚拟一个听话人,并对虚拟听话人明示自己的对已发生事态的“现时现地”的认识和主观态度,例如:

(41) 讲话时说,我们工人阶级就是大老粗,“唰”地这个扣子开了,一条腿蹬在讲台上。这阵儿说起来难以置信就是。当然这里边有个别苦大仇深的老工人,而这种老工人正成了他们工人阶级占领学校的筹码。(冯骥才《一百个人的十年》)

例(41)“这阵儿说起来难以置信就是”中,“这阵儿”是自述者以“现时现地”为参照点，对过去“那时那地”发生的事件进行评价。也就是说，自述者在叙述过去发生的事态过程中，回到现实，与现实中（虚拟的）听话人进行交际互动，自述者用“就是”表明了自述者当下的言者态度，恰恰体现了自述者对于过去所发生事件“现时现地”的立场参照。从互动交际的角度上来看，“就是”一方面体现了自述者对于现实中（虚拟）听话人的互动关照，标记了自述者“现时现地”的叙述视角，体现了言语交际的互动性特征；另一方面，又体现了自述者对于已发生事态的主动介入，即自述者主动明示自己对当时事态的态度。“就是”这种同时标记说话人对于听话人和说话人态度的关照，体现了“就是”的交互主观性特征。从这个角度上说，回忆性自述语体中的“就是”同时兼有标记自述者视角和自述者态度的话语标记功能。

7.3.6 小结

句末语气词“就是”的核心语气功能是宣示说话人的言者态度，凸显说话人对于所叙述言语内容的情感态度和立场观点，具有一定的互动功能。概括起来说，语气助词“吧”具有“表达确认”“表达建议”“表达强调”“表达说话人言轻言小的认识意义”和“表达缓和语气”五种语气功能，这五种不同的语气功能体现了语气词“就是”由强及弱的语气变化。

“就是”语气强弱的不同源于“就是”中的词汇项“就”和“是”词汇意义的语义滞留。具体来说，“就是”表肯定性应答、表认同和许可、表建议的语气功能都源于短语“就是”中判断动词“是”语义滞留的影响；“就是”表强调语气的功能源于短语“就是”中强调副词“就”强调语气的语义滞留；表说话人“言轻言小”的认识意义源于短语“就是”中范围副词“就”限制意义的语义滞留；表缓和语气的功能源于短语“就是”中关联副词“就”承接功能的语义功能滞留的影响。

句末语气词“就是”除了单用之外，还有复合语气形式“就是了”和“就是啦”，“就是了”是“就是＋了$_2$”的复合形式，“就是啦”是“就是＋啦”的复合形式，其中“了$_2$”“啦”都具有“宣告事态”的语气功能，这种“宣告事态”的语气功能与“就是”的语气功能复合，一方面，强化了“就是”表达确认和肯定的言者语气功能；另一方面强化了表达“言轻言小”或“轻松随意”的言者态度功能。

句末语气词“就是”及其复合语气形式“就是了”和“就是啦”语气类型的分布体现出相似的优选顺序（priority sequence）：

就是：表达强调＞表达确认＞缓和语气＞表达建议＞表达言轻言小的

认识意义

就是了：表达建议＞表达强调＞表达确认＞表达言轻言小的认识意义＞缓和语气

就是啦：表达强调＞表达确认＞表达言轻言小的认识意义＞表达建议＞缓和语气

此外，句末语气词“就是”在回忆性自述语体中具有标记自述者视角和自述者态度的话语功能。

“就是”在回忆性自述语体中用以标记自述者视角和自述者态度的话语标记功能体现了“就是”的主观性和交互主观性特征。具体来说，一方面，自述者用“就是”不仅表达了说话人对于语句内容的主观态度，还标记了对前面自述性话语内容（已发生的客观事态）的主观评价，是“就是”主观性特征的典型体现；另一方面，由于回忆式自述语体经常是单向式交际模式，为了体现交际的共建性、互动性和可持续性，自述者往往会虚拟一个听话人，并对听话人明示自己对已发生事态的“现时现地”的认识和态度。

从互动交际的角度来看，“就是”一方面体现了自述者对于虚拟听话人的互动关照，标记了自述者“现时现地”的叙述视角，体现了言语交际的互动性特征；另一方面，又体现了自述者对于已发生事态的介入，自述者主动明示自己对当时事态的态度，“就是”这种同时标记说话人对于听话人和说话人态度的主动关照，体现了“就是”的交互主观性特征。从这个角度上说，回忆性自述语体中的“就是”同时兼有标记自述者视角和自述者态度的话语标记功能。

第八章　让步假设连词“哪怕”认识情态意义的建构过程

在现代汉语中，表达让步假设关系的连词也具有认识情态意义的表达功能，沈家煊(2001：491)曾经指出“除了情态动词，一些表达逻辑关系的连词(例如因果关系连词‘因为’等)具有表达客观描述和表达主观认识的不同”；李小军(2021：33 - 41)认为现代汉语的“至于”具有认识情态(表达必然或可能)和道义情态(表达必要)两种情态表达功能；杨黎黎(2012：16 - 23)曾经论证了“可能类情态标记词”在让步语境中发展成为表达让步关系标记词的语言演变过程，因此，本研究认为让步假设类连词也是认识情态范畴的重要语言表达形式之一。

本章选取由心理动词“怕”在反问语境中经历语法化演变而来的“哪怕”作为让步假设类逻辑连词语言表达形式的典型个案来对让步假设类逻辑连词认识情态意义在共时和历时层面的建构过程进行研究。

让步假设类逻辑连词主要出现在复杂的书面语语篇中，其主要功能是关联让步假设关系复句。因此，本章主要使用北京大学中国语言学研究中心(CCL)现代汉语语料库来考察“哪怕”句认识情态意义的共时构建过程，专注于作者与作品、读者的互动交际过程；使用北京大学中国语言学研究中心(CCL)古代汉语语料库来考察“哪怕句”认识情态意义的历时构建过程。

第一节　“哪怕”句认识情态意义的共时建构

现代汉语中的“哪怕”是一个标记让步假设关系的逻辑连词，连接两个小句“P 和 Q”，表明二者之间是让步假设的语义关系。《现代汉语词典》(第7版)对“哪怕”的解释为：

哪怕：(连词)表示姑且承认某种事实；即使。例如：哪怕他是三头六臂，一个人也顶不了事/衣服只要干净就行，哪怕是旧了点。

《现代汉语八百词》的解释和《现代汉语词典》(第7版)的解释类似，即：

哪怕：(连词)，表示假设兼让步，后边多用“都、也、还”等呼应。哪怕多用于口语。例如：哪怕天气不好也要去/我们一定要认真听取群众的意见，哪怕是不太符合事实的。

“哪怕”句经常通过肯定或否定一个极端量或极端情况来肯定或否定全部量或全部情况，因此，“哪怕”句经常用于表达说话人对于某一事件状态的必然性认识，具有表达必然认识情态意义(certainty)的功能。本节首先考察“哪怕”句的语篇分布及其语用表达功能，然后，通过“哪怕”句的量级否定模式来解读“哪怕”句的认识情态表达功能。

8.1.1　“哪怕”句认识情态意义在语篇中的建构过程

在语篇中，“哪怕”句一般是作为后续句出现的，其出现的典型语言环境及表达功能为：首先存在一个小句“A”，“哪怕”引导的小句“P”和正句“Q”都位于小句“A”之后，对小句“A”进行阐释说明。

“哪怕”句(“P＋Q”)陈述说明的对象可以是背景句“A”，也可以是“A”句中的某一语言成分，主要有四种语言表达形式。

第一种语言表达形式，“哪怕”句所陈述说明的背景句“A”是一个篇章话题。

“哪怕”句和背景句“A”之间的关系是篇章话题和篇章陈述的关系。既可以是单个的“哪怕”句对篇章话题进行陈述；也可是多个“哪怕”句对篇章话题进行陈述，例如：

(1) A奇怪了，我有罪？P哪怕我说过一句反动的话，P哪怕这话是你们胡编乱造的，Q也算叫我明明白白呀！(冯骥才《一百个人的十年》)

(2)“论坛报”一名记者在评述克瓦希涅夫斯基的家时写到，A这是一个充满和睦和温馨的家。P哪怕外面政治风云骤起，雷电交加，Q在这个家里总是风平浪静，温情脉脉。(《人民日报》1995-12-10)

(3) 张大哥对于羊肉火锅、打卤面、年糕、皮袍、风镜、放爆竹等等都要作个先知先觉。Q“趣味”是比“必要”更文明的。P哪怕是刚有点觉得出的小风，Q 虽然树叶还没很摆动，张大哥戴上了风镜。P 哪怕是天上有二尺来长一块无意义的灰云，Q 张大哥放下手杖，换上小伞。(老舍《离婚》)

(4) A 徐姐在我们这里一天，我们就与徐姐同甘共苦一天。P 哪怕家里只剩了一个馒头，Q 一定有徐姐的一半。P 哪怕家里只剩了一碗凉水，Q 一定有徐姐的三勺。(王蒙《坚硬的稀粥》)

篇章话题是一个句子命题，是整个语篇陈述和说明的对象，从话语信息传递的角度来看，篇章话题往往是大家共享的已知信息，是整个语篇信息传递的出发点；篇章陈述是对篇章话题的陈述和说明，往往是话语信息传递的重点，是新信息。例(1)中，“哪怕”句对篇章话题“A”(“奇怪了，我有罪”)进行陈述说明，传递的新信息是对篇章话题的怀疑和否定——“我没有罪”。例(3)中有两个“哪怕”句，都是对篇章话题 A“‘趣味’是比‘必要’更文明的”的陈述说明。从语篇表达上来看，“哪怕”句才是说话人想要表达的重点，是说话人要传递的新信息。

例(1)—例(4)是“哪怕”句(“P＋Q”)对“A”进行陈述说明的常规形式。除此之外，“哪怕”句也有变化形式，即小句“P”对“Q”中的某一语言成分进行陈述说明，而这一语言成分往往是小句“Q”的句子话题，例如：

(5) A 他不喜欢忧郁和感伤！快活，P 哪怕是最无聊无耻的快活，Q 对于他都胜于最崇高的哀怨。(老舍《四世同堂》)

(6) A 思想，有两本书就够说半天的；卖命，可是得把所有的一切都牺牲了。一个殉国的壮士，P 哪怕他一个字不识呢，Q 是和圣人有同等价值的。(老舍《蜕》)

(7) A 丈夫，我怎能只要个丈夫呢？我不是应当要个男子么？一个男子，P 哪怕是个顶粗莽的，打我骂我的男子呢，能把我压碎了，吻死的男子呢！(老舍《阳光》)

例(5)中，“哪怕”引导的小句“P”(“是最无聊无耻的快活”)是对“快活”的陈述说明，这一说明是一种假设的、非叙实的情形；“快活”是后面小句“Q”(“对于他都胜于最崇高的哀怨”)的句子话题。“哪怕”引导的小句“P”内嵌于正句“Q”之中，“P”和“Q”共同对小句“A”进行陈述说明。

第二种语言表达形式，“哪怕”句说明“A”句的谓词性成分，例如：

(8) 大多数的妇女——已婚的、未婚的都算在内——是平凡的，或者比男人们更平凡一些；A 我要——P 哪怕是看看呢，一个还未被实际给教坏了的女子，情热像一首诗，愉快像一些乐音，贞纯像个天使。(老舍《离婚》)

(9) 涧表妹倒兴致勃勃地跟我聊了起来，A 她让我帮她找几本国外的时装杂志，PQ 哪怕借看也行，她说日本有一种《登丽美》杂志，对她来说最有参考价值。(刘心武《曹叔》)

(10) “彻底解决问题也需要花很多年，A 重要的是要有耐心，并建立一种机制让这个进程持续下去，P 哪怕只是慢慢前进。”王圣杰说。(新华社 2004 年新闻稿)

例(8)中的“哪怕”句是一个缺省形式，只有“哪怕”引导的小句“P”，正句“Q”缺省，小句“P”(“哪怕是看看呢”)插入到小句“A”(“我要一个还未被实际给教坏了的女子”)中，说明小句“A”的谓词性成分——“要”，表示让步。例(9)中的“哪怕”句是个紧缩形式，即小句“P”和小句“Q”合二为一(即紧缩复句)，对小句“A”的谓词性成分——“找”进行说明。例(10)中的“哪怕”句也是一个缺省形式，只有小句“P”。小句“P”对小句“A”中的动词——“持续下去”的情状进行说明——“慢慢前进”。

第三种语言表达形式，“哪怕”句陈述说明的成分是“A”句中的宾语成分，例如：

(11) 他们扯开青年妇女的小衣，解开老妇人的裹脚条，摸一摸小儿的衣袋。A 只要是可以拿走的，P 哪怕是一分钱或一个铜钮子，他们都拿走。(老舍《火葬》)

(12) 但我想来想去，我还是没有回答，我想，A 假设我有可以贡献的东西，P 哪怕是至微末的东西，P 哪怕只是一个贝壳或一块干粮，我还是现在就拿出来吧。(李广田《礼物》)

(13) 难道他就真的在日本人鼻子底下苟且偷生一辈子吗？因此，A 他喜欢听，P 哪怕是极小的呢，抵抗与苦战的事。(老舍《四世同堂》)

例(11)中的“哪怕”句是一个缺省形式，只有小句“P”，正句“Q”省略。“哪怕”引导的小句“P”套嵌在条件句“A”之中，“A”句的完整形式是“只要是可以拿走的，他们都拿走”。“哪怕”句补充说明“A”句的体词性成分——“可以拿走的东西”。同理，例(12)和例(13)中的“哪怕”句也是以缺省的形式对“A”句的宾语成分进行陈述说明。

此外,“哪怕”句陈述说明的成分还可以是“A”句中宾语的某一性质或属性,例如:

(14) 他打定了主意,A 廉仲必须娶个值钱的女子,P 哪怕丑一点呢,岁数大一点呢,Q 都没关系。(老舍《新时代的旧悲剧》)

(15) A 这是虽在北方的风雪的压迫下却保持着倔强挺立的一种树! P 哪怕只有碗来粗细,Q 它却努力向上发展,高到丈许,两丈,参天耸立,不折不挠,对抗着西北风。(茅盾《白杨礼赞》)

例(14)中“哪怕”引导的小句“P”陈述说明的对象是小句“A”中的体词性宾语(即“值钱的女子”)的某一性质(“长相丑一点,岁数大一点”),小句“P”和“Q”一起表达一个命题,二者共同对前面小句“A”中体词性宾语的某一特点进行陈述说明。同理,例(15)中,“碗来粗细”只是对于白杨树的陈述说明,“哪怕”句表达的是“只有碗来粗细,它却努力向上发展”,后续语篇“高到丈许,两丈,参天耸立,不折不挠,对抗着西北风”都是对“碗来粗细的白杨树努力向上发展”的进一步陈述说明。

“哪怕”句陈述说明的成分还可以是“A”句中谓词性宾语的某种情状,例如:

(16) 可是这的确是他当时的感情,哥哥到底是哥哥,不管怎样恨他,“A 我决定进去,P 哪怕是跳墙呢! 我正在打主意,远远的来了几个人,走在胡同的电灯底下,我看最先的一个像老朱,公安局的队长。(老舍《新时代的旧悲剧》)

例(16)中的“哪怕”句是个缺省形式,只有小句“P”,“P”说明的对象是小句“A”中的谓词性宾语——“进去”的方式。

第四种语言表达形式,“哪怕”句陈述说明的小句“A”是隐含的,例如:

(17) 王举人,可怜的王举人,既没有“真”读过古书,又没有真读过社会的活书,遇到变乱,他像卷在大风里的一个蝴蝶,(A),P 哪怕是一堆牛粪呢,Q 他也想赶紧落在上面,省得被风吹碎,他抓到二狗,甘心的把自己落在牛粪上。梦莲得罪了他,他也想把她交给那堆牛粪。(老舍《火葬》)

例(17)中,“哪怕”句“P 哪怕是一堆牛粪呢,Q 他也想赶紧落在上面”是对隐含的小句“A”(“他想找一个东西来落脚”)的陈述说明。常规的表达形式应该是“他像卷在大风里的一个蝴蝶,A 想找一个东西来落脚,P 哪怕是一堆牛粪呢,Q 他也想赶紧落在上面,省得被风吹碎,他抓到二狗,甘心的把自己落在牛粪上。”说话人之所以采用隐含小句“A”的表达方式,主要有两方面的考虑:一是直接把“自己落脚的东西”定性为“牛粪”,说明了王举人对于“二狗”的厌恶之情。在王举人看来,他是极其看不起二狗的,甚至厌恶与其为伍,更何况自己的女儿梦莲还得罪过他。但是在当时的形势下,王举人非常无助,不知道该如何选择,他急切想找一个人做靠山来保护自己,而二狗在当时非常吃得开,因此二狗是他落脚的最佳选择。为了表达王举人对于二狗的厌恶以及自己的无可奈何,所以采用缺省的形式,直接用“哪怕”句进行陈述,表达了说话人对于二狗的情感态度。二是为了保证后续语篇陈述的连贯性。在后续语篇的陈述中,“二狗”和“牛粪”两个称呼多次交替出现,而且二者互换后并不影响语义的表达。因此,前面对于“二狗”的定性,实际上是对于后续陈述的语义铺垫。

“哪怕”句对背景句“A”或者“A”的某一成分进行陈述说明时,除了以常规的表达形式(“P＋Q”)和缺省形式(“P”)出现之外,还经常以紧缩句(“PQ”)的形式出现,例如:

(18) 王波知道大庆工作时间没规律,收入也不高,便对丈夫说:“A 你帮我找个单位,P 哪怕扫地 Q 都行。(《人民日报》1995-03-26)

(19) 他指示保安人员:“A 如果他们(指因卡塔自由党的支持者)攻击大楼,你们必须保卫它,P 哪怕被迫开枪 Q 也罢。”(《人民日报》1995-06-07)

(20) 而今,A 刘莹还后悔当时自己没有设法给在延安的王实味写信,P 哪怕报个平安 Q 也好。(黄昌勇《楚汉狂人王实味》)

无论是以完整的形式(“P＋Q”)出现,以缺省的形式(“P”)出现,还是以紧缩句的形式(“PQ”)出现,“哪怕”句的语篇功能都是对小句“A”进行阐释说明。说明的对象可以是篇章话题、句子话题、谓词性成分、宾语性成分,甚至还可以是隐含的成分。“哪怕”句出现的语篇环境可以概括为:首先存在一个小句“A”,“哪怕”句(“P＋Q”或者“P”)位于小句“A”之后,对小句“A”进行阐释说明。

8.1.2 “P”和“Q”的相对位置及表达差异

“哪怕”句常规的语篇表达形式是小句“A”居前，小句“P”居中，小句“Q”在后，即“A，哪怕P，Q”。在语篇表达方面，小句“A”陈述某种事情或情况；小句“P”一方面虚拟某种情况，表示假设关系；另一方面姑且承认这种情况的存在，表达让步关系；小句“Q”强调“A”的事实和情况不会因为“P”的出现而有所变化。总的来说，“哪怕”句语篇表达功能就是“哪怕”句（“P＋Q”）对小句“A”进行陈述说明，例如：

(21) 这还不够，A 他派定两个徒弟专管给客人送烟递茶，P 哪怕是买半尺白布，Q 也往后柜让，也递香烟。（老舍《老字号》）

(22) A 张家若是五十桌客，李家就必须多于五十桌；P 哪怕只多一桌呢，Q 也是个体面。（老舍《民主世界》）

例(21)和例(22)中的“哪怕”句都采用了常规的语篇表达形式。例(21)中，小句“A”句居前，陈述某种事实或者情况“他派定两个徒弟专管给客人送烟递茶”，“哪怕”句（“P＋Q”）对“A”进行陈述说明。其中，小句“P”居中，针对小句“A”所陈述的内容虚拟一种非现实情况，“哪怕是买半尺白布”表示假设；另一方面，“只买半尺白布”的言下之意是买卖很小，是一个主观极量成分，因此，按道理讲，可以不用端茶递烟；小句“Q”强调“A”的事情和情况不会因为“P”（可能出现的极限小量）的情况而有所变化，“照样让徒弟把客人让到后柜，然后递送香烟”。例(22)中，小句“A”陈述了某种相互攀比的风俗，即“张家如果办五十桌酒席，李家就必须要多于五十桌”。“哪怕”句对“A”进行陈述说明：小句“P”虚拟一种情况，即“李家办的酒席多于五十桌酒席”，可能是五十一，也可能是一百桌，表示假设；另一方面，表达让步，极言多出的量极少——“只多一桌”；小句“Q”肯定了“A”所陈述的风俗，同时表达了说话人对于小句“A”所表达的事实或者情况的认识或评估——“也是个体面”。

“哪怕”句有时也采用“A，Q，哪怕P”的语篇表达形式，即“哪怕”句中的“P”和“Q”位置倒置，例如：

(23) A 他说的是谁呢？就是现在我所要粗粗画几笔的彭德怀同志，他现在正在前方担任红军的前敌副总指挥。

拥着一些老百姓的背，揉着它们，听老百姓讲家里事，举着大拇指在那些朴素的脸上摇晃着说："呱呱叫，你老乡好得很……"Q 那些嘴上长得有长胡的也会拍着他，或是将烟杆送到他的嘴边，P 哪怕他总是笑着推着拒绝了。（丁玲《彭德怀速写》）

例(23)中，整篇文章都是对彭德怀的描写，小句"A"在篇章的前面位置，小句"Q"居中，小句"P"居后，其语篇表达形式是"A，Q，哪怕 P"。与常规的语篇表达形式"A，哪怕 P，Q"不同，试比较：

(23′) S 拥着一些老百姓的背，揉着它们，听老百姓讲家里事，举着大拇指在那些朴素的脸上摇晃着说："呱呱叫，你老乡好得很……"P 哪怕他总是笑着推着拒绝了，Q 那些嘴上长得有长胡的也会拍着他，或是将烟杆送到他的嘴边。

例(23)中，小句"P"之所以后置，从语篇表达的功能来看，主要有两方面的原因。一是凸显"S"与"Q"的语义对照。在形式上的体现就是"也"字的使用，"也"字主要用法之一就是表示类同。"S"表达了彭德怀对于老百姓的关爱，一个"也"字以类比的形式，表达了老百姓对彭德怀相同的爱戴（"Q"），"S"与"Q"放在一起进行对照，表达了彭德怀与老百姓之间亲密无间的关系，而小句"P"仅仅是对小句"Q"的补充说明，即"P"（"彭德怀总是笑着推着拒绝"）是面对"Q"（"那些嘴上长得有长胡的也会拍着他，或是将烟杆送到他的嘴边"）这种情景时，彭德怀做出的反应。另一方面，从信息传递的角度来看，"Q"句中传递的信息是"P"句传递信息的基础和前提，即只有"长着长胡子的老百姓拍着他，把烟杆送到彭德怀嘴边"时（"Q"），"彭德怀才可能笑着推着拒绝"（"P"）。如果"P"在前，"Q"在后，如例(23′)所示，先表达"P"（"哪怕他总是笑着推着拒绝了"），再表达"Q"（"那些嘴上长得有长胡的也会拍着他，或是将烟杆送到他的嘴边"），那么小句"P"中所提到的"笑着推着拒绝了"究竟拒绝的是什么，前文中则并没有交代，违背了信息论中关于信息传递要遵守"旧信息在前，新信息在后"的原则。因此，例(23′)的表达一方面语义不连贯，信息的编码顺序颠倒；另一方面也丧失了彭德怀对老百姓的关爱与老百姓对彭德怀的爱戴之间的语义对照，没有达到说话人凸显彭德怀与老百姓亲密无间关系的表达效果。

"哪怕"句除了采用"A，Q，哪怕 P"的语篇表达形式之外，最常见的就是"A(Q)，哪怕 P"的语篇表达形式，例如：

(24) 三年来,我采访报道了近百位不向命运低头、自强不息的残疾人典型人物……A 我总想尽我所能帮助我遇见过的每一位残疾人,P 哪怕扶他们走路,替他们倒水。(《人民日报》1995-02-03)

(25) A 他睁大眼睛,试图寻找旧战场的遗痕,乞求发现一点什么,哪怕 P 是一顶钢盔,一根白骨;P 哪怕是一块弹片,一粒弹头。这些遗物都有一个故事,一段遥远的往事。(陶纯《美妙瞬间》)

(26) 只要想想那叫人着急的足球,A 他总也摆脱不掉一脸的冷峻,P 哪怕是除夕之夜。"现在的关键问题是提高训练水平。"(《人民日报》1995-02-05)

"哪怕"句之所以采用"A(Q),哪怕 P"的语篇表达形式,是因为小句"Q"所表述的内容与小句"A"所表达的内容基本一致,出于语言经济性的需要,小句"Q"省略,或者小句"Q"提前,与小句"A"重合,所以,"哪怕"句的篇章表达形式紧缩为"A(Q),哪怕 P"。无论是小句"Q"省略,还是"Q"提前与小句"A"重合,"哪怕"句在形式上都表现为小句"P"后置于"Q"。从语篇表达上来看,作为"哪怕"句的语义重心——正句"Q",与被阐述说明的对象小句"A"保持一致,小句"P"虚拟一种情况,可以看作对小句"Q"的让步,也可以看作对小句"A"的补充说明,只不过,这种补充说明是一种任指的说明,即说话人在任何情况下都肯定了小句"A"说明的情况或事实。

如果我们将例(24)的小句"Q"补充进去,例(24)的完整表达形式应该是:

(24′) A 我总想尽我所能帮助我遇见过的每一位残疾人,P 哪怕扶他们走路,替他们倒水,Q 我也想尽我所能去帮助每一位残疾人。

例(24′)中,小句"A"("我总想尽我所能帮助我遇见过的每一位残疾人"),是"哪怕"句所要阐释说明的对象;小句"P"("哪怕扶他们走路,替他们倒水")是说话人做出的让步假设;小句"Q"("我也想尽我所能去帮助每一位残疾人")强调"A"所论述的情况不会因为"P"而有所变化,即不会因为"扶他们走路,替他们倒水"这些事情琐碎细小而不愿意去做,这是"哪怕"句常规语篇结构形式的表达功能;而如果采用"A(Q),哪怕 P"的语篇结构形式,其语篇表达功能强调的是小句"A"意义的表达,小句"P"只是以假设让步的形式对小句"A"所述情况进行补充说明,表达了说话人对"尽其所能"的强调,凸显了说话人为遇见的每一位残疾人做任何事情的意愿和想法。

例(25)中,小句"P"虚拟"一顶钢盔,一根白骨;一块弹片,一粒弹头",极言其小,其实际表达的是对小句"A"中所述战场遗迹的任指;例(26)中,小句"P"虚拟"除夕之夜"的情景,实际上是强调最重要的时刻,表达了说话人对小句"A"中所述情况的任指,即"在任何时间,戚务生都摆脱不掉一脸的冷峻"。

综上所述,"哪怕"句常规的语篇表达形式是"A,哪怕 P,Q",其语篇表达功能是小句"A"陈述某种事实或情况,小句"P"虚拟假设某种情况,小句"Q"强调"A"的事实和情况不会因为"P"而有所变化,"哪怕"句("P+Q")对小句"A"进行陈述说明。"哪怕"句除了常规的语篇表达形式之外,还有另外两种语篇表达形式:第一种是"A,Q,哪怕 P"的形式,这种形式的使用主要是考虑到信息编码的连贯性;第二种是"A(Q),哪怕 P"的形式,这种形式的使用主要考虑到语言的经济性。

8.1.3 "哪怕"句认识情态意义的认知解读

8.1.3.1 量级认知模型

沈家煊(2001:484-486)在讨论跟副词"还"有关的两个句式时,运用 Fillmore、Kay & O'Conner(1988)和 Kay(1990)的量级模型(scalar model)理论对"还"的主观性和元语性质进行了分析,指出许多句子的理解都需要借助一定的语义量级来进行。除此之外,沈家煊(2001)还讨论了语义量级和衍推(entailment)之间的关系,指出"语义量级是前提,衍推关系是建立在语义量级基础之上的"(沈家煊 2001:486)。他还以一个简单的二维度量级说明了量级命题的相对信息度,现转引如下:

以一个简单的二维度量级为例:

> 这门课连教授还教不了呢,何况讲师。
> 他连初级课程还教不了呢,何况高级课程。
> 维度 1　教职:教授(A),讲师(B),助教(C)
> 维度 2　课程:初级(D),中级(E),高级(F)
>
> ——转引自沈家煊(2001:486)

每个维度各分三等的话,可以建立"某教职能教某课程"类型的肯定命题共 9 个,再加上这些命题的否定命题 9 个。在量级模型中,这些命题之间存在一系列衍推关系:同一门课程,助教能教,那么讲师和教授也能教,讲师能教,那么教授也能教;同一个教职,教不了初级课程,那么,也教不了中级和高级课程,教不了中级课程,那么也教不了高级课程。这些与量级模型有关的命题称作“量级命题”(scalar propositions),它们的真假值可以用一个矩阵来推导,如图 8-1 所示:

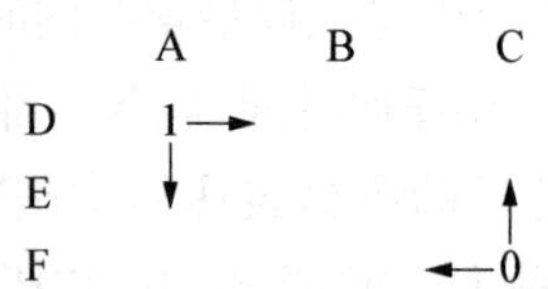

图 8-1 沈家煊的“量级模型”

在图 8-1 中,左上角的“1”表示,如果肯定命题中只有一个为真,那就一定是“AD”(教授能教初级课程);右下角的“0”表示,如果否定命题中只有一个为真,那就一定是“CF”(助教教不了高级课程)。“1”朝右朝下的箭头表示,如果知道矩阵中某一位置为“1”(某肯定命题为真),那么,这个位置上方和左方的位置也为“1”。例如,如果知道“BE”为“1”,即“讲师能教中级课程”为真,那么可以推知“AD”(教授能教初级课程)、“BD”(讲师能教初级课程)和“AE”(教授能教中级课程)也为真。“0”朝上朝左的箭头表示,如果知道矩阵中某一位置为“0”(某否定命题为真),那么这个位置下方和右方的位置也为“0”。

8.1.3.2 “哪怕”句表达说话人的必然认识情态意义

在语篇表达方面,“哪怕”句(“P+Q”)前面的小句“A”陈述某种事实或者情况;小句“P”一方面虚拟某种情况,表示假设关系,另一方面,姑且承认这种情况的存在,表达让步关系;小句“Q”强调“A”的事实和情况不会因为“P”的出现而有所变化。“哪怕”句中两个小句“P”和“Q”之间是让步假设关系,从语义量级的角度来看,一般情况是小句“P”通过假设关系虚拟某一量级——大量或者小量,说话人通过让步关系赋予这一量级以主观性质和元语性质,即“说话人主观认定这一量级为极大量或者极小量”,我们称之为主观大量或主观小量①,然后,说话人通过对主观大量或主观小量的肯定或否

① “主观大量”或“主观小量”是语言的元语用法,并不是客观事实中的大量或小量,例如:

(1) 哪怕地上有一百块钱,我也懒得去捡。
(2) 哪怕你借他一百块钱,他也整天追着你的屁股让你还。

在客观世界中,如果没有其他数量的对比,一百块钱本身并没有大小之分。但是,当“一百块钱”进入到“哪怕”句以后,“哪怕”句就赋予了“一百块钱”以大量或小量的主观性质,我们把这种大量或小量称之为“主观大量”或“主观小量”。例(1)中的“一百块钱”是说话人认为的主观大量,而例(2)中的一百块钱则是说话人认为的主观小量,即例(1)中说话人极言其大,例(2)中说话人极言其小,这种大小量是从元语言的角度来区分的。语言的元语用法可参见沈家煊(2001:483-493)关于《跟副词“还”有关的两个句式》的相关论述。

定，从而肯定或否定语义量级中的全部量级。因此，这就使得“哪怕”句拥有了强化说话人对某一命题为真的肯定性判断(certainty)的认识情态表达功能，我们把这种说话人对某一命题确定为真的认识和判断称为“必然认识情态意义”(epistemic certainty)，其所表达的认识程度在认识程度序列中处于较高的位置。

一、小句“P”表达主观小量

“哪怕”引导的小句“P”可以表达多种量级，包括“数量级、程度量级和认识上的量级”等，这些量级模型都是单维度的量级模型，根据语义量级与衍推之间的关系，即：

> 衍推关系：两个命题 p 和 q，当且仅当 p 为真 q 也为真时，p 衍推 q。

如果“哪怕”引导的小句“P”假设让步了一个主观小量级的命题，那么就意味着说话人在主观上肯定了这个主观小量级的量级命题，根据衍推关系，我们可以做如下衍推：

> 单维度量级：如果主观小量为真，那么其他量级也为真。
>
> 二维度量级：如果 CF 为真，那么 AD、BD、CD、AE、BE、CE、AF、BF 都为真。

也就是说，说话人通过对量级模型中最小量级的肯定，来肯定全部量级，举例分析如下：

“哪怕”引导的小句“P”表达的是数量级模型中的主观小量级，例如：

> (27) A 在浙工大，金宏纲这富人家的穷孩子，为了省钱，不得不精打细算，一日三餐乃至每天花销都记录在账；P 哪怕是几分钱，Q 他也一笔不漏。(刘常山《受“希望工程”资助的“大款”之子》)
>
> (28) 面对一个倡扬生命的欲望和尽情挥发的时期，可以充分地体验痛苦和惊愕。A 也只有此刻才能最大限度地、强有力地向人心做出挑战。P 一个人哪怕有了几十分之一的回答，Q 也会非常了不起。(张炜《精神的魅力》)

例(27)中，小句“P”表达的命题是一个数量级命题。“几分钱”是说话人假设的较小量级形式，因为“哪怕”句表示让步关系，所以“几分钱”可以被认为是说话人的主观小量。如果说话人肯定主观小量，那么根据衍推关系，我们可以推知说话人肯定了全部量级命题，即“所有的花销（包括几分钱、几百块钱、几千块钱，甚至更多）都记录在账”。“哪怕”句（“P＋Q”）通过肯定主观小量级“P”，从而肯定了全部量级“A”（一日三餐乃至每天的花销全部记录在账），表达了说话人对小句“A”表达命题的肯定性认识。

“哪怕”引导的小句“P”表达的是程度量级模型中的主观小量级，例如：

(29) 在临终关怀医院里，人们对病人什么事都是说“我们”，从不用单数的“我”。比如说让我们来翻个身，听起来好像志愿人员要和病人一起翻身似的。A 临终的人都失去自我照料的能力，P 哪怕一个极简单的动作，Q 都要协力完成。（毕淑敏《预约死亡》）

(30) “A 当我工作中遇到不顺心的事，P 哪怕是很小的一件事，Q 有时也让人很伤心——我会一下子联想到好多别的事。（张炜《美妙雨夜》）

例(29)中，小句“P”表达的命题是一个程度量级命题。“一个极简单的动作”是说话人认定的主观小量，那么，根据衍推关系，如果说话人肯定了主观小量（“一个极简单的动作”），那么就意味着说话人肯定了全部量级（“所有的动作都需要别人的协力来完成”）。“哪怕”句（“P＋Q”）通过肯定主观小量“P”，从而肯定了全部量级，表达了说话人对小句“A”所表达的命题“临终的人都失去自我照料的能力”的肯定性认识。

有时候，“哪怕”引导的小句“P”表达某种假设，不是数量级形式，也不是程度量级形式，但是，我们可以从认识上来将说话人所假设的情况做量级的区分，这种情况我们称之为“认识上的量级形式”，例如：

(31) 在此过程中，企业应该谨记：A 任何技术指标都无法代替消费者的需求，P 哪怕在消费者提出的最不合理的要求中，Q 也往往有金子——企业改进工作、开发新产品的动力。（《人民日报》1995-06-28）

(32) 我不是没有一点人性的人，A 只要大家同意给明爱芬转正，并且保守秘密不向外说她是个废人，哪怕是犯错误，Q 我也要帮老余这一回。”（刘醒龙《凤凰琴》）

(33) 他又搂了搂她，把嘴伸到她的胖腮邦子上：“A 你一定得跟我一块儿死，咱俩一块儿死。”对，P 哪怕是躺在棺材里，Q 他身边也得有个伴儿，要不，就是死了，也得日日夜夜担惊受怕。（老舍《四世同堂》）

例(31)中,小句“P”表达的命题是一个认识上的量级命题,我们可以根据对客观世界的一般认知规律来认知“P”所表达的量级。一般消费者提出的要求可以做以下的量级区分：A 非常合理;B 合理;C 一般(说不上合理不合理);D 不太合理;E 最不合理。在这样的量级模型中,小句“P”引导的命题表达的是一个最小量级“E”,说话人通过对最小量级“E”的肯定,从而肯定了全部量级“A、B、C 和 D”,表达了说话人对消费者所提要求的合理性的肯定性认识,即“消费者的需求最重要,消费者的任何要求都包含好的建议”。

二、小句“P”表达主观大量

“哪怕”引导的小句“P”表达了一个大量级命题,因为“哪怕”表示让步关系,那么我们可以认为这个大量级是说话人的主观大量,如果说话人否定这一主观大量,根据衍推关系,我们可以做如下衍推:

单维度量级：如果最大量为假,那么其他量级也为假。

二维度量级：如果 AD 为假,那么 BD、CD、AE、BE、CE、AF、BF、CF 都为假。

也就是说,说话人通过对量级模型中主观大量的否定,从而否定全部量级,举例分析如下：

“哪怕”引导的小句“P”表达的是数量级模型中的主观大量,例如：

(34) 我说:“当干部如果一天到晚只想自己捞好处,企业是办不好的。A 你个人赚钱最多,P 哪怕有一亿两亿,Q 人死掉了,钱也没有用场。”(《人民日报》1995－11－03)

(35) P 哪怕他是三头六臂,Q 一个人也顶不了事。(《现代汉语词典》第 7 版)

例(34)中,小句“P”引导的命题“有一亿两亿”是说话人假设的主观大量级,说话人通过对主观大量的否定,否定了全部量级,即“人如果死掉了,一亿两亿的钱,甚至无数的钱也没有任何用处”,表达了说话人对干部捞钱现象的认识,即“当干部不应该一天到晚只想自己捞好处,应该多为社会和集体做出贡献”。例(35)中,小句“P”引导的命题显然是一个虚拟情况,即“人有三头六臂”,这是说话人假设的主观大量,如果有三头六臂都不能顶事的话，现实中的人只有“一头两臂”就更不能顶事了，否定了主观大量，也就否定了全量，表明了说话人对“他”这个人不能顶事的肯定性判断。

“哪怕”引导的小句“P”表达的是程度量级模型中的主观大量级，例如：

(36) A 死生有命，富贵在天。P 他哪怕在外国得了诺贝尔奖，Q 他也畏天命。(毕淑敏《预约死亡》)

(37) 同样，A 一批与正常人情相背逆的人，P 哪怕是万人瞩目的成功者，Q 也无以真正地自立历史，并面对后代。(余秋雨《十万进士》)

例(36)中，小句“P”引导的命题是程度量级模型中的主观大量。按照常识来说，诺贝尔奖是全世界公认奖项的最高级别，如果一个人在外国得到诺贝尔奖，那么他就是一个非常了不起的天才，可以不用畏惧天命。但是，说话人通过对“得了诺贝尔奖”这个主观大量的否定，从而否定全部量级，即“他不管得了什么奖项，都会畏惧天命”。表达了说话人对“他”这个人性格的确信性认识——“畏惧天命”。例(37)中，“万人瞩目的成功者”是一个主观大量，对这个命题的否定，也就意味着对所有人的否定，即“如果与正常人情背逆，任何人都无以真正地自立历史，并面对后代”。这表明了说话人对于“任何人或任何制度都不能背逆人情”的肯定性判断。

“哪怕”引导的小句“P”表达的是认知量级模型中的主观大量，例如：

(38) 因为在旧社会妇女生孩子被看成是污秽的行为，A 只能到牛圈或羊圈中分娩，P 哪怕是狂风大雪，暴雨倾盆，Q 也不能进帐篷。所以，那时西藏妇女儿童根本没有卫生保健权利，孕产妇和婴儿死亡率非常高。(《人民日报》1995-09-06)

(39) 如今，A 他跟老三肩并肩地战斗。P 哪怕连累全家，大家一起都得死，Q 他也不能打退堂鼓。(老舍《四世同堂》)

例(38)和例(39)中，小句“P”表达的命题既不属于数量级模型，也不属于程度量级模型，但是，根据我们的经验和知识可以将它们进行量级分类，例(38)中的“狂风大雪，暴雨倾盆”是极端恶劣的天气条件，例(39)中的“连累全家，大家一起都得死”是极端严重的后果，例(38)和例(39)中，小句“P”引导的极端情况都可以看作主观大量，说话人通过对主观大量的否定，否定全部量级，意味着无论如何“Q”表达的命题都不能发生，表明了说话人对于小句“A”所表达命题的肯定性认识。

8.1.4 小结

"哪怕"句的语篇表达模式一般为"A,哪怕 P,Q"。其中,小句"A"陈述某种事实或者情况;小句"P"一方面虚拟某种情况,表示假设关系,另一方面,姑且承认这种情况的存在,表达让步关系;小句"Q"强调"A"的事实和情况不会因为"P"而有所变化。"P"和"Q"之间是让步假设关系;从语义量级的角度来看,一般情况是小句"P"通过假设关系虚拟某一量级——大量或者小量,说话人通过让步关系赋予这一量级以主观性质和元语性质,即说话人主观认定这一量级为主观大量或者主观小量,然后,说话人通过对主观大量或主观小量的肯定或否定,从而肯定或否定语义量级中的全部量级。因此,这就使得"哪怕"句具有了强化说话人对某一命题为真的肯定性认识的表达功能,这种说话人对某一命题真值的肯定性认识属于必然认识情态意义的表达范畴(epistemic certainty)。

笔者在北京大学现代汉语语料库(CCL)中随机抽取了 200 条语料进行统计,约有 57%的小句"P"引导了主观小量,约有 43%的小句"P"引导了主观大量,说话人通过对极端量级的虚拟肯定或否定,主观上肯定或者否定了全部量级,表达了说话人对"A"所表达的事件状态的肯定性认识和判断,是必然性认识情态意义的重要表达方式之一。

第二节　"哪怕"认识情态意义的历时建构

8.2.1 "哪怕"的相关研究

古代汉语中"哪",一般写作"那","哪"是一个后起的字,二者的分化是从"五四"运动以后才开始的。因此,古代汉语中的"那"一字身兼数职,主要有以下几种用法,如图 8-2 所示:

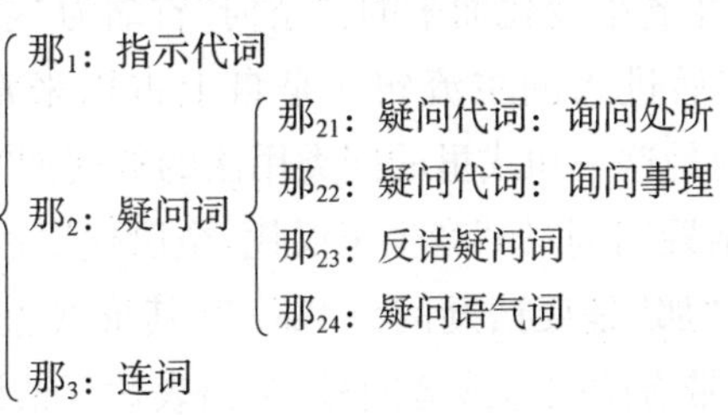

图 8-2　"那"的用法

“那$_1$”和“那$_2$”之间没有直接的语源关系。王力(1980：295)、吕叔湘(1985：242－261)都曾先后论证过,认为反诘疑问词“那”东汉时期就已经出现,在产生时间上要早于指示代词“那”。

“那$_1$”和“那$_3$”之间具有直接的语源关系。蒋华(2008：161)专门描写了连词“那$_3$”的用法,并论证了连词“那$_3$”与代词“那$_1$”之间的联系。在句子中起连接作用的“那”只起连接作用,不作句子成分,它能用来连接分句、复句和段落。连词“那”由指示词“那”发展而来,但比指示词“那”的语义更为虚化。

“那$_{21}$”与“那$_{22}$”“那$_{23}$”之间没有历史发展关系。吕叔湘(1985：261)指出:“询问事理的‘哪’的出现不但远在询问处所的‘哪里’之先,并且还在询问事物的‘若箇’和询问样式的‘若为’之先”。因此,“那$_{21}$”与“那$_{22}$”“那$_{23}$”之间没有语源关系,只是同形词而已。“那$_{22}$”和“那$_{23}$”之间,一个是有疑而问,一个是无疑而问,由询问事理到非真性询问,二者在历史发展的时间层次上是不一致的,存在此消彼长的关系(吴福祥 1995：74)。

关于疑问语气词“那$_{24}$”的来源,朱庆之(1991：24)认为,“那”是近代汉语才有的疑问语气助词,中古文献里的“那”其实是“耶(邪)”的误字;“那”在近代文献的出现或者说“那”的产生应该是唐代以后人们对前代文献里本来是“耶”的误字的“那”的盲目模仿造成的结果,是文字影响语言的产物。

关于反诘疑问词“那$_{23}$”的产生年代,吴福祥(1995：75)认为疑问代词“那”产生于后汉,六朝时期反诘用法普遍出现,入唐以后,“那”的用法以反诘用法为主,询问功能则通常用“若”“若个”;吕叔湘(1985：261)认为它的起源在汉魏之际或更早;魏培泉(2004：270)认为“‘那’字用于反诘,最早应当不晚于二三世纪”;冯春田(2006：52)认为询问事理与反诘且主要用于反诘的“那(哪)”出现于东汉时期。

关于反诘疑问词“那$_{23}$”的来源,学术界争论较多。吕叔湘(1985：262)主张“那”是“若何”的合音;魏培泉(2004：256)主张“那”既非“奈何”,亦非“若何”的合音,而是“如何”的合音。冯春田(2006：58－60)认为反诘疑问词“那”是由“奈何”发生省缩变化而来的:“奈何”省缩为“奈”,音变为“那”。反诘疑问词“那”形成后进入的主流句式是自上古以来常用的“何＋得/可/能＋VP”句,代替的是这一句式里的同类用法的疑问词“何”。

综上所述,反诘疑问词“那”产生于汉代,至唐代以后广泛使用。本节所讨论的“那怕”中的“那”是反诘疑问词“那$_{23}$”,其形式上的标志就是“那怕”出现的小句一般都带有感叹号或者问号,突出表达反诘语气。

学术界关于“那怕”词汇化的相关研究并不多。周晓林(2009：45－47)

曾专门探讨过假设连词“哪怕”的演变及动因。她认为，现代汉语假设连词“哪怕”来源于动词“怕”，“怕”从动词演变为副词又演变为连词，句法位置的改变和词义的虚化是其主要动因。“怕”用如动词，表示“畏惧、害怕”义始见于晋以后，至唐代开始与其他不同义动词连用，至宋代完成从动词到副词的虚化过程。作为副词的“怕”大致在元代前后演变为连词。元明时期，假设连词“怕”使用广泛。从连词“怕”到连词“那怕”始于明代以后，源于假设连词“怕”的双音化扩展，其双音化扩展的过程分为两步：第一步“起变”，作为个体的语法创新，明代出现了假设连词“那怕”。第二步“扩展”，这个语法创新通过扩展被用于另外的语境，如被扩展用于清代的文献中。

周晓林在讨论假设连词“哪怕”的演变时，只关注了“怕”的虚化，而完全忽略了“那”在“那怕”中的地位和作用，将从“怕”发展到“那怕”仅仅归因为语法的创新和扩展显然缺乏一定的说服力，本书认为让步假设连词“那怕”是由跨层结构“那怕”经历词汇化发展而来的。下面将从“那怕”词汇化的典型句法环境、演变过程、词汇化的机制和动因等几个方面进行全面论述。

8.2.2 “那怕”词汇化的句法环境

“怕”是一个心理动词，可以接体词性宾语和谓词性宾语或小句宾语。后接体词性宾语，例如：

(1) “你还不晓的那林大舅就是你娘的弟，娶了你后来这个妗母，拿着当天神一般敬重。怕这个妗母说，那**怕**你外婆，只好生气罢了，也形容不出那些小收心的形状。”(明《醒世姻缘传》)

(2) 众同年道：“杨年兄又来迂腐了。我们连主仆人夫，算来约有四十多人，那**怕**这几个乡村和尚。若杨年兄行李万有他虞，都是我众人赔偿。”(明《醒世恒言》)

(3) 春梅道：“他就倒运，着量二娘的兄弟。那**怕**他！二娘莫不挟仇打我五棍儿?”(明《金瓶梅(崇祯本)》)

(4) 万岁爷道：“百官都是这等不肯偷闲，那**怕**甚么西洋大海!”(明《三宝太监西洋记》)

例(1)到例(4)中的心理动词“怕”后面接名词性宾语，“你外婆”“这几个乡村和尚”“什么西洋大海”都是典型的名词性成分，是心理动词“怕”所关涉的对象，是感事成分。“那”作为反诘副词，是一个高位的句子副词，它修饰后面整个动宾词组所表达的命题，表达反诘语气，强调了说话人对于命题的认识和态度。例句中的“那”用于否定后面的命题，即采用反问语气的形式来表达肯定的意义，因此，我们可以用否定副词“不”来替换“那”，句子的语义保持不变。试比较：

(1′)“怕这个妗母说，不怕你外婆，只好生气罢了，也形容不出那些小收心的形状。

(2′)我们连主仆人夫，算来约有四十多人，不怕这几个乡村和尚。

(3′)春梅道：“他就倒运，着量二娘的兄弟。不怕他！二娘莫不挟仇打我五棍儿？”

(4′)万岁爷道：“百官都是这等不肯偷闲，不怕甚么西洋大海！”

“怕”后接谓词性宾语或小句宾语，例如：

(5)若行得一日，又说恐未必能到，若如此，怎生到得？天下只有一个道理，紧包在那下，撒破便光明，那**怕**不通！”(北宋《朱子语类》

(6)景先道：“儿子媳妇，多是青年，只要儿子调理得身体好了，那**怕**少了孙子？”(明《二刻拍案惊奇》)

(7)樱桃樊素口，芬芳吐气只看经；杨柳小蛮腰，袅娜逢人旋唱喏。似是摩登女来生世，那**怕**老阿难不动心！(明《二刻拍案惊奇》)

(8)他说：“我这‘游奕大将军’的官衔，城隍都是听我提调的，那**怕**你告！”(明《醒世姻缘传(中)》

例(5)和例(6)中的“怕”后接谓词性宾语，例(7)和例(8)中的“怕”后接小句宾语，反诘副词“那”修饰整个“怕＋$O_{VP/S}$”(谓词性宾语或小句宾语)结构。

与“怕”后接体词性宾语不同，动词“怕”后面接谓词性成分和小句成分时，出现了在同一个句法结构中两个动词共现的情况，即动词“怕”和“VP/S”中的动词“V”共现。“怕”不再是句法结构中的唯一动词，从表意上来看，动词“怕”和“VP/S”的语义地位不平等，“VP/S”才是整个句子的语义重心。由于语义重心的影响，主要动词“怕”的句法地位逐渐弱化，动词性减弱，语法功能也相应地发生变化，词义也慢慢虚化，而这一切都为动词“那怕”的词汇化提供了可能性；另一方面，副词“那”表达反诘语气，表明说话人对于命题的主观认识，因此，“$O_{VP/S}$”表达的命题往往是一个非叙实事件，而“$O_{VP/S}$”的非叙实性正是连词“那怕”所关联的小句(即“假设小句”)的特性；第三，采用反问句的形式表达肯定意义，是“那怕”结构的表意特点，上述例句无一例外都采用了反问句的形式，“那怕”结构的反问义表达与“那怕”关联小句的假设让步义的表达具有内在的一致性。Haiman(1978：564－589)曾经指出“‘从疑问义到反问义，从反问义到虚拟非现实义’的语义虚化过程具有类型学的共性”。

因此，“那怕”发生词汇化的典型句法环境是“‘那怕’句以反问句的形式出现，且‘怕’后接谓词性宾语或小句宾语成分”。

8.2.3　“那怕”的词汇化过程

在“‘那怕’句以反问句的形式出现，且‘怕’后接谓词性宾语或小句宾语成分”的句法环境中，“那怕”发生了词汇化，其词汇化的过程大致经历了跨层结构、跨层结构和语法词并存、语法词(连词)三个阶段。

8.2.3.1　“那怕”是跨层结构

“那怕”连用最早出现在南宋《朱子语类》中，例如：

(9) 若行得一日，又说恐未必能到，若如此，怎生到得？天下只有一个道理，紧包在那下，撒破便光明，**那怕**不通！”(北宋《朱子语类》)

例(9)中，“那”和“怕”之间没有直接组合关系，“那怕”也不是一个独立的结构，而只是一个跨层结构①。“那”是反诘副词，意思是“哪里”；“怕”是动词，意思是“担心害怕”。“那怕”的意思是“那”的词汇意义和“怕”的词汇意义的相加，即“哪里害怕”。因为“那”是一个反诘副词，表示反诘语气，用于否定后面的整个命题，因此，例句中的“那怕不通”可以理解为“不怕不通”，表达反问义。

8.2.3.2　“那怕”作为跨层结构和语法词并存

从明代开始，“那怕”出现了作为跨层结构和语法词并存的情况。

一方面，“那怕”是一个跨层结构，“那”和“怕”之间没有直接组合关系，“那怕”的意义是“那”和“怕”词汇意义的简单相加；“那怕”所在小句以反诘语气表达肯定意义，因此，我们可以用否定副词“不”来替换“那”，句子语义不变，例如：

---

① 董秀芳(2002：273)将此类没有句法组合关系的毗邻成分称为跨层结构。所谓跨层结构，是指“不在同一个句法层次上而只是在表层形式上相邻近的两个成分的组合”。

(10) 那番将须则是小小的年纪，仗了些妖兵，倚着些邪术，那怕甚么南朝的将军。（明《三宝太监西洋记》）

(11) “想他这镜子，无非只在寺中。我如今密地差人把寺围了，只说查取犯法赃物，把他家资尽数抄将出来，检验一过，那怕镜子不在里头！”（明《二刻拍案惊奇》）

(12) 一个认着故物肯轻抛，一个尝了甜头难遽放。一个饥不择食，岂嫌小厮粗丑；一个狎恩恃爱，那怕主母威严。（明《警世通言》

(13) 圣母娘娘说道：“只要圣母娘娘愿意，那怕你驴儿不拉磨？”（清《三侠剑》）

另一方面，“那怕”凝固化为一个语法词——“连词”，连接前后两个分句，表达让步假设关系，例如：

(14) 三太子说道：“父王宽心！不是孩儿空口所言，孩儿有个退兵良策，那怕他百万南兵，也不在孩儿心上。”（明《三宝太监西洋记》）

(15) 马欢道：“那怕他富贵之极，贫贱之极，少不得各有个梦。那怕他圣愚之分，贤不肖之异，也少不得各有个梦。”（明《三宝太监西洋记》）

(16) 子安道：“若要细说起来，只怕谈到天亮也谈不完呢，可不要厌烦？”我道：“那怕今夜谈不完，还有明夜，怕甚么呢？”（清《二十年目睹之怪现状》）

(17) 难道是个中国人就会作八股么？他们的工艺，也是这样。然而官场中人，只要看见一个没辫子的，那怕他是个外国化子，也看得他同天上神仙一般。”（清《二十年目睹之怪现状》）

例(14)到例(17)中，“那怕”的构成成分“那”与“怕”的词汇意义明显虚化，凝固之后的“那怕”产生了新的意义——表示让步假设的关系义。“那怕”由一个非词汇单位（跨层结构）变成一个语法词（连词），“那怕”的语法性质发生了变化；另一方面，“那怕”的意义也从含有固定的词汇意义（“哪里害怕”）变为表示单纯的语法关系义（表示让步假设）。

沈家煊(1994：23)曾指出，在一个成分“A”虚化为“B”的过程中，必定有一个“A”与“B”并存的阶段，即“A→A/B→B”，在这个中间阶段，有的成分既可按“A”理解，又可按“B”理解，这说明语法化是一个连续的渐变过程。“那怕”在词汇化过程中，也存在类似的渐变的中间状态，例如：

(18) 国师道:“说起来话又长了些。”元帅道:“阎君相赠,大是奇事,愿闻详细,那怕话长。”(明《三宝太监西洋记》)

(19) 又向郭择道“郡中捕贼文书,须要带去。汪革这厮,来便来;不来时,小人同着都监一条麻绳,扣他颈皮。王法无亲,那怕他走上天去!”(明《喻世明言》)

例(18)和例(19)中,“那怕”的性质可以两解,既可以理解为跨层结构,也可以理解为语法词(连词)。

如果把它理解为跨层结构,那么“那怕”的意义是“那”和“怕”意义的简单相加,且反诘副词“那”可以用否定副词“不”来替换,试比较:

(18) 国师道:“说起来话又长了些。”元帅道:“阎君相赠,大是奇事,愿闻详细,那怕话长。”

(18a) 国师道:“说起来话又长了些。”元帅道:“阎君相赠,大是奇事,愿闻详细,不怕话长。”

如果把它理解为语法词——连词,那么“那怕”的意义将不再是“那”和“怕”词汇意义的相加,而是表达让步假设关系,因此,可以将其改写为让步假设的典型形式,或者用其他的让步假设连词来替换。试比较:

(18b) 国师道:“说起来话又长了些。”元帅道:“阎君相赠,大是奇事,愿闻详细,那怕话长(也没有关系)。”

在现代汉语中,“哪怕”表达让步假设关系时,一般和连词“也”连用,构成“哪怕……也……”的典型形式,也可以以缩略复句的形式出现,即“哪怕……也……”缩略到一个单句中,例(18b)就是缩略复句的形式。将“那怕”理解为表达让步假设关系的连词时,例(18b)的语义表达完整,前后语义连贯。除了将关联词“哪怕……也……”补充完整,我们还可以用其他的表达让步假设关系的连词“即使……也……”来替换,试比较:

(18c) 国师道:“说起来话又长了些。”元帅道:“阎君相赠,大是奇事,愿闻详细,即使话长(也没有关系)。”

8.2.3.3 “那怕”主要用作语法词

从清代晚期开始，“那怕”主要用作语法词——连词，用于连接前后两个小句，表达让步假设关系，例如：

(20) 少奶奶急道：“你两位老人家怎样啊？那怕要媳妇死，媳妇也去死，媳妇就遵命去死就是了！”(清《二十年目睹之怪现状》)

(21) 他偏要去办去做，等到成功之后，却争了这个名字，那怕龙潭虎穴，为这名字上，也要拼死去的。(清《施公案》)

(22) “今日出战，你们能奋力向前，那怕他兵马再多些，也要杀得他全军覆没，方才收兵。”(民国《宋代宫闱史》)

(23) 周撰笑道：“不算帐则已，算帐就不在款项的多少，那怕三文五文，都是要作数的。”(民国《留东外史续集》

8.2.4 “那怕”的重新分析

重新分析是促使“那怕”发生词汇化的重要机制，它涉及结构的隐形变化，主要包括构成成分、结构层次、语法关系和边界等方面的变化。Langacker(1977：59)将“重新分析”定义为“没有改变表层表达形式的结构变化，一个可分析为(AB)C 的结构，经过重新分析后，变成了 A(BC)。”Hopper & Traugott(1993)也持有类似的观点，并指出重新分析和类推是语法化的两种普遍机制。

跨层结构“那怕”中，“那”和“怕”之间没有直接的组合关系，其内部结构层次为“那+(怕 $O_{VP/S}$)”。“那”和“怕”不在同一个结构层次上，二者之间没有直接组成成分的关系。动词“怕”先和谓词性宾语或小句宾语“$O_{VP/S}$”组合，然后，“怕+$O_{VP/S}$”作为一个整体再和前面的反诘副词“那”组合，例如：

(24) 若是当真同去打围，除了我不养汉罢了，那怕那王八戴‘销金帽’‘绿头巾’不成！”(明《醒世姻缘传》)

(25) 一个饥不择食，岂嫌小厮粗丑；一个狎恩恃爱，那怕主母威严。分明恶草藤萝，也共名花登架去。(明《警世通言》)

(26) 又一个道：“那怕你这禽兽告诉！我此时视死如归，那个还要这性命？”(清·文康《侠女奇缘》)

例(24)中,"那怕"的内部结构为"那＋(怕 $O_{VP/S}$)",其中的"那"是反诘副词,附加在谓词性结构"怕＋$O_{VP/S}$"之上,表达说话人对于谓词性结构所表达命题的主观认识和判断。"那"可以用同类的反诘副词"难道"来替换,试比较:

(24′)"若是当真同去打围,除了我不养汉罢了,难道怕那王八戴'销金帽''绿头巾'不成!"

连词"那怕"中的"那"和"怕"之间具有直接组成成分的关系,其内部结构层次为"(那怕)＋VP/S"。"那"和"怕"处在同一个句法层次上,二者首先组合为词,然后"那＋怕"作为一个整体再和后面的谓词性成分或小句成分组合。此时的"那怕"作为一个连词,起关联小句的作用,例如:

(27)果真的舀满了,便就拿不起来,那怕你两只手,那怕你尽着力,只是个拿不起来。(明《三宝太监西洋记》)

(28)雷大春道:"军师以此奇谋联舟作阵,那怕敌军再多,又何能来破?"(清《七剑十三侠》)

(29)"若要细说起来,只怕谈到天亮也谈不完呢,可不要厌烦?"我道:"那怕今夜谈不完,还有明夜,怕甚么呢?"(清《二十年目睹之怪现状》)

例(27)到例(29)中,"那怕"句的内部结构为"(那怕)＋VP/S",其中,"那怕"是一个连词,关涉后面的小句("VP/S"),标示小句("VP/S")和后面的主句之间存在让步假设关系,表达了说话人对句子命题的肯定性认识。此处的"那"不是反诘副词,而是连词"那怕"的一个构词词素,因此,不能用反诘副词"难道"来替换,试比较:

(27′)*果真的舀满了,便就拿不起来,难道怕你两只手,难道怕你尽着力,只是个拿不起来。

(28′)*雷大春道:"军师以此奇谋联舟作阵,难道怕敌军再多,又何能来破?"

(29′)*我道:"难道怕今夜谈不完,还有明夜,怕甚么呢?"

"那怕"从跨层结构到语法词的词汇化过程中,经历了跨层结构和语法

词并存和两解的阶段,例如:

(18) 国师道:"说起来话又长了些。"元帅道:"阎君相赠,大是奇事,愿闻详细,那怕话长。"(明《三宝太监西洋记》)

(19) 又向郭择道"郡中捕贼文书,须要带去。汪革这厮,来便来;不来时,小人同着都监一条麻绳,扣他颈皮。王法无亲,那怕他走上天去!"(明《喻世明言》)

并存和两解阶段的出现说明"那怕"由跨层结构到语法词的中间经历了重新分析的过程。重新分析一旦发生,"那怕"就会经历性质、意义和功能上的变化。

第一,"那怕"的语法性质从一个非词汇单位(跨层结构),演变为一个词汇单位(连词),这就是"那怕"的词汇化(lexicalization)。

第二,"那怕"的意义也从"那"的词汇意义("哪里")和"怕"的词汇意义("害怕")的简单相加,演变出一个相对固定的新意义——让步假设关系义,其意义经历了由表示词汇意义到表示语法关系义的虚化过程。

第三,"那怕"在经历意义虚化的同时,语法功能也发生了变化,由表示概念功能变为表达人际功能,"那怕"起连接小句的作用,并标示两个小句之间存在让步假设关系。

8.2.5 "那怕"语义演变和词汇化的动因

"那怕"的词汇化伴随着语义演变。语用推理是"那怕"语义演变的主要动因;前景信息背景化和韵律的促动是"那怕"发生词汇化的主要动因。

8.2.5.1 "那怕"的语义演变与语用推理

影响语言使用的推理主要有演绎推理(deduction)、归纳推理(induction)和回溯推理(abduction)。我们通常意义上所说的语用推理主要是指回溯推理,也叫溯因推理或估推推理,它是一种基于常识和知识的推理,属于"由果及因"的寻求最佳解释的不完全推理(蒋严 2002;沈家煊 2004:245)。

语用推理是促使"那怕"语义演变的重要因素。一方面,跨层结构中的"怕"是心理动词,当"怕"后接谓词性成分或小句成分时,谓词性成分或小句成分所描述的事件是说话人担心害怕的内容。既然是担心害怕某一事件发生,那么这一事件一般来说都是未然的,或者是说话人未知的("事件已然,但说话人未知"),因为如果事件已然或者已知,说话人就无需担心害怕其发生。既然事件是未然的或者未知的，那么我们对于这一事件的所有认识都是一种非叙实的、假定的认识。上述过程可以用以下的语用推理来表示：

那＋怕 VP/S⟶ “那怕” ＋VP/S

担心害怕的事件（“VP/S”）往往是未然的事件；A

我们对于所有未然事件的认识都是一种假设；B

担心害怕的事件就可以是假设的事件——假设关系。C

“A”是一个直言判断——“担心害怕的事件是未然的事件”，是大前提；“B”是一个直言判断——“未然的事件是可以被假设的事件”，是小前提；“C”是一个新的直言判断，是结论。由“A”和“B”推理出“C”的过程是演绎推理（deduction）的三段论。两个前提用一个共同的项（未然的事件）联系起来，从而最终推出一个新的直言判断——“担心害怕的事件是假设的事件”。

另一方面，“那怕”是跨层结构时，“那”是反诘副词，表达反诘语气，以反问句形式表达肯定意义，因此可以用“不”来替换，“那怕”可以理解为“不怕”。既然是不怕某一事件发生，那么就意味着这一事件如果发生，对说话人而言也是无所谓的，即不会对说话人的主观认识或态度产生任何影响，或者说话人的认识和态度不会因为事件（“VP/S”）的发生而改变，那么我们就可以采用让步关系来表达：姑且承认这一事件，并强调这一事件的发生不会影响说话人的主观认识，其语用推理过程为：

那＋怕 VP/S⟶ “那怕” ＋VP/S

如果某一事件（VP/S）发生是无所谓的，那么说话人就没有必要害怕这一事件发生；A

说话人不害怕某一事件（VP/S）发生；B

那么这一事件发生是无所谓的，因此说话人可以姑且承认这一事件——让步关系。C

“A”是一般的常识或者事理，即大前提；“B”是某一事实或者结果，即小前提；“C”是结论。由“A”和“B”到“C”的过程是回溯推理的三段论。在这个过程当中，“不过量准则”起了决定性作用。所谓不过量准则（沈家煊 2004：245）就是基于话语表达的省力原则（principle of least effort），在信息足量的前提下，不提供过多的信息，即“只说必要的信息，不说多余的信息”。利用不过量准则，说话人在表达“B”的同时，传递出“不止 B”的会话隐涵义

(conversational implication),这种会话涵义需要运用回溯推理来获得。

综上,“那怕”的语义演变同时受到了演绎推理和回溯推理的促动。一方面是“怕”由表达客观意义的“担心害怕”衍推出“主观上的假设”;另一方面是“那”由表达反问意义衍推出主观上的让步。

8.2.5.2 前景信息背景化

叙事语篇中,构成事件主线、直接描述事件进展的信息属于前景信息。围绕事件主干进行铺排、衬托或评价的信息(如“事件的场景、相关因素”等)属于背景信息(Hopper 1979; Tomlin 1985)[①]。Langacker(1987)用“图形—背景”理论来说明前景信息和背景信息之间的关系,他把图形看成表示关系结构中的凸显部分,即“前景信息”;用背景表示关系结构中次突显的部分,即“背景信息”,并从认知上加以识解。

在“那+(怕 VP/S)”的信息结构中,“那”是一个附加于命题之上的反诘副词,“怕”是句子的谓语中心词,“VP/S”是“怕”的论元成分,“怕+VP/S”共同构成一个命题表达,是话语表达的新信息,在信息结构中是前景信息,例如:

(30) 他说:“我这‘游奕大将军’的官衔,城隍都是听我提调的,那怕你告!”(明《醒世姻缘传》)

(31) 一个饥不择食,岂嫌小厮粗丑;一个狎恩恃爱,那怕主母威严。分明恶草藤萝,也共名花登架去。(明《警世通言》)

例(30)中,“你告”是动词“怕”的论元成分,“怕你告”承载了话语表达的新信息,是句子信息结构的前景信息。例(31)中,“主母威严”是动词“怕”的论元成分,“怕主母威严”承载了话语表达的新信息,是句子信息结构的前景信息。句中的反诘副词“那”不是命题内成分,不参与命题意义的建构,而是表达附加于命题之上的主观情态意义。

在“(那怕)+VP/S”的信息结构中,“那怕”是表达让步假设关系的关联词,“VP/S”是“那怕”关联的小句,在语义表达上,小句“VP/S”承载了话语表达的新信息,是语义表达的重心,在句子信息结构中是前景信息,例如:

(32) 老爷道:“我这条老命是你救回来的,你有话,尽管说就是了,那怕说错了,我不怪你。”(清《二十年目睹之怪现状》)

① 转引自方梅(2008:291)。

(33)“客官你可别想左了！讲我们这些开店的，仗的是天下仕宦行台，那怕你进店来喝壶茶，吃张饼，都是我的财神爷，再没说拿着财神爷往外推的。”(清・文康《侠女奇缘》)

例(32)中，“那怕”是让步假设连词，“说错了”是“那怕”关联的小句，从信息结构上来看，“说错了”是未然的事件，是说话人姑且假定的非叙实事件，是话语表达的新信息，是整个句子的前景信息，而“那怕”只起关联前后小句的作用，是背景信息。

从跨层结构的“那怕”到让步假设连词“那怕”，其间经历了前景信息背景化的过程，即作为前景信息一部分的“怕”与反诘副词“那”一起构成了小句“VP/S”的背景信息。正是在这种前景信息背景化的过程中，“那怕”发生了词汇化。

8.2.5.3　韵律促动

冯胜利(1998：44－46)指出汉语的自然音步是右向音步，即不受句法和语义因素影响的音步是从左向右组织的，句首的前两个音节就会被牢固地组织在第一个自然音步里。句子起首的第一个音步必须是一个标准韵律词，也就是说必须是两个音节，不允许有任何变通。董秀芳(2002：273)在分析双音词的词汇化时，就曾论证了自然音步的组合规则促进了句首跨层成分的粘合，并指出位于句首的跨层结构比位于句中的跨层结构更容易发生词汇化，因为句首是韵律管制最为严格的地方。

跨层结构“那怕”位于句首的位置，按照自左向右组织自然音步的规则，句子起首的“那”是单音节的，不是一个标准的韵律词；谓语中心词“怕”也是单音节的，两个单音节词在一起，在韵律的促动下极易发生词汇化，形成一个标准音步，从而词汇化为一个标准的韵律词，例如：

(34)圣母娘娘说道：“只要圣母娘娘愿意，那怕你驴儿不拉磨？”(清《三侠剑》)

(35)国师道：“说起来话又长了些。”元帅道：“阎君相赠，大是奇事，愿闻详细，那怕话长。”(明《三宝太监西洋记》)

(36)朱光祖笑道：“唯有将他双钩先盗回来，然后再与他交战。那怕他有三头六臂，也不足虑了。”(清《施公案》)

例(34)中的“那怕”是一个跨层结构；例(35)中的“那怕”则处于跨层结构和连词之间的中间状态，可以作两可解读；例(36)中的“那怕”是典型的让步假设连词。从例(34)到(36)的过程体现了韵律促动下的双音化过程。

8.2.6 “那怕”词汇化的影响

伴随着“那怕”的词汇化,“那怕”所在的小句在语篇表达中的位置和语篇信息结构中的地位也发生了相应的变化。

跨层结构“那怕”所在的小句一般都是一段语篇表达的末尾,体现了事件的发展主线,直接描述了事件的新进展,是说话人着重表达和传递的新信息和新情况,是语篇信息结构的前景信息,例如:

(37) 景先道:“儿子媳妇,多是青年,只要儿子调理得身体好了,那怕少了孙子?”(明《二刻拍案惊奇》)

跨层结构“那怕”处于语篇表达的末句,“那怕”小句以强烈的反诘语气表达了说话人的主观认识——“一定能生孙子”。“儿子儿媳是青年,儿子调理好身子”都是背景信息,而“那怕少了孙子”才是语义表达的前景信息。

Reinhart(1984:779-809)曾指出从属性是背景信息的重要句法特征。从句表达背景信息,表现事件发展过程之外的因素,如“时间、条件、伴随状态”等。连词“那怕”引导的小句是从句,在语义上姑且承认某一事实,为主句新信息的表达提供背景铺垫,因此,在整个语篇信息结构中,“那怕”引导的小句传递的是背景信息,例如:

(38) 少奶奶急道:“你两位老人家怎样啊?那怕要媳妇死,媳妇也去死,媳妇就遵命去死就是了!”(清《二十年目睹之怪现状》)

(39) 秋谷道:“你请我吃大菜,那怕再没有功夫也要到的。”(清《九尾龟》

例(38)中的“那怕”引导的小句“要媳妇死”是背景信息,是说话人假设的事件,实际上要表达的是说话人遵命的态度。

综上,“那怕”词汇化也影响了那怕句的语篇地位,“那怕”句由原来的处于语篇表达的末尾,变为处于让步假设关系复句的前一分句位置,由语篇信息结构的前景信息转变为语篇信息结构的背景信息。

8.2.7 小结

跨层结构“那怕”词汇化的典型句法环境为“反问句中,且‘那怕’后接谓词性成分或者小句成分"。"那怕"词汇化的过程大致经历了三个阶段：A. 跨层结构阶段；B. 跨层结构和语法词并存阶段；C. 语法词阶段。从跨层结构（阶段"A"）到语法词（阶段"C"）的词汇化过程中，经历了重新分析：

那＋（怕"$O_{VP/S}$"）⟶（那怕）＋"VP/S"

促使跨层结构"那怕"发生语义演变的是语用推理。一方面是"怕"由表达客观意义的"担心害怕"发展为表示主观上的假设，另一方面是"那"由表达反问意义发展为表示主观上的让步。导致"那怕"发生词汇化的动因有两个：一是前景信息背景化，从跨层结构"那怕"到让步假设连词"那怕"，其间经历了前景信息"怕"的背景化过程；二是韵律促动，跨层结构"那怕"位于句首的位置，按照自左向右组织自然音步的规则，句子起首的"那"是单音节的，不是一个标准的韵律词，谓语中心词"怕"也是单音节的，两个单音节词在一起，在韵律的促动下极易发生词汇化，形成一个标准音步，从而词汇化为一个标准的韵律词。

第九章 断言类心理动词“认为”认识情态意义的建构过程

第一节 “认为”的多种用法

现代汉语中的“认为”是一个谓宾动词，主要表达“对人或事物确认某种看法，做出某种判断”（《现代汉语词典》第7版）。“认为”充当谓语，带谓词性宾语或小句宾语，主要有以下几种用法，例如：

(1) 主持人：“杨老师，您拿回来两个，让我们也尝尝行吗？”

牛人：“你先吃吧，太辣了，**我认为**你是真的。”（中央电视台《乡约——广西灌阳》2012-03-29）

(2) 田桂荣：“最好的演讲就是2005年在我们河南省妇联的演讲。”

主持人：“**你认为**那是发挥最出色的一次？”（中央电视台《乡约——别样收藏》2008-01-27）

(3) 嘉宾：“因为我父亲有抱负，**他认为**这是我们的国宝。”（中央电视台《乡约——为奥运铸剑》2008-07-29）

(4) 一些反对派议员强烈反对政府决定，**认为**此举将影响法国在国际舞台上的“特殊地位与影响力”。（中央电视台《新闻30分》2009-03-18）

例(1)中的“我认为”用于表达断言认识，即说话人（“我”）对小句宾语所表达的命题判断做出主观断言（assertive），属于认识情态（epistemic modality）范畴，我们把表达断言认识的“认为”记作“认为$_1$”。

例(2)中的“你认为”用于询问听话人对宾语小句所表达命题的认识和看法，例(3)中的“他认为”表达的是第三人称对宾语小句所表达命题的认识和看法。例(2)和例(3)中的“你/他(们)认为”结构只是描述了第二人称或第三人称对小句宾语所表达命题的认识和看法，这一认识和看法不涉及说话人，也不是说话人的断言认识，我们把“认为”的这种用法称为描述性用法(descriptive)，记作“认为$_2$”。

例(4)中的“认为”用法比较特殊。我们既可以认为“认为”的主语承前省略，也可以将“认为”看作一个具有篇章连接功能的、已经处于虚化过程中的语法成分，我们把它记作“认为$_3$”。町田茂(2003：108－116)曾经指出“‘认为’起到了引入后句的作用，可以说是一种语法化成分。‘认为、以为、觉得、感觉、说’等动词用于复句后段开头时，它的语用作用是对前段‘VP’的内容补充一些详细的信息，词汇意义并不那么重要了，在日汉翻译作品里译者往往会加进“认为”类动词，以显示复句前后段之间的逻辑关系。”

本章主要探讨“认为$_1$”和“认为$_2$”在句法形式和表达功能上的差异，重点分析“我(们)认为$_1$”作为一个心理动词构式所具有的断言认识情态表达功能。

“我(们)认为$_1$”结构是一个表达断言认识情态[①](assertion of epistemic modality)的认识情态表达构式。按照Goldberg(1995)关于构式的界定标准，“我(们)认为$_1$”在语音上是独立的，在形式上是定型的，在语义上不再是构成成分语义的简单相加，而是具有独立的、完整的语义内涵，即表达说话人对于命题可能为真的强断言认识，是言语交际中说话人认识立场的重要标记形式之一。

“你/他(们)认为$_2$”结构用于描述第二人称或第三人称关于小句宾语所表达命题的认识和判断。小句宾语所表达的命题是第二/三人称的判断内容，而不是说话人在说出这段话语时所表达的断言认识[②]。因此，“你/他(们)认为$_2$”结构不用于表达说话人的断言认识，而是用于描述他人(包括第

---

① 本书讨论的是说话人对某一命题判断的断言认识，属于认识情态的范畴，强断言认识和与弱断言认识是从认识的连续统角度来分类的，与Hopper(1975：91－124)关于强断言谓词和弱断言谓词的分类有所不同。

② 说话人在描述第二/三人称的判断时，其断言认识内容不是小句宾语所表达的命题，而是整个句子，以例(3)“他认为这是我们的国宝”为例，小句宾语“这是我们的国宝”是句子主语“他”做出的判断和认识，说话人的断言认识是针对整个句子命题的，例如：

(3′) **他认为**这是我们的国宝，而我的观点与他不同，我认为这不是我们的国宝。

例(3′)中，说话人在描述第三人称“他”关于小句宾语所表达命题的判断的同时，认为主语(“他”)的判断可能是有问题或者是错误的，因此，在后续话语中对“他”的判断进行否定，提出了说话人自己对于小句宾语所表达命题的断言认识。

二/三人称)在某时某地曾经做出过某一判断。我们把"认为$_2$"的这种用法称为描述性用法(descriptive)。所谓描述,是以说话人为视角的,用语言文字客观地描述人和事物的性状、特点或者如实地记录某一事件发生的前后经过。"认为$_2$"的描述性用法是针对说话人的,而不是针对于主语(第二/三人称)的[①],是指说话人如实地描述了他人(包括第二/三人称)在某时某刻曾经做出的某一判断行为。"认为"在执行描述性言语行为(constatives)[②]时是"认为$_2$"和"认为$_3$";而在执行"施为性言语行为"(performatives)时,则是"认为$_1$",此时的"认为$_1$"和第一人称主语(同时是"说话人")构成了具有认识情态表达功能的心理动词构式,这就是"认为$_1$"和"认为$_2$""认为$_3$"之间最根本的区别。

第二节 "认为$_1$"和"认为$_2$"句法语义特征的对比描写

"认为$_1$"用于表达说话人对于小句宾语所表达命题的断言认识,"认为$_2$"用于描述他人对于小句宾语所表达命题的判断,二者在主观性程度上存在较大差异,这种意义上的差异也对应着一系列句法形式上的不同。

9.2.1 "认为$_1$"和"认为$_2$"的主观性差异

9.2.1.1 语言的主观性

现代语义学认为,句子的意义不单纯表达命题意义,还应该表达言语行为主体(即"说话人")的观点、感情和态度。其中,说话人的观点、感情和态度一般体现为语言的主观性。语言的主观性(subjectivity)是指语言的这样一种特性,即在说话中多多少少总是含有说话人"自我"的表现成分,也就是说,说话人在说出一段话的同时表明自己对这段话的立场、态度和感情,从而在话语中留下自我的印记(Lyons 1977: 793;沈家煊 2001: 268)。Benveniste(1971: 225)指出"语言带有的主观性印记是如此之深刻,以至于人们可以发问,语言如果不是这样构造的话究竟还能不能名副其实地叫做语言。"

---

① 相对于主语(第二/三人称)而言,"认为"仍然用于表达对人或事物确定某种看法,做出某种判断,这种判断是主语做出的,而不是说话人,说话人没有和心理动词"认为"发生直接语义和语法关系。相对于说话人而言,说话人只是描述了主语曾经做出的某一判断和认识。

② 关于描述性言语行为(constatives)和"施为性言语行为"(performatives)的分类,参见Austin(1962)和Recanati(1987)等的相关论述。

Edward Finegan(1995：1－15)曾经指出“说话人的视角(perspective)、说话人的情感(affect)和说话人的认识(epistemic modality)是语言主观性的三大体现”。所谓“说话人的认识”是指在说出一段话的同时表明了说话人自己对这段话的认识和看法，例如：

(5) 他认为你是对的。(自造语例)

(6) 我认为你是对的。(自造语例)

例(5)只是客观地描述一个断言行为(即“他”做出了一个判断，这个判断是“你是对的”)；而例(6)在描述一个断言行为(即“我”做出了一个判断，这个判断是“你是对的”)的同时，还涉及了说话人自己对这段话的认识和观点(“你是对的”是说话人的主观认识，因此，“我认为＋宾语”是说话人的断言行为)。例(5)中的“他”是句子主语或者句法主语，“认为”这一心理活动是句法主语(“他”)的心理活动，句子中还隐含着一个高层次的言者主语，也就是说话人，说话人描述了句法主语(“他”)的这一心理活动。例(6)中的“我”是句法主语，句中隐含的高层次的言者主语与句法主语是一致的，因此，整个句子表达的是说话人对小句宾语所表达命题的断言认识。

9.2.1.2 人称与“认为$_1$”和“认为$_2$”的主观性

王义娜(2003：35－42)曾专门讨论过人称代词与主观性的关系。她认为从交际过程中指称客体的概念识解与说话人的观察视角来看，说话人对概念客体的感知距离越近，所表达的主观性就越高，就越倾向于用近指代词(第一人称)进行编码，反之，则倾向于用远指代词(第三人称)进行编码。人称代词的主观性程度大致呈现如下倾向性：

我>我们>你>你们>人家/他/她>他们

主观性强 ←——————————————→ 主观性弱

图 9－1 人称代词的主观性倾向(王义娜 2003：35－42)

从人称代词的主观性等级序列来看，相对于第二、三人称代词，第一人称代词的主观性程度更高。基于说话人的视角[①]，第一人称要比第二、三人称更加贴近于说话人，因此，“我(们)认为”中的“认为$_1$”与“你/他(们)认为”中的“认为$_2$”相比较，“认为$_1$”的主观性程度更高。

① 说话人的视角是指说话人对客观情状的观察角度，或者说是对客观情状加以叙说的出发点(Edward Finegan 1995：1－15)。

9.2.1.3 句法主语、言者主语与“认为$_1$”和“认为$_2$”的主观性

句法主语和言者主语是研究语言的主观性时常用的概念。言者主语(speaker subject)(又叫做“言说主语”utterance subject)最早是Benveniste(1971: 225)提出来的,后来引起语法学界的普遍关注(Traugott 1995; Langacker 1990;沈家煊2001等)。言者主语通俗地讲就是话语表达中阐明立场、态度和感情的说话人,它一般是存在于句外,是隐含的。句子的主语一般都是句法主语(syntactic subject),所谓句法主语是指处于主语的句法位置,是句子谓语动词所表示动作的施事。

言者主语是一个高层次的话语成分,一般隐含在话语表达之中,句法主语和言者主语可以一致,也可以不一致。如果句法主语和言者主语一致,那么,句法主语对于命题的断言和认识也就是说话人的判断和认识;如果句法主语和言者主语不一致,那么句法主语对于命题的判断和认识与言者主语的判断和认识可以一致,也可以不一致。对于心理动词“认为”而言,“认为$_1$”的句法主语和言者主语一致,句法主语的判断也就是说话人的判断,因此,说话人在说出话语的同时,也表达了说话人对于命题的断言认识,主观性程度较高;而“认为$_2$”的句法主语和言者主语则不一致。句法主语的判断可以与说话人的判断一致,也可以与说话人的判断不一致,无论句法主语和说话人的判断是否一致,句法主语的判断都不是说话人在说出话语的同时所表达的对于命题的断言认识,因此“认为$_2$”的主观性程度较低。

一、“认为$_2$”的句法主语

“认为$_2$”句法主语可以是第二人称代词“你”“你们”,也可以是第三人称,包括名词性成分和第三人称代词“他”“他们”等,例如:

(7) 方舟子:“**你认为**在解剖学上古人比现代人还要先进?”(深圳电视台《22度观察——中医养生还可信吗?》2010-06-17)

(8) 小片:“做拖鞋不容易,卖拖鞋更难,**刘宣早始终认为**不是价格的问题,关键是款式和颜色陈旧,没有创新的材料和品种。”(中央电视台《乡约——创意拖鞋》2008-09-28)

(9) 嘉宾:“确实**他认为**我是这块料。”(中央电视台《乡约——“魔”女的进城梦》2010-01-14)

例(7)中,第二人称代词“你”作主语,说话人描述了某人(第二人称,即听话人)对某事做出的判断,只不过这一判断是非现实的,是说话人向听话人求证的判断。“你”是句子主语,是动词“认为”的施事,是“你”做出了“在

解剖学上古人比现代人还要先进”这一判断，与例(8)和例(9)不同的是，“你”做出“在解剖学上古人比现代人还要先进”这一判断，是说话人假定的，说话人认为听话人会做出这一判断，并采用疑问形式，询问听话人是否做出了这一判断。

例(8)和例(9)中，名词性成分“刘宣早”和第三人称代词“他”作主语，说话人描述的是某人(名词或第三人称代词)对于某事做出了某一判断。“刘宣早”和“他”是心理动词“认为”的施事，主语“刘宣早”做出了“不是价格的问题”的判断；“他”做出了“我是这块料”的判断，这些判断都是句法主语做出的，不是说话人在说出话语时的主观认识和判断，因此，表达的不是认识情态意义。

二、“认为$_2$”的言者主语

“认为$_2$”的句子主语不是第一人称代词，句法主语和言者主语不一致，因此，言者主语(即“说话人”)只能以隐含的形式存在于句外。在描述句法主语对于某一事件做出某种判断时，说话人可以客观地陈述，不表明自己对这段话的态度，不带有说话人的主观倾向性，也可以表明说话人自己对这段话的态度，带有说话人的主观倾向性，试比较：

(10) 在北京上层社会中，大家都**认为**他是不可多得的文武双全的人才。(王映霞《陆小曼的第一位丈夫》)

(11) 她**认为**，燕赵多慷慨悲歌之士，所以，河北梆子也高亢激昂，尤其适合表现悲剧。(吴霖《我是邓小平的女儿》)

(12) 卢梭**认为**寓言会把纯朴的小孩子教得复杂了，失去了天真，所以要不得。我认为$_1$寓言要不得，因为它把纯朴的小孩子教得愈简单了，愈幼稚了。(钱锺书《写在生人边上》)

(13) “侵略者要是肯承认别人也是人，也有人性，会发火，他就无法侵略了！日本人始终**认为**咱们都是狗，踢着打着都不哼一声的狗！”(老舍《四世同堂》)

例(10)和例(11)属于人物传记，作者比较客观地记述了王赓和邓林的相关情况，作者在描述句法主语对于某一事件做出某种判断时，并没有表现出自己的主观态度或主观倾向性，属于较为客观的描述。例(12)和例(13)则不同，说话人在描述句法主语对某一事件做出某一判断时，明确地表达了说话人的主观态度，言者主语对命题的判断和认识与句法主语对命题的判断和认识不一致，甚至截然相反。例(12)是散文，作者做出的判断(认为$_1$)

“寓言要不得，是因为它把纯朴的小孩子教得愈简单了，愈幼稚了”，与卢梭关于“寓言会把纯朴的小孩子教得复杂了，失去了天真”的判断（认为$_2$）完全相反。例（13）是小说，其中，与日本人对于“中国人是狗”的判断截然相反，说话人认为“中国人是人，也有人性，会发火”。

9.2.2 “认为$_1$”和“认为$_2$”的句法差异

“认为$_1$”和“认为$_2$”在主观性程度上的差异对应着一系列句法形式上的不同。“认为$_1$”主观性程度高，其出现的句法环境相对单纯，句法形式单一，只能采用“我（们）认为$_1$”的句法形式；而“认为$_2$”的主观性程度低，其出现的句法环境则较为复杂。

9.2.2.1 “认为$_1$”和“认为$_2$”与修饰性成分

“认为$_2$”可以受时间名词、时间副词和情态副词等修饰性成分修饰，其句法主语可以是第二人称，也可以是第三人称，例如：

（14）你**一直认为**你是最容易受到伤害的人，一直认为天底下除了你没人比你更痴情。（来自百度的语例）

（15）研究人员表示，他们**过去认为**深海鱼类应是独居生活，而拍摄到的画面却显示：虽然生存环境极为恶劣，但狮子鱼“善于交际且非常活泼”，常常一个群体聚集在一起生活。（中央电视台《新闻联播》2008-10-09）

（16）中国足协**大概认为** 2009 年是个比赛荒年，所以根本没打算在奥运会失利之后就尽快为这支队伍确定一个稳定的教练组。（中央电视台《朝闻天下》2009-01-18）

（17）“近年来不断的瘟疫突然让我想起了很久以前被妖魔化了的马尔萨斯，**他曾经认为**，人口超出了社会的承受能力，那么疾病、灾难、战争都是缓解这种压力的必然。”（中央电视台《今日观察——猪流感发出的新警报》2009-04-28）

例（15）中的“过去”是时间名词，例（14）和例（17）中的“一直”“曾经”是时间副词。“认为$_2$”受时间名词和时间副词修饰，也就意味着从时间上对“认为”这一心理判断行为的发生加以限定。那么“认为”的这一心理判断就不是说话人在说出某一段话语时所做出的断言，而是说话人描述了句法主语在某一时间对某人或者某事做出的某一判断，是典型的描述性用法。例（16）中的“大概”是一个情态副词。我们知道，情态副词是一个高位的语言成分，它附加在整个句子命题之上，表达说话人对于句子命题不太确定的判断。因此，“大概”的句法位置比较自由，变换句法位置后并不影响语义的表达，试比较：

（16′）**大概**中国足协**认为** 2009 年是个比赛荒年，所以根本没打算在奥运会失利之后就尽快为这支队伍确定一个稳定的教练组。

因此，情态副词“大概”在语义上修饰的是整个句子，而不是心理动词“认为”。心理动词“认为”与句法主语“他”具有论元支配关系，“认为”这一心理判断是句法主语“他”做出的，因此，此处的“认为”是典型的“认为$_2$”。

“认为$_1$”与“认为$_2$”不同，不能受修饰性成分修饰。当“认为$_1$”受修饰性成分修饰时，那么，“第一人称＋修饰性成分＋认为”的结构就不再表达断言，而是用于描述，结构中的“认为”也不再是“认为$_1$”，而是“认为$_2$”，例如：

（18）他说，“**我过去认为**忍耐是可以换来和平的，但是现在我发现，这是做不到的。”（中央电视台《环球视线——史上最大军演秀　考验半岛神经》2010－12－23）

（19）徐静蕾：“**我以前认为**大团圆结局是很肤浅的。那个时候真的这样觉得，可是现在我就觉得干嘛要让人家心理不舒服呢。”（凤凰卫视《鲁豫有约——徐静蕾称不会再自导自演　黄立行被曝“永久”糗事》2011－12－27）

（20）邻居：“我还一直以为这是个玩笑或者是新闻网站被黑客袭击了，**我曾经认为**这是个恶作剧，但现在已经被证实了，我真是不敢相信。”（中国人民广播电台《中国之声——新闻纵横》2013－05－11）

例(18)—例(20)中的主语都是第一人称，句法主语和言者主语一致，句法主语的认识就是说话人的认识，但是整个句子仍然是描述性质的，而不是断言性质的。因为句子中使用了时间名词“过去”“以前”和时间副词“曾经”来修饰“认为”，从而在时间上对“认为”进行了时态上的限定，因此，整个句子表达的是说话人在某一时间点曾经做出过某一判断，这一判断并不是说话人在说出话语的同时所表达的断言认识，说话人现在的断言认识可能与过去某一时间曾经做出的判断是截然相反的。以例(18)为例，“认为”受时间名词“过去”修饰，那么“我”对命题做出判断的时间不是“当时当下”（即“说话的时间”），而是“过去”。我过去在某一时间点做出的判断是“忍耐是可以换来和平的”，而现在我的认识是“忍耐是换不来和平的”，显然我对“忍耐能否换来和平”前后的判断是截然相反的；例(19)和例(20)亦是如此，不再赘述。

9.2.2.2 “认为$_1$”和“认为$_2$”与否定

“认为$_1$”不能被否定，如果被否定的话，被否定的“认为”是“认为$_2$”，不是“认为$_1$”，例如：

(21) 陈浩然：“我从来**不认为**这是侵害。”(深圳电视台《22度观察——抢钱救妻该不该轻判?》2010-08-26)

(22) 刘子歌：“我**没认为**《道德经》里它有消极的东西。”(中央电视台《面对面——张琳》2009-11-01)

(23) 主持人：“您可千万**别认为**这就是赌石的全部的知识。说句实在的，还差着十万八千里呢。”(北京电视台《城市——解玉传奇》2008-01-07)

(24) 李厚霖：“我觉得慈善真的是勿以小而不为之。一定是这样的，而且慈善一定是从点滴中开始去做的，我们**不要认为**捐一万块钱不叫慈善，捐一百万才叫捐，那个是不对的。”(北京人民广播电台《博闻天下——是否应该公布醉酒驾车者的名单》2009-08-29)

例(21)—例(24)中的“认为”受“不”“没”“别”“不要”等否定词修饰。例(23)中，句法主语和言者主语不一致，因此，句中的“认为”是典型的“认为$_2$”，不表达断言认识情态意义；即使例(21)、例(22)和例(24)中的句法主语是第一人称，句法主语和言者主语一致的情况下，句中的“认为”也不表达认识情态意义，仍然是典型的“认为$_2$”。例(21)中的“不认为”和例(24)中的“不要认为”表达的是说话人对听话人可能持有的某种观点的“否定”，说话人的交际意图是纠正听话人可能持有的某一断言；例(22)中的“没认为”实际上是在纠正听话人过去持有的某种认识，由于受到否定词“没”所带来的时间概念的限定，自然也不能表达说话人“当时当下”的断言认识。

9.2.2.3 “认为$_1$”和“认为$_2$”与疑问

“认为$_1$”和“认为$_2$”在疑问形式和反问形式上存在一系列对立。

“认为$_1$”用于断言，不能采用疑问句的形式，例如：

(25) 陆强：“没有，肖老师，**我认为**任何大事都得从小事开始做起，真的，我妈妈走了，我才大彻大悟了。”(中央电视台《乡约——简单事

业》2010-04-26)

(25′) *我认为任何大事都得从小事开始做起? 真的,我妈妈走了,我才大彻大悟了。

"认为$_2$"用于描述,则可以采用疑问的形式,例如:

(26)《22度观察》:"**你认为**他们根本就还不起?"(深圳电视台《22度观察——朝鲜择机出牌》2009-06-12)

(27) 记者:"**他认为**你们怎么了?"(中央电视台《新闻1+1——招商,不能变成"招伤"!》2010-06-17)

例(26)中,说话人询问听话人是不是做出过某一判断;例(27)中,说话人向听话人询问第三方做出了什么样的判断;从语义上来看,断言的内容是句法主语"你"或"他"曾经做出的某一判断,而不是说话人关于某一命题的断言认识。

"认为$_2$"用于描述,可以有多种反问形式;"认为$_1$"用于断言,则只有一种反问形式,试比较:

(28) 你认为我很坏,不是吗?(自造语例)
(29) 张大哥认为小王应该帮助小李,不是吗?(自造语例)
(30) 他认为这是非常丢面子的事,不是吗?(自造语例)
(31) 我认为唐元豹堪称中国头号男子汉,不是吗?(自造语例)

例(28)—例(30)中的"认为"是"认为$_2$"①,其反问形式可以反问多个句法成分,以例(29)为例,反问的对象可以是主语"张大哥",也可以是小句宾语"小王应该帮助小李",试比较:

(29′) 张大哥认为小王应该帮助小李,(难道)不是(张大哥)吗?

① 例(29)中,"张大哥认为小王应该帮助小李"可以看作说话人的主观判断(或言者主语的断言),说话人用"不是吗"来求证自己的断言是否正确,求证的对象可以是第一个断言行为"张大哥认为",也可以是第二个断言内容"小王应该帮助小李"。无论求证哪一个断言,句子中的动词"认为"只和句法主语"张大哥"有句法支配关系,说话人只是在描述张大哥曾经做出的某一断言(描述),而不是说话人的断言认识(认识情态),因此,句中的"认为"属于描述性的用法,例(28)和例(30)也属于这种情况。

(29″) 张大哥认为小王应该帮助小李,(难道)小王不应该帮助小李吗?

用于表达断言认识的“认为$_1$”则只有一种反问形式。例(31)中的“认为”是“认为$_1$”,其反问形式只能反问一个句法成分,即小句宾语,而不能反问句法主语“我”,试比较:

(31′) *我认为唐元豹堪称中国头号男子汉,(难道)不是(我)吗?

(31″) 我认为唐元豹堪称中国头号男子汉,(难道)唐元豹不是中国头号男子汉吗?

9.2.2.4　小结

“认为$_1$”的句法环境相对单纯。“认为$_1$”不可以受“时间副词、情态副词、否定词”等语言成分修饰,不能用于疑问表达,且只有一种反问形式。一旦“认为”受到“时间副词、情态副词、否定词”等语言成分的修饰,或者用于疑问表达,或者有两种以上的反问形式时,即使“认为”的主语是第一人称,“我(们)+修饰性成分+认为”结构也不再用于表达断言认识情态(assertion),而是用于描述(descriptive)。因此,“认为$_1$”的句法形式必须是“我(们)认为$_1$”的形式①。

“认为$_2$”的句法环境比较复杂。“认为$_2$”可以受“时间副词、情态副词、否定词”等语言成分修饰,还可以有疑问形式和多种反问形式。“认为$_2$”不仅仅与第二、三人称搭配,也可以和第一人称搭配,“认为$_2$”与第一人称搭配时,需要受修饰性成分修饰。

第三节　“我(们)认为$_1$”强断言认识情态意义的建构过程

9.3.1　“我(们)认为$_1$”表达断言认识情态意义

郭昭军(2004:44)从与叙实谓词比较的角度讨论了“我想”的断言

① “认为$_1$”主要采用“我(们)认为”的形式表达断言认识,有时候也会采用第一人称的其他语言表达形式,例如“本研究认为”“本人认为”“笔者认为”“我方(我国、我军……)认为”“在下(小人、鄙人)认为”等,其他断言谓词“以为”“觉得”构成的认识情态构式“我(们)以为”“我(们)觉得”也是如此。

性。所谓叙实谓词(factive predicate),是指说话人通常预设宾语从句所表达的命题为真的一类谓词,如"知道""记得"等;非叙实谓词则不包含这种预设,如"相信""觉得"等。断言谓词是非叙实的,在语义上也不存在这种预设。

"我(们)认为$_1$"中的第一人称不仅仅是句法主语,还是言者主语,句法主语对某人或某事做出的某一判断,同时也是说话人对某人或某事做出的某一判断。"我(们)认为$_1$"是说话人的一个言语判断行为——说话人对某一命题做出断言,这种断言是非叙实的,命题的真假仅仅存在于说话人的主观认识之中。因此,"我(们)认为$_1$"结构实际上表达的是说话人主观认为小句宾语所表达命题倾向于为真的判断,我们称之为"断言认识"(assertion of epistemic modality),属于认识情态范畴(epistemic modality)。

9.3.2 "我(们)认为$_1$"强断言认识情态意义共时建构过程

郭昭军(2004: 45)认为"断言性的强弱就是说话人对宾语从句所表示命题的肯定程度或相信程度(degree of commitment)",强断言谓词表示说话人对命题的真实性非常肯定。"我(们)认为$_1$"表达的是说话人对小句宾语所表达命题倾向于为真的肯定性判断,属于强断言认识情态(strong assertion)范畴。"我(们)认为$_1$"表达强断言认识情态意义的性质可以从四个方面来进行考察和验证。

第一,"我(们)认为$_1$"句的断言结构。"我(们)认为$_1$"句实际上包括两个断言,第一个断言是主句"我(们)认为$_1$";第二个断言是小句宾语;

第二,"我(们)认为$_1$"与不同类型情态副词的共现频率。相对于与表达揣测性推测的情态副词共现的情况而言,"我(们)认为$_1$"与表达确定性推测的情态副词的共现频率更高;

第三,"我(们)认为$_1$"与表达不确定性认识、具有缓和语气功能的语气助词"吧"几乎不共现,或者说,二者的共现频率很低,主要是因为"我(们)认为$_1$"所表达的强断言认识和"吧"所具有的缓和语气功能相互矛盾;

第四,"我(们)认为$_1$"的插入语用法。"我(们)认为$_1$"用于表达强断言认识情态时,以插入语的形式出现的频率较低,原因就在于插入语不是句子结构的必须成分,而是用于标记说话人态度或信息来源的语用表达成分,而"我(们)认为$_1$"用于表达说话人的断言认识时,是说话人所要表达的两个断言中的一个,是句子结构不可缺少的组成部分,因此"我(们)认为$_1$"的强断言性质与插入语的功能相互矛盾,因此,"我(们)认为$_1$"用于插入语的频率相对较低。

9.3.2.1 “我(们)认为$_1$”句的断言结构

郭昭军(2004：45)指出“断言谓词的强断言性体现在整个句子包含着两个断言,除了小句宾语这个断言之外,断言谓词本身也构成一个独立的断言。”“我(们)认为$_1$”用于表达强断认识情态意义时,整个句子实际上包括两个断言,第一个断言是说话人的断言,即主句“我(们)认为$_1$”;第二个断言是小句宾语。表达断言的小句宾语有多种类型。小句宾语经常是一个判断句,判断句是指对某人或某物的性质、特点或者状态等进行判断,是典型的断言;除此之外,属性句、变化句、描写句也可以表达断言;不仅仅小句可以表达断言,表达条件、假设或选择关系的复句也经常出现在小句宾语中表达断言。

一、小句宾语是判断句

在“认为”的小句宾语中,由判断动词“是”构成的判断句最为常见。判断句一般由判断动词“是”构成,由“是”连接主语和谓语,表达判断,例如:

(32) 主持人:“你看她高兴的,**我认为**你是解决矛盾的高手啊。”(中央电视台《乡约——广西博白》2012-06-15)

(33) 陆强:“全国都能见到我这个店,肖老师,您说我这个还是小生意吗？**我认为**是一门大生意。”(中央电视台《乡约——简单事业》2010-04-26)

(34) 陈强:“酒**我认为**它是有生命的,我自己酿的酒就像我的孩子一样。”(中央电视台《乡约——古韵尤溪》2012-05-10)

例(32)中,“我认为”的宾语小句是典型的判断句,例(33)中,宾语小句中的“小主语”承前省略;例(34)是一个复杂主谓谓语句,其中,断言认识结构“我认为它是有生命的”做整个句子的谓语成分。

由“是……的”构成的强调句也比较常见。强调句一般用于对某种动作、行为、性状起确认或强调作用,有时也用于强调动作发生的时间、地点、频率、方式、工具等。说话人对于某一内容的确认和强调本质上就是一种断言,例如:

(35) 主持人:“刚才那威说要在这儿买房子,我认为**是**比较有远见**的**。”(中央电视台《乡约——山东定陶》2012-09-06)

(36) 观众:“我是来自北京中医药大学的硕士研究生,我学中医已经七年了。科学是来干嘛的？我认为科学**是**用来探索**的**。”(深圳电视

台《22度观察——中医养生还可信吗？2010-06-17》

(37) 建鸣：“把转型作为第一重要的思想，通过转变发展方式来促进我们黄石可持续发展，我认为这是最重要的。”（中央电视台《今日关注——转变经济发展方式刻不容缓》2010-03-11）

二、小句宾语是属性句

属性句由非自主动词中的属性动词构成，表示某人或者某物具有某种属性。属性句可以表达断言，表明说话人对于某人某物的某种属性判断。小句宾语中常见的属性动词有“有、属于、等于、符合、在于、值得”等，例如：

(38) 尹卓：“企业研究所主要是共和党的智囊团，他们保守的色彩非常浓厚，它对奥巴马的军事政策，我认为它多**有**歪曲，**有**抹黑的。”（中央电视台《今日关注——美军放弃两场战争战略》2009-06-21）

(39) 石述思：“根据刑法的精神来做出符合社会主流价值的判断，我倒觉得这个案例量刑是绝对适中的，甚至是符合我内心，甚至我认为**符合**大多数人的心愿的。”（深圳电视台《22度观察：抢钱救妻该不该轻判?》2010-08-26）

(40) 贺铿：“政府直接去调结构实践证明并不成功，我认为政府调结构**等于**“往面粉里加水”，不能多也不能少。”（中央人民广播电台《经济之声——天下财经》2013-01-21）

“知道、懂得”等也可以构成属性句，表达断言，例如：

(41) 李说道，“他说这话根本没有和我商量，我认为湖人**知道**我们对待续约的态度。”（中央人民广播电台《体育天地》2008-07-03）

(42) 窦文涛：“我就认为中国人比西方人不大**懂得**个人隐私，什么隐私不隐私的。”（凤凰卫视《锵锵三人行——梁文道：中国文化不注重隐私》2011-10-08）

三、小句宾语是变化句

所谓变化句，是指由非自主动词中的变化动词构成的，表示某人或者某物发生了某种变化。说话人对于某一变化的认知也可以看作说话人对于某人或者某物的断言。变化动词出现在小句宾语中时，后面需要加时体助词“了$_1$”，以明确说话人的主观判断，例如：

(43) **我认为**,有些学者几乎不自觉地忘记了汉语是一种口头语言,他们过分夸大了文字的影响。(来自百度的语料)

(44) 雷国秀:"**我认为**改变**了**,应该说我自己感觉是对传统管理的颠覆。"(北京电视台《城市:烤鸭三部曲之二——鸭子的喧嚣》2008-03-31)

四、小句宾语是描写句

描写句是指形容词作谓语的句子,表达某人或者某物具有某种性质或者处于某种状态,一般由体词性主语加形容词或形容短语构成。描写句也可以表达说话人对于某人或者某物的断言,例如:

(45) 吴建民:"我想这是一个互相帮助的问题,胡锦涛主席用词**我认为**非常确切,叫做'携手合作,同舟共济'。"(深圳电视台《22度观察——2010中美外交大趋势》2010-01-22)

(46) 斯伟江:"实际上它是一种捆绑销售,把自己的服务和自己的机器捆在一起,这个**我认为**不合适。"(中央电视台《今日观察——从联通新政看3G市场》2010-11-29)

形容词后面经常出现语气助词"$了_2$"。"$了_2$"用于表达某人或者某物的性质发生了变化,整个句子凸显了说话人对于某人或者某物性质或状态变化的认识和判断,例如:

(47) 马秋林:"新的油价机制建立起来以后,**我认为**投机商的机会少了。"(中央人民广播电台《新闻纵横》2012-11-12)

(48) 马庆斌:"产业在向中西部转移过程中,其发展明显受制于铁路和公路的有限运输能力,所以**我认为**发展不是快了而是慢了。"(中央人民广播电台《经济之声——天下财经》2013-07-14)

五、小句宾语是一个复句

如果小句宾语是一个复杂的复句或者句群,那么这个复句或者句群一般都是断言性质的,可以是选择复句、条件从句或者假设从句等。

选择复句一般都是分列几种选择,要求听话人从中选择一种,分为有定选择和无定选择。充当"认为"小句宾语的选择复句一般都是有定选择,即说话者在提出可供选择的两种情况时已经有所取舍，这种"有定选择"实际上表达了说话人的断言认识，例如：

(49) 邱震海："但是**我认为**与其空谈这种体制的改革，还不如我们现在就想怎么把市场经济给整治好。"(凤凰卫视《时事开讲——邱震海：中国转型走到十字路口面临选择困惑》2011-07-05)

(50) 柴泽俊："如果说我们把那座古建筑修坏了，保持修坏的状态，**我认为**这不是保持原状，而是保持残状。"(中央人民广播电台《中国之声——新闻纵横》2013-07-28)

条件句是指由偏句提出一种真实或假设的条件，正句说明在这种条件下所产生的结果，包括充分条件句和必要条件句。无论是哪一种条件句，都表明了在某一条件下将会出现某一结果，这种由条件到结果的判断可以出现在"认为"的小句宾语中，表达断言认识，例如：

(51) 刘国中："尽管今天大家倍感压力，但是**我认为**只要我们有效地创新，一定能渡过这个难关。(中央人民广播电台《新闻和报纸摘要》2008-11-18)

(52) 李振江："**我认为**只有加强监管才能保证人民群众的用药安全，只有加强监管才能促进医药行业的健康发展。"(中央人民广播电台《新闻和报纸摘要》2008-03-10)

假设从句一般都是偏句提出某种假设，正句说明在这种假设的条件下可能产生某种结果，也可以用于表达说话人的某种断言认识，例如：

(53) 唐晶："**我认为**如果我们的法制特别健全的话，这个就不会成为最主要的渠道，因为我们的法律建设还在进行中。"(北京人民广播电台《城市零距离——广播议政会之网络监督如何更有力？》2010-05-15)

(54) 徐济成："像姚明这样的优秀的中锋，他的黄金时期是从28岁开始到35岁，如果情况可以，他能打到35岁到36岁，因此**我认为**，即使姚明这个赛季因为受伤需要治疗，停止一个赛季对他来说都不是最坏的消息。"(中央人民广播电台《新闻纵横》2009-07-02)

六、小结

"认为$_1$"用于断言时，小句宾语的种类很多，有"判断句、强调句、属性句、变化句、描写句"等，甚至可以是一个复杂的"选择复句、条件复句或假设复句"。无论是哪一种形式的小句宾语，都必须表达一个独立的断言，因此，"认为$_1$"的小句宾语比较单纯，即只能是表达断言的小句或复句。

9.3.2.2 "我(们)认为$_1$"与情态成分

吕叔湘(1996：407)曾经指出"'认为'的动词宾语里常有'应该、必须、可以、一定、能、会'等"。"我(们)认为$_1$"表达强断言认识时，小句宾语中经常出现表达说话人主观情感、态度和观点的其他情态表达成分，包括"要、能、应该、可以"等情态动词，也包括"必须、一定、的确、确实"等表达肯定性推断的语气副词。

一、"我(们)认为$_1$"与情态动词共现

"我(们)认为$_1$"的小句宾语中经常出现"要、能、可以、应该、会"等情态动词，例如：

(55) 纪小龙："**我认为**在这一点上长命**要**安宁。"(深圳电视台《22度观察——中医养生还可信吗?》2010-06-17)

(56) 张广宁："**我认为可以**定位于'商贸文化中心'，因为广州是千年商都，一直很出名。"(广州电视台《广州电视新闻》2009-09-29)

(57) 赵航："**我认为应该**是调整结构，加快重组。"(中央电视台《对话——穿越寒冬》2009-02-23)

例(55)—例(57)中的"要、可以、应该"都是情态动词，在这里都表达了说话人对命题倾向于为真的可能性推断，这种对命题倾向于为真的推断与"我(们)认为$_1$"的强断言性质是一致的。

二、"我(们)认为$_1$"与语气副词

现代汉语中，表达推测意义的语气副词大致可以分为揣度性推测("或然")和确定性推测("必然")两个大类。表揣度性推测的语气副词有"恐怕、恐、怕、也许、或许、兴许、许、大概、不定、大约、多半、该、似乎"等，表示确定性推测的语气副词有"必得、必定、必然、势必、一定、一准、准、准保、定、定然"等(参见史金生 2003；齐沪扬 2003；齐春红 2007；罗耀华、刘云 2008 等)。

由于"我(们)认为$_1$"一般表达说话人较为肯定的断言认识，因此，"我(们)认为$_1$"与语气副词共现时表现出一定的选择倾向性。"我(们)认为$_1$"小句宾语中经常出现表达确定性推测的语气副词，例如"一定、肯定、必然、

的确、确实"等，举例来说：

(58) 马伊琍："**我认为一定**要上。"(凤凰卫视《鲁豫有约——宁静屠洪刚深情演绎〈爱人〉唤醒甜蜜往事》2011-11-23)

(59) 孔泉："所以**我认为**今天的比赛**的确**非常精彩。"(中央人民广播电台《新闻纵横》2011-06-05)

(60) 张永军："**我认为**现在**确实**有下调准备金率的必要。"(中央人民广播电台《天下财经》2012-04-05)

有时候，小句宾语中也会出现表达揣度性推测的语气副词，例如"大概、大约、恐怕、多半、或、或者、也许、或许、兴许"等，例如：

(61) 赵浦："从我个人来看的话呢，**我认为**现在开发的**大概**只有15个亿左右的规模。"(中央电视台《新闻30分》2008-11-02)

(62) 洪琳："所以说，**我认为**民间的说法**恐怕**就是纯属瞎掰。"(中央电视台《环球视线——钓鱼岛：日本战机拦截中国军机》2011-07-08)

(63) 杨禹："它总会给我们多余的钱有一个很好的去处，这个去处**我认为也许**在下周就会出现。"(中央电视台《环球视线——欧洲告急考验中国制造》2010-05-21)

揣度性推测类语气副词和确定性推测类语气副词与"我(们)认为$_1$"共现的频率不同。确定性推测类语气副词与"我(们)认为$_1$"的共现频率要高于揣度性推测类语气副词和"我(们)认为$_1$"的共现频率。在媒体语言语料库(MLC)中随机抽取了600例语料进行统计，我们发现，"我认为$_1$"与确定性推测类语气副词"一定"共现的语例有56例，而与揣度性推测类语气副词"大概"共现的语例只有7例，与语气副词"恐怕"共现的语料也只有12例，与语气副词"也许"共现的语料也只有14例，揣测性推测类语气副词"大概""恐怕""也许"与"我(们)认为$_1$"的共现频率加起来也远远低于表达确定性推测类语气副词"一定"与"我(们)认为$_1$"的共现频率。因此，揣度性推测类语气副词和确定性推测类语气副词与"我(们)认为$_1$"共现频率的高低，也从侧面说明了"我(们)认为$_1$"所表达的断言认识程度较高。

三、"我(们)认为$_1$"与语气助词

现代汉语语气助词"吧"具有缓和语气的情态功能(参见胡裕树1995：

376;胡明扬 1981：5-6;李讷、汤珊迪 1981：221;屈承熹 1998：109;张谊生 2000：268;刘月华等 2002：424;徐晶凝 2003：143;卢英顺 2007：80;周士宏、岑运强 2008：56 等)。语气助词“吧”缓和语气的情态功能与“我(们)认为$_1$”强断言认识情态功能是矛盾的,所以二者共现的频率并不高;当“我(们)认为$_1$”与语气助词“吧”共现时,并不表达说话人的强断言认识情态意义,而是有特定的语用表达功能,即说话人为了避免强断言认识在互动交际过程中表现得过于强势,以致冒犯听话人,从而违反礼貌原则,因此,说话人在使用“我(们)认为$_1$”做出某种断言的同时,使用语气助词“吧”来缓和断言语气,弱化断言语力,这种交际策略体现了互动交际中的面子保护策略,例如:

(64) 吕立新:“**我认为**应该还是牛市的阶段**吧**。”(中央电视台《东方时空——中国股市的非常时期》2008-04-08)

(65) 魏庆话梅:“**我认为**最大的压力还是源自就业**吧**。”(北京人民广播电台《博闻天下——人肉搜索》2009-02-22)

例(64)和例(65)中,说话人用“我认为$_1$”来对听话人提出的问题进行谨慎地回答,为了避免因自己的断言认识和听话人的观点不一致而可能对听话人的面子造成威胁,说话人有意采用了语气助词“吧”来弱化强断言语气,从而以委婉的方式来表达个人的强断言认识,是礼貌原则和面子保护策略在互动交际中的典型体现。

“吧”和“啊”出现句中时,经常被看作主位标记(张伯江、方梅 1996：43)。作为主位标记的“吧”和“啊”,虽然篇章功能突出,但仍带有一定的情态语义的残留(徐晶凝 2003：146)。在媒体语言语料库(MLC)中仅出现了两例,占全部“我认为”出现频次(约 9846 次)的 0.02%,共现频率极低,出现的两例抄录如下:

(66) 龚海龙:“作为一个小股民**我认为吧**,股市也没什么可悲观的,你想想,十年了,经过十年的历练它又回到起点了。”(中央人民广播电台《新闻纵横》2012-01-04)

(67) 刘桂香:“**我认为吧**这个一男一女或者两个女的工作起来都是非常必要的,不管跟谁咱们的主要目的就是完成普查工作。”(北京人民广播电台《城市零距离——人口普查和我们有什么关系?》2010-08-26)

相对于语气助词"吧",语气词"啊"更容易出现在"我认为$_1$"的后面,例如:

(68) 爱心人士:"**我认为啊**,这个双方都很受人尊敬。"(中央电视台《面对面——"仁义哥"王冬》2012-11-25)

(69) 罗哲文:"所以我总是说中国的科学技术和中国的文化艺术是分不开的,所以**我认为啊**,自然科学人文科学,还是相互融汇的。"(北京电视台《7日7频道——罗哲文》2008-02-08)

(70) 黄明:"**我认为啊**,最重要的一句话就是要相信市场,要允许市场创新,满足需求。"(中央电视台《今日观察——破解中小企业融资难》2011-03-22)

徐晶凝(2003: 146)指出"'吧'赋予句子以一种委婉、略带迟疑的语气,而'啊'则带有主动向听话人传达信息,提请听话人注意的语气"。"吧"赋予句子的"委婉、略带迟疑的语气"与"我(们)认为$_1$"的强断言性质矛盾,而"啊"则不同,"啊"主动向听话人传达信息,提请听话人注意,与"我(们)认为$_1$"的强断言性质一致,因此,"啊"可以出现在"我(们)认为$_1$"后面,而"吧"则不可以。此外,徐晶凝(2003: 147)还比较了汉语和日语中的两类语气助词。一类是基于对命题真值的判断而选择使用的语气助词,例如"吧、かしら"等;第二类是基于对交际双方关系的考虑而选择使用的语义助词,如"啊、ね"等。"吧"与"ね"的使用出发点不同,"ね"主要是基于对听话人以及交际双方关系的考虑而选择使用的,而"吧"的使用虽然客观上也有"礼貌"的表达作用,但是,它的使用从根本上说是基于对命题内容的看法和态度。徐晶凝将"吧"与"ね"归为不同的使用类型,即"吧"是客观信息取向的(object information-oriented),而"ね"则是交际感情取向的(international emotion-oriented),也就是说,"吧"主要用于命题真值的判断,而"啊"则主要用于交际表达的需要,因此,二者在性质上的根本不同恰恰说明了"啊"和"吧"在"我(们)认为$_1$"后面出现频率存在较大差异的原因。

齐春红(2007: 128-129)曾专门对语气副词与句末语气助词的共现规律进行考察研究。她指出表主观估量的语气副词"大概、大约、恐怕、或者、也许、或许、兴许、不定、万一"等与"吧"共现的频率是30%左右;而主观大量类的语气副词"准、总、准保、管保、必定、势必、想必、确然、的确、确实"和句末语气副词"吗"和"吧"的共现频率微乎其微。齐春红的主观大量类语气副词“准、总、准保、管保、必定、势必、想必、确然、的确、确实”表达确定性的主观推断，其主观确信度为“1”，排斥表达不确定性认识、具有缓和语气功能的语气助词“吧”，这与“我(们)认为$_1$”表达强断言认识情态，同样排斥表达不确定性认识、具有缓和语气功能的语气助词“吧”的判断是一致的。

9.3.2.3 “我(们)认为$_1$”的插入语用法

“主语＋认为$_1$”构成的主谓结构与小句宾语的相对位置比较灵活。“主语＋认为$_1$”构成的主谓结构可以出现在句首、句中或者句末位置，例如：

(71)“在多次重拳出击下，才出现一点下降。究其原因，**我认为**这是买卖双方的博弈。”(中央电视台《今日观察——直降7000 推倒房价多米诺》2010-11-24)

(72) 斯伟江：“实际上它是一种捆绑销售，把自己的服务和自己的机器捆在一起，这个**我认为**不合适。”(中央电视台《今日观察——从联通新政看3G市场》2010-11-29)

(73) 刘戈：“对，后面这些人是无辜的，**我认为**。”(中央电视台《今日观察——司机醉驾，乘客该不该罚？》2009-11-02)

例(71)是一个常规的主谓宾格式，例(72)和例(73)中的“我认为”结构是以插入语形式出现的，其中，“认为”的语法地位有很大的不同。例(71)中，“我认为”结构是句子的主要判断，而例(72)和例(73)中的“我(们)认为$_1$”则不再是句子的主要判断，而是以插入语形式出现的命题外成分。“我(们)认为$_1$”结构不再是句子的核心谓语，与小句成分的关系较为疏远，二者之间不是论元支配关系；小句成分是语义表达的重心，“我(们)认为$_1$”不再参与句子命题的建构，而是主要表达命题之外的附加意义，表明说话人对于命题内容所持有的观点和认识，此时的“我(们)认为$_1$”结构可以省略，省略后句子的命题意义相对完整。

相对于常规的主谓宾格式，“我(们)认为$_1$”的插入语用法用例较少，在笔者统计的“我认为$_1$”表达断言认识的450个用例中，插入语用法的用例仅有26例，约占5.7%。由于“我(们)认为$_1$”结构用作插入语时，其语义内容已经弱化，本身并不是独立的断言，只是用来标记说话人的态度，这种用法与“我认为”的强断言性相矛盾，因此，“我(们)认为$_1$”的插入语用例较少。郭昭军(2004：45)也曾经指出“断言谓词一般都既有一个插入语的用法，也有一个非插入语的用法，强断言谓词的优势用法是作为非插入语用法”。我们关于“我(们)认为$_1$”结构的插入语用法的考察与郭昭军关于“强断言谓词的优势用法是非插入语用法”的结论是一致的。

第四节　“我(们)认为$_1$”强断言认识情态意义的认知阐释

9.4.1　话语分析的相关理论

1952年，Harris发表了题为“Discourse Analysis”的论文，正式提出话语分析的概念。之后，话语分析引起国内外学者的广泛关注，出现了大量研究话语的论文和专著。朱永生(2003：43)将话语分析的研究概括为七个方面：第一，句子之间的语义联系；第二，语篇的衔接与连贯；第三，会话原则；第四，话语与语境之间的关系；第五，话语的语义结构与意识形态之间的关系；第六，话语的体裁结构与社会文化传统之间的关系；第七，话语活动与思维模式之间的关系等。从话语分析的研究内容来看，话语分析与语篇、语用学、社会学、心理学、认知科学等多个学科具有交叉关系。一般来说，话语分析的对象不是一个句子的句法结构，虽然话语分析在一定程度上也会受到句法结构的影响，但是归根结底话语分析研究的主要对象是超句成分。陈平(1987：15)曾经指出“话语分析最典型的研究对象是超出单句长度的语段，由前后相连的句子构成的段落，如果在语言交际中表现为一个相对独立的功能单位，我们便称之为篇章”。语篇中句子与句子之间的语义联系是话语分析的重要研究对象之一。因此，本节以“我(们)认为$_1$”的语篇分布为出发点，以“我(们)认为$_1$”小句在语篇中与前后小句之间的语义关系为考察对象，研究“我(们)认为$_1$”在语篇中的话语表达功能。

9.4.2　“我(们)认为$_1$”的语篇分布及话语表达功能

一般情况下，“我(们)认为$_1$”在话语中的分布不是孤立的，一般需要有一定的话语相照应。也就是说，“我(们)认为$_1$”小句不能单独出现，需要有前后小句在语义方面进行铺垫或者照应。“我(们)认为$_1$”小句在话语中的分布有严格的限制，“我(们)认为$_1$”小句只能出现在语篇的中间，当出现在语篇的始发句(initial clause)位置时，一般采用倒装的形式，例如：

(1) **我认为**方超也喜欢陈南燕，因为他得了很多红旗，经常抱着铺盖卷在高间进进出出。(王朔《看上去很美》)

(2) **我认为**李阿姨永远不会吃她,因为她有肝炎,吃了她,李阿姨也该传染了。(王朔《看上去很美》)

“我(们)认为$_1$”小句既可以出现在互动交际的对话语篇中,也可以出现在非对话语篇中。“我(们)认为$_1$”小句在互动交际的对话语篇中出现的频率最高,因此,互动交际的对话语篇是“我(们)认为$_1$”小句出现的典型语境,例如:

(3) “不对!我正是不想坑她,才求你瞒几天,容我妥善处理。”

“**我认为**把你的病情老老实实、源源本本告诉石静,才是最妥善最正确的处理方法。”(王朔《永失我爱》)

(4) 辛楣说:“我很喜欢话剧,可惜我没有看过——呃——多少。”范小姐问曹禺如何。辛楣瞎猜道:“**我认为**他是最——呃——最伟大的戏剧家。”(钱锺书《围城》)

(5) 沃克说:“比你们的刘晓庆还漂亮。”

我说:“**我认为**刘晓庆是位出色的电影演员,可从来也不认为她是个漂亮女人。”(梁晓声《京华闻见录》)

对话语篇一般以话轮作为口语交际的基本运用单位,话轮[①]是日常会话的基本单位,是指在会话过程中说话者在任意时间内连续说出的、具有和发挥了某种交际功能的一番话,其结尾以说话者或听话者的角色互换或各方的沉默等话轮放弃信号为标志(刘虹 1992:17)。例(3)—例(5)中,“我认为$_1$”小句都处于一个话轮的开始位置,用于回答对方的提问(例4),或用于反驳对方(例3和例5)。“我认为$_1$”小句表达了说话人关于小句宾语所表达命题倾向于为真的肯定性判断,语气强烈,语义程度较重,因此,需要有一定的话语表达作为铺垫,一般不会出现在一个完整话轮的始发句位置,以避免突兀和不礼貌。当“我(们)认为$_1$”小句出现在一个话轮的始发句位置时,一般都需要有一定的特殊语境作为交际背景,例如:

(6) 张服务员说的和瘦高侦查员讲的完全一样,分局长还不甘心。……分局长无话可说,出了门绕到楼后,仰头望五层楼的高度,在

① Levinson(1984)和索振羽(2000)等将“话轮”(turn)定义为谈话活动中一个参与者从开始说话到结束说话一次所说的全部话语。

草丛里东嗅嗅西踩踩。

"**我认为**他不会从窗户爬进爬出的。"瘦高侦查员小心翼翼地发表看法……"我想不出现在还有哪个年轻人会冒这么大风险占那么个小便宜。"

分局长冷漠地凝视着瘦高侦查员，直看得他不自在起来，把眼睛移向别处。"依你说，这件案子就没有作案者了。既然所有人都是清白的，那些花花液体怎么解释?"(王朔《人莫予毒》)

例(6)实际上包括两个独立的话轮，第一个话轮是第二段，第三段是第二个话轮。刘虹(1992：18)曾经指出衡量话轮一般需要三个条件：

① 具有和发挥了某种交际功能。

② 连续说出的，中间没有沉默。

③ 结尾发生说话者和听话者的角色互换，或者虽未发生这种角色互换，但是出现了沉默等放弃话轮的信号。

在衡量话轮的三个条件中，缺一不可。例(6)中，第一段是分局局长和张服务员的对话，对话以分局局长的沉默和离开等放弃话轮的信号作为结束话轮的标志。第二、三段是分局局长和瘦高侦查员的对话，两人的对话是瘦高侦查员以"我认为他不会从窗户爬进爬出的"作为始发句开始的。此时的"我(们)认为$_1$"小句处于一个独立话轮的始发句位置，其原因在于这段对话的特殊语境。"我认为他不会从窗户爬进爬出的"这一瘦高侦查员的强断言认识是针对分局局长勘察案发地点时的特殊动作而做出的回应，分局局长仰头望五层楼的高度，在草丛里东嗅嗅西踩踩，因此，分局局长很可能怀疑嫌疑人通过爬窗户进入房间，在这样的背景下，瘦高侦查员做出了如上的断言，而且这一断言还在一定程度上冒犯了分局局长——"分局长冷漠地凝视着瘦高侦查员，直看得他不自在起来"，原因就在于"我(们)认为$_1$"小句出现在话轮的始发句位置时，所表达的强断言语气显得不礼貌，即便如此，"我(们)认为$_1$"小句在话轮始发句位置的出现也不是孤立的，必须有特殊的语境(侦查案发现场且有相应的动作和表情)作为交际背景进行铺垫。

"我(们)认为$_1$"小句出现在非对话语篇中时，一般有以下几种情况：

第一，"我(们)认为$_1$"小句出现在语篇结尾处，其话语功能为总结说明，表达说话人总结性的认识和看法，形式上往往出现"所以、故、因此、因而"等表示结果关系的连词，例如：

(7) 我失恋过二十次左右，但是这件事的伤害一次比一次轻微，到

了二十岁以后就再没有失恋过，所以**我认为**失恋就像出麻疹，如果你不失上几次，就不会有免疫力。（王小波《未来世界》）

(8) 在过去的年代中，与我的遭遇相同或相似的是大有人在，所以这首诗引起了一些人的共鸣。因而，**我认为**，诗的思想性是要从诗的总体去把握的。（曾卓《诗人的两翼》）

有时，“我(们)认为$_1$”前面会出现“综上所述(说)、综此、总而言之、总之”等表达总括的词语，例如：

(9) 综上所述，**我们认为**，不同的经济体制必然有与之相适应的工业管理体制。（《人民日报》1995 年 7 月）

(10) 此外《孙越崎传》在结构等方面亦有特点，这留待读者自己去体味和思考了。总之，**我认为**《孙越崎传》是一部可读的传记佳作。（《人民日报》1995 - 03 - 02）

第二，“我(们)认为$_1$”小句出现在语篇中间，其话语功能是针对某一现象或事件，阐述说话人的看法或者观点，例如：

(11) 王愿坚看了看我，悄悄到指导员那里说了几句什么，指导员就叫住我，要我伏到他背上去，要背着我前进。**我认为**这是寒碜我，坚决予以拒绝，指导员就把小丁背走了。（邓友梅《别愿坚，忆当年》）

(12) 现在人们议论最多的是，如果香港不能继续保持繁荣，就会影响中国的四化建设。**我认为**，影响不能说没有，但说会在很大程度上影响中国的建设，这个估计不正确。（邓小平《我们对香港问题的基本立场》）

有时，“我(们)认为$_1$”也会针对某一观点进行评论，例如：

(13) 很多人为了新的理想而牺牲，她也不例外。**我认为**，与其牺牲在旧制度下，不如为了新的理想而牺牲。”（老舍《鼓书艺人》

(14) 郭寿康说：“**我认为**，美方要求显然不符合国际条约和通行惯例。”（《人民日报》1995 - 01 - 03）

或者针对某一事件或观点进行阐释和说明，例如：

(15) 在描述这不完整的风采之前，我还想说一说理查和奎生的婚姻。因为**我认为**，他们的婚姻与他们的钢琴或鼓点大有关系。（刘震云《土塬鼓点后》）

(16) “准确地说我压根没参加评奖，**我认为**毫无希望，瞧，我是个有自知之明的人。”（王朔《顽主》）

有时，也会采用自问自答的方式进行解释和说明，例如：

(17) 那么，应当如何对重要商品实行宏观调控呢？**我认为**主要有以下几方面：第一，实物调控，……。（《人民日报》1995－01－03）

(18) 这种浮躁急躁的心理是如何产生的？**我认为**大抵有两种情况：一是确属工作责任感很强，……。（《人民日报》1995－01－08）

综上所述，“我（们）认为$_1$”小句只能出现在语篇中间，其话语功能因语篇的性质而有所不同。在互动对话语篇中，“我（们）认为$_1$”小句一般用于回答对方的提问，或用于反驳对方；在非对话类语篇中，“我（们）认为$_1$”小句的话语功能大致可以分为两种，一种是出现在语篇结尾处，表达说话人对某一事件状态的总结性认识。第二种是出现在语篇中间，针对某一现象或事件阐述说话人的看法或者观点，也会针对某一观点进行评论，或针对某一事件或者观点进行阐释说明。

第五节　小结

在现代汉语中，由判断类心理动词“认为”和第一人称主语“我”“我们”构成的“我（们）认为$_1$”结构是一个心理动词构式，主要表达说话人关于命题为真的断言认识（assertive），属于认识情态（epistemic modality）的表达范畴。

“我（们）认为$_1$”结构中的“认为$_1$”不是典型的心理动词，不再具有心理动词的典型特征，而是和第一人称主语构成“我（们）认为$_1$”构式，说话人在说出话语的同时，传递出的是说话人对于命题为真的断言认识，表达的是说话人在此时此地的当下语境中所持有的认识判断，是心理动词施为性言语行为意义的用法（performative meaning）。

"你/他(们)认为$_2$"结构用于描述第二人称或第三人称关于小句宾语所表达命题的认识和判断。小句宾语所表达的命题是第二、三人称的判断内容,而不是说话人在说出这段话语时所表达的断言认识,因此,"你/他(们)认为$_2$"结构不用于表达说话人的断言认识,而是用于描述他人(包括第二、三人称)在某时某地曾经做出过某一判断。Scheibman(2002)曾经指出第一人称的主谓结构形式是为了使说话人能将"自我"语法化到句法结构中,从而与听话人进行协商,表明说话人的态度和认识。当句法主语是第二、三人称时,句法主语和言者主语不一致,那么言者主语就隐含在句外,用于描述句法主语的某种性质或者行为,是典型的描写性意义(descriptive meaning)。

"认为$_1$"和"认为$_2$"在主观性和句法形式上存在着一系列系统的差异。"认为$_1$"用于表达说话人对于小句宾语所表达命题的断言认识,"认为$_2$"用于描述他人对于小句宾语所表达命题的判断,所以,在主观性程度上,"认为$_1$"的主观性程度明显高于"认为$_2$"。此外,"认为$_1$"的句法环境相对单纯。"认为$_1$"不可以受时间副词、情态副词、否定词等成分修饰,不能用于疑问表达,只有一种反问形式。一旦"认为"受到时间副词、情态副词、否定词等成分的修饰,或者用于疑问表达,或者有两种以上的反问形式时,即使"认为"的主语是第一人称,"我(们)+修饰性成分+认为"结构也不再用于表达断言认识,而是用于描述,因此,"认为$_1$"的句法形式必须是"第一人称主语+认为$_1$"的语言结构形式。"认为$_2$"的句法环境比较复杂。"认为$_2$"可以受时间副词、情态副词、否定词等成分修饰,还可以有疑问形式和多种反问形式。"认为$_2$"不仅仅与第二、三人称搭配,也可以和第一人称搭配,"认为$_2$"与第一人称搭配时,需要受修饰性成分修饰。

"我(们)认为$_1$"表达的是说话人对小句宾语所表达命题为真的肯定性判断,属于强断言认识情态的范畴。"我(们)认为$_1$"构式的强断言认识情态意义主要体现在四个方面:第一,"我(们)认为$_1$"句的断言结构。"我(们)认为$_1$"句实际上包括两个断言,第一个断言是主句"我(们)认为$_1$",第二个断言是小句宾语,"我(们)认为$_1$"是句子的主要断言,小句宾语是次要断言;第二,"我(们)认为$_1$"与不同类型情态副词的共现频率。相对于与表达揣测性推测的情态副词共现的情况而言,"我(们)认为$_1$"与表达确定性推测的情态副词的共现频率更高;第三,"我(们)认为$_1$"与表达不确定性认识、具有缓和语气功能的语气助词"吧"的共现频率极低,主要是因为"我(们)认为$_1$"所表达的强断言认识功能和"吧"所具有的弱化断言语气的功能相互矛盾;第四是"我(们)认为$_1$"的插入语用法。"我(们)认为$_1$"用于表达强断言认识情态时，以插入语形式出现的频率较低，原因就在于插入语不是句子结构的必需成分，而是用于标记说话人态度或信息来源的语用表达成分，而“我（们）认为$_1$”用于表达说话人的断言认识时，是说话人所要表达的两个断言中的一个，是句子结构不可缺少的组成部分，因此，“我（们）认为$_1$”的强断言性质与插入语的功能相互矛盾，因此，“我（们）认为$_1$”的插入语用法使用频率比较低。

“我（们）认为$_1$”表达说话人的断言认识情态意义时，在语篇分布和话语表达功能上体现出一定的特点。一般来说，“我（们）认为$_1$”小句只能出现在语篇中间，其话语功能因语篇的性质不同而有所不同。在互动对话类语篇中，“我（们）认为$_1$”小句一般用于回答对方的提问，或用于反驳对方；在非对话类语篇中，“我（们）认为$_1$”小句的话语功能大致可以分为两种：一种是出现在语篇结尾处，表达说话人对某一事件状态的总结性认识；第二种是出现在语篇中间，针对某一现象或事件阐述说话人的看法或者态度，也会针对某一观点进行评论，或针对某一事件或者观点进行阐释说明。

第十章　断言类心理动词“以为”认识情态意义的建构过程

第一节　“以为”的多种用法

10.1.1　“以为”的相关研究

与“认为”类似，现代汉语中的“以为”也是一个谓宾动词，用于对人或事物做出某种判断，在一定情况下，“以为”和“认为”可以互换，语义相同；关于“以为”和“认为”的差异，学术界的讨论主要集中在以下三个方面：

第一，断言内容与事实是否相符。

吕叔湘(1996：546)指出，用“以为”做出的论断往往不符合事实，所以，一般需要用另一小句指明真相，“以为”的前边可以加“满、很”等少数程度副词修饰。李明(2003：350)从“叙实性”(factivity)的角度研究“以为”，他将“知道”类动词归为“叙实”动词，这类动词叙述的是事实；将“认为”类动词归为“非叙实”(non-factivity)动词，这一类动词叙述的不一定是事实；将“以为”类动词归为“反叙实”(contrafactive)动词，这一类动词叙述的内容违反了事实。李艳(2004：12－13)和代元东(2009：117－118)将“以为”分为“以为$_1$”和“以为$_2$”，其中“以为$_1$”表示对人或事物确定某种看法，做出某种判断，可以用“认为”来替代；“以为$_2$”则用于表达说话人做出了与事实不符的主观判断，不能用“认为”来替换。

第二，断言的语义程度不同。

张雅娟(2004：18)、杜永道(2006：109)、李艳(2004：12)和代元东(2009：118)等认为，“以为”强调对人或客观事物认识不足，做出了相对不太肯定的判断、推测或认识，语义程度较轻；而“认为”强调对人或事物经过仔细思考、慎重分析后的理解和认识，属于较为肯定性的判断，语义程度较重。

第三，二者的使用环境不同。

张雅娟(2004：18)、杜永道(2006：109)和代元东(2009：119)等认为，“认为”的使用范围比“以为”的使用范围大。“以为”只能表个人的看法，“认为”除表个人看法外，还可以表示团体、组织、会议等的看法；“以为”常用于口语，表达一般、普通的事件，而“认为”一般用于书面语，表述重要的事件。

本节将在比较“以为”和“认为”用法的基础上，对“以为”的基本用法进行考察研究，并尝试着对“以为”和“认为”的差异进行解释。

10.1.2 “以为”的常见用法

“以为”充当谓语时，后面一般跟谓词性宾语或小句宾语，常见的用法主要有三种，举例说明如下：

(1) “**我以为**最艰难的也是最重要的就是公立医院的改革。”这是国务院总理温家宝在去年“两会”前的坦言。(中央电视台《今日观察——谁动了我的个人信息》2010-02-24)

(2) 特务们闻声，**以为**是墓地灵气，怕神明惩罚，便狼狈而逃。(廖时禹《“西方山洞”里的毛泽东》)

(3) 彭小龙：“**我以为**泰国很豪华，可能比我家乡比广东都好，没想到去了泰国，你们知道吗？根本就不好，全是那个海，全是芭蕉树。(中央电视台《乡约——泰拳王》2010-11-11)

(4) 耿先生开始还**以为**只是表层开裂，补补就没事了，却不想——。(北京电视台《7日7频道——混入中水》2009-01-23)

例(1)中的“以为”表达了说话人对人或事物确定某种看法，做出某种判断，我们记为“以为$_1$”。“以为$_1$”与“认为$_1$”一样，用于表达断言认识，即说话人(“我”)对小句宾语所表达的命题做出肯定性判断，属于断言认识情态(assertion of epistemic modality)的范畴。

例(2)中的“以为”表达了第三人称(即“特务们”)对人或事物确定某种看法，做出某种判断，我们记为“以为$_2$”。“以为$_2$”与“认为$_2$”一样，不是说话人对于人或事物的某种断言认识，而是描述他人(包括第二、三人称)在某时某地曾经做出过某一判断，属于“以为”的描述性用法(descriptive)。

例(3)和例(4)中的“以为”表达了说话人(第一人称“我”)或者非说话人(第三人称“耿先生”)对人或事物做出了某种与事实相反的判断，我们记为“以为$_3$”。

“以为$_1$”“以为$_2$”和“以为$_3$”是心理动词“以为”三种最常见的用法。其中,“以为$_2$”与“认为$_2$”一样属于描述性用法,这里不再赘述,下面重点探讨一下“以为$_3$”的用法。

10.1.3 “以为$_3$”的意义

关于“以为$_3$”的意义,学术界普遍认为“以为$_3$”的小句宾语所叙述的内容违反了客观事实,或者说话人做出了与事实不符的主观判断(吕叔湘 1996:546;李明 2003:350;李艳 2004:12-13),因此,李明(2003:350)将“以为$_3$”归为“反叙实”动词的范畴。

根据对北京大学现代汉语语料库(CCL)中“以为”语料的考察,我们发现,“以为$_3$”可以用于表达其小句宾语叙述的内容违反了客观事实,也可以用于表达其小句宾语叙述的内容违反了说话人当下的主观判断,因此,不能将“以为$_3$”简单地归为“反叙实”类动词。“以为$_3$”实际上是用于表达“反预期信息”的动词。从言语交际参与者的预期角度来看,根据新信息与事件参与者的预期是否一致,我们可以将言语中语言成分所传达的信息分为“预期信息”“反预期信息”和“中性信息”,新信息与预期信息方向一致,则为预期信息;如果新信息与预期信息不一致则为反预期信息(齐沪扬、胡建锋 2007:32;刘焱 2009:38)。如果把“以为$_3$”小句宾语所表达的对人或事物的某种判断看作说话人之前的预期信息(expectant information)的话,那么说话人的预期信息与客观事实可能相反,也可能与说话人当下对某人或事物做出的判断相反,试比较:

(5) 夸奖他道:“这孩子不错! 他回国船坐二等,**我以为**他火车一定坐头等,他还是坐二等车,不志高气满,改变本色,他已经懂做人的道理了。”(钱锺书《围城》)

(6) 鸿渐刚回房,陆子潇就进来,说:“咦,**我以为**你跟孙小姐同吃晚饭去了。怎么没有去?”(钱锺书《围城》)

(7)“真有克莱登这学校么? **我以为**全是那爱尔兰人捣的鬼。”鸿渐诧异得站起来。(钱锺书《围城》)

(8) 柔嘉瞥他一眼道:“所以我上了你的当。**我以为**你是好人,谁知道你是最坏的坏人。”(钱锺书《围城》)

例(5)和例(6)中,“以为”的小句宾语表达的是说话人之前对于方鸿渐的判断,是说话人的心理预期,说话人在说出自己心理预期的同时,提供相应的事实来证实自己之前的心理预期是错的，客观事实与说话人的心理预期相反。

例(7)和例(8)中，"以为"的小句宾语表达的也是说话人之前的心理预期，与例(5)和例(6)的不同之处在于，与说话人心理预期不同的不是客观事实，而是说话人在说出这段话的同时对人或事物所做出的最新判断。

以例(7)为例，方鸿渐一直认为克莱登大学是不存在的，所谓克莱登大学是那个爱尔兰人的谎言。方鸿渐对于克莱登大学的心理预期是"克莱登大学是那个爱尔兰人的谎言，是子虚乌有的"。但是，当他在三间大学历史系主任韩学愈那里看到同样的博士证书，并且听了韩学愈的那一段话后，便误认为克莱登大学是客观存在的，爱尔兰人没有捣鬼，自己之前的认识和判断都是错的，所以才会觉得很诧异。而在现实世界中，克莱登大学实际上是不存在的，与方鸿渐之前心理预期相反的不是客观事实，而是方鸿渐在听了韩学愈的那一段话以后做出的新判断——"克莱登大学是客观存在的，爱尔兰人没有捣鬼"。

同理，例(8)中，"方鸿渐是好人"的判断是孙柔嘉之前的心理预期，而现在当她了解到事情的真相后，做出了"方鸿渐是最坏的坏人"的最新判断，当前的最新判断与之前的心理预期是相反的。至于在客观现实当中，方鸿渐是好人还是坏人，显然不是说话人一个人就可以进行定论的，而且，客观事实是方鸿渐也不是最坏的坏人。

综上所述，"以为$_3$"的重要功能是表达反预期信息，即新信息(包括客观事实和说话人当前的最新判断)与说话人的预期信息("以为$_3$"小句宾语所叙述的命题断言)相反。Heine(1991)等曾经指出"反预期信息标记的功能是表示说话人认为一个陈述在某种方式上与特定语境中的一种常规的情形相背离"。此处的"以为$_3$"传递的就是说话人的反预期信息，即"以为$_3$"句传递的信息与说话人的心理预期信息(特定语境中的常规情形)相反，从这个意义上来说，"以为$_3$"具有传递反预期信息的功能。

第二节　"我(们)以为$_1$"弱断言认识情态意义的建构过程

"我(们)以为$_1$"用于对小句宾语所表达的命题做出某种断言认识，属于弱断言认识情态的用法(weak assertion)，可以从两个方面进行考察和验证：

第一，与"我(们)以为$_1$"共现的情态副词的类型。

"我(们)以为$_1$"经常与表达揣测性推测的情态副词共现。其中，"我

(们)以为$_1$”与表示揣测性推测的“恐怕”共现频率最高,例如:

(9)“然而,**我以为**,**恐怕**大多数人并不了解——。”(《报刊精选》1994年)

(10)仅就目前的认识,**我以为**,实现社会主义社会基本目标的决定性因素**恐怕**不在于公有企业数量或企业公有程度上是否占主导地位,而主要在于这个社会的统治机构是否公平、公正。(《报刊精选》1994年)

(11)**我以为**,这部书的读者,**恐怕**主要是非科技专业而有大专文化水平的干部,包括从事思想文化工作的干部。(《人民日报》1994年)

除此之外,“我(们)以为$_1$”还经常与“怕、或许、也许、大概、还是”等表达揣测性推测的情态词共现,例如:

(12)前日,上山走了一趟,**我以为**,最具特色的**怕**要说是“古、野”二字。(《报刊精选》1994年)

(13)一会儿,只见小川在一张纸上写着什么。**我以为**,他**也许**在写札记,**或许**是写诗。(金凤《郭小川的秋天》)

(14)**我以为**,说出这句话来的人对中国当代文学的贡献,**大概**比阿城还要大。(曹文轩《艺术感觉与艺术创造》)

第二,“我(们)以为$_1$”经常以插入语的形式出现。与“我(们)认为$_1$”相比较,“我(们)以为$_1$”以插入语形式出现的频率相对较高,这与其表达弱断言认识情态的性质相符。

“我(们)以为$_1$”经常以插入语的形式出现在句中,例如:

(15)文艺评论要在群众心目中树立威信,除了别的条件外,最低限度的要求,**我以为**还是不要讲假话。(《人民日报》1993年3月)

(16)曹老的文学贡献,除译著外,**我以为**就在散文领域。(《人民日报》1993年9月)

(17)这样,作为一种文化现象——邓丽君现象,**我以为**应予探究。(《报刊精选》1994年)

“我(们)以为$_1$”还经常以插入语的形式出现在句末位置,例如:

(18)《萱草的眼泪》是为弱者洒下的一掬同情之泪,也是对强者的呼唤。但是,比较一般化的戏剧性故事并未能完全表达作者的哲学,**我以为**。(《读书》vol-030)

(19)不过这依旧掩盖不了陵墓建筑气局的宏伟,孝陵实在是南京最值得看的一处旧迹,**我以为**。(《读书》vol-035)

(20)“雷峰夕照”的真景我也见过,并不见佳,**我以为**。(鲁迅《坟》)

第三节 “我(们)以为$_3$”反预期意义的建构过程

“以为$_1$”与“以为$_3$”的主要区别在于,“以为$_1$”用于表达断言认识,即说话人(“我”)对小句宾语所表达的命题做出主观判断,属于断言认识情态的范畴;而“以为$_3$”主要用于传递反预期信息,即表达其小句宾语叙述的命题判断违反了客观事实,或违反了说话人当时当下的主观判断。从本质上说,二者的区别在于说话人在说出话语的同时,对于所说话语内容持怎样的观点和态度。对于“以为$_1$”而言,说话人认为小句宾语所表达的命题倾向于为真;而对于“以为$_3$”而言,说话人认为小句宾语所表达的命题为假。无论是小句宾语所表达的命题为真或者为假,都是说话人对于命题的主观判断,“以为$_3$”之所以不表达断言认识,就在于“以为$_3$”小句宾语表达的是说话人之前的心理预期信息,而相对于说话人说出话语的时间而言,说话人所持有的判断(或者说话人看到的客观事实)与之前的心理预期信息是相反的,所以,我们认为,“以为$_1$”用于表达说话人当时当下的断言认识,与说话人之前的心理预期无关,而“以为$_3$”传递的是与说话人之前的心理预期相反的新信息(包括客观事实和说话人当时当下的最新判断)。

“以为$_1$”和“以为$_3$”在“以为”用法中所占的比重相差悬殊,“以为$_3$”占有绝对的优势。“以为”的词义经历了从“以为$_1$”到“以为$_3$”的发展变化。李明(2003:353)认为,“以为$_1$”最初是“以为”最基本和最重要的用法,用于客观叙述主语的认识和观点,属于非叙实动词。但是,在特殊的语境中,听话人可以推理出“以为”小句所表达的命题为假,此时的“以为”普遍被认为带有说话人的预设,所以可以理解为反叙实的,这种反叙实的语义在使用频率的作用下,最终凝固下来,成为“以为”的词汇意义。

那么，"以为$_1$"为什么会发展出"以为$_3$"的用法呢？究其原因，就在于"以为$_1$"表达的是说话人的弱断言认识。首先是说话人的参与，"以为$_1$"用于表达说话人对于小句宾语所表达命题的判断和认识，说话人是做出断言认识的主体；其次是弱断言认识，"以为$_1$"用以表达弱断言认识，即说话人认为小句宾语所表达的命题倾向于为真，而对于命题是否确定为真，则并没有十足的把握。那么，我们就可以做如下的语用推理：

如果说：说话人认为命题倾向于为真，但并不确定。
那么，命题为真；（即"以为$_1$"）
命题为假；（即"以为$_3$"）

相对于"以为$_1$"而言，"以为$_3$"在表达说话人当前的认识和判断的同时，还预设了说话人之前曾经做出的认识和判断，并且表明了说话人的态度——之前的认识和判断是错误的，这是说话人自己知晓的，这一点非常重要，其在形式上的标志就是"以为$_3$"前面经常出现时间词"原来、本来、先前、昨天"等，而后续话语一般是用来证明之前的认识和判断是错误的。Traugott（1989：35）曾经把意义越来越依赖于说话人对于命题的主观信念或态度的转化过程称为"主观化"，所以，从"以为$_1$"到"以为$_3$"的发展变化是"以为"主观化的结果，这符合语言表达越来越主观化的趋势。李明（2003：353）也认为，"以为"从非叙实动词到反叙实动词的发展变化就是主观化的过程，因此，"以为$_3$"的主观性程度要远远高于"以为$_1$"。

"以为$_3$"的主观性程度比"以为$_1$"更高，这一点可以从"以为$_3$"与语气助词"呢"的共现来印证。一般认为，语气词"呢"出现在陈述句中时不表达疑问语气，往往表达说话人的情感和态度。朱德熙（1982：207－214）将"呢"的用法分为三种，分别记为"呢$_1$""呢$_2$"和"呢$_3$"。其中，"呢$_1$"表达持续事态的语法意义，"呢$_2$"表示疑问语义，其中"呢$_3$"则表示说话人的感情和态度。"以为$_3$"小句后面经常出现"呢$_3$"，以凸显说话人的主观态度，例如：

（21）公用电话的大爷说："我是看别人一个电话收2角，我才收2角的，**我以为**公用电话费调价了呢！"（《报刊精选》1994年）

（22）等他想起来的时候，他感到不好意思，说："啊呀，你不早说，**我以为**你是护士呢，我怎么能让你服侍呢！"（何德来《真情》）

（23）老易听罢，狠狠地抽了自己一巴掌："黄县长，我真混哪我！**我以为**您不和我握手是摆官架子呢！"（《故事会》2005年）

(24) 放学后，伍德小姐把我留了下来。**我以为**她要批评我呢，没想到她竟关切地问我出了什么事。(《读者》合订本)

例(21)—例(24)中的“我以为”都用于表达说话人之前的认识和判断，句末语气词“呢”除了凸显以说话人的主观态度之外，还有另外一个功能，那就是解释做出先前的认识和判断的原因。以例(21)为例，公用电话的大爷之所以一个电话收两角钱，是因为他看到别人一个电话收两角，所以误认为公用电话调价了，从而做出了“公用电话费调价”的认识和判断，“呢”的功能就是用来解释说明他做出先前的认识和判断的原因。刘嵚(2008：22)在分析“我说呢”的用法时，也曾经论证过“呢”的这一主观态度表达功能，即表达说话者的主观看法或解释说明原因。

第四节　小结

在现代汉语中，“以为”至少有三种用法，一是表达说话人对人或事物确定某种看法，做出某种判断，我们记为“以为$_1$”。“以为$_1$”与“认为$_1$”一样，用于表达说话人的断言认识，即说话人(“我”)对小句宾语所表达的命题做出主观判断，属于断言认识情态(assertion of epistemic modality)的范畴；二是表达了第二人称或第三人称对人或事物做出某种判断，我们记为“以为$_2$”。“以为$_2$”与“认为$_2$”一样，不是说话人对于人或事物的某种断言认识，而是描述他人(包括第二、三人称)在某时某地曾经做出过某一判断，属于“以为”的描述性用法(descriptive)；三是表达说话人(第一人称“我”)或者非说话人(第三人称)对人或事物做出了某种与事实相反的判断，我们记为“以为$_3$”。

“我(们)以为$_1$”用于对小句宾语所表达命题做出某种断言认识时，属于弱断言认识情态的用法(weak assertion of epistemic modality)，其弱断言性可以从两个方面来考察和验证：第一，与“我(们)以为$_1$”共现的情态副词的类型。“我(们)以为$_1$”经常与表达揣测性推测的情态副词共现，其中，“我(们)以为$_1$”与表示揣测性推测的“恐怕”共现的频率最高；第二，“我(们)以为$_1$”经常以插入语的形式出现。与“我(们)认为$_1$”相比较，“我(们)以为$_1$”以插入语形式出现的频率较高，这种用法与其表达弱断言认识情态意义的弱断言性质相符。

“以为$_3$”可以用于表达其小句宾语叙述的命题违反了客观事实，也可以用于表达其小句宾语叙述的命题违反了说话人当时当下的最新判断，因此，不能将"以为$_3$"简单地归为"反叙实"类动词。"以为$_3$"的主要功能是表达说话人的"反预期信息"。如果把"以为$_3$"的小句宾语所表达的对人或事物的某种判断看作说话人之前的预期信息（expectant information）的话，那么，说话人的预期信息与客观事实可能相反，也可能与说话人当时当下对某人或事物做出的最新判断相反。因此，"以为$_3$"主要用于表达反预期信息，即新信息（包括客观事实和说话人当前的最新判断）与说话人的预期信息（"以为$_3$"小句宾语所叙述的命题）相反。Heine（1991）等曾经指出"反预期信息标记的功能是表示说话人认为一个陈述在某种方式上与特定语境中的一种常规的情形相背离"。此处的"以为$_3$"传递的就是说话人的反预期信息，即"以为$_3$"句传递的信息（"以为$_3$"句）与说话人的心理预期信息（特定语境中的常规情形）相反，从这个意义上来说，"以为$_3$"具有传递反预期信息的功能。

相对于"以为$_1$"而言，"以为$_3$"在表达说话人当前的认识和判断的同时，还预设了说话人之前曾经做出的判断，并且表明了说话人对自己之前所做出的判断的态度——说话人认定自己之前所做出的判断是错误的，其形式上的标志就是"以为$_3$"前面经常出现"原来、本来、先前、昨天"等表示过去的时间词，而后续话语一般是用来证明之前的认识和判断是错误的信息。Traugott（1989：35）曾经把意义越来越依赖于说话人对于命题的主观信念或态度的转化过程称之为"主观化"，所以，从"以为$_1$"到"以为$_3$"的发展变化是"以为"主观化的发展结果，这符合语言表达越来越主观化的趋势。李明（2003：353）也曾经指出"以为"从非叙实动词到反叙实动词的发展变化就是主观化的过程，因此，"以为$_3$"的主观性程度要远远高于"以为$_1$"。在"以为$_1$＞以为$_3$"的语义演变过程中，语用推理起到了重要作用，如果说话人认为命题倾向于为真，但又不十分确定。那么，当命题为真时，"以为"所表达的意义是"以为$_1$"的用法；当命题为假时，"以为"所表达的意义就是"以为$_3$"的用法，所以说，"以为$_3$"的反预期意义是由"以为$_1$"所表达的弱断言认识情态意义在特定语境下经过语用推理发展而来的。

第十一章　断言类心理动词“觉得”认识情态意义的建构过程

第一节　“觉得”的多种用法

现代汉语中的“觉得”是一个谓宾动词，共有两个义项，第一个义项是产生某种感觉，例如：

(1) 佩尼娜·阿鲁西：“我会尽我最大的努力，当比赛开始的时候，**我觉得**很累，可是真正开始以后，**我觉得**我充满了力量。”（中央电视台《朝闻天下》2008-07-07）

(2) 陆强：“三天吧，也不吃饭，就待在家里，**我觉得**非常难过，家里人表面上不说，其实我心里都知道的，肯定是怨我的。”（中央电视台《乡约——简单事业》2010-04-26）

例(1)和例(2)中的“觉得”是一个感觉动词，表达人或者某一器官对外界刺激的感受或者体会，相当于“感觉”或者“感到”，这是“觉得”的本义，我们记为“觉得$_1$”。

第二个义项相当于心理动词“认为”，但是语气较不肯定，我们记为“觉得$_2$”，例如：

(3) 嘉宾：“很好玩，**我觉得**这里面是有无穷的乐趣。”（中央电视台《乡约——电脑传奇》2010-04-23）

(4) 杨延超：“是，**你觉得**该严的时候就要严判，不该严判的时候就不严判。”（深圳电视台《22度观察——抢钱救妻该不该轻判?》2010-08-26）

(5) 主持人：“眼下的杨先生正身患重病，已经好几次被医生从死亡线上拉了回来，考虑到身后事，**他觉得**应该为社会做点贡献。”（北京电视台《7 日 7 频道——羊肉应该涮多熟》2008－02－01）

例（3）中的“我觉得”用于表达断言认识，即说话人（“我”）对小句宾语所表达的命题做出主观断言（assertive），属于认识情态（epistemic modality）的表达范畴。我们将用于表达断言认识情态意义的“觉得”记作“觉得$_{21}$”。

例（4）和例（5）中的“你/他觉得”结构只是描述了第二人称或第三人称对小句宾语所表达命题的认识和看法，这一认识和看法不是说话人的断言认识，我们把“觉得”的这种用法称为描述性用法（descriptive），记作“觉得$_{22}$”。

“觉得$_1$”是一个感觉动词，而“觉得$_2$”是一个心理动词。“觉得$_{21}$”和“觉得$_{22}$”是心理动词“觉得$_2$”的两种不同用法。本章主要对“我（们）觉得”构式所表达认识情态意义的建构过程展开研究，主要包括三个方面：第一，从共时层面研究“我觉得$_{21}$”所表达弱断言认识情态意义的性质；第二，从认知的角度研究“我觉得$_{21}$”所表达认识情态意义的认知识解过程；第三，从共时语法化的角度考察“我（们）觉得$_{21}$”结构的主观化和语法化过程。

第二节　“我（们）觉得$_{21}$”弱断言认识情态意义的共时建构

“我（们）觉得$_{21}$”表达说话人对小句宾语所表达的命题倾向于为真的断言认识，属于弱断言认识情态的表达范畴。“我（们）觉得$_{21}$”的弱断言性质主要体现在四个方面：第一，与“我（们）认为$_1$”小句包含两个断言不同，“我（们）觉得$_{21}$”小句只包含一个断言；第二，“我（们）觉得$_{21}$”除了出现在句首位置，而且还出现在句中和句末的位置，“我（们）觉得$_{21}$”插入语用法的使用频率要远远高于“我（们）认为$_1$”插入语用法的使用频率。第三，“我（们）觉得$_{21}$”与揣度性推测的语气副词和确定性推测的语气副词的共现频率不同；第四，“我（们）觉得$_{21}$”与不同类型语气助词的共现频率不同。

11.2.1　“我（们）觉得$_{21}$”句的断言结构分析

“我（们）觉得$_{21}$”语义弱化，不表达断言，全句只有小句宾语所表达的命题表达断言，其句法上的表现就是“我（们）觉得$_{21}$”可以删除，而不影响整个句子命题的语义表达。“我（们）觉得$_{21}$”在很大程度上是用于弱化宾语小句所表达断言的断言语气，试比较：

(1) 赵进军：“现在20国集团每年开会，20国的首脑来讨论、来制定有关国际经济金融秩序的一些规则、秩序，**我觉得**这是一件好事。”(中央电视台《今日关注——维护中国核心利益和尊严不是强硬》2010-03-07)

(1′) 这是一件好事。

(1″) 我认为这是一件好事。

将例(1)与例(1′)和例(1″)进行比较，我们发现“我(们)觉得$_{21}$”的断言性质很弱，可以看作一种附加成分，删除后并不影响句子命题意义的表达。“我(们)觉得$_{21}$”的意义是语用上的，用于表达说话人不太肯定的主观认识，如果删除“我(们)觉得$_{21}$”或者用表达强断言认识的“我认为$_1$”来替换，那么，句子的判断语气明显增强，句子的断言性质也就愈发明显，所以，我们认为“我(们)觉得$_{21}$”具有弱化宾语小句所表达断言的断言语气的作用，因此，我们认为“我(们)觉得$_{21}$”主要用于表达说话人的弱断言认识。

11.2.2 “我(们)觉得$_{21}$”的韵律模式

11.2.2.1 “我(们)觉得$_{21}$”在句中的位置

“我(们)觉得$_{21}$”在句中的句法位置有三个，分别是句首、句中和句尾，例如：

(2) 申纪兰：“**我觉得**这次修改《选举法》是前进的一个方向。”(中央电视台《今日关注——民意推进中国两会》2010-03-14)

(3) 主持人：“其实无论是创业还是就业，起码这个孩子的想法**我觉得**是好的。”(中央电视台《今日关注——2010转变经济发展方式刻不容缓》2010-03-11)

(4) 外地导游：“鸡毛掸子在天津非常有名，杨柳青年画、泥人张、风筝魏，还有这鸡毛掸子，都是很精美的艺术工艺。”

游客：“算是工艺品吧，**我觉得**。”(天津电视台《财经视界》2009-05-21)

例(2)中，“我(们)觉得$_{21}$”处于常规的句法位置——句首位置，遵循主谓宾常规的句法格式；另一方面，也符合话语信息传递的基本顺序，符合句子信息由已知信息到未知信息的信息传递模式。

例(3)中,“我(们)觉得$_{21}$”处于非常规的句法位置——句中位置,采用分裂句的句法形式,即主句的主谓结构处于小句宾语中间,位于小句宾语的主语之后。这与一般话语信息传递的顺序不符,其原因在于语用因素,即说话人急于表达自己对于某人或某事的认识和判断,所以直接说出自己的认识,但是,在表达认识过程中,逐渐意识到自己的认识并不见得是正确的,或者说,说话人对自己的认识和判断没有绝对的把握,因而采用插入语“我(们)觉得$_{21}$”来表明说话人的个人视角和个人立场,从而进行表达上的自我修正。以例(3)为例,“这个孩子的想法是好的”本来应该是“我觉得”的小句宾语,是说话人的断言认识。但是一旦将“我觉得”放在句中的位置,句子信息结构就发生了变化,即“这个孩子的想法”成为句子的话题,“是好的”是句子的陈述,而“我觉得”则不再是句子必须的句法组成成分,而是游离于句子结构之外的插入语,表明说话人的个人视角或个人立场。从语用表达的角度来说,插入语“我觉得”是说话人话语编码过程中的补充信息和次要信息。

例(4)中,“我觉得$_{21}$”处于非常规的句法位置——句末位置。我们可以从两个角度来进行解读:第一个角度,“我觉得$_{21}$”处于句末位置,如果我们将其看作倒装句的话,那么“我觉得$_{21}$”就是句子的次要信息。因为在倒装句中提前的内容一般都是说话人重点要表达或者强调的信息,因此,“我觉得$_{21}$”属于次要信息,在语义上,“我觉得$_{21}$”就起到了弱化小句宾语所表达命题断言的程度;第二个角度,如果我们把“我觉得$_{21}$”位于句末的位置看作说话人刻意的语序编码的话,按照句子信息结构由已知信息到未知信息的传递模式和句子焦点往往处于句末位置的规则,位于句末的“我觉得$_{21}$”实际上是对“我觉得$_{21}$”的强调,即强调说话人所做出的判断和认识是属于个人的,那么,从语义上强调个人的认识和看法,也就自然而然地削弱了前面小句所表达断言的语气强度。

综上,无论从哪一个角度来看,“我觉得$_{21}$”处于句末的位置时都表达说话人的弱断言认识情态意义。此外,“我们觉得”没有出现在句末的用例,从另外一个方面也说明了“我觉得$_{21}$”表达弱断言认识情态意义的性质。众所周知,“我们觉得$_{21}$”表达的是集体的认识和判断,相对于“我觉得$_{21}$”表达个人的认识和判断而言,其断言性质相对来说要强一些,而“我们觉得$_{21}$”排斥句末位置,恰恰说明了其断言性质与句末弱化断言语气的特点相矛盾。因此,相对于“我觉得$_{21}$”的弱断言性质,“我们觉得$_{21}$”的断言性质稍强一些。

11.2.2.2 “我(们)觉得$_{21}$”的命题结构

例(2)与例(3)和例(4)的命题结构不同。例(2)是常规的主谓宾结构,而例(3)和例(4)是包含插入语结构的句子,两类句子的命题构成和“我(们)

觉得$_{21}$"在句子命题结构中的地位不同。

例(2)表达一个复合命题S,其中包括两个命题。一个是S_1"我觉得$_1$",即我做出一个断言,另一个是S_2,即断言的内容"这次修改《选举法》是前进的一个方向"。S_1 是复合命题的主要命题,S_2 是复合命题的次要命题,命题 S_2 嵌套于命题 S_1 中,即 $S=S_1+S_2$,S_2 是命题 S_1 中动词"觉得"的论元成分,因此,命题 S_2 不能脱离命题 S_1 而独立存在,且命题 S_1 不能省略。

与例(2)不同,例(3)和例(4)中的判断命题 S_1"我觉得$_1$"句法位置不固定,和 S_2 之间没有论元关系,命题 S_2 承载语义表达的主要信息,而 S_1 只是标明命题 S_2 的判断视角,因此,S_1 不再是复合命题的主要命题,而是次要命题,S_2 才是复合命题的主要命题。S_1 不参与句子命题的建构,因此,S_2 可以脱离 S_1 而独立存在,且不能省略,而 S_1 则不能独立存在,且可以省略,其命题结构对比如下:

例(2)的命题结构:$S=S_1+S_2$
例(3)的命题结构:$S=S_2(S_1)$
例(4)的命题结构:$S=S_2+(S_1)$

其中,S是句子命题,S_1 所表达的命题是"我(们)觉得$_{21}$",S_2 表达的命题是小句宾语命题。例(3)和例(4)中,S_1 附加于命题 S_2 之上,标明命题 S_2 的判断视角,因此,认知语法往往将其分析为"视角+命题"或"命题+视角"的模式。S_2 表达判断命题,S_1 标明做出判断 S_2 的视角。所谓"视角"(perspective)就是说话人对客观情状的观察角度,或是对客观情状加以叙说的出发点。说话人的视角是语言主观性的重要内容之一(Finegan 1995;沈家煊 2001:269)。这种"视角+命题"或"命题+视角"的模式与前面例(2)主谓宾的常规复合命题结构相比,主观化程度更高。

当"我(们)觉得$_{21}$"以插入语形式出现时,"我(们)觉得$_{21}$"语义内容实际上已经弱化,它本身并不表达独立的断言,而是用来标记说话人的态度,具有补充说明断言认识来源和凸显说话人个人视角的功能。郭昭军(2004:45)在分析弱断言谓词"我想"时,曾经指出"弱断言谓词的优势用法是插入语用法。因为弱断言谓词表示说话人对命题不很肯定,对其真值持有轻微的保留。当它作为插入语时,其语义内容已经弱化,本身并不是独立的断言,而只是用来标记说话人的态度,因而整个句子实际上只包含一个断言"。本节关于"我(们)觉得$_{21}$"插入语用法的考察分析与郭昭军关于断言谓词"我想"弱断言性质的分析是一致的。

11.2.3 “我(们)觉得$_{21}$”与语气副词的共现规律

“我(们)觉得$_{21}$”表达断言认识情态时经常与断定类语气副词共现。其中,“我(们)觉得$_{21}$”与揣度性推测的语气副词共现的频率要高于与确定性推测的语气副词的共现频率。

“我(们)觉得$_{21}$”可以与“似乎、大概、也许、恐怕、多半、或许”等表揣度性推测的语气副词共现,例如:

(5) 黄文:“令人担忧的一面就是,**我觉得**建一个博物馆,**似乎**不是特别合适,这是我自己的感觉。”(北京人民广播电台《新闻2010——建贪官博物馆》2010-03-31)

(6) 白明:“把古玩作为三大理财之一,如果这么认为的话,**我觉得**对很多的收藏爱好者**恐怕**会有一些伤害。”(北京人民广播电台《行家——古瓷片收藏家》2008-11-22)

(7) 窦文涛:“**我觉得**天外飞仙,**多半**是敦煌飞天的造型。”(凤凰卫视《锵锵三人行——奥运开幕大猜想 别样“美丽”征服世界》2008-08-08)

(8) 主持人:“说到这里,**我觉得**任何语言对他们的形容**或许**都是苍白的,人们发自内心的崇敬和感动是对他们最好的慰藉。”(中央电视台《中国新闻》2010-01-02)

“我(们)觉得$_{21}$”也可以与“一定、肯定、必然、必定”等表示确定性推测的语气副词共现,例如:

(9) 学生:“**我觉得**我们青年学生**一定**要踏踏实实做事,学习他这种默默奉献的精神。”(中央电视台《新闻联播》2011-09-10)

(10) 肖建卫:“我觉得将来这种无障碍设施的理念,**我觉得肯定**会生根发芽,能够起到非常积极的作用。”(山东人民广播电台《新闻频道——山东新闻》2012-07-19)

(11) 章建刚:“全球化,五大洲的人都在互相地了解,这个时候**我觉得**传统的仪式**必然**会发生一些功能上的转变,就是原来那种对内的功能,现在变成一种对外的功能。”(中央电视台《新闻1+1 端午:我们如何面对?》2009-05-29)

(12) 我依稀听见关门声,知道医生走了一阵子了。我几乎不敢睁

眼，因为**我觉得**我**定**是在做梦。（玛格丽特《失去的莱松岛》）

为了确定"我觉得"所表达断言的强弱性质，本书对北京大学汉语语言学研究中心的"现代汉语语料库"进行了计量统计，统计了"我觉得"与"一定、必定、必然、定"等常用的表达确定性推测的语气副词共现的语料，统计结果[①]如表 11－1 所示：

表 11－1　与"我觉得$_{21}$"共现的确定性推测的语气副词的出现频次

一定	肯定	必然	定	总计
22	15	2	1	40

"我觉得"与"似乎、大概、也许、恐怕、多半、或许"等常用的表达揣度性推测的语气副词共现的语料，统计结果如表 11－2 所示：

表 11－2　与"我(们)觉得$_{21}$"共现的揣度性推测的语气副词的出现频次

似乎	大概	也许	恐怕	或许	多半	总计
86	15	20	21	3	1	146

虽然"我觉得"既可以和表达确定性推测的语气副词共现，也可以与表达揣度性推测的语气副词共现，但是，从二者共现的频率来看，"我觉得"与揣度性推测的语气副词的共现频率要远远高于与确定性推测的语气副词的共现频率，这也在一定程度上说明"我(们)觉得$_{21}$"所表达的断言语气相对来说较弱。

11.2.4　"我(们)觉得$_{21}$"与语气助词的共现规律

"我(们)觉得$_{21}$"表达说话人的弱断言认识情态意义时，还经常与语气助词共现。一般可以分为两种情况，第一种情况，语气助词出现在整个"我(们)觉得$_{21}$"小句的末尾，用以表示整个句子的语气意义。第二种情况，语气助词出现在"我(们)觉得$_{21}$"小句的句中，具体来说，还可以再分为两种情况，一是语气助词出现在"我(们)觉得$_{21}$"后面，另外一种是语气助词出现在

---

① 统计说明：在统计过程中，采用模糊统计的方法，只要是"我觉得"后面 30 字之内出现上述语气副词，均作统计的对象。但是，有的语气副词虽然出现在"我觉得"后面 30 字之内，但是并不在"我觉得"的小句宾语之内，因此，这些用例需要排除。其中"我觉得"与"似乎"和"一定"共现的语料均超过了 500 例，笔者选择了前 500 例进行计算。"一定"用于"我觉得"小句宾语中的用例有 22 例，"似乎"用于"我觉得"小句宾语中的用例有 86 例。其他语气副词出现在"我觉得"后面 30 字之内的用例均低于 500 例，以实际数目计算。因此，表格中的数字表示的是每个语气副词出现在"我觉得"小句宾语中的用例数目。

"我(们)觉得$_{21}$"的小句宾语的中间，此时的语气助词一方面起停顿和标记主位的功能，另一方面则起到缓和说话人断言语气的功能，因此，此时的语气助词可以看作准主位标记。

11.2.4.1 语气助词在"我(们)觉得$_{21}$"句的句末位置

当"我(们)觉得$_{21}$"句表达说话人的弱断言认识情态意义时，语气助词经常出现在句末，用来缓和断言的语气，下面，以"吧""呢""啊""嘛"等常用的语气助词为例分别进行考察分析。

一般来说，"吧"表达说话人对命题的不确定性认识，具有缓和语气的情态功能，例如：

(13) 杜敏："我觉得来到沂蒙之后，就是这种历史的场景让我能够重新的思考自己的这样一种生活的态度，**我觉得**这是给我最好的一份礼物**吧**，这次沂蒙之行。"(山东人民广播电台《新闻频道——山东新闻》2012-10-05)

(14) 嘉宾："一句话，**我觉得**是一个音乐享受的旅程**吧**。"(北京人民广播电台《行走天下——爱尔兰音乐之旅》2012-09-07)

(15) 盛博："时间**我觉得** 3 分钟就够了**吧**。"(北京人民广播电台《1039 都市调查组——塞牙的危害及治疗》2012-10-08)

语气词"呢"出现在陈述句中时，不表达疑问语气，而是表达说话人的情感和态度。申莉(2009：39)认为语气词"呢"具有一个恒常语义，表达"引起注意或使语气舒缓"，即一方面可以表达提醒听话人注意后面的信息；另一方面也使得说话人在表达信息时语气显得舒缓，以避免生硬或者不礼貌。"吧"和"呢"表达语气舒缓的功能，与"我(们)觉得$_{21}$"所表达的弱断言认识在情态表达性质上是相似的，因此，"我(们)觉得$_{21}$"句末经常出现语气助词"呢"，例如：

(16) 白岩松："中国几乎绝大多数企业都面临这样的问题。**我觉得**富士康恐怕还是好的**呢**，因为它按时发放工资。"(中央电视台《新闻1+1——以"薪"换"心"，富士者康！》2010-06-07)

(17) 主持人："**我觉得**你还不如人家**呢**。"(中央电视台《乡约——不惑之年创业记》)2010-05-18)

(18) "看到这么多机器在工地上，我开始都不知道他们在做什么，一问才晓得是施工了，**我觉得**这种方式好**呢**，起码很节约嘛。"(中央人

民广播电台《新闻和报纸摘要》2012-12-29)

语气词"啊"的用法比较复杂，它可以独立成句，表达感叹语气；也可以以语气助词的身份出现在句中或者句末，表达一定的情态语气；还可以用于保持话语连贯、维持话轮，起话语标记词的功能。储诚志采用对比的方法，将句末含有语气助词"啊"的句子和删除语气助词"啊"的句子进行比较，发现句末无"啊"时，语气较为干脆果断，带上语气助词"啊"以后，语气则要缓和些(储诚志 1994：45)。他还指出，在话语篇章中一个句子能不能带"啊"主要取决于"啊"的缓和语气的功能是否与说话人当时的心理状态和话语的语气要求相和谐(储诚志 1994：48)。也就是说，对于陈述句而言，一个句子末尾能不能带"啊"要取决于说话人是不是要采用缓和语气的表达方式。因此，语气助词"啊"出现在断言句"我觉得$_{21}$"的句末时，往往表达提请说话人注意和舒缓语气的功能，例如：

(19) 主持人："你要这么说的话，**我觉得**好没意思**啊**。"(中央电视台《乡约——山西沁县》2012-10-17)

(20) "我到中学那会儿尤其是上中学初一那会儿就没人儿管了。我觉得好像一到中学，我就成大人了**啊**，你小学老有人管的。"(柳家旺《1982年北京话调查资料》)

例(19)和例(20)中的语气助词"啊"主要用于缓和语气。例(19)的"啊"主要用于表明说话人对于断言的不确定性，以避免冒犯听话人；例(20)中使用"啊"主要用于缓和"好像一到中学，我就成大人了"的断言语气，以用于取得听话人的认同感或共鸣，因为初中阶段的学生无论从生理方面还是从心理方面来说都不可能成为大人，因此，"啊"主要是用于缓和这种"不符合实际的判断"的断言语气，同时，在句中还出现了"好像"来进一步弱化这种不符合实际的断言的语气强度。

关于语气助词"嘛"的功能，学术界的争论一直很多。一方面，有人认为语气词"嘛"具有加强肯定语气的情态功能(参见胡明扬 1987；徐晶凝 2007；强星娜 2008；王芳 2009 等)；另一方面，也有人认为语气词"嘛"具有缓和肯定语气的情态功能。李成团(2008：152)就从语用取效的角度将语气助词"嘛"归为"缓和标记语"的范围。所谓"缓和标记语"，就是在交际过程中能够起到减少实施某一言语行为所产生的负面效果(unwelcome effect)以便使"以言行事"(saying-doing)更加有效的语用表达策略(冉永平 2004)。语气词“嘛”用于“我觉得$_{21}$”小句的句末时，其语用功能就类似于“缓和标记语”，主要起缓和肯定语气的表达功能，即在话语表达过程中使用“嘛”来弱化说话人的断言语气，避免说话人把观点绝对化或者强加于人，从而增强说话人所做出断言的可接受性，例如：

(21) 陈鲁豫：“**我觉得**一切都是有可能的**嘛**。”(凤凰卫视中文台《曾经的“愤怒”主播邱启明如何变身硬汉红娘》2013－03－12)

(22) 聂卫平：“那**我觉得**我有这个义务管**嘛**，所以没有给我赋予这个任务，但是我也管了一下。”(凤凰卫视《锵锵三人行——聂卫平：打牌放水被邓小平当面斥责》2009－10－08)

(23) 梁文道：“**我觉得**挺好的**嘛**。”(凤凰卫视《锵锵三人行——赴韩整容汉字整形 中国人到底要改变什么》2009－09－01)

例(21)—例(23)中的“嘛”起到缓和说话人断言语气的功能。以例(21)为例，带有语气词“嘛”的小句的断言语气要远远弱于删除语气词“嘛”的小句的断言语气，试比较：

(21) “**我觉得**一切都是有可能的**嘛**。”

(21′) “**我觉得**一切都是有可能的。”

删除语气词“嘛”以后的例(21′)与带有语气词“嘛”的例(21)相比，说话人关于命题的断言语气更强，因此，从这个意义上来说，“嘛”起到了缓和说话人断言语气的功能。

11.2.4.2 语气助词在“我(们)觉得$_{21}$”句的句中位置

语气助词出现在“我(们)觉得$_{21}$”句的中间位置，位置相对比较灵活，可以出现在“我(们)觉得$_{21}$”之后，也可以出现在小句宾语之中。

一、语气助词出现在“我(们)觉得$_{21}$”后

语气助词可以出现在“我(们)觉得$_{21}$”之后，例如：

(24) 汪国真：“**我觉得吧**，悲观产生平庸，乐观才能产生卓绝。”(中央电视台《乡约——北京平谷》2012－08－23)

(25) 贺强：“客观地说呢，确实有这种感觉。但是**我觉得呢**，可能这是我们广大的投资者朋友不断地呼吁的一个结果。”(中央电视台《对话——成人礼：中国股市准备好了吗?》2008－04－27)

(26) 小龙:"我觉得我开车驾驶技术很好,因为我特别特别喜欢车。**我觉得啊**,开车这工作是最适合我的。"(北京电视台《7日7频道——国标馒头》2008-01-15)

(27) "**我觉得嘛**,印度洋当时能让我看上的女人,肯定得具备这样的条件:貌赛天仙。"(王朔《玩儿的就是心跳》)

二、语气助词出现在"我(们)觉得$_{21}$"小句宾语的中间位置

语气助词出现在"我(们)觉得$_{21}$"小句宾语的中间位置时,位置仍然比较灵活,既可以出现在宾语小句的主语后,例如:

(28) 现场:"**我觉得**网购**吧**,最大的优点就是不出门,在家里很快地就能看到很多的商品。"(山东电视台《公共频道——民生直通车》2013-08-14)

(29) 孟祥青:"其实安倍政府上台以后,**我觉得**他总的思路**呢**,就是通过钓鱼岛的强硬举措。"(中央电视台《演练空降　谋划夺岛》2013-01-14)

(30) 窦文涛:"**我觉得**那个爸爸**呀**,我可真佩服,就说我怎么教育我这个女儿,他说我就跟我女儿说,就是说你将来找男朋友啊,你找什么样的人都可以,我唯一的希望就是你要快乐。"(凤凰卫视《锵锵三人行——温家宝大学演讲为何号召学生"仰望星空"》2008-12-24)

语气助词也可以出现在"我(们)觉得$_{21}$"小句宾语的主谓结构的后面,例如:

(31) 我觉得我们办刊物**吧**,编辑方针应该很灵活的。(王朔《修改后发表》)

(32) 我觉得钱锺书写这些人**呢**,跟五四时期的很多作家不一样,鲁迅和巴金他们写读书人,往往这些读书人具有深切的精神的痛感。(孙郁《百家讲坛——从方鸿渐看钱锺书》)

语气助词"啊""吧""呢""嘛"等出现在"我(们)觉得$_{21}$"的小句中间时,无论是出现在"我(们)觉得$_{21}$"之后(例24—例27),还是出现在宾语小句的主语之后(例28—例30),或者出现在宾语小句的主谓结构之后(例31—例32),都可以看作主位标记,标示语气词之前的话语部分不是句子的主要信

息，而仅仅是说话人选择讲话的起点，语气词后面的话语部分才是说话人在话语表达中所要着重表达的主要信息。从句子的信息结构来看，语气词之前的信息往往是已知信息，而之后的信息才是句子的新信息，“我(们)觉得$_{21}$”往往位于语气词之前，因此，“我(们)觉得$_{21}$”结构和主位标记词“啊”“吧”“呢”“嘛”的相对位置也说明了“我(们)觉得$_{21}$”所表达的断言语气比较弱。

张伯江、方梅(1996：49)将北京话中的句中语气词分为三类：一类是纯主位标记“啊(及其变体)”“吧”等，这类句中语气词用在停顿处不带有语气意义，只是起到标示主位的作用；第二类是准主位标记“嘛”“呢”等，这类句中语气词是否带有语气意义需要语境来决定；第三类是非主位标记“啦”“呀”等。笔者认为，用于“我(们)觉得$_{21}$”断言小句句中的语气助词，虽然也起到提顿和标示主位的作用，但是，都不是纯主位标记，都带有一定程度的缓和断言语气的语气功能，这种语气功能与这些语气词出现在句末时所表达的语气功能大体一致。即使是张伯江、方梅认为的非主位标记“呀”，有时也会出现在“我(们)觉得$_{21}$”的后面，例如：

(33) 王振耀：“所以说这样大家对这样一个组织提出了比较多的质疑，**我觉得呀**，其实是社会或者说大众，对于带有公权的性质的这样一些公益组织，它的行为方式，大家要求得高一些，我认为这也是应该的。”(凤凰卫视《鲁豫有约——邓超》2011-07-11)

(34) 她的结局跟《微神》一样，也是不堪忍受，后来自杀了。**我觉得呀**，老舍有一种想法，就是他不能容忍这种逆来顺受。(范亦豪《百家讲坛——沉重的〈月牙儿〉》)

(35)《日出》里的小东西，有个黑三逼着她，你非给我不可，没有。这个**我觉得呀**，更深刻。(范亦豪《百家讲坛——沉重的〈月牙儿〉》)

例(33)—例(35)中，语气词“呀”出现在“我觉得”之后，起到提顿和缓和说话人断言语气的作用。例(33)中的“我觉得呀”“其实”表示的都是说话人的语气和态度，可以归为人际主位的范畴。Halliday(1994)曾经将主位部分分为三类，第一类是概念主位成分(ideational)，一般是指在句子的及物性结构中担任角色的成分；第二类是“表示语气、态度和呼语性成分”的人际主位成分(interpersonal)；第三类是各种连接成分和关系成分，被称为是篇章主位成分(textual)。张伯江、方梅(1996：25)曾将人际主位定义为说话人把话语单元作为一个交际单位时表明态度的部分，因此，他们曾将一些断言类成分也划归到人际主位的范畴，例如“我建议”“我觉得”等。例(34)和(35)中的语气词“呀”也可以看作准主位标记，一方面标示说话人说话的起点，另一方面缓和说话人的断言语气；翟燕(2008：111)曾经指出“呀”用在句子停顿处，可以用来舒缓语气。

11.2.5　小结

“我(们)觉得$_{21}$”构式主要表达说话人对小句宾语所表达命题倾向于为真的断言认识，属于弱断言认识情态范畴。“我(们)觉得$_{21}$”的弱断言性质体现在四个方面：

第一，与“我(们)认为$_{1}$”小句包含两个断言不同，“我(们)觉得$_{21}$”的语义弱化，不再表达断言，全句只有小句宾语所表达的命题表达断言，其句法上的表现就是“我(们)觉得$_{21}$”可以删除，而不影响整个句子命题的语义表达，因此，“我(们)觉得$_{21}$”小句只包含一个断言，“我(们)觉得$_{21}$”则是一个典型的命题外成分。

第二，“我(们)觉得$_{21}$”除了出现在句首位置，还出现在句中和句末位置，“我(们)觉得$_{21}$”的插入语用法的使用频率要远远高于“我(们)认为$_{1}$”的插入语用法的使用频率。当“我(们)觉得$_{21}$”以插入语形式出现时，“我(们)觉得$_{21}$”语义内容已经弱化，本身并不是独立的断言，只是用来标记说话人的态度，具有补充说明断言认识来源和凸显说话人言者视角的功能。

第三，“我(们)觉得$_{21}$”与揣度性推测的语气副词和确定性推测的语气副词的共现频率不同。虽然“我觉得”既可以与表达确定性推测的语气副词共现，也可以与表达揣度性推测的语气副词共现，但是，从共现的频率上来看，“我觉得”与揣度性推测的语气副词的共现频率要远远高于与确定性推测的语气副词的共现频率，这说明“我(们)觉得$_{21}$”所表达的断言语气相对较弱。

第四，“我(们)觉得$_{21}$”可以与不同类型的语气助词共现，共现的语气助词包括“吧”“呢”“啊”“嘛”等；语气助词出现的位置也比较灵活，可以出现在不同的句法位置。当语气助词出现在整个“我(们)觉得$_{21}$”小句的末尾时，往往用以表示整个句子的语气意义；当语气助词出现在“我(们)觉得$_{21}$”小句的句中时，可以分为两种情况，一种是语气助词出现在“我(们)觉得$_{21}$”后面，另外一种是语气助词出现在“我(们)觉得$_{21}$”的小句宾语的中间位置，此时的语气助词一方面起停顿和标记主位的功能，另一方面起到缓和说话人断言语气的功能，因此，这些语气词可以看作准主位标记。主位标记标示语气词之前的话语部分不是句子的主要信息，而仅仅是说话人讲话的起点，语气词后面的话语部分才是说话人在话语表达中所要着重表达的主要信息。从句子的信息结构来看，语气词之前的信息往往是已知信息，而之后的信息才是句子的新信息，而“我(们)觉得$_{21}$”往往位于语气词之前，这说明“我(们)觉得$_{21}$”并不是句子的新信息。因此，“我(们)觉得$_{21}$”结构和主位标记词“啊”“吧”“呢”“嘛”的相对位置也说明了“我(们)觉得$_{21}$”结构的弱断言性质。

第三节　“我(们)觉得$_{21}$”认识情态意义的认知识解

现代交际学认为，一次成功的交际不仅仅取决于交际双方是否合作，而且还要受到交际策略和交际方法的影响，美国学者布吉林等就曾明确提出交际的黄金法则——“三 A 法则”，即“接受对方”(accept)、“重视对方”(appreciate)和“赞美对方”(admire)。“三 A 法则”的核心就是交际必须以对方为中心，其实质就是现代语用学中的礼貌原则，即在交际过程中，为了交际的顺利进行和达到良好的交际效果，交际的双方都希望对方对自己礼貌，所以，同时也会采用礼貌的方式来约束自己的言语行为。“我(们)觉得$_{21}$”小句表达说话人的弱断言认识情态意义时，所特有的语用表达功能就是以维护对方的面子为出发点，采用礼貌的方式取得对方的认可或认同，以期达到良好的交际效果。

11.3.1　礼貌原则与面子管理理论

美国著名语言哲学家格赖斯(Grice)发现，在交际过程中交际的双方都在有意无意地遵循着某一原则，以求有效地配合，从而最终完成交际任务。1967 年，格赖斯在哈佛大学做《逻辑与会话》演讲时，将其归纳为“合作原则”(Cooperative Principle)，即交际双方的交际行为必须符合你所参与交谈的公认的目的或方向。之后，格赖斯又提出了四条下位准则，即“量的准则、质的准则、相关准则和方式准则”(Grice 1975)。“合作原则”提出之后，一直被认为是话语交际的最高法则。但是，人们逐渐发现，在实际的言语交际过程中，并非每一次交际都遵守“合作原则”，有时出于某种需要或特殊的目的，人们往往会故意违反合作原则。英国著名语言学家 Leech(1983)认为说话者在交际中故意违反合作原则，而不愿意采用直接的方式表达自己的思想感情，主要是考虑到礼貌的原因，因此，他从修辞学的角度考虑，提出了著名的“礼貌原则”(Politeness Principle)，包括六条次准则：一是得体准则

(Tact Maxim),即最小限度地使别人受损,最大限度地使别人得益;二是宽宏准则(Generosity Maxim),即最小限度地使自己得益,最大限度地使自己受损;三是赞誉准则(Approbation Maxim),即最小限度地贬低别人,最大限度地赞誉别人;四是谦虚准则(Modesty Maxim),即最大限度地赞誉别人,最大限度地贬低自己;五是一致准则(Agreement Maxim),即使对话双方的分歧减少至最小限度,使对话双方的一致增加至最大限度;六是同情准则(Sympathy Maxim),使对话双方的反感减少至最小限度,使对话双方的同情增加至最大限度。Leech 还进一步指出,从"损-益"尺度来看,礼貌级别是个连续统,这个连续统表现为依据使他人得益或使自己受损的不同程度而形成不同的礼貌级别。

其实,交际过程中的礼貌问题也引起了其他语言学家的关注。Goffman(1967)发表了一篇名为《Interactional Ritual: Essays on Face to Face Behavior》的论文,指出面子在人际交往过程中是第一位的,人们在交往过程中不仅要维护自己的面子,还维护其他人的面子,这就是著名的"面子概念"。Brown & Levinson(1978: 56 - 239)在 Goffman"面子概念"基础之上提出了著名的"面子管理理论"(Face-management View),用以解释语言中的礼貌表达,"面子理论"主要包括三个基本概念:面子(face)、危险面子行为(face - threatening acts)和礼貌策略。Brown & Levinson(1978: 56 - 239)认为,交际双方在实际交际过程中都有面子的需求,"面子"是每个社会成员都希望得到的公众眼中的"自我形象"(self image),但是,人们在言语交际过程中多多少少都会有一些所谓"威胁面子的行为"(face - threatening acts),这些言语行为会不同程度地使对方或自己一方的面子受损,因此,在交际过程中,交际双方往往会采取一定的礼貌策略来维护自己的面子和保全对方的面子。

11.3.2 "我(们)觉得$_{21}$"句的言语表达策略

在言语交际过程中,说话人对于自己关于某一命题所持有的态度、观点和认识可以有多种表达方式,既可以采用强断言的表达方式,例如采用"我(们)认为$_{1}$"的方式来表达说话人的强硬立场和肯定性认识,也可以采用弱断言的表达方式,例如采用"我(们)觉得$_{21}$"的方式表达说话人的不确定性认识,以缓和断言语气。有时候,说话人采用"我(们)觉得$_{21}$"的方式不仅仅是由于说话人对于命题倾向于为真的判断的不确定性,在很多交际场合中,很大程度上是出于礼貌原则或者照顾对方面子等语用因素上的考量,或者说为了达到更好的交际效果而采用的一种言语交际策略。说话人采用"我

(们)觉得$_{21}$”弱断言认识的表达形式，主要想达到以下四个方面的言语交际效果：

第一，说话人有意降低自身身份，拉近与听话人的心理距离，以达到更好的交际效果或预期的交际目的，例如：

(1) 起明：“宁宁，我跟你说几句话好吗？**我觉得**作为父亲我是对得起你的。”(电视电影《北京人在纽约》)

(2) 王汀明：“常常听一些人说什么‘当厂长难’‘当市长难’，可是**我觉得**当市民更难，他们常常有许多难处，需要我们去帮助解决”。(《人民日报》1995 年 12 月份)

(3) 李昌镐说：“**我觉得**，现在如果还说中国年轻棋手古力、胡耀宇、孔杰等是新锐棋手就不妥了，因为他们已经成为中国的超一流选手。”(新华社 2004 年新闻稿)

例(1)—例(3)中，说话人对命题的确信度和肯定度都很高，说话人对自己所做的言语判断非常肯定，说话人确信自己所说的内容是真实的，但是，为了避免给对交际对方以傲慢、无礼和张扬的印象和感觉，照顾对方的面子和心理感受，故而采用了弱断言的认识情态表达形式“我(们)觉得$_{21}$”句来表达。以例(1)为例，王起明和宁宁之间是父女关系，二人之间的地位不平等，而且王起明对自己的女儿宁宁确实比较疼爱，基于上述因素，王起明完全可以采用命令或质问的语气来问女儿的意见，但是，毕竟是因为刚刚离婚，需要争夺孩子的抚养权，所以，为了照顾女儿宁宁的情感感受，避免给女儿造成更大的心理伤害，以便得到女儿的同情和认可，达到获得女儿抚养权的交际目的，所以，王起明故意降低自身身份，以“朋友”的口吻，甚至是请求的语气对女儿进行劝说。在这种语境下，采用弱断言“我(们)觉得$_{21}$”句的情态表达方式来摆事实、讲道理，很容易打动对方，从而达到预期的交际效果。

第二，说话人刻意隐含自己的强硬立场，有意用较为温和的表达方式，以避免冒犯听话人，例如：

(4) 白岩松：“**我觉得**社会应该去重新建立一种人才观，如果仅仅实用的话就很麻烦。”(中央电视台《新闻 1＋1—语文“失语”》2010－01－27)

(5) 白岩松：“另外，刚才短片里说了是海南官方的一种说法，**我觉**

得不应该这么理解，它只是三亚市相关主管领导的态度。”（中央电视台《新闻1+1——海南：回归国际旅游岛》2010-02-04）

(6) 马光远：“**我觉得**大家可能要关注一个表述上的变化，去年我们听到最多的一个调控的目标是什么，是遏制房价过快上涨。”（中央电视台《今日观察——京版“国八条”调控再加码》2011-02-16）

例(4)表达的是说话人关于社会应该去重新建立一种人才观的个人主张或观点，并不一定为所有人所认可，有可能对听话人产生面子上的威胁；例(5)是说话人对听话人的观点做出否定性评判，这种否定性评判对听话人来说是一种严重威胁面子的言语行为，因此，说话人使用“我觉得”来缓和评判语气，以避免冒犯听话人；例(6)是说话人对听话人的提醒或者建议，“我觉得”可以弱化建议或者提醒的强硬语气，从而使得建议的语气更加温和。上述例句中的弱断言认识情态表达形式“我觉得”都可以删除，而不影响命题意义的表达。说话人采用“我觉得”的弱断言表达方式主要是出于避免冒犯听话人或引起听话人反感的考虑，有意采用较为温和或更加易于接受的方式来表达自己的观点和建议，以求获得别人的认可和认同。

第三，采用“保全面子策略”(face-saving device)，以避免出现冒犯对方面子的言语行为(face - threatening acts)，例如：

(7) 主持人：“是不是可以说，这部电影就标志着中国现实主义电影获得重生了呢？”

张颐武：“这恐怕**我觉得**我们也不能这样说，因为中国的现实主义的潮流传统是一直延续下来的，现在也还有不少反映现实的作品。”（中央电视台《新闻1+1——唐山大地震：23秒，34年！》2010-07-27）

(8) 然而，16年后的今天，推出《唐山大地震》的他已经不再将高科技挂在嘴边了。

冯小刚：“什么时候，**我觉得**你要是围绕着人讲故事，以人为核心，表达人的情感，**我觉得**这个在任何时候，其实观众都是最买账的。”（中央电视台《新闻1+1——唐山大地震：23秒，34年！》2010-07-27）

在互动交际过程中，互动言谈的内容很有可能会威胁到说话人或者听话人的面子，从而造成“丢脸”行为(disgrace behavior)，所以，说话人往往会采取一些主动或被动保护面子不受威胁的交际策略，这就是“保全面子策略”(face-saving device)。根据所要保全的面子主体，我们可以把保全面子策略分为两类：一类是基于听话人面子的保护策略（addressee-oriented face-saving strategies），主要指的是说话人为了避免听话人的面子受到威胁而主动采取的面子保护策略。例如，说话人故意采用弱化断言语气的言语表达方式来委婉地表达说话人的个人观点。以例(7)为例，嘉宾对主持人的观点进行了否定性判断，为了避免否定的强烈语气冒犯主持人，让主持人觉得丢脸，嘉宾采用了弱断言的情态表达形式"我觉得"来委婉地表达个人的不同观点，在句中还出现了同样表达不确定认识的"恐怕"来缓和否定所带来的强烈语气，"恐怕＋我觉得"是一种典型的"弱＋弱"形式的认识情态标记匹配模式[①]，其语用表达功能就是进一步弱化(hedge)说话人的断言语气，以体现出对听话人面子的主动保护和关照，是一种积极的礼貌表达策略；第二类是基于说话人的面子保护策略（speaker-oriented face-saving strategies），主要指的是说话人为了避免自己的面子在互动交际过程中受到威胁，而被动采取的面子保护行为。以例(8)为例，说话人冯小刚在接受采访时明确提出自己关于艺术的个人认识和判断，即"在任何时候，艺术都应该'以人为核心，表达人的情感'，而不是追求高科技"，这种相对绝对的断言非常容易引起争议，冒犯到听话人，特别是广大观众，因此，说话人为了避免冒犯持有不同观点的人的面子，故意采用了表达个人观点的弱断言情态表达形式——"我觉得"来弱化绝对断言所带来的强硬语气。通过观察，我们发现弱断言情态表达形式"我觉得"在同一个断言中被说话人重复使用了两次，足见说话人被动保护个人面子免受威胁的强烈语用意图。

第四，寻求共同点（agreement），拉近与听话人的心理距离（distance），从而寻求认识上一致（convergence）和言语交际上的合作（cooperation），例如：

(9) 主持人："那么这样一个问题，蔓延到全世界的这样一个堵车的问题，它的根本和症结到底在哪里，好像很难解决啊？"

向松祚："**我觉得**梁思成是很有远见的，就是说是城市的'心脏病'，我不知道有没有因为塞车而真是把'心脏病'引发的这个例子，但是确实堵得慌，可能就是'心脏病'。"（中央电视台《今日观察——限车限行能否限堵？》2010－12－14）

(10) 刘思伽："当时在设计这些印花税税票的时候，我想象您除了

① Jennifer Coates, *The Semantics of the Modal Auxiliaries*, London: Croom Helm, 1983, p. 183.

参考一些资料，是不是小时候去爬城墙的时候那些情景还会浮现在眼前？”

阎炳武：“**我觉得**你说得特别对，就儿时的那种感受，其实给了我创作这套税票很大的感觉，艺术上的这种感觉。”（北京人民广播电台《行家——“养牛专业户”：傅家琪》2009－02－26）

例(9)和例(10)中，说话人使用“我觉得”的言语表达形式来对对方的观点表达认同和认可，以拉近交际双方的心理距离，从而使得交际双方的分歧减少至最小限度，使交际双方的一致增加至最大限度，保证交际双方的共同点和共同利益，以保证交际顺利进行。以例(10)为例，说话人采用弱断言的认识情态表达形式表达了对于主持人观点的认同——“梁思成是很有远见的”“交通会得上‘心脏病’”等，从而在互动交际过程中寻求与听话人在认识上达成一致，顺利找到交际双方的共同点和共同立场，以便保证交际的顺利开展。

11.3.3　小结

在语用学中，“面子理论”是最重要的互动交际策略之一，包括“面子(face)、危险面子行为(face threatening acts)和礼貌策略”等。Brown & Levinson(1978：56－239)认为交际双方在实际交际过程中都有面子的需求，“面子”是每个社会成员都希望得到的公众眼中的“自我形象”(self image)，但是，人们在言语交际过程中多多少少都会有一些所谓“威胁面子的行为”(face－threatening acts)，这些言语行为会不同程度地使对方或自己一方的面子受损。因此，在交际过程中，交际双方往往会采取一定的礼貌策略来维护自己的面子和保全对方的面子，“我觉得”构式是最常用的维护面子的言语表达形式之一。

在互动交际过程中，使用表达弱断言的认识情态构式“我觉得”可以达到以下语用效果：

第一，说话人有意降低自身身份，拉近与听话人的心理距离，以达到更好的交际效果或预期的交际目的；

第二，说话人刻意隐含自己的强硬立场，有意采用较为温和的表达方式，以避免冒犯听话人，使得听话人更容易接受和认可；

第三，采用“保全面子策略”(face-saving device)，以避免出现冒犯对方面子的言语行为；

第四，寻求共同点(agreement)，拉近与听话人的心理距离(distance)，从而寻求认识上的一致(convergence)和言语交际上的合作(cooperation)。

第四节 “我(们)觉得”认识情态意义的历时建构

11.4.1 “我(们)觉得”的多种用法

在现代汉语中,“我(们)觉得”有多种用法,后面可以接不同的语言成分,表达不同的意义,举例说明如下:

第一,“觉得”用作感官动词,后接形容词性宾语或者由形容词性短语构成的小句宾语,表达人或者某一器官对外界刺激的感受或者体会,例如:

(1) 佩尼娜·阿鲁西:“我会尽我最大的努力,当比赛开始的时候,**我觉得**很累,可是真正开始以后,**我觉得**我充满了力量。”(中央电视台《朝闻天下》2008-07-07)

(2) 陆强:“三天吧,也不吃饭,就待在家里,**我觉得**非常难过,家里人表面上不说,其实我心里都知道的,肯定是怨我的。”(中央电视台《乡约——简单事业》2010-04-26)

第二,“我(们)觉得”用作语用标记,后接谓词性宾语、小句宾语或者一个复杂的句群,其出现的句法位置可以是句首、句中或句末位置,主要表达说话人对于宾语所表达的命题的判断和认识,也被称作断言谓词,表达说话人的弱断言认识情态意义,例如:

(3) 观众:“**我觉得**挺不容易的。”(中央电视台《乡约——绝技人生》2010-03-22)

(4) 平凡:“我没办法回去给父母交代,但是到现在我一直也没后悔。**我觉得**如果没有收土豆的失败,就没有现在的成功。”(中央电视台《乡约——“粉儿”中的加法》2010-03-23)

(5) 嘉宾:“那么秦娃,实际上,我就想把它作为秦歌的主题歌,这个音乐也能反映咱们陕西的这种风味,把羊肉泡馍唱出来。这个感觉**我觉得**,就有咱陕西的味道了。”(中央电视台《乡约——秦歌第一人》)2010-03-02)

(6) 刘戈:“它和中国制造是互相促进、互相补充的,那么这样的话它更容易走出来中国这样一种特色软件发展之路，所以这个前景非常光明，**我觉得**。”（中央电视台《今日观察——转变：中国经济发展新模式》2010－03－15）

第三，“我（们）觉得”用作话语标记，连接多个小句，一般被看作话语连贯的指示语，对话语或语篇的整体连贯起着重要作用。一般情况下，它不涉及话语或语篇的命题意义，只是在语用表达的层面上起话语连贯的作用，例如：

(7)“现在可能结合着自己的一些朋友的经验加上自己的一些想法，**我觉得**回与不回当中最大的一个点是在于说，现在你回来了以后，假如要对接的这边到底是做什么，**我觉得**这个最关键。**我觉得**大家在出国的时候，其实**我觉得**假如十年以前二十年以前出国出去可能不一定能够想像到二十年以后的今天。”（茅道林、王辉耀、李安渝、高在朗《百家讲坛——海外学人回国创业论坛》）

(8) 吕启祥：“辣是形之于外，能感受到欲是在她的内心。**我觉得**在今天我们看凤姐这个人物，对凤姐这个欲，**我觉得**要做点分析。**我觉得**过去说这是个披着蛇蝎外衣的美女蛇，你看她的外表彩绣辉煌，恍若神仙妃子，这么漂亮的一个女性，可是它有蛇蝎的心肠。”（周思源、吕启祥、丁维忠《百家讲坛——是是非非王熙凤》）

(9) 陈春：“可是一看，我们段总现在牙还非常好。**我觉得**他讲得有道理，刚才他讲的，**我觉得**这个问题，所以**我觉得**中关村的管委会也好，区里边也好，市里边一定要想办法。”（段永基等《百家讲坛——中关村：浦东发展对话论坛》）

“我（们）觉得”的上述三种用法在现代汉语的共时层面广泛存在。“我（们）觉得”的这种共时层面的多义性实际上反映了这一句法格式在历时层面的发展演变，即从主谓结构（第一种用法）到语用标记（第二种用法），是一个词汇化的过程；从语用标记（第二种用法）到话语标记（第三种用法）是一个语法化的过程。其间，“我（们）觉得”在句法上经历了一个辖域扩大的过程；在语义上经历了词汇意义的虚化和主观化的过程。下面就从共时语法化的角度，对“我（们）觉得”的语义演变和语法化进行分析。

11.4.2 “我(们)觉得”的语用标记功能

学术界虽然对语用标记的内容、性质、范围和功能有很多的分歧，但是，对于语用标记语大致形成了以下共识：语用标记不影响句子的真值语义条件，一般没有强制性的句法约束力，不起展示句子之间语义关系的作用，其功能主要是语用表达层面的，它可以对话语信息进行某种评价，可以标明说话人的说话方式，还可以表明说话人对信息的确信程度或是标明信息的来源等。

席建国、刘冰(2008：191－192)将语用标记语(pragmatic markers)定义为“能够体现说话人心理上对客观世界及存在的性质、特征、规律的认知和描述所持的态度、评价、意志，或用以实现以言行事功能的自然语言表达式”。席建国、刘冰指出语用标记语在话语表达中的作用主要是突显交际者的“自我”意识，其意义主要是程序性的(procedural)，而不是概念性的(conceptual)。

在言语交际过程中，语用标记的功能主要体现在表达语用信息的方面，例如说话人对所表达命题的态度、评价或说话人对命题之间语义关系的判断等。因此，语用标记主要关注的是说话人的说话方式，关注的是对话语信息的主观评价。

Brinton(1996)和Fraser(1996)等提出了语用标记的五大判定标准[①]：

第一，从句法上具备相对稳定的线性位置到句法上没有位置限制；

第二，从句法上具有明确的功能和地位到句法上难以确认其功能和地位；

第三，从表述客观事件到表达说话人的主观态度；

第四，从具体词汇意义的理解到整体格式意义的理解；

第五，从韵律上的非独立形式变为独立的语调单位(intonation unit)。

“我(们)觉得”后接谓词性宾语或者小句宾语时，主要表达说话人对于宾语所表达的命题的态度，或者表明说话人对于命题信息的确信程度，或者表明说话人的个人视角或命题信息的来源等，它不再表达人或器官对外界某一刺激的感受或者体会，即它不再表达概念意义，而是表达语用层面的程序意义，因此，“我(们)觉得”已经具有了语用标记的功能和性质，它已经从一个主谓结构(即“主语＋感官动词”)虚化为一个具有认识情态表达功能的、具有副词性质的固定短语，其虚化的过程符合判断语用标记的五大

① 转引自方梅(2005：504)。

标准。

第一，“我(们)觉得”作为主谓结构(第一种用法)，表达人或器官对外界某一刺激的感受或者体会时，句法位置相对固定，一般出现在句首位置，后面接形容词性宾语或者由形容词性短语构成的小句宾语，句法结构是常规的主谓宾格式(如例1和例2)。而作为语用标记的“我(们)觉得”(第二种用法)，句法位置比较灵活，不仅可以出现在句首位置(如例3和例4)，还可以出现句中位置(如例5)，或者出现句末位置(如例6)；“我(们)觉得”经历了从句法上具有相对稳定的线性位置到句法上没有位置限制的演变。

第二，“我(们)觉得”作为主谓结构(第一种用法)，是句子的主句，“我(们)”和“形容词性宾语或者小句宾语”与感官动词“觉得”之间具有论元支配关系；而作为语用标记的“我(们)觉得”(第二种用法)出现在句首时，后面可以接谓词性宾语(如例3)，有时还可以接一个超过句子范畴的复句(如例4)。一方面，“我(们)觉得”的句法支配范围进一步扩大；另一方面，“我(们)觉得”对于后面复句或者句群的控制力大大减弱，从而导致“我(们)觉得”主句的句法地位弱化，其突出的表现就是“我(们)觉得”除了出现在句首的位置之外，还可以以插入语的形式出现在句中或者句末位置，这就导致了“我(们)觉得”结构的句法地位和句法功能不再明确和典型，因此，“我(们)觉得”经历了从句法上具有明确的功能和地位到句法上难以确认其功能和地位的演变。

第三，“我(们)觉得”作为主谓结构(第一种用法)，主要表达概念功能，表达的是主语的客观感受和体验，而作为语用标记的“我(们)觉得”(第二种用法)表达的不是概念功能，而是人际功能，用于表明说话人对于交际信息的态度、观点和认识，属于认识情态表达范畴，因此，“我(们)觉得”经历了从表述客观事件到表达说话人主观态度的演变。

第四，“我(们)觉得”作为主谓结构(第一种用法)时，我们可以从具体的词汇意义来理解整个句子的意义，而且主语和谓语之间可以出现修饰性成分，例如“突然”“上午”“没”“不”“没有”等。而作为语用标记的“我(们)觉得”(第二种用法)的格式和意义都具有一定的固定性，我们只能把它作为一个整体格式来理解，不能按照词汇意义的简单加合关系来理解，“我(们)”和“觉得”之间一般不能加入修饰性成分，例如“突然”“上午”“没”“不”“没有”等，因此，“我(们)觉得”经历了从具体词汇意义理解到整体格式意义理解的演变。

第五，从韵律上来看，“我(们)觉得”作为主谓结构(第一种用法)时是非独立的韵律形式，不能看作一个独立的语调单位；而作为语用标记的“我

(们)觉得”(第二种用法)则可以看作一个独立的语调单位,判定的条件就是“我(们)觉得”(第二种用法)后面可以有停顿,后面可以跟主位标记或者准主位标记“吧”“呢”“嘛”“啊”等,而作为主谓结构的“我(们)觉得”(第一种用法)后面一般则没有停顿,也不能跟主位标记或准主位标记,因此,“我(们)觉得”经历了从韵律上的非独立形式到独立的语调单位(intonation unit)的演变。

综上所述,通过采用 Brinton(1996)和 Fraser(1996)关于语用标记的六大判断标准进行测试,我们发现“我(们)觉得”在表达弱断言认识情态意义时,已经具有了语用标记的表达功能。

11.4.3 “我(们)觉得”的话语标记功能

话语标记(discourse markers)是语用标记范畴中的一个子类,在语言表达过程中,一般不影响句子的语义真值和命题意义,主要用于表达语言使用者对语境的一种顺应,体现说话人组织话语的痕迹,可以帮助说话者构建语篇,也可以增强语篇的连贯性,还具有接续话轮和保持话语权的语用表达功能,是具有语用效果的话语持续性标记(continual marker)。

按照 Fraser(1996)的观点①,语用标记和话语标记实际上是上下位的概念。方梅(2005: 506)也承认话语标记是语用标记范畴当中的一个子类,二者的区别在于,话语标记在言谈当中起组织结构、建立关联的作用,而语用标记不具备此类组织言谈的功能。如果一个成分对话语连贯并无作用,而重在表现说话人的态度的话,我们把它看作“语用标记”。

由此来看,当“我(们)觉得”用于较大的话语或语篇时,不再用于表达说话人的态度、观点和认识,而是用来连贯语篇、组织话语、接续话轮或保持话语权,那么,此时的“我(们)觉得”已经从语用标记进一步虚化为话语标记(如例 7—例 9)。例(7)是由中央电视台“百家讲坛”栏目举办的一期谈话式节目的节选,讨论的话题是“海外学人回国创业”,讨论由主持人主持,参与讨论的是海外学人归国创业人员代表,分别是“茅道林、王辉耀、李安渝、高在朗”四个人。例(7)是高在朗的一段话,在这段话语中,“我觉得”的后续成分一般不是说话人的主观断言,不表达说话人的态度、观点和认识,有的甚至不是一个完整的句子,例如第三个“我觉得”。由于是四个人在主持人的引导下就某一话题进行讨论,所以句中“我觉得”的功能主要是用来连贯语

---

① Fraser(1996)将语用标记分为四类,分别是“基本标记(basic markers)、评论性标记(commentary markers)、平行性标记(parallel markers)和话语标记(discourse markers)”。

篇、接续话轮和保持话语权的。这样的例子在谈话类的话语表达中并不少见，再比如：

(10)“**我觉得**我今天跟大家一块探讨清太祖努尔哈赤，**我觉得**就在这四合，天合、人合、地合、己合，这应当说是我们研究这段历史的一点启迪吧。”(阎崇年《百家讲坛——清十二帝疑案》)

(11)“我们今天谈的主题是艺术和科学，那么呢，**我觉得**更多的我考虑问题，或者我跟大家交流的这个角度，更多的是艺术，怎么样去面对科学，**我觉得**应该是这样，那么我在想，高更可能这个画家是大家比较熟悉的。”(刘巨德、包林、张泰昌、郭慕孙《百家讲坛——艺术与科学的关系》)

(12)“**我觉得**不尽然，**我觉得**其实任何时候都不太晚，关键是你是不是准备好，**我觉得**这个很重要。”(茅道林、王辉耀、李安渝、高在朗《百家讲坛——海外学人回国创业论坛》)

笔者对中央电视台“百家讲坛”之“海外学人归国创业论坛”(主讲人：茅道林、王辉耀、李安渝、高在朗)(2003 年 5 月 29 日)这一期所讨论的话语材料进行了计量统计，在篇幅为 13206 个汉字的语料内，“我觉得”共出现了 83 次，“我们觉得”出现了 2 次，绝大多数出现的“我(们)觉得”都不用于表达说话人的断言认识，而是用于组织话语和接续话轮。“我觉得”在谈话类节目中的高频使用进一步说明“我觉得”在特定语篇类型中的话语标记功能已经非常显著了。

11.4.4 “我(们)觉得”语法化的路径及模式

“我(们)觉得”从句内的主谓短语经历词汇化，变成一个句外的具有断言认识功能的语用标记，然后，进一步语法化为句间的具有话语连贯功能的话语标记，其语法化的路径概括如下：

位置：	(句内成分)		(句外成分)		(句间成分)
性质：	主谓短语	——→	语用标记	——→	话语标记
机制：		(词汇化)		(语法化)	

图 11－1 “我(们)觉得”的语法化路径

“我(们)觉得”语义的虚化也伴随着语义的主观化。Traugott(1995：48)在讨论语法化过程中的主观化问题时，概括了五个能够反映语义主观化

的语义演变,具体来说包括:

第一,从命题功能(propositional function)到语篇功能(discourse function);

第二,从客观意义(objective meaning)到主观意义(subjective meaning);

第三,从非认识情态(non-epistemic modality)到认识情态(epistemic modality);

第四,从句法主语(syntactic subject)到言者主语(speaking subject);

第五,从具有完整、自由的词汇形式(full, free form)到句法上失去独立性的粘着形式(bonded form)。

"我(们)觉得"的语义主观化也经历了上述五个方面的语义演变。首先,"我(们)觉得"作为主谓结构时是句子的主干成分,是一个独立的命题,表达客观的概念义;作为语用标记时,"我(们)觉得"不再承载命题表达功能,也不具有客观的概念意义,而是表达说话人对于某一命题的认识和判断,表达的是说话人(言者主语)的主观认识情态意义;此外,"我(们)觉得"的句法性质发生了改变:从句子层面逐渐降级到一个相对凝固的句法结构,句法地位也从句子的主干逐渐降级为句子的附加成分,句法位置从相对固定(即句首位置)到相对不固定(以插入语的形式出现在句中或者句末位置),其辖域也经历了从句子成分到语篇表达的扩大化,其功能也从传递命题的概念意义发展演变为具有副词性质的、句法上失去独立性的附着结构,句法上变得不自主,不能独立成句,甚至进一步弱化为失去独立性的、只起连贯语篇作用的话语连接成分。

11.4.5 小结

在现代汉语中,"觉得"有三种用法:一是用作感官动词,后接形容词性宾语或者由形容词性短语构成的小句宾语,表达人或者某一器官对外界刺激的感受或者体会;二是用作语用标记,后接谓词性宾语、小句宾语或者一个复杂的句群,其句法位置可以是句首、句中或句末位置,主要表达说话人对于宾语小句所表达命题的认识和判断,也被称作断言谓词,表达的是说话人的弱断言认识情态意义;三是用作话语标记,连接多个小句,一般被看作话语连贯的指示语,对话语或语篇的整体连贯起着重要作用。一般情况下,它不涉及话语或语篇的命题意义,而只是在语用表达的层面上起话语连贯的作用。

"我觉得"共时层面的多义性实际上反映了这一句法格式在历时层面的

发展演变。从主谓结构(第一种用法)到语用标记(第二种用法),是一个词汇化的过程;从语用标记(第二种用法)到话语标记(第三种用法)是一个语法化的过程。其间,“我(们)觉得”在句法上经历了一个辖域扩大的过程;在语义上经历了词汇意义的虚化和主观化过程。

“我(们)觉得”从句内的主谓短语经历词汇化,变成一个句外的具有断言认识情态表达功能的语用标记,然后,进一步语法化为句间的具有话语连贯功能的话语标记。“我(们)觉得”在发生语义虚化的同时也伴随着语义的主观化。

第十二章　可能补语构式认识情态意义的建构过程

第一节　可能补语构式

所谓可能补语构式(possible complement constructions)指的是由可能补语构成的句法构式,其中"V 得/不 C"是其典型构式,除此之外,还有"V 得/不了(liao)""A 不了"等扩展构式。可能补语构式主要表达能性范畴。能性范畴是人类语言的普遍语法范畴,吴福祥(2002: 29–40)将能性范畴分为五种语义类型:一是表示具备实现某种动作/结果的主观能力("可能"[能力];二是具备实现某种动作/结果的客观条件(即"可能"[条件]);三是表示对某一命题或然性的肯定(即"可能"[或然性]);四是表示情理上的许可(即"可能"[许可]);五是表示准许(即"可能"[准许])。

在世界语言范围内,能性范畴的主要语言表达形式是情态动词(Bybee、Perkins & Pagliuca 1994);而在汉语中,能性范畴的主要语言表达形式除了能愿动词之外,还有可能补语构式。当然,二者能性范畴的语义表达能力是不同的。能愿动词可以表达能性范畴的所有语义类别,例如"能"等;而可能补语构式仅仅能表达"可能"[能力]、"可能"[条件]和"可能"[或然性]等语义类别(吴福祥 2002: 29–40)。其中,第三类能性语义类型"可能"([或然性])表示对某一命题或然性的判断,属于典型的认识情态范畴,是现代汉语认识情态范畴的重要语言表达形式之一。

根据 Bybee、Perkins & Pagliuca(1994)和 Boye(2012)关于认识情态语义类型的相关论述,本节分别讨论可能补语构式"V 得/不 C"和"V 不得/不了"两种构式类型的认识情态表达功能。

第一类,"V 得/不 C"构式主要表达说话人关于事件能否发生的可能性推断,表达的是一种认识上的不确定性(epistemic uncertainty);

第二类,"V 不得/不了"构式主要表达说话人关于事件不可能或者不会发生的断言,表达的是一种认识上的确定性(epistemic certainty)。

第二节　可能补语构式"V得/不C"认识情态意义的共时建构

12.2.1　可能补语构式"V得/不C"的认识情态表达功能

关于可能补语结构所表达的语义类型及其认识情态意义的表达功能,学术界有着广泛的讨论。服部(1970)把"V得R"的意义分为"主观能力的有无、周围条件的可能不可能、周围条件或道理上的容许或者禁止、道理上的可能性"四种类型[①],其中"道理上的可能性"表达就是一种认识情态意义,例如"这么厚的冰,搬个火炉子来,也漏不下去"。杉村博文(1995:218)认为能性补语有三种类型的意义,包括动作实现所必须的生理和思维方面的能力、动作实现所必须的环境方面或整体的条件以及动作实现所具有的某种盖然性,其中,第三种动作实现所具有的盖然性表达就是认识情态意义。吴福祥(2002:29-40)认为可能补语结构仅仅能表达"可能"[能力]、"可能"[条件]和"可能"[或然性]三种语义类别,其中,第三类表达或然的可能性判断也属于认识情态表达范畴。

经过对媒体语言语料库(MLC)的考察,我们发现"V得/不C"结构主要表达两种情态意义,一是动力情态意义,主要表达主语具备实现某种动作的能力,即"可能[能力]",例如:

(1) 董倩:"你为什么不三点多放学之后,马上回家做功课?"

闵婕:"因为就是有信心,晚上可以**做得完**的。"(中央电视台《面对面——闵婕:优秀学生之路》2009-06-06)

二是认识情态意义,主要表达说话人关于某一命题或然性的推断,即"可能"[或然性],例如:

(2) 周锡玮:"不过我基本上来讲,认为我第一个任期里面已经规划好了,打好了基础,现在很多事情可能还需要四年才能够**做得完**。"(中央电视台《海峡两岸——四川灾区台资企业恢复生产》2008-07-15)

---

① 转引自李剑影(2007:106)。

同一个可能补语结构(例如"做得完"),既可以表达动力情态意义,也可以表达认识情态意义,这说明决定可能补语结构情态意义类型的因素不是可能补语结构本身,而是可能补语结构之外的因素。对此,李剑影(2007:109-116)从语义和语用两个角度对此进行了解释,她认为能性补语结构在表达认识情态意义时,通常需要具备以下三个条件:

一是主语对补语的结果缺乏控制能力,比如主语是受事时,"V不C"结构一般作认识情态意义的解读;

二是"C"相对于主语的目的性,当"C"是消极目的时,"C"就无法作为主语的目的,此时的"V不C"结构经常作认识情态意义的解读;此外,"V不了"表达动作不能实现时,也作认识情态意义的解读;

三是句法环境的影响,比如反问句语境或者句中出现了表达认识情态意义的其他语言表达手段时,"V得C"结构作认识情态义的解读。

对于李剑影的第一个条件和第二个条件,孙娅爰(2009:80-85)提出了质疑。关于第一个条件,孙娅爰认为除了动作主体的能动性行为动作之外,主体外部的物理条件和其他环境因素的作用也能引起某一结果或状态的出现,因此,由非自主动词构成"V得/不C"结构("主语[-控制能力]")表达的不是认识情态意义,而是动力情态意义;关于第二个条件,补语"C"是消极目的时,"VC"表达非理想结果,是人们不愿意看到的状态,"对这些结果表示怀疑"的否定式比肯定式更加自然,所以,由自主动词"V"和贬义形容词"C"构成的"V得/不C"表示的意义也是动力情态意义。

对于第三个条件而言,当句中出现了表达认识情态意义的其他语言表达手段时,认识情态意义到底是由"V得/不C"构式带来的,还是由其他认识情态表达手段带来的,这是一个无法说清的问题,例如:

(3) 徐芑南:"现在正在履行审批手续,所以我们必须要提供一些资料,所以这三个地方肯定是要去作业的,也不是一年就能**做得完**,今年的计划大概在3—4个月这样一个工作量。"(人民广播电台《中国之声——新闻纵横》2013-03-26)

(4) "我经常买的食用油从60多元降到了40多元,就多买了2瓶,反正保质期有18个月,总能**吃得完**。"市民谭女士笑着说。(人民广播电台《新闻频道——湖南新闻》2013-10-28)

例(3)和例(4)中,对命题或然性的推断到底是由能愿动词"能"来承担的,还是由"做得完"结构来承担的,显然是个值得讨论的问题。通过对媒体语言语料库的语料考察来看，“V得C”结构前面普遍出现能愿动词“能、可能、能够、可以”等，或者出现表达推测的情态副词“肯定、一定”等。

此外，“V得/不C”结构是否表达认识情态意义还受到句法条件的限制和影响。众所周知，认识情态意义表达的是说话人对于命题发生或出现的可能性评估，所以一般用于未然事件，而不能用于已然事件，那么就自然而然地排斥表达已然的时间词，所以“V得/不C”构式表达认识情态意义时，不能出现已然的时间词或助词“了”，例如：

(5) 花档档主：“拿货的人很少，拿货也拿很少。以往很多花**卖得完**，现在多了两棵就**卖不完**了。”(广州电视台《今日报道》2009-01-11)

例(5)中“卖得完”的前后出现了表达“过去”的时间词“以往”，“卖不完”后面出现了“了”，这个“了”应该是“$了_{1+2}$”。显然句中的“卖得完”不能作认识情态意义的解读。

那么，能性补语结构“V得/不C”什么时候表达说话人的认识情态意义？说话人为什么要使用“V得/不C”结构来表达认识情态意义？笔者认为需要借助于语境——即“V得/不C”结构的使用环境——来进行考察。

12.2.2　互动交际话语中“V得/不C”认识情态意义的语义建构

12.2.2.1　互动交际话语中“V得C”的认识情态意义

根据“V得C”中补语“C”的类型，我们可以把“V得C”分为“V得V”和“V得A”两种，“V得V”中的补语“V”由动词来充当，“V得A”中的补语“A”由形容词来充当，二者具有不同的认识情态表达功能。

在互动交际话语中，能性补语结构“V得V”经常用于表达说话人关于命题为真或者事件发生的可能性推断，属于可能认识情态意义(epistemic possibility)，是可能补语构式的典型形式之一，例如：

(6) 广州千万级的豪宅不算多，五只手指都**数得完**，不是独享江景资源，就是超大户型一流管理。(广州电视台《今日报道》2009-07-05)

(7) 几个人面面相觑：“小陈得了绝症？我们怎么没听说？”有一个说：“他得什么绝症？我看他身体好得很，**打得死**老虎。”(艾米《山楂树之恋》)

例(6)是说话人关于“广州千万级的豪宅用五只手指可以数完”这一命题为真的可能性推断;例(7)是说话人关于“他能打死老虎”这一事件可能为真的推断,两个例子都表达了说话人关于言语信息的可能性判断,属于可能认识情态的表达范畴。

当然,在互动交际话语中,说话人基于礼貌原则和对听话人面子的主动关照,往往在这类断言认识情态表达形式前面添加表达不确定认识的其他言语表达形式,例如“不一定、不见得、不可能”等,和其他表达不确定认识的语言表达形式共现的“V 得 V”体现出一定的评估认识意义(evaluation),表达了说话人对于某一情况出现的可能性评估,例如:

(8)“对不对?刚开始工作,你就有房子了?这个房子,你将来要供 50 年,供到死,**不一定供得完**。”(凤凰卫视《锵锵三人行——金融危机凶猛 女性精神复兴》2009-03-24)

(9)水果饮料也就罢了,万一弄半条烤羊腿什么的,您又舍不得糟践了,估计啊,三天您都**不见得吃得完**。(天津人民广播电台《话说天下事》2008-01-21)

(10)马家辉:“两天前说的话就是假话,因为申请移民的话**不可能**两天**办得完**。”(凤凰卫视《锵锵三人行——窦文涛:张兰移民事件警惕我们要小心“演高尚”》2012-12-06)

在互动交际话语中,“V 得 A”主要用于表达说话人的评估认识(evaluating),属于评估认识情态范畴(epistemic evaluation),例如:

(11)主持人:“但是看起来可能双方最大的分歧还集中在反导问题上。”

姜毅:“**说得对**。”(中央电视台《今日关注——伊朗核电站今夏启用俄美核裁再生变故?》2010-03-19)

(12)查建英:“突然迎面一家馆子,哎呦,这个门脸**做得好**,一幅对联,上联是‘要健康喝驴汤’。”(凤凰卫视《锵锵三人行——书商策划〈中国不高兴〉外媒做免费广告》2009-04-07)

例(11)中,“说得对”结构用于说话人对前面话轮中的某些信息进行评价,即说话人对主持人的言语判断进行评价,结构中起到评估意义的主要是形容词“对”。例(12)中,“做得好”结构是说话人对于饭馆门脸的主观评价,承担评估意义的主要是作补语的形容词“好”。当然，很多主观形容词[①]都具有评估意义，但是，作为一个评估构式来说，“V 得 A”本质上是一种言语评估行为(evaluate)，是说话人的一种可能性评估，即说话人认为“说得对”“做得好”，其他的听话人也可能做出“说得不太对”“做得不太好”的评估。因此，例句中的“V 得 A”不是表达具有客观意义的可能补语，而是表达说话人持有的主观评价，说话人的这种主观评价仅仅是众多评价中的“可能评价”之一(one of possible evaluations)。

12.2.2.2　互动交际话语中“V 不 C”的认识情态意义

在互动交际话语中，可能补语结构“V 不 C”主要表达说话人关于命题不可能成立或事件不可能出现的推断，说话人关于推断的确信程度较高，表达的是较大可能的认识情态意义(epistemic probability)，是典型的可能补语构式之一，例如：

(13) 王蒙：“但是中国，你**做不到**，现在人口太多。银行里没有茶，没有饼干，动不动都要排队，排号一个小时。”(凤凰卫视《锵锵三人行——梁文道：台湾社会很奇怪　已经割裂成两块》2010－05－08)

(14) 大兴选手的实力真不得了，几乎包揽了所有的奖项。也不奇怪，大兴梨园的面积和产量在全市排第一，400 多种梨，您每天吃一种，一年也**吃不完**。(北京电视台《新闻晚高峰》2010－09－20)

例(13)中，可能补语结构“做不到”表达的是说话人关于命题“你做得到”的否定性判断，表达的是“可能[或然]”，而不是表达主语的能力“可能[能力]”，说话人在这里表达的是“在中国不可能像在美国那样”——“在美国银行里办点什么事，它立刻请你坐下，给你咖啡，而且连饼干都端上来”；例(14)也是如此，可能补语构式“吃不完”不表达主语所具有的能力，而是表达说话人的言者认识或言者判断。

为了加强说话人关于命题判断的确信度，说话人可以在可能补语结构前面添加表达确定性推测的语气副词，例如：

(15) 主持人：“这个就是撕不烂的？撕不烂，**的确撕不烂**。”(中央电视台《乡约——电脑传奇》2010－04－23)

(16) 采访：“存货太多**根本清不完**，希望能适当宽限几天。”(广州

① Nuyts(2001)称为情态形容词(modal adjective)。

电视台《广州电视新闻》2009-06-17)

也可以在可能补语结构前面添加表达不确定推测的其他言语表达形式,例如:

(17) 他们说,货物到时**可能卖不完**,希望能有两个星期的宽限期。(广州电视台《广州电视新闻》2009-05-30)

(18) 陈金桥:"这么庞大的工程我们初步估计的话,**恐怕**一年多都**办不完**。"(北京人民广播电台《城市零距离——手机实名制》2010-02-10)

在可能补语结构前面添加表达确定性推测的语气副词是为了进一步加强说话人关于判断的确信程度,体现说话人关于命题判断的肯定语气,以便说服听话人或者得到说话人的认同;在可能补语结构前面添加表达不确定推断的情态动词或语气副词是为了进一步弱化说话人关于判断的确信程度,缓和言者的判断语气,是出于语用交际上礼貌的需要。

12.2.3 小结

在互动交际话语中,能性补语结构"V得C"所表达的认识情态意义受到补语"C"类型的影响。当补语是动词时,"V得V"经常用于表达说话人关于命题为真或者事件发生的可能性推断,属于可能认识情态范畴(epistemic probability);当补语是形容词时,"V得A"经常用于表达说话人的评估认识(evaluating),属于评估认识情态范畴(epistemic evaluation);"V不C"主要表达说话人关于命题不能成立或不会出现的可能性推断,表现出较高的确信程度,属于较大可能认识情态范畴(epistemic probability)。综上,可能补语构式"V得/不C"出现的典型语言环境是对前一话轮中所出现的言语信息或某一事件未来能否实现的可能性进行评估(evaluating),总起来说,属于可能认识情态的表达范畴(epistemic uncertainty)。

第三节 可能补语构式"V不得/不了"认识情态意义的共时建构

可能补语结构"V不得/不了"是"V得/不C"构式的特殊表达形式,是一种傀儡补语(Dummy potential-complements)。赵元任(1979：323)指出"在汉语中有两个常用的补语——'了'(liǎo)和'来',它们没有什么特殊意义,其作用在于使可能式成为可能,是一种傀儡补语"。本研究认为,"V不得"和"V不了"一样都属于傀儡补语。

可能补语结构"V不得/不了"是可能补语构式的典型结构形式之一。其中,"V不得"构式在表达说话人关于事件不可能发生的断言的同时,还表达了说话人关于事件不应该发生的言者态度,例如:

(1) 张富麟:"孙立人哪里准他缴械?缴械就干了。这个Scott(师长)已经到了印度了,说,**干不得**,**干不得**,**缴不得**械,他得过我们这个帝国司令的勋章,我们帝国司令的兵怎么能缴械呢?后来就优待了。"(深圳电视台《解密——中国远征军之缅北大反攻》2009-08-16)

(2) 虽然难度太大,可不修剪又是一个安全隐患,还是要想个可行的办法,**耽误不得**。(深圳电视台《第一现场》2009-03-02)

例(1)中,说话人认为"不应该这么做,不应该缴械",在表达言者认识的同时,向听话人表明了说话人的言者态度。

可能补语构式"V不了"主要表达说话人关于命题不可能为真或事件不可能发生的较为肯定的断言认识,说话人的确信程度较高,例如:

(3) 吴建民:"不打仗,有很多共同利益,气候变化一个国家**应对不了**,大家联合起来来应对这个挑战,我想这样一个思路去,世界会变得更加美好。"(深圳电视台《22度观察——2010中美外交大趋势》2010-01-22)

(4) 吴建民:"气候变化、恐怖主义、跨国犯罪、流行疾病你说哪个国家能解决?一个国家**解决不了**,人类需要联合起来。"(深圳电视台《22度观察——2010中美外交大趋势》2010-01-22)

可能补语结构中的中心词除了动词之外,还可以是形容词,从而构成"A得C"和"A不了"构式,例如:

(5) 袁鹏:"我想这反映了两个事实,一个事实是随着中国的迅速发展,现在中国人比以前要**自信得多**。"(中央电视台《环球视线——朝韩海军在西部海域发生交火》2009-11-10)

(6) 叶海林:“那么你把你全部的决定委托给一个集体去做,这个**容易得多**。”(凤凰卫视《锵锵三人行——泰红衫军逼散峰会 街头政治是否能代表民意》2009-04-16)

(7) 肖东坡:“要是让它看到犯罪分子,犯罪分子肯定**好不了**。”(中央电视台《乡约——金牌驯犬师》2010-07-06)

(8) 王武:“当然,想得到这么丰厚的利润,付出的成本也**小不了**。”(天津电视台《财经视界》2009-05-07)

“A得C”构式主要用于表达说话人关于性状的比较性评判。例(5)和例(6)中,可能补语结构采用的是“A得C”的构式形式,表达说话人关于命题判断的可能性评估,具有较强的比较评判意味;在例(5)中,说话人直接使用比字句对中国人在不同时代的自信程度进行了评价,做出了“现在中国人比以前要自信得多”的主观判断;例(6)是暗含比较的主观评判,说话人将“把全部的决定委托给一个集体去做”和“把全部的决定委托给一个人去做”两件事情进行比较,做出了“把全部的决定委托给一个集体去做容易得多”的主观判断。

“A不了”构式主要用于表达说话人关于性状的否定性评判。例(7)和例(8)中,可能补语结构采用的是“A不了”的构式形式,表达说话人关于命题的否定性判断,否定判断的形式增强了说话人关于命题判断的确信程度,表现出强烈的主观性色彩;另一方面,由于形容词往往表示某种性质或状态,因此,“A不了”的表达形式蕴含了说话人的某种主观倾向性,认定“不会A”,体现出说话人强烈的言者态度。例(7)中,“好不了”结构表达的是说话人确信“犯罪分子不会有好的结果”;例(8)中的“小不了”结构表达的是说话人认为“养殖名犬所付出的成本会非常大”,说话人在做出判断的同时,表现出较强的主观倾向性,即说话人认定“犯罪分子不会好”“付出的成本不会小”。柯理思(2005:283)曾经指出“静态形容词+了”结构表示必然认识情态意义(epistemic necessity),这从一个侧面说明了“A不了”构式所表达的认识程度在说话人的认识程度序列(即:“possibility > probability > necessity > certainty”)上处于较高的位置。

综上所述,可能补语构式“V不得/不了”的核心意义是表达说话人关于事件不可能发生的断言,同时表明了说话人关于事件不会发生或不应该发生的言者态度或言者立场,体现出说话人较强的主观倾向性。可能补语构式“A得C”构式主要用于表达说话人关于性状的比较性评判;“A不了”构式主要表达说话人关于命题的否定性判断,否定判断的形式增强了说话人关于命题判断的确信程度，表现出强烈的个人主观性色彩；另一方面，由于形容词往往表示某种性质或状态，因此，“A不了”的语言表达形式蕴含了说话人的某种主观倾向性，即认定“不会A”，这体现出说话人强烈的言者态度。

第四节 可能补语构式认识情态意义的历时建构

吴福祥(2002：29－40)对“汉语能性补语结构‘V得/不C’的语法化”进行了详尽地论述，他认为能性述补结构“V得C”最早出现在唐代，其可能性意义的获得受到结构中“得”虚化的影响。“得”最初是表达获得意义的他动词，因为出现在“V得O”的连动式结构中，逐渐虚化为表示动作实现并有结果的结果补语，此时的“V得C”结构一般用于已经实现或者完成的事件；当“V得C”结构用于叙述未然事件时，就演变称为表达具有实现某种结果或状态的可能性，因此，表达“可能”的能性意义就产生了。而“V不C”结构来源于“VC”结构，而不是“V得C”结构。蒋绍愚(1995：191－194)认为“V不C”最初是“VC”的否定形式，产生于“V得C”结构之前，最初表达“实际之结果”，后来表达“悬想之可能”。唐五代时期，“V得/不C”结构既可以表达结果的实现，也可以表达可能，具体表达哪一种意义则需要根据语境来判断。至宋代，“V不C”结构的意义固化，主要用于表达可能，最终语法化为能性补语构式“V不C”。

根据吴福祥(2002：29－40)关于能性补语结构“V得/不C”语法化的描写，我们可以把“V得/不C”的语法化过程描写为“表达结果(已然事件)＞表达可能(未然事件)”。在“V得/不C”结构中，补语“C”表达已然事件的结果或者实现，而被用于描写未然事件时，自然不再表达事件的结果或者动作的实现，而是用于表达结果出现的可能性或者动作实现的可能性，在这个语法化过程中，非现实语境(irrealis)起到了关键性作用。

当“V得/不C”结构表达可能意义时，与能性助动词“能、可以、会”等一样，经历了“表达根可能(root modality)＞认识可能(epistemic modality)”的语义演变过程。“V得/不C”结构从表达“动力情态意义”——“表达动作实现所必须的生理和思维方面的能力”，到“表达动作实现所必须的环境方面或整体的条件”，演变为“表达动作实现所具有的某种盖然性”——“认识情态意义”，“V得/不C”结构经历了“可能[能力]＞可能[条件]＞可能[或然性]”的语义演变过程，由此，能性补语结构演变成为可能补语构式，专门用于表达说话人关于命题很可能为真的可能性推断，成为认识情态范畴的重要语言表达形式之一。

第五节　小结

可能补语构式是指由可能补语构成的句法构式，包括“V 得/不 C”“V 不得/不了(liǎo)”“A 不了”等语言表达形式。

在互动交际话语中，能性补语结构“V 得 C”所表达的认识情态意义受到补语“C”类型的影响。当补语是动词时，“V 得 V”主要用于表达说话人关于命题为真或者事件发生的可能性推断，属于可能认识情态范畴(epistemic possibility)；当补语是形容词时，“V 得 A”主要用于表达说话人的评估认识(evaluating)，属于评估认识情态范畴(epistemic evaluation)；“V 不 C”主要表达说话人关于命题不能成立或不会出现的可能性推断，表现出较高的确信度，属于较大可能认识情态范畴(epistemic probability)。综上，可能补语构式“V 得/不 C”出现的典型语言环境是对前一话轮中所出现的言语判断或某一事件未来能否实现的可能性进行评估(evaluating)，总的来说，属于可能认识情态范畴(epistemic uncertainty)。

可能补语构式“V 不得/不了”的核心构式意义是表达说话人关于事件不可能发生的断言，表达的是一种认识上的确定性(epistemic certainty)，同时还表明了说话人关于事件不会发生或不应该发生的言者态度或言者立场(speaker's stance)，体现出说话人较强的主观倾向性。可能补语构式“A 得 C”构式主要用于表达说话人关于性状的比较性评判；“A 不了”构式主要表达说话人关于命题的否定性判断，否定判断的形式增强了说话人关于命题判断的确信程度，表现出强烈的主观色彩；另一方面，由于形容词往往表示某种性质或状态，因此，“A 不了”的语言表达形式蕴含了说话人的某种主观倾向性，即认定“不会 A”，体现出说话人强烈的言者态度。

从历时语法化的角度来看，补语结构“V 得/不 C”经历了“表达结果(已然事件)＞表达可能(未然事件)”的语法化演变过程。在“V 得/不 C”结构中，补语“C”表达已然事件的结果，当被用于描写未然事件时，自然不再表达事件的结果或者动作的实现，而是用于表达结果出现的某种可能性或者动作实现的某种可能性，在从“表达结果”(已然事件)到“表达可能”(未然事件)的语法化过程中，非现实语境(irrealis)起到了至关重要的作用。

从共时语法化的角度来看，能性补语结构“V 得/不 C”从表达“动力情态意义”——“表达动作实现所必须的生理和思维方面的能力”，到“表达动作实现所必须的环境方面或整体的条件”，演变为“表达动作实现所具有的某种盖然性”——“认识情态意义”，能性补语结构“V 得/不 C”经历了“可能[能力]>可能[条件]>可能[或然性]”的语义演变过程，最终，能性补语结构演变为可能补语构式，成为认识情态范畴的重要语言表达形式之一。

第十三章 “(NP)+V+起来+AP”构式认识情态意义的建构过程

第一节 “(NP)+V+起来+AP”构式的界定

现在汉语中有一类“(NP)+V+起来+AP”的结构，例如：

(1) 这个问题**看起来很简单**，实际上它涉及哲学上个别和一般的关系问题。(《中国儿童百科全书》)

(2) 彝文字母的总数可能上万。这么多字，**学起来很不方便**。(《中国儿童百科全书》)

例(1)和例(2)虽然都符合“(NP)+V+起来+AP”结构，但是，根据“AP”的语义指向不同，“(NP)+V+起来+AP”结构大致可以分为两类：

句式一：(NP)+V+起来+AP （“AP”语义指向**句首的**“NP”）

句式二：(NP)+V+起来+AP （“AP”语义指向**句中的**“V”）

两个句式可以做不同的变换：句式一可以省略“V起来”，从而形成形容词谓语句，而句式二则不可以做同一变换，例如：

(1′) 这个问题**很简单**

(2′) *这么多字**很不方便**。

学术界对句式二讨论得比较多，曹宏(2004；2005)把句式二称为汉语所独有的中动句，并分析了中动句对进入其中的动词和形容词的选择限制条件：动词必须是及物的自主动词，形容词必须在语义上指向句首的受事

“NP”,或者在语义上指向中动词隐含的施事,但必须是非自主的。例如:

(3) The book reads easily.

(4) 这本书**读起来很容易**。

何文忠(2007:6-11)则认为中动句对动词和形容词的选择限制条件为:一方面选择满足体式条件的事件动词,另一方面选择语义上不是由施事自主控制的副词或形容词。因为他发现“很多中动结构中形容词或副词的语义既不是指向施事,也不是指向受事,而是修饰谓语动词”,例如:

(5) The story reads quickly.

司惠文、余光武先后分析了英语中间结构的统一生成模式(2005:1-9)以及汉语的“中间句”(即“中动句”)(2008:69-78),他们归纳出了现代汉语三类典型的中间句,并分析了“起来”的中间化作用,即“状态性和情状性”,举例说明如下:

受事主语类:NP受事+V起来+AP 例如:这些官员**贿赂起来很容易**。

工具主语类:NP工具+V起来+AP 例如:这支笔**写起来很流利**。

处所主语类:NP处所+V起来+AP 例如:这辆卡车**装起来很容易**。

第二节 “(NP)+V+起来+AP”构式和英语中动构式的对比

一般认为,句式一“(NP)+V+起来+AP”和汉语中的形容词谓语句类似,“AP”语义指向句首的名词性成分。句式一中的“V+起来”省略并不影响句子的语义表达,或者说语义差别比较小;而且“V+起来”可以提前到句首,语义变化也不大,例如:

(1) 记者:“这个名称**听起来很新鲜**,有什么特殊含义吗?”(《人民日报》1994年第2季度)

省略形式:这个名称**很新鲜**,有什么特殊含义吗?

变换形式：**听起来**，这个名称很新鲜，有什么特殊含义吗？

(2) 他**看起来很帅**。（自造语例）

省略形式：**他很帅**。

变换形式：**看起来**，他很帅。

(3) 这花香**闻起来好醇**，好熟，太像我所熟悉的桂花了。（《人民日报》1993年3月份）

省略形式：**这花香好醇**，好熟，太像我熟悉的桂花了。

变换形式：**闻起来**，这花香好醇，好熟，太像我熟悉中的桂花了。

而句式二"(NP)＋V＋起来＋AP"中，"AP"语义指向句中的"V"，格式中的"V＋起来"不能省略，省略以后不成句或者意义变化很大；另一方面，句式二中的"V＋起来"也可以提前到句首①，例如：

(4) 这么多字，**学起来很不方便**。（自造语例）

省略形式：＊这么多字**很不方便**。

变换形式：**学起来**，这么多字很不方便。

(5) 这辆车**开起来很快**。（自造语例）

省略形式：＊这辆车**很快**。

变换形式：**开起来**，这辆车很快。

(6) 铅笔**用起来非常方便**。（自造语例）

省略形式：＊铅笔**非常方便**。

变换形式：**用起来**，铅笔非常方便。

句式一和句式二的英译不同。句式一一般翻译为系表结构，"名词词组＋系动词②＋形容词"，例如：

(7) 这个名称听起来很新鲜。　英译：The name listens novel.

(8) 他看起来很帅。　英译：He looks handsome.

---

① 何文忠(2007：10)认为"V＋起来"不可以移动到句首，他的举例分析如下：

山核桃剥起来很麻烦。

＊山核桃很麻烦。

？剥起来山核桃很麻烦。

② 此处的系动词一般不是"be"，而是由一类特殊动词充当，例如"look、listen、feel、smell、taste、grow、touch"等。

(9) 这花香闻起来很醇。 英译:The flower smells fragrant.

句式二则一般翻译为中动结构,"名词词组+动词+副词",例如:

(10) 这么多字,学起来很不方便。 英译:So many characeters study difficultly.

(11) 这辆车开起来很快。 英译:The car drives fast.

(12) 铅笔用起来非常方便。 英译:The pencil uses conveniently.

基于上述不同点,有些学者将句式二和句式一分开,认为句式二是汉语特有的一类中动句式,而句式一则不是中动句式。何文忠(2007:10)指出"看起来"不表示真正的视觉感知"看",而是表示其他的认知方式,语义发生变化,但是他并没有解释"看起来"到底发生了怎样的语义变化,而把"看起来""听起来""闻起来""摸起来""尝起来"(即句式一)一类的表达排除在中动结构之外。

本研究认为,句式一和句式二并没有本质的差异,其最大的差别在于语法结构单位之间的语义关系不同,即"AP"的语义指向不同。二者的性质应该是一致的,如果句式二可以看作中动结构的话,句式一也应该被看作中动结构。

构式语法理论(Goldberg 1995:4)认为,构式是语言研究的基本单位,构式本身具有意义,该意义并不是其构成成分意义的简单相加,而是独立于句子的构成成分而存在。Goldberg(1995:4)将"构式"定义为:C是一个构式,当且仅当C是一个形式——意义的配对＜Fi,Si＞,且C的形式(Fi)或意义(Si)的某些方面不能从C的构成成分或其他先前已有的构式中得到完全预测。构式意义包括构式的原型意义以及在原型意义的基础上通过隐喻和转喻等手段的扩展意义,其中,构式的原型意义是语言研究的中心。中动构式的原型意义就是构式中的受事论元有一个特定的固有性质,以使其对述谓词组里所表达的特性负主要责任,而且中动构式要求未得到表达的施事论元是无定的,可以被解读为"通常意义上的人们或者任何事物",施事论元具有自愿的特征,即打算造成某个结果,并且打算执行动词所表示的动作,例如:

(13) The metal hammers flat easily. (汉译:这块铁很容易砸平。)

例(13)可以被解读为"People can hammer the metal flat easily because of an inherent quality of the metal"(即"由于这个铁块具有一个固有属性,因此,人们可以很容易砸平它")。

汉语的此类句式和英语的中动句有所不同,其差别在于受事论元的性质并不是一个特定的固有性质,而是隐含的施事论元主观赋予的性质。因此,一般被认为是汉语典型中动句的句式二"(NP)+V+起来+AP"("AP"语义指向句中的"V")可以做如下解读:

由于"NP"具有某些属性,因此,隐含的施事可以对"AP"所表达的特性负主要责任,即隐含的施事可以放大"NP"的某一方面的属性,用"AP"表达出来,举例说明如下:

"这么多字,学起来很不方便"可以解读为:由于这么多字具有某些属性(例如"难写、难记"等),因此,使得隐含的施事学起来都不方便。"铅笔用起来非常方便"可以解读为:由于铅笔具有某些属性,因此,隐含的施事使用起来都很方便。其中,"方便与否"并不是受事论元"这么多字"和"铅笔"本身固有的属性,而是隐含的施事主观赋予的,对于同一件事情或者事物,不同的人可能有不同的认识和看法,所以,不同的隐含施事可以对"NP"的不同属性进行放大。因此,同样是"这些字",也可以表达为"这些字,学起来很方便";同样是"铅笔",也可以表达为"铅笔用起来非常不方便"。

按照构式语法理论对中动构式的语义阐释,我们发现,被学者们排除在中动句之外的句式一同样符合中动构式的句式意义。句式一"(NP)+V+起来+AP"("AP"语义指向句首的"NP")可以解读为:由于"NP"具有某些属性,因此,隐含的施事可以对"AP"所表达的特性负主要责任,即隐含的施事可以放大"NP"某一方面的属性,用"AP"表达出来。以"这个名称听起来很新鲜"为例,分析说明如下:

"这个名称听起来很新鲜"可以解读为"这个名称具有的某些属性,使得隐含的施事听起来认为很新鲜",即隐含的施事通过"听"这个行为,认为这个名字很新鲜。同理,"他看起来很帅"可以解读为"他在相貌上具有某些属性,可以使得隐含的施事通过'看'这个行为,认为他很帅"。其中,"这个名字新鲜与否"和"他帅与否"并不是"名字"和"他"的固有性质,而是隐含的施事主观赋予的,因此,上述两句同样可以表述为"这个名字听起来不新鲜(很俗)"和"他看起来不帅(很丑)"。

综上所述,我们将"(NP)+V+起来+AP"看作一个完整的句法构式,构式的核心意义为说话人凭借一定经验(experience)和知识(knowledge),对某人或某事做出主观评估(evaluation),表达说话人关于某人或某事的评估认识情态意义，是评估认识情态范畴(epistemic evaluation)的典型语言表达形式之一。无论是句式一，还是句式二都符合“NP+V+起来+AP”结构式的核心构式意义。因此，句式一和句式二是同构的，不能因为句式一和句式二的变换式以及英译形式的不同就将两个结构当作不同的句式。

第三节 “(NP)+V+起来+AP”构式评估认识情态意义的共时构建

13.3.1 “(NP)+V+起来+AP”构式的相关研究

学术界对“V起来”及其相关格式的研究主要集中在三个方面。

第一，从历时的角度考察结构的意义及来源。黄冬丽、马贝加(2008：34)曾专门探讨过“S+V起来+AP/VP”构式及其来源，认为“S+V起来+AP/VP”构式是汉语“中动句”的基本构造类型，其构式意义为“S”在实施“V”的情况下，具有或呈现某种性质或特征。黄冬丽、马贝加认为汉语的中动句萌生于清代，它在句法上的直接来源是“V起来”作插入语的句子，引发其产生并发展的机制是“扩展”。方一新、雷冬平(2006：108-111)认为，从宋代开始表示“观察”义的“看”和事态助词“来”组合，并进一步结合演变成为认知动词“看来”，表达推测义，之后，进一步发展成为推度副词，在这个过程中，“以身喻心”的隐喻是其语法化的重要机制。

第二，相关格式的比较研究。廖开敏(2006：315-316)将“看来”“看起来”“看样子”“看上去”归为近义词群，并将其共同的语义归纳为根据现实情况进行推测、估计，口气委婉，留有余地。四者的差别在于：“看来”表示根据客观情况推测、估计；而“看起来”既可表示依据客观情况估计，还有“观察外貌，进行判断”的意思；“看上去”有强调主体实施“看”这个动作的意味；“看样子”则有突显“样子”的语义。刘楚群(2009：69)认为“看起来”“看上去”和“看来”都可以表示一种主观判断，三者有时可以互换，有时不能互换，这是由三者的语义侧重点不同决定的。“看上去”更倾向于表象观察的结果，更多地体现出某种评价意义；而“看来”更倾向于逻辑推理的结果，更多地体现出某种推测意义；“看起来”则居于二者之间，既可表推测，也可表评价。

第三，研究“V起来”内部结构及其意义。Shen-Min Chang(1993：62-81)认为“V起来”中的“起来”有四种用法：第一是表达方向意义“向上”；第二是表达起始体的语法意义;第三是用于表达说话人的认识和看法;第四用于表达条件关系意义,相当于英语中的"when"。Yu-yun Wang(2005: 311 - 330)运用生成语法理论中的"管辖理论"考察了结构中的动词和名词之间的论元支配关系;Chen-Sheng Luther Liu(2007: 43 - 61)将"V 起来"的功能分为两类,一类是具有评估性质的评估结构(Evaluative Phrase),一类是具有传信性质的传信结构(Evidential Phrase),并考察了二者内部构造的异同,指出"V 起来"结构是语用相关范畴的句法投射(syntactic projections of pragmatically-relevant)。

13.3.2 "(NP)+V+起来+AP"构式表达评估认识情态意义

"(NP)+V+起来+AP"结构主要用于表达说话人凭借一定经验和知识,通过"V 起来"的评估方式和手段,主观推断句子主语"NP"具有"AP"的性质,或者主观地认为做某事("V+NP")具有"AP"的性质或特点,具有表达说话人评估认识情态(evaluation of epistemic modality)意义的功能,是一种言者取向(speaker-oriented)的认识情态表达成分。其中,说话人也就是句子的隐含主语,一般我们可以理解为通常意义上的所有人,"V 起来"是说话人做出评估的手段,可以通过"看、听、摸、做、使用"等各种方式和手段,"AP"表达的不是句子主语具有的某一内在的固有属性,而是说话人通过评估认为句子主语具有的某一属性,或者"AP"表达的是说话人通过评估认为做某事("V+NP")具有某一属性。

"(NP)+V+起来+AP"结构表达说话人评估认识情态意义时,根据说话人是否显现分为两类:

第一类,做出评估认识的说话人显现,实现为句子主语,即言者主语和句子主语一致。例如:

(1)"它就不用这隔板了,省了几百公斤的重量,我们**看起来**鼓包,它是把紊流都滤掉了,进来的都是顺流。"(中央电视台《环球视线——外媒关注我歼 10B》2013 - 12 - 25)

(2) 被访者:"因为我以前去献过一次血,但是没有成功,是因为当时我去献的时候他们都让我去献什么成分血,当时我不知道这是一个什么,但是我**听起来**挺可怕的。"(北京人民广播电台《城市零距离——献血》2010 - 08 - 20)

当做出评估认识的说话人实现为句子主语时,整个"(NP)+V+起来+

AP”结构用于表达说话人自己对于某人或者某事的评估认识，这种评估认识是建立在说话人个人独有的体验、感受或态度的基础之上的。

第二类，做出评估认识的说话人隐含，没有实现为句子主语，即言者主语和句子主语不一致，例如：

(3) “他皮肤黑黑的，**看起来**又干练又老实，我没多想什么，就把货给他了。”(中央人民广播电台《新闻频道——湖南新闻》2013-07-30)

(4) 杨洋：“女孩子**穿起来**比较肥大一些，现在的雨衣也要准备好了。”(北京人民广播电台《一路畅通——为奥运冲刺》2008-07-04)

其中，例(3)和例(4)中做出评估认识的说话人在句子的表层并没有出现，是隐含的。例(3)与例(4)的不同在于说话人评估的对象不同。例(3)中，说话人的评估内容是句子主语“他”(“人称代词”)具有“又干练又老实”的属性(“AP”)，其中，句子主语(他”)是说话人的评估对象，此类句式就是前面所讨论的句式一；例(4)中，说话人评估的内容是“雨衣”，所以，说话人评估的对象不是句子主语，而是隐含的宾语，即“女孩子穿的雨衣”，句子隐含了一个动宾结构“女孩子穿雨衣”(“V+NP”)，此类句式是前面所讨论的句式二。

根据评估对象的不同，我们可以从下面两个方面来考察句式一和句式二在表达说话人评估认识上的差异。

第一，能否删除。

对于句式一而言，删除“V起来”，句子格式变为“(NP)+AP”，其中，“AP”对主语的特征进行描写，删除“V起来”后并不影响“AP”对主语的描写性质，但是，表达说话人主观认识的评估意义则会消失。对于句式二而言，删除“V起来”，则句子不成立。试比较：

(3′) 他皮肤黑黑的，又干练又老实。

(4′) *女孩子比较肥大一些。

综上所述，“(NP)+V+起来+AP”结构表达说话人评估认识情态意义时，具有如下特点：

第一，对于做出评估的说话人来说，一般指的是通常意义上的所有人。

第二，当说话人和句子主语不一致时，句法主语是动词的论元成分，是动词的支配成分，而动词的施事主语在句法上是缺失的。

第三,动词("V")不能有任何的时体限制,表达的一般是惯常体,前面不能出现否定副词等修饰性成分;动词("V")表达的不是动作,而是一种评估的方式或者手段(evaluative measures)。

第四,"AP"是必须的句法成分,不能省略。形容词性成分("AP")表达的不是事物固有的性质或者特点,而是说话人的一种评估性认识。

13.3.3 "(NP)+V+起来+AP"构式评估认识情态意义的共时建构过程

根据构式语法理论(Goldberg1995)的观点,构式本身具有意义,构式意义并不是其构成成分意义的简单相加,而是独立于句子的构成成分而存在的。因此,句子的意义不仅仅包括其构成成分的意义和语法结构关系的意义,还包括结构式本身的意义。陆俭明(2004: 414)曾将一个句子的意义做如下分解,如图 13-1 所示。

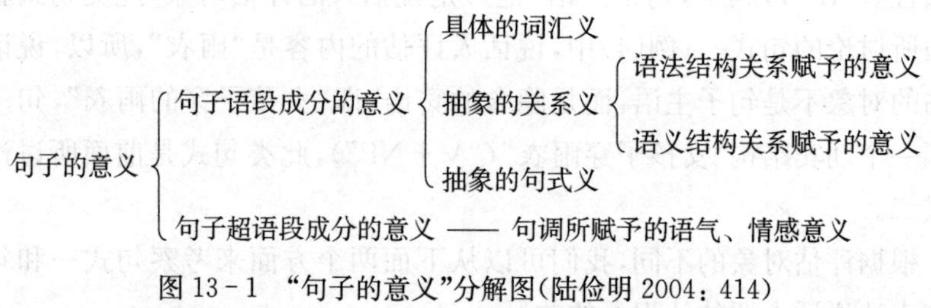

图 13-1 "句子的意义"分解图(陆俭明 2004: 414)

对于一个句子而言,不同的构式具有不同的构式意义。不同的构式对于构式中出现的动词也有相应的选择限定条件,因此,每一个句子的意义都是动词的语义和构式的语义整合后而产生的特定表达式的意义,构式对出现在构式中的动词有严格的语义选择和限制。Leek(1996: 363-378)明确指出:"决定一个动词可以进入哪一个句法框架的基本认知过程应该是该句法框架与动词自己的语义框架之间的配合(negotiation)"。接下来,我们将对出现在"(NP)+V+起来+AP"结构中的动词"V"和形容词性成分"AP"的句法特点分别进行考察研究。

13.3.3.1 "(NP)+V+起来+AP"结构中"V"的句法特点

学术界关于"(NP)+V+起来+AP"(句式二)结构中出现的动词的性质争论较多。曹宏(2004: 38-48)认为格式中的动词是书面语色彩不强的、及物的自主动词;吴锋文(2006: 69-71)认为格式中的动词不能是动补式动词和心理感官类动词,且动词的时态具有不确定性,动词表示一种与时间无关的活动,具有无界性,表示一种恒常的状态;何文忠(2007: 6-8)认为格式中的动词必须是事件动词，任何事件动词必定是自主的，也就是说中动结构中的动词必定是自主动词。

通过语料调查，我们发现“(NP)＋V＋起来＋AP”结构（句式二）中出现的动词，绝大多数都是自主动词。单音节的自主动词有“说、做、看、听、跑、吹、用、闻、摸、尝、骑、割、学、写、念、逃、穿”等；双音节的自主动词有“叙述、描述、识记、交谈、采集、使用、制造、加工、整理、印刷、输送、书写、表演、建造、维护、回想、处理、应用、工作、运用、配合、联系、计算、操作”等，例如：

(5) 主持人：“对接”两个字**说起来**容易，难点究竟在哪呢？（中央人民广播电台《新闻纵横》2011－09－30）

(6) 王学圻：“**合作起来**很愉快。”（中央电视台《中国电影报道——众星送别谢晋导演》2008－10－28）

(7) 王涛说：“AP1000 主管道材质非常特殊，技术要求高，加上结构异型，**制造起来**特别麻烦。”（中央人民广播电台《新闻和报纸摘要》2012－02－25）

(8) 受访者：“没有污染，**跑起来**轻便。”（北京人民广播电台《记者视线——新居民互助服务站》2010－05－17）

但是，“(NP)＋V＋起来＋AP”结构（句式二）并不完全排斥非自主动词，例如：

(9) 专家表示，地震后山体变松，**恢复起来**困难较大。（中央电视台《中国新闻》2009－05－11）

(10) 由于乙型流感不是甲流，一般**流行起来**情况不严重，截至目前，广东今年还未出现乙型流感死亡病例。（深圳电视台《第一现场》2012－03－21）

(11) 同许广平在一起时，常听她说海婴爱生病，**病起来又很厉害**，这是我最担心的。（《读书》vol－039）

其中，“病、恢复、流行”等都属于非自主动词中的变化动词，但并不是所有的变化动词都可以进入此格式，例如“死、忘、完、枯萎、损失、毕业、听见”等就不能进入此格式。

非自主动词中的属性动词和状态动词也不能出现在此格式当中，属性动词表示静态的恒久的属性，包括“是、有、等于、知道、懂”等[①]。状态动词可以分为耸立类、浮漾类、充斥类和辉照类四类[②]，包括“耸立、屹立、悬浮、陈放、飘溢”等；此外，非持续性动词和动词带结果补语组成的动补结构也不能出现在此格式当中，非持续性动词有“死、伤、断、完、了(liǎo)”等；动词带结果补语组成的动补结构有“看见、解开、记住、学会”等[③]。

“(NP)＋V＋起来＋AP”格式(句式一)中出现的动词一般为自主的感官动词，像“看、听、摸、尝、感觉”等出现的频率都非常高，例如：

(12) 黄欢：“你看，女企业家**看起来**更从容、更时尚、更优雅。”(中央电视台《乡约——温江万春》2012-05-03)

(13) 主持人：“行，行，**听起来**还不错。”(中央电视台《乡约——驴驴队队长》2008-04-03)

(14) 看似平常的夏装，顾客上门，每个人都想摸一摸、感受一下。顾客：“**摸起来**就很凉。”(中央电视台《中国新闻》2010-07-31)

(15) 病人：“是我的妻子先注意到的，沙拉的酱汁**尝起来**很奇怪，在他告诉我之后，我就没有再吃了。”(中央电视台《今日亚洲》2009-04-08)

总之，“(NP)＋V＋起来＋AP”(包括句式一和句式二)结构对结构中出现的动词“V”有如下要求：格式中的动词“V”一般都是自主动词，非自主动词中的一部分变化动词也可以出现，但是，排斥绝大多数非自主动词和动词性成分，包括“属性动词、状态动词、非持续动词和动结式述补结构[④]”等。

“(NP)＋V＋起来＋AP”结构对出现在结构中动词“V”的选择受到结构中“起来”意义的影响。“起来”最初是一个动作动词，可以出现动词后面表达动作方向，还可以用在动词或形容词后表达起始体和完成体，“(NP)＋V＋起来＋AP”结构中的“起来”与动词“V”一起表达说话人对于某人或者某事的认识、态度和观点，因此，“起来”一般被看作语用标记成分。从语法化的过程来看，作为语用标记的“起来”是从作为体标记的“起来”进一步虚化和主观化发展而来的，因此，结构中的“起来”在一定程度上保留了体标记的痕迹，而完成体和起始体标记明显排斥属性动词和状态动词。从动词的

---

① 马庆株. 自主动词和非自主动词[A].《中国语言学报》(三)[C]. 商务印书馆1988年版。

② 袁明军. 非自主动词的分类补议[J].《中国语文》，1998年第4期。

③ 马庆株. 时量宾语和动词的类[J].《中国语文》，1981年第2期。

④ 关于动结式述补结构的自主性考察，参见冯军伟(2010：48-53)。

过程结构(郭锐 1997：162－175)来看，属性动词和状态动词都属于非过程动词中的静态动词，它不与时间流逝发生联系，只是抽象的表示某种状态或关系，因此，它后面不能跟表示起始体和完成体的体标记"起来"；完成动词和动结式述补结构表达完整的动作，具有一定的过程性，但是，由于其表示的动作本身含有内在的终点，因此，在语义上也排斥起始体的语法标记"起来"。

13.3.3.2 "(NP)+V+起来+AP"结构中"AP"的句法特点

关于"(NP)+V+起来+AP"结构中出现的形容词性成分"AP"，曹宏(2004：38－48)认为格式中的形容词性成分必须具备下列条件之一：一是就指向受事的形容词而言，它可以是自主的也可以是非自主的；二是就指向施事的形容词而言，它必须是非自主的而不能是自主的。何文忠(2007：7－8)认为中动句式对"AP"的要求有两个：一是必须有一个副词或形容词，如果没有，则必须采用一个等效成分；二是要求出现在格式中的形容词或副词所描述的状态不能是由施事控制的，也就是说，不能具有自主性语义特征，即必须是非自主形容词。

按照马庆株(1988：157－180)关于形容词自主性的判定标准，像"快、慢"等都是典型的自主形容词，但是，仍然可以进入"(NP)+V+起来+AP"格式，例如：

(16) 郭元虎："也有优点，也有缺点，优点就是里面是空的，翻起来**快**。"(北京人民广播电台《行家——根艺大师：郭元虎》2008－11－15)

(17) 王志安："比如说我们红十字会、中华慈善总会、民间的一些慈善基金会发展起来比较**慢**。"(中央电视台《环球视线——折腾人民币难治美国病》2010－09－22)

"(NP)+V+起来+AP"格式中出现的形容词成分 AP 可以是非自主形容词，也可以是自主形容词，例如：

(18) 刘大爷："你看现在有好些法执行起来很**困难**，很**困难**，消协从维护消费者权益上来讲，应该出台(相关措施)维护这些业主的利益。"(北京人民广播电台《新闻 2009——解决居住物权纠纷》2009－06－01)

(19) 许先生这才意识到喝了 30 年的酒该戒了，然而，说起来**容易**，做起来——难啊!!(北京电视台《7 日 7 频道——情迷臭鸡蛋》

2008－03－26）

（20）彩车上是火车模型、发电机、联合收割机，甚至是水果、小麦等，队伍中的人们看起来非常**快乐**——他们或微笑，或放声大笑。（中央人民广播电台《文化时空》2008－11－21）

据语料考察，我们发现“（NP）＋V＋起来＋AP”结构（包括句式一和句式二）中出现的形容词成分“AP”既可以是单音节性质形容词，也可以是双音节性质形容词；既可以是状态形容词，也可以是形容词性词组；既可以是自主形容词，也可以是非自主形容词。但是，它们都具有一个共同的特征，具有述谓性，可以独立充当谓词性成分，即作谓语。

结构中的“AP”具有述谓性，原因就在于“（NP）＋V＋起来＋AP”结构表达说话人的评估认识情态意义时，主语“NP”是说话人评估的对象，而“V＋起来”是说话人的评估方式和手段，只有“AP”才是说话人的评估内容，是整个格式的核心句法成分，不能省略，省略后句子一般都不能成立；从句子信息论的角度来看，“AP”传递新信息，是句子的焦点。因此，形容词性成分“AP”必须具有述谓性，并且能够承载说话人的评估认识或判断。

第四节　“（NP）＋V＋起来＋AP”构式的话语表达功能

曹宏（2005：61－67）认为结构中的“（NP）＋V＋起来＋AP”是一个套叠式的话题结构，即“大话题＋小话题＋说明”，其中，“大话题”传递旧信息，“小话题”则是为“AP”做出评论而提供的一种参照标准，“说明”传递新信息。从传信范畴的角度来看，格式的语用表达功能是用以表达说话人做出评论（“AP”）的根据和信息来源，即对话题部分的说明是根据什么样的参照标准而得来的。

殷树林（2006：59－65）认为，句式一的句法结构应该分析为“话题/主语＋状语＋谓语中心语”，关于句式二的句法结构，他认为“（状）＋V 起来”是“AP”的主语，“（状）＋V 起来＋AP”一起评述话题“NP”，即“话题＋主语＋谓语”的结构模式，此外，他还详细分析了“（NP）＋V＋起来＋AP”格式在移位条件、显形施事的位置等方面与英语中动句式的不同，并最终得出结论，认为“NP＋（状）＋V 起来＋AP”格式是汉语中常见的一般话题句。

本研究认同曹宏（2005）和殷树林（2006）关于“NP”是话题的观点，并试图运用信息结构中的主位结构理论来分析“NP”和“V＋起来”的性质以及

“NP+V起来”的主位结构模式。

“主位”和“述位”的概念是马泰休斯在“句子功能前景”理论(1939)中提出来的两个术语。所谓“主位”是指话语的出发点,是所谈论的对象,是已知信息;所谓“述位”是指话语的核心,是说话人对主位要讲的话,或与主位有关的话。Halliday(2004: 37-58)将主位结构分析为“简单主位、复项主位和小句主位”三种类型,并根据语言的三大元功能,将复项主位进一步分解为“语篇主位、人际主位和话题主位”三类。根据Halliday(2004)关于主位结构理论的相关论述,我们认为,从话语信息结构的角度来看,“(NP)+V+起来+AP”格式是一个复项主位模式,其中,“NP”是话题主位,“V+起来”是人际主位,“AP”是述位。下面将运用主述位理论来分析“(NP)+V+起来+AP”结构的复项主位模式及其语用表达功能。

13.4.1 “NP”是话题主位

所谓话题主位,是指在一般情况下居于句首的说话人所要陈述的对象。在“(NP)+V+起来+AP”格式中,“NP”是典型的话题,在互动交际话语中有三大表现:

第一,有明显的话题标记“,”。停顿“,”是话题标记之一。在互动交际话语中,由于信息传递的连续性,一般情况下,除非转换话题的需要,一般采用几个小句(一般只有“述位”)共用同一话题主位的形式,即采用“主位同一型推进模式”。那么,小句之间的停顿“,”也就成为了话题标记。此外,“V+起来”前面还可以加入“呀、嘛”等提顿词和“是不是”等其他话题标记形式,例如:

(1) 封岑:“我们80后、90后的大学生,**看起来**比较新潮,比较喜欢去实现自我。”(中央电视台《新闻联播》2010-05-23)

(2) 主持人:“这三大展馆可以说是大投入,大制作,**听起来**也特别吸引人。”(中央电视台《海峡两岸》2010-04-13)

(3) 施韶宇:“这就是国家推行的新粮仓,它用铁皮制作而成,可以防虫咬、防潮湿、防霉变,农户拉开这个小门儿,就可以随时取用粮食,**用起来**很方便。”(中央电视台《新闻联播》2008-06-08)

第二,采用对比模式,共用同一话题主位,一般多采用“主位同一型推进模式”,即“NP,V+起来+AP,V+起来+AP”,例如:

(4) 美国制定的撤军时间表，**说起来**容易，**做起来**难，毕竟目前的伊拉克仍然很脆弱，美国需要的是一个稳定、亲善的伊拉克。(中央电视台《中国新闻》2010-08-19)

(5) 赵西苑："这些问题就是说政府某些政策**听起来**很美，**落实起来**很难，**使用起来**很别扭，这个问题咱们去年其实讨论过。(北京人民广播电台《城市零距离——新的一年会更好》2010-02-22)

(6) 李栋："你别看这个臭鸡蛋**闻起来**特别臭，**吃起来**特别香。"(北京电视台《7日7频道——情迷臭鸡蛋》2008-03-26)

第三，使用关联词语，共用同一话题。句中的关联词语可以看作篇章主位。所谓篇章主位，指的是起转承作用的各种连接成分和关系成分。篇章主位一般位于话题主位之前，例如：

(7) 薛其坤："普通量子霍尔效应的产生需要用到非常强的磁场，**因此**应用起来将非常昂贵和困难。"(中央人民广播电台《中国之声——新闻和报纸摘要》2013-11-15)

(8) 部门回复："这个错字我们也是知道的，但**因为**改起来很麻烦，游客也很少认出，所以一直没改。"(中央人民广播电台《新闻频道——湖南新闻》2012-08-30)

(9) 他告诉记者，现在给孩子用药基本都是成人药，除了口味不行，还对孩子刺激非常大，**所以**喂起来非常困难。(中央电视台《问计"两会"——说出百姓心声》2013-03-03)

13.4.2 "V+起来"是人际主位

在"(NP)+V+起来+AP"结构中，"V+起来"是人际主位。所谓人际主位，指的是起表明说话人的意愿、评议、情态等态度的成分。在"(NP)+V+起来+AP"格式中，"V+起来"表示隐含的施事通过"V"所表达的动作主观地认为"NP"具有"AP"的特点，例如：

句式一：(NP)+V+起来+AP("AP"语义指向句首的"NP")

(10) 他看起来很帅。(自造语例)

其中，"很帅"的特点是由隐含的施事通过"看起来"的方式做出的主观评估,至于“NP”本身帅与不帅并不重要。这句话表达的只是隐含施事的一种主观认识和判断。因此,此处的人际主位可以提前到句首的位置,意思不变,试比较:

(10′) 他**看起来很帅**。

看起来,他很帅。

但是,在语篇中,人际主位承担着重要的言语功能,即说话人的感情态度和主观意愿,所以一般不能省略,例如“他很帅”与“他看起来很帅”语义差别很大。“他很帅”中“帅”的特点是“他”本身的属性,并不是别人的评估或者认识。但是,在“他看起来很帅”和“看起来,他很帅”中,“帅”的特点是别人对他的主观认识和评价,而在现实生活中,真实的情况是“他”有可能并不帅,试比较:

(11) 他**看起来很帅**。

看起来,他很帅。

他很帅。(与前两句的语义差别很大)

句式二:(NP)+V+起来+AP(“AP”语义指向句中的“V”)

(12) 方碧松:“牙线棒有后牙的牙线棒、前牙的牙线棒。有牙线棒了之后,牙线**使用起来**很方便,你一只手就可以完成这个操作了。”(北京人民广播电台《1039都市调查组——塞牙的危害及治疗》2012-10-08)

其中,“很方便”的特点是隐含的施事使用牙线的一种切身感受,表达的是隐含施事的一种评估判断,因此,此处的人际主位“V+起来”不能省略,省略以后表义不完整,句子不通,例如:

(13) 山核桃**剥起来很麻烦**。

* **山核桃很麻烦**。

? **剥起来**,山核桃很麻烦。(转引自何文忠2007:10)

由此可见,句式一和句式二可以做相同的变换,都可以将“V+起来”提前到句首的位置，但是，都不能省略“V＋起来”。省略后，要么句子的语义发生重大变化（句式一），要么句子不成立（句式二），其根本原因就在于“(NP)＋V＋起来＋AP”结构中，“V＋起来”是人际主位，人际主位可以提前到句首的位置，而意义不发生改变，或语义变化较小，但是如果省略的话，句子的语义表达就不再完整。因为人际主位“V＋起来”承担着重要的言语表达功能，它表明了说话人的感情态度和主观意愿，在“(NP)＋V＋起来＋AP”结构中，“V起来”是说话人做出评估的、不可缺少的评估方式或评估手段。吕叔湘（1996：391）在谈到“起来”的用法时，曾经指出“起来”可以做插入语或句子的前一部分，有“估计或着眼于某一方面”的意思，不能加‘得、不’”，例如：

(14) **看起来**，这件事情他不会同意的。（转引自吕叔湘 1996：391）

(15) **算起来**，他离开我们已经三年了。（同上）

例(14)和例(15)中的“看起来”和“算起来”是典型的人际主位。“(NP)＋V＋起来＋AP”结构中“V＋起来”的用法与吕叔湘(1996)所说的“起来”的用法在主位模式和出现的语用环境上是不同的。

13.4.3 “AP”是述位

无论是句式一，还是句式二，“(NP)＋V＋起来＋AP”结构中的“AP”都是述位。关于这一点我们可以用否定法来进行检验，换句话说，否定词只能加在述位“AP”前面，不能加在“V＋起来”前面，例如：

句式一：(NP)＋V＋起来＋AP（“AP”语义指向句首的“NP”）

否定式：(NP)＋V＋起来＋不＋AP

(16) 顾峰：“自行车销售实名制，**听起来很美**，做起来很难。”（北京人民广播电台《一路畅通——你在为什么而努力着》2008－03－14）。

自行车销售实名制，**听起来不美**。

*自行车销售实名制**不听起来很美**。

(17) 他**看起来很帅**。（自造语例）

他看起来**不帅**。

*他**不看起来**帅。

句式二：(NP)＋V＋起来＋AP(“AP”语义指向句中的“V”)
否定式：(NP)＋V＋起来＋不＋AP

(18) 第二，学生是不用花钱的“义工”，**用起来方便**。(天津人民广播电台《观点》2008－06－23)

学生用起来**不方便**。

＊学生**不用起来**方便。

(19) 这样总体上体现了无纸化办公，我们工作人员**工作起来也很便捷**。(天津人民广播电台《新闻909》2009－03－04)

我们工作人员工作起来**不便捷**。

＊我们工作人员**不工作起来**便捷。

13.4.4 “(NP)＋V＋起来＋AP”的主位模式

在复项主位模式中，主位的顺序一般为语篇主位、人际主位和话题主位。但是，“(NP)＋V＋起来＋AP”结构所采用的则是“话题主位(‘NP’)＋人际主位(‘V起来’)”的主位组织模式，这种特殊的主位组织模式与“(NP)＋V＋起来＋AP”格式出现的典型语言环境是密切相关的。“(NP)＋V＋起来＋AP”格式出现的典型语用环境是“针对某一话题，提出自己的看法或者观点，主观评判色彩比较明显”，例如：

(20) 这就是大赛中最受欢迎的菜肴——传统碎肉夹饼，它比传统的夹饼缩小了好几倍，**看起来**相当小巧可爱。(中央电视台《朝闻天下》2009－08－01)

(21) 周女士：“实物差别还是很大的，手感**摸起来**也很差，做工非常粗糙，非常不尽人意。”(中央人民广播电台《新闻纵横》2011－02－23)

(22) 台湾有业者就突发奇想，把洗面乳做成冰淇淋的样子，不仅看上去和真的冰淇淋一模一样，而且**用起来**也十分清凉，产品一推出就大受欢迎。(中央电视台《中国新闻》2010－07－20)

13.4.5 小结

“(NP)＋V＋起来＋AP”结构是汉语复项主位模式的一种，其中，“NP”

是话题主位,“V+起来”是人际主位,AP是述位。在互动交际话语中,“(NP)+V起来+AP”结构出现的典型语用环境是“针对某一话题,说话人提出自己的认识或者观点”,主观评判意味浓厚。从认识情态的语义类型上来看,“(NP)+V+起来+AP”结构表达的是说话人的评估认识情态范畴。

第五节 “(NP)+V+起来+AP”构式评估认识情态意义的历时建构过程

13.5.1 “起来”在共时层面的五种用法

“(NP)+V+起来+AP”构式的评估认识情态意义主要来自“起来”的语义演变和虚化。在现代汉语中,“起来”主要有五种用法:

第一,“起来”用作实义动词,独立充当句子的谓语中心词,表示“由下到上”的具体动作,例如:

(1) 翟大爷:“天天早上**起来**就走。”(中央电视台《新闻1+1——一夜“暴富”的村庄2010-11-22)

(2) 嘉宾:“老师睡觉的时候,我悄悄地**起来**,就去看这个机关到底怎么样,所以把他的东西都学会了。”(中央电视台《乡约——“魔”女的进城梦》2010-01-14)

第二,“起来”用在动词后面,用作趋向动词,表示动作“由下到上”的方向,例如:

(3) 对于一个拳击手来说,不管被击倒多少次,都要努力爬**起来**,继续战斗。(中央电视台《中国新闻》2010-07-23)

(4) 从昨天(22日)起,韩国拳手裴基石再也不会站**起来**了。(中央电视台《中国新闻》2010-07-23)

第三,“起来”用在动词或形容词后,用作起始体(inchoativity)标记,表示动作或情况开始并且继续。张国宪(1998:405)在分析形容词的“体”时,指出“起来、下来、下去”并没有完全语法化,是“体”的非典型形式。其中,“起来”表示起始体的语法意义,例如:

(5) 嘉宾:“那就是西安的曲子,自己一哼就对了,结果上去就唱**起来**了,咱这个其他不行,胆正得很。(中央电视台《乡约——秦歌第一人》2010-03-02)

(6) 当天上演的可不只是中国节目,由中国驻希腊大使馆的工作人员精心准备的地道希腊民族舞蹈,让台下观众一起跟着节拍跳**起来**,整个广场成为欢乐的海洋。(中央电视台《中国新闻》2010-02-15)

第四,“起来”用在动词后,表达完成义(completion),表示动作完成或达到目的,例如:

(7) 江炳凡:“我作为一名共产党员,一个基层干部,我有义务把他们组织**起来**,今年我们村获评江西省十一五老年活动中心单位。”(中央电视台《乡约——江西余干》2012-06-19)

(8) 嘉宾:“先把演员绑**起来**,忽然之间把观众绑**起来**了,这样一个节目。”(中央电视台《乡约——“魔”女的进城梦》2010-01-14)

第五,“起来”用在动词后,表示说话人对某人或者某事做出评估或判断,表达说话人的评估认识情态意义,例如:

(9) 主持人:“她说要结婚的就去结婚吧,要单身的就去单身吧,反正你们最后都会后悔的。当然这个话说**起来**有点悲观。”(深圳电视台《22度观察——大女当嫁,你为什么被剩下?》2010-07-16)

(10) 主持人:“行行,听**起来**还不错。”(中央电视台《乡约——驴驴队队长》2008-04-03)

13.5.2 “起来”语义的历时演变

“起来”在共时层面的五种不同用法是其在不同历史阶段的五种不同意义,这五种不同意义反映了“起来”在历时状态下的语义演变过程。“起来”的语义演变过程大致可以分为三个阶段:

第一个阶段,“起来”由动作动词虚化为趋向动词。

“起来”的本义是用作动作动词,表达“由下到上”的具体动作,具有实实在在的词汇意义;当“起来”用在动词后面时,由于受到前面主动词的影响,动作动词的词汇意义逐渐减弱，动作义开始虚化，仅表达主动词动作的方向，而不表示具体的动作，此时的“起来”就虚化为趋向动词，用于充当主动词的趋向补语。

第二个阶段，“起来”由趋向动词虚化为体标记。

“起来”从趋向动词到表达“动作、情况开始并且继续”或表示“动作完成和达到目的”是一个“体标记化”的过程。一方面，“起来”从具有独立的句法地位——充当趋向补语，到失去独立的句法地位——不能独立充当句法成分，最终演变为只是附着在动词后表达起始体或完成体的语法成分；另一方面，趋向动词“起来”从表达空间概念（即“由下到上”的动作义）到表达时间概念（即表达“起始体”和“完成体”），其间经历了从空间域到时间域的隐喻性投射，而空间隐喻是语法化的重要机制之一。

第三个阶段，“起来”由体标记虚化为语用标记。

“起来”从表达起始体和完成体的体标记到用于特定的句法格式，表达说话人对人或事件的评估认识，是一个由语法范畴到语用范畴的虚化过程。语用标记主要用于表达语用功能，包括说话人对所陈述命题的态度和评价等，属于语用表达中的人际表达功能。当“起来”用于“(NP)＋V＋起来＋AP”结构时，与动词(“V”)一起表达说话人对于人或事件的评估方式和手段，表达说话人对于所表达命题的评估认识情态意义，具有一定的人际表达功能。

“起来”上述三个阶段的语义虚化过程符合语法化的单向性假设。所谓“单向性假设”，指的是某一语言形式语义内容的泛化或淡化。在语法化过程中，一般存在着一个“旧意义（即具体的词汇意义）淡化的同时，新意义（即语法意义）产生”的过程，Hopper & Traugott(1993)把这个过程称为“语用强化”或“语用加强”，此外，语用强化或者语法意义的增加有时也会涉及说话人主观化（即认识情态意义）的增强。“起来”语法化的过程符合语法化的单向性假设，即：

使用于特定语境中的词汇项＞句法＞形态

主要范畴＞（中间范畴）＞次范畴

“起来”从一个独立的词汇项（动词）虚化为句法成分（体标记），然后进一步虚化为语用成分（语用标记）。与此同时，“起来”也经历了从主要范畴（动词）到次要范畴（语用标记）的虚化过程。

第六节 小结

“(NP)+V+起来+AP”是一个典型的句法构式，其核心构式意义是说话人凭借一定的经验(experience)和知识(knowledge)，通过“V起来”的评估方式或评估手段，主观推断句子主语“NP”具有“AP”的性质，或者主观地认为做某事(“V+NP”)具有“AP”的性质或特点，具有表达说话人评估认识情态(evaluation of epistemic modality)意义的功能，是评估认识情态范畴(epistemic evaluation)的典型语言表达形式之一。其中，主语“NP”是可评估实体(或“评估对象”)，“V起来”体现了说话人的评估方式和手段，“AP”是说话人的评估内容，体现了说话人的评估态度，“(NP)+V+起来+AP”构式表达的是“对做某件事情(‘V+NP’)怎么样(‘AP’)”的言者认识和态度，是一种言者取向(speaker-oriented)的认识情态表达构式。

从话语表达的功能来看，“(NP)+V+起来+AP”结构是汉语复项主位模式的一种，其中，“NP”是话题主位，“V+起来”是人际主位，AP是述位。在互动交际话语中，“(NP)+V起来+AP”结构出现的典型语用环境是“说话人对某一话题进行评估”，主观评判意味浓厚。

从共时的层面来看，构式中的“起来”同时具有五种不同的用法，包括“实义动词、趋向动词、开始体标记、完成体标记和认识情态标记”等，这五种不同用法反映了“起来”语义演变的不同历史阶段，反映了“起来”在历时层面的语义演变过程。“起来”经历了“动作动词>趋向动词>体标记>语用标记”的语法化过程。“起来”的语法化过程符合Hopper & Traugott(1993)关于语法化的单向性假设，即“起来”从一个独立的词汇项(动词)虚化为句法成分(体标记)，然后进一步虚化为语用成分(语用标记)；与此同时，“起来”也经历了从主要范畴(动词)到次要范畴(语用标记)的虚化过程。

第十四章 “不过X罢了/而已”构式认识情态意义的建构过程

根据认知构式语法学派的理论观点，“不过X罢了/而已”的构式化过程其实包含着词汇结构层面的构式化和句法结构层面的构式化两个构式化过程。词汇结构层面的构式化过程包括“不过”“而已”和“罢了”三个中间构式形式和特征组配的创新过程。所谓中间构式的构式化，指的是在语言交际互动中，原子构式如何经过一系列的“新分析”（即“neoanalyses”，也叫“重新分析”reanalyses），产生新的形式和意义的配对，从而产生新的构式（中间构式的构式化过程跟传统的词汇化过程类似，从构式语法化的视角来看，词汇化也是一种构式化过程）；句法结构层面的构式化过程是指“不过X罢了/而已”形式特征和语义特征的创新过程，也就是两个或两个以上的原子构式或中间构式组构成为新的复杂句法构式，这个组构过程体现了构式的能产性、组构性和图式的等级梯度。

第一节 “不过”认识情态意义的历时建构过程

对于“不过”的词汇化过程，学界已有的认识是：偏正式的动词词组“不过$_0$”经过重新分析，词汇化为形容词后附着词“不过$_1$”和范围副词“不过$_2$”，“不过$_2$”再经过语用推理等过程，语法化为连词“不过$_3$”。

关于“不过”的词汇化研究，目前，学术界主要有两个研究角度：

一是共时语法化层面的研究。沈家煊（2004：30－36）运用“足量原则”和“不过量准则”考察了“不过”从“不过$_0$”（词组）到“不过$_2$”（范围副词）、从“不过$_0$”到“不过$_1$”（形容词后附着词）、从“不过$_2$”（范围副词）到“不过$_4$”（转折连词）的语义演变过程，并运用语用推理和“推导义的固化”等理论对其演变动因和机制进行了分析。

二是历时语法化层面的研究，刘利（1997：67－69）考察了先秦时期复音副词“不过”的句法组合及其语义特征，并描写了“不过$_2$”的语义虚化过程；常志伟(2013：76－79)认为，在“不过$_2$”的语法化过程中，[＋主观性]的语义特征起了至关重要的作用；赵新(2000：70－76)考察了“不过”补语句的类型及其之间的历时演变关系；王霞(2003：90－94)考察了“不过”从“不过$_0$”到“不过$_2$”再到“不过$_3$”的语法化过程和机制。

下面我们就从“不过”词汇化的语义动因、句法环境和语用动因三个方面阐述“不过”的词汇化过程，重点考察和解释“不过$_2$”表达说话人“往小里说”的评估认识情态意义的来源。

14.1.1 “不过”词汇化的语义动因

《说文解字》：“过，度也，从辵，咼声”，本义是“经过”，“不过”即为“不经过”，进而引申为空间范围和时间范围上的“不超过”，例如：

(1) 岷山之阳，至于衡山，过九江，至于敷浅原。(周《今文尚书》)

(2) 是以不过乎昆仑，不游乎太虚。(战国《庄子》)

(3) 燕无私，送不过郊，语说《昊天有成命》。(春秋《国语》)

(4) 王曰：“刍豢几何?”对曰：“远不过三月，近不过浃日。”(春秋《国语》)

“过”本义是“经过”，“不过”就是“不经过”，进而引申为空间范围、时间范围和逻辑范围上的“不超过”，语义特征发生了改变。例(1)和例(2)中，作为句法结构核心动词的“过”的语义特征为[＋度过/经过][空间位置]；例(3)中，“过”的语义特征描写为[＋超过][＋空间范围]；例(4)中有两个“过”，“过”的语义特征描写为[＋超过][＋确数][＋数量范围][±数量小]。从例(1)到例(4)，“过”的动词性逐渐降低，语义也发生了从空间位置到空间范围，再到数量范围的隐喻性投射过程。

(5) 谍出曰：“原不过一二日矣!”(春秋《国语》)

(6) 对曰：“我远於陈氏矣，且其违者不过数人，何尽逐焉?”(春秋《左传》)

(7) 夫目之察度也，不过步武尺寸之间；其察色也，不过墨丈寻常之间。(春秋《国语》)

例(5)和例(6)中，“过”的语义特征描写为[＋超过][＋约数][＋数量范围][+数量小]。例(7)中,“过”的语义特征描写为[+超过][+主观量][+量小],从例(5)到例(7),“不超过”的词汇意义进一步虚化,已经不再局限于表达数量范围小,而是表达说话人主观认识上的“量小”,语义虚化的同时,也伴随着语义的主观化,从表示客观的数量小发展为表达说话人主观认识上的主观小量,例如:

(8) 是故天子祀上帝,公侯祀百辟,自卿以下不过其族。(春秋《国语》)

(9) 先君庄王为刨居之台,高不过望国氛,大不过容宴豆,木不妨守备,用不烦官府,民不废时务,官不易朝常。(春秋《国语》)

例(8)中,“不过”后面缺省了动词“祀”,“不过”的语义特征描写为[一超过][+客观范畴][+量小],表明祭祀的范围不超过自己的先祖,或者祭祀的范围仅限于祖先。例(9)中“不过”的语义特征描写为[一超过][+程度范畴][+量小],因为在《伍举论台美而楚殆》一文中,伍举反对因奢侈浪费而劳民伤财,因此,他说“不闻其以土木之崇高、彤镂为美,而以金石匏竹之昌大、嚣庶为乐;不闻其以观大、视侈、淫色以为明,而以察清浊为聪。”所以,伍举说刨居之台的高低和大小在一个合理的“度”的范围内。

从例(8)到例(9)的发展过程,“不过”有两种可能的分析,一是动词词组,意为“不超过”;二是范围副词,含有说话人尽量“往小里说”或“往轻里说”的意味,那么,此时的“不过”即为“不过”词汇化的中间状态或者过渡状态。

春秋战国时期,是“不过”的词汇化阶段,南北朝以后,“不过”词汇化过程逐渐完成,其作为程度副词的用法逐渐增加,例如:

(10) 对曰:“孝如曾参、孝己,则不过养其亲其。信如尾生高,则不过不欺人耳。”(西汉·刘向《战国策》)

(11) “我度太傅意,亦不过欲令我兄弟向己也。我独有以不合于远近耳!”(六朝《三国志(裴松之注)》)

(12) 天下恶官职,不过是府兵。(唐·王梵志《天下恶官职》)

例(10)中的“不过”已经不再强调不超过某一数量范围,而是说话人意在凸显言者认识和言者态度。

综上所述,从“不过”所关涉的语义成分来看,一方面,从空间位置成分到空间范围成分，从空间成分到时间成分，从确数成分到约数成分，从时间量成分到客观量成分，从客观量成分到主观量成分，“不过”的客观性越来越弱，主观性越来越强；另一方面，“不过”的指称性越来越弱，陈述性越来越强，其句法表现就是所关涉的成分从名词性成分逐渐演变为谓词性成分。这意味着“不过”对所关涉句法成分的支配性越来越弱，“不过”对所关涉成分的修饰性越来越强，其句法表现就是从动宾结构（支配关系）演变为状中关系（修饰关系）。以上“不过”的语义虚化和主观化过程也体现了“强动作性＞弱动作性/强修饰性＞强修饰性”的语法化斜坡。历史上很多副词的词汇化都经历了这样一个语法化斜坡，仅仅是由“不＋X”词汇化而来的副词就有“不必、不曾、不待、不定、不断、不妨、不够、不光、不禁、不仅、不愧、不胜、不消、不要、不用、不止”等。

14.1.2 “不过”词汇化的句法环境

“不过”的词义虚化和语义主观化导致了“不过”可以和更多的词类搭配。“过”除了可以单独作句子的谓语中心词，关涉地点名词、普通名词、数量名结构以外，还经常和其他动词组合构成双动词的连动结构，例如：

(13) 故先王之为台榭也，榭不过讲军实，台不过望氛祥。（春秋《国语》）

(14) 若诸侯服不过三年，不服不过十年，过是，晋之殃也。（春秋《国语》）

正是“不过＋VP”的连动结构给“不过”提供了词汇化必要的句法环境。众所周知，连动句是一种极不稳定的双动词句法结构，两个动词的先后顺序、句法地位、语义特征及其语法关系都可能导致连动句在汉语的演变过程中发展为单动词的句法结构。解惠全(1987：216)指出“状语和补语的位置最容易发生实词虚化，这是因为表示范围、程度、时间以及处所、工具、原因、对象等关系的词语一般都出现在这两个位置上”。连动句中的两个动词“V_1+V_2”如果发生虚化现象，一般来说有两种可能，一是“V_1”发生虚化，“V_1”从谓语中心词之一降级为修饰性的状语成分；二是“V_2”发生虚化，“V_2”从谓词中心词之一降级为补充性的补语成分。“不过”就是从谓语中心词“V_1”的句法地位降级为修饰性的状语成分。

由于连动句双动词的不稳定句法结构模式非常容易出现组合成分的词类变异、义类变异和词义变异，而这些常规结构式组合成分的变异恰恰是语法化的诱因之一[①]。江蓝生(2016：515－525)曾经指出“语法化的诱因是原有的结构和语义平衡被打破，语法化的实现是变异句结构和语义的新平衡的建立，新平衡能否达成，关键看能否进行重新分析——变异句跟原句式表层结构相同而深层结构和语义相异，借助于表层结构的掩护，变异结构式得以暗度陈仓”。“不过＋VP”的连动结构中，就发生了结构和语义的重构过程：一方面，“不过”词汇意义的引申和虚化导致“不过”可以关涉更多的词类成分；另一方面，“不过”关涉的词类成分的种类越来越多，从名词性范畴逐渐扩展到动词性范畴，这进一步导致了“不过”词义的虚化和主观化，这是“不过”结构和语义的重构过程，在这个过程中重新分析起到了关键的作用。在例(13)中，跨层结构“不过”发生了重新分析，从动词性词组“不＋过＋VP”被重新分析为“不过＋VP”，其中的“不过”从“不＋过”被重新分析为“不过”，“不过”发生语义虚化和语义整合，产生出新的意义，“不过”的客观性降低，主观性增强；另一方面，“不过”的句法地位降级，从连谓结构中的谓语中心词之一降级为修饰性状语成分。

除了所关涉句法成分的类型从名词性成分转变为动词性成分之外，动词性成分是否带宾语也对“不过”发生词汇化产生了至关重要的影响，例如：

(15) 夫乐不过以听耳，而美不过以观目。(春秋《国语》)

(16) “公输子之意，不过欲杀臣。杀臣，宋莫能守，乃可攻也。然臣之弟子禽滑厘等三百人，已持臣守圉之器，在宋城上而待楚寇矣。虽杀臣，不能绝也。”(春秋《墨子》)

例(15)和例(16)中，“不过”后面都出现了动词性成分，“不过”和后面出现的动词性成分一起形成了双动词的连动结构。在例(15)中，“V_1”和“V_2”之间出现了介词短语“以(之)”，使得“V_1”和“V_2”之间的关系变得更加松散，句子结构关系是“不＋过＋VP(观目)”；例(16)中“杀”是强动作性动词，在“不过”和动词“杀”之间出现了心理动词“欲”，“V_1”和“V_2”之间的结构关系也非常松散，句子结构为“不过＋VP(欲杀臣)”。例(15)和例(16)中的“V_2”都带了宾语。众所周知，能否带宾语是动词及物性强弱的重要标志之一，而及物性的强弱与动作性的强弱有正相关性，因此，连动式的句法结构“$V_{1强动作性}+V_{2强动作性}$”就变为“$V_{1弱动作性}+V_{2强动作性}$”，其中，“V_1”(即“不过”)的

① 江蓝生(2016：517)指出，汉语语法化的诱因是常规结构式的超常组合，包括组合成分的“词类变异、义类变异、词义变异”以及组合成分的“省略、添加、紧缩和叠合”等。

句法地位发生了改变,语法地位降级,在语义动因和语用动因的共同作用下,由连动结构转变为单动词结构,在这个过程中,“不过”发生了词汇化。

综上所述,“不过”原本是一个跨层结构,其发生词汇化的句法环境是连动句,由于“不过”所关涉的宾语性质发生了变化,“不过”经历了从“不+过+NP”到“不+过+VP”,再到“不过+VP”的词汇化程。在词汇化过程中,“不过”也完成了从跨层结构到范围副词的性质转变,“不过”的句法地位发生了质变,从连动句的核心动词之一演变成起修饰作用的状语性成分(即副词性成分)。

14.1.3 “不过”词汇化的语用动因

“不过”所关涉的词类成分,从空间名词到时间名词,再到数量名词组,是从空间域到时间域,再到逻辑域概念化隐喻的结果;从名词性词组到动词性词组,是从逻辑域到认知域概念化隐喻的结果。在从逻辑域向认知域概念化隐喻的过程中还出现了转喻。Lakoff(1987: 8 - 34)认为,隐喻和转喻是人类的两种基本认知识解方式,隐喻是在两个不同认知域之间,从源域到目标域之间的概念映射,而转喻则是在同一认知域内,从部分映射到部分或从部分映射到整体,涉及不同相关部分的共现。隐喻和转喻是一个硬币的两面,很难截然分开,隐喻和转喻经常相伴而生。“不过+VP”构式中,“VP”的指称性大大降低,述谓性大大增强,显然具有较强述谓性的“VP”不再表示某一范围,而是描述一个事件或者陈述某种观点和看法。

仍以例(16)为例,动宾短语“欲杀臣”描述了未然的一个事件,客观事件本身并无量性特征,但是,认知语言学认为在客观世界和语言世界之间还存在一个主观世界。所谓主观世界,指的是客观世界在人类大脑中经过认知隐喻的结果,语言世界并非直接反映客观世界,而是反映人类的主观世界。在人类的主观认识世界中,说话人的视角、情感和认识对于客观世界在语言世界中的隐喻起到了“过滤”(filter)和“重设”(reset)的作用。由于认识主体的背景知识(background)、立场(standpoint)、情感(affect)和认识(epistemic modality)等各个方面存在着不同,同一客观事件在不同认识主体的认识世界中也存在着一定的差异。例(16)中的“欲杀臣”在听话人(即“公输盘”)的主观世界中是认识量级序列中的最高程度量级,换句话说,公输盘主观认为“杀掉墨子是打败宋国的终极办法”;然而,在说话人(即“墨子”)看来,“欲杀臣”仅仅是说话人(即“墨子”)主观认识序列中的最低程度量级。换句话说,墨子认为“自己无关紧要”,因为宋国有禽滑厘等三百人,甚至有更多的人进行抵御。因此,“不过X”构式的语义特征是[—超过][+

主观量][+极小量级],在“不过X(欲杀臣)”构式中,言者主语将听话人的主观量级(“欲杀臣”)推定为最高量级,通过[一超过]进行否定,言者主体意在通过对最高量级的否定来否定全部量级,即“无论你杀臣,还是不杀臣,都将毫无意义,问题的关键不在墨子一人的生死”,从而将听话人的主观最高量级转变为言者主体的主观最低量级,意指“欲杀臣”这一听话人的主观最高量级与禽滑厘等三百人的拼死抵抗相比较,在言者主体(即“墨子”)主观量级序列中是最低量级,由此引申出说话人(即“墨子”)主观判定“X(听话人欲杀臣)”是言者(即“墨子”)主观量级序列中的极小量级,说话人意图削弱听者的心理预期,弱化听话人隐含的认知断言的言语行为语力,也就是说,说话人意在表达“欲杀墨子”(听话人隐含的最高量级的主观断言)在听话人认知世界中是最不重要的、最轻的,影响是最小的——即《现代汉语词典》(第7版)中所描写的“含有往小里或轻里说的意味”。因此,“不过X”构式化以后产生了新的情态语义,即言者主体将命题“X”所述情况(无论“X”所述情况在客观世界中的客观量级或者在听话人认识世界里的主观量级定性高低如何)判定为言者主体主观量级序列中的最低量级,由此表达说话人“往小里说或往轻里说”的认识情态意义,是言者意图弱化言语行为语力的言语交际策略,意在凸显言者主体的弱化意图。

第二节 “罢了”和“而已”认识情态意义的历时建构过程

14.2.1 “罢了”和“而已”的词汇化

刘志远、刘顺(2012:25-31)认为,“罢”“了”在古代汉语中都是动词,“罢”原义为“遣有罪也”,引申为“止也,休也”(说文段注),可以翻译为“停止”或者“结束”;“了”在古代汉语中也是动词,有“结束”和“完毕”的意思,“罢了”最初为动词词组,后来经历了词汇化和语法化过程,虚化为一个语气词。明清时期的“罢了”有三个,“罢了$_1$”表达“姑且这么决定”的语气,后来在语法化过程中,被新兴的语气词或准语气词“好了”“行了”“得了”取代;“罢了$_3$”被现代汉语中的“算了”和“吧”取代(冯春田2000;齐沪扬2002);“罢了$_2$”表示“把事情往小里说”的语气,保留至今。刘菲露(2013:82-84)认为“罢了”表达说话人持保守谨慎的态度将某种客观事实或情况说小的情态意义。

李小军(2010:59-70)认为,“而已”的词汇化属于跨层结构词汇化的一种,“而已”中的“已”原来是动词,表达“停止、结束”义,“而”原来是表达连接关系的连词,“而已”词汇化后,虚化为一个复合语气词,中间经历了“‘停止’义——‘算了、可以了’义——‘限制语气’”的语法化过程(李宗江 2005:139－145),最后阶段的“限制语气”就是表达“说话人往小里说”的语气意义。

本研究赞同上述关于“罢了”和“而已”词汇化的研究结论,相比较于词汇化和语法化的机制,我们更关注是“罢了”和“而已”是如何发展出表达“说话人往小里说”的情态意义的,更关注二者的主观化过程。

14.2.2 “罢了”和“而已”的主观化

在“X罢了/而已”结构中,“X”可以是名词性成分,也可以是谓词性成分。名词性成分往往是数量成分或者带有“量级”特征的名词性成分,例如:

(1) 生民之涂炭,恻怛发中而不惜九族之肝脑者,**数人**而已。(清·王夫之《宋论》)

(2) 老翁心里才疑道:“此道人未必是好人了,吃酒吃肉,又在此荒山居住,没个人影的所在,却家里放下这两件东西。**狗**也罢了,如何又有此死孩子?莫非是放火杀人之辈?我一向错与他相处了。(明·凌濛初《二刻拍案惊奇》)

例(1)中的数量词“数人”是小量级成分,极言其量少;例(2)中的名词“狗”并没有量级,但是与“孩子”一起就构成了一个按照重要性进行排序的量级序列,“狗”处于这个临时量级序列中的最低量级,“孩子”处于量级序列中的最高量级。

谓词性成分“X”往往并无量性特征,但是,如果把“X”放在说话人的主观量级序列中,就具有了一定的主观量级特征,例如:

(3) 我若将太子谋死,天良何在?也罢!莫若抱着太子一同赴河,尽我一点忠心罢了。(清·石玉昆《七侠五义》)

(4) 气息恹恹,支步不前,安能胜敌?即敌有可乘之机,徒付叹息而已。(明·戚继光《练兵实纪》)

例(3)中的“尽我一点忠心”在说话人看来是最起码的、最低级的要求,在说话人的主观量级序列中,属于最低量级;例(4)中,“徒付叹息”在官军能做的事情的等级序列中属于最低级的，是最没有用的。

在“罢了/而已”的词义演变过程中，都经历了“完结义——算了、可以了——主观上言小或言轻的情态意义”的过程，语义虚化的同时，主观性逐渐增强，在这个过程中，语用推理起了关键作用。“罢了/而已”词汇化之前，前面往往出现名词性成分，此时的“罢了/而已”都表示完结义。已然事件在客观上已经发生，一般来说都是无法改变和逆转的，说话人主观意愿如何，都不得不承认这一事实，由此“罢了/而已”就演化出“姑且如此，只能这样”的语气语义；既然“既成事实，只能如此，而不能有所改变”，那么对于说话人而言，就只能“就此作罢”或“到此为止”，“罢了/而已”就慢慢演化出“算了、可以了”的意义。由原来表达客观事件的结束，到表达言者的主观态度，从逻辑域到认识域，主观性大大增强。刘志远、刘顺(2012：25－31)指出“罢了”经常用在让步关系复句中，借助后续分句的反问来衬托，表达可以容忍的事件，从而表达“勉强接受、不再计较”的主观性意义；另一方面，对于未然事件而言，“罢了/而已”所表达的“已完结，不能改变”的语义从行为域投射到认识域或者言域，表达说话人主观上断言“只能如此、应该如此或必须如此，不能改变”，表达说话人的认识和看法，即说话人认为这是最低量级的要求，由此而演化出“主观上言小或言轻”的情态意义，从对客观事件的言者态度到对未然虚拟事件的言者视角或言者认识，主观性大大增强。以例(3)为例，“抱着太子一同赴河”是说话人的虚拟选择，描述的是一个未然的虚拟事件，在听话人看来，“一同赴死”是一个性质严重的高程度事件，但是在说话人看来，这只不过是自已尽的一点忠心，算不得什么大事，程度量级较低。在“S_1＋X罢了”结构中，“X罢了”是对前面句子“S_1”的说明，这种说明恰恰凸显了言者视角。一般来说，“罢了/而已”的语篇结构有两种情况，一是“S_1，X而已/罢了”(如例3)，“X而已/罢了”是对前行句S_1的说明，这种说明可以是强调说明、补充说明或纠正性说明等情况，其中“而已/罢了”意在凸显说话人的言者视角或言者认识；二是“S_1，X而已/罢了”(如例4)，“S_1”和“X而已/罢了”之间存在着顺承、条件、假设、让步等关系，表明说话人依据前行句“S_1”做出推论或断言，表达说话人的言者认识。因此，“X而已/罢了”构式的语用功能在于凸显说话人的言者视角、言者态度或者言者认识，是一种强主观性的语言表达形式。

第三节 “不过X罢了/而已”构式认识情态意义的历时建构过程

根据“不过”“罢了”和“而已”词汇化及其主观化的过程，我们发现它们都具有表达说话人“言轻或言小”的认识情态意义，从言语行为表达的角度来看，是一种意图弱化或缓和语力(force-mitigator)的构式形式。“不过”作为少量类限定副词经常出现在“X”之前，而“罢了”和“而已”作为已经语法化的语气词经常出现在“X”之后，一前一后，在一个句子中共同出现，极易形成框式叠加(张谊生 2012：130)，合二为一，在格式上定型；另一方面，因为都表达“言轻或言小”的认识情态意义，语义得到进一步增强，即言者主体认定“X”在言者主体的主观量级序列中处于最低量级，是一种言者取向的主观认识情态意义。在框式结构发生构式化以后，原来“不过”承载的关于量级序列中的最低量级这一个客观量限定义被“不过X罢了/而已”构式吸收，“罢了/而已”两个表达主观语气的语气词将“不过”关于客观量的限定升级和强化为言者主体主观量级序列中的最低量级的判断，主观性大大增强；另一方面，方绪军(2006：49-54)所谓的“罢了”表示“纯粹、完全属于某种情况而非其他”和“而已”表示“认定数量不够、程度或等级低”在构式中发生语义中和，最终浮现出表达言者认识或言者态度的认识情态意义。“不过X”和“X罢了/而已”通过形式上的构式重构和语义上的语义强化，在概念吸收、概念强化和语用推理等概念化整合机制的作用下，浮现出新的构式意义，再经过高频的类推凝固化为一个新的目标构式。

在现代汉语中，围绕着“言轻言小”的核心认识情态意义，构式“不过X罢了/而已”在不同的语境中，经过高频使用下的类推及泛化，在核心构式的基础上产生了一系列扩展构式，体现了核心构式的能产性特征。

“不过X罢了/而已”的扩展构式之一就是“低量级限定范围副词＋X＋罢了/而已”，其中，表示“少量”的限定范围副词[①]都可以出现在此格式中，包括“不过、只是、只有、就是、最多、顶多、至多”等，扩展构式的语义图式描写为言者主体主观上判定“X”所属量级是最小量级，例如：

(1) 其实，我们所有邕城人不也是这样吗？**只是**各人的印记不一样**罢了**。(《人民日报》1998年)

(2) 如今，大错铸成，身陷这间囚室，呼天不应，喊地不灵，**只有**等死**罢了**！(李文澄《努尔哈赤》)

(3) 莫文蔚：“还好了，**顶多**几十张**而已**，送朋友嘛。”(陈鲁豫《鲁豫有约——红伶》)

---

① 张谊生(2001：108)将限定范围副词分为“少量”类、“多量”类和“概量”类。

众所周知,“是”具有标记焦点的作用,是典型的焦点敏感算子,具有强调的作用。由于限止副词和焦点有着天然的联系,董秀芳(2010：315－325)将限止类副词也看作一种焦点敏感算子,指出“其在语义上就有聚焦性和排他性,因而可以发展出强调的意义”。葛佳才(2005：19)指出“极小量的限止副词容易发展出强调的用法”,因此限止副词经常与标记焦点的敏感算子“是”共现,在核心构式“不过X罢了/而已”基础上,又形成了第二个扩展构式“低量级限定范围副词＋是＋X＋罢了/而已”,焦点敏感算子“限止副词”和“是”在语义上双重叠加,进一步凸显了言者主体认识的主观性,因此,扩展构式的核心语义图式可以描写为言者主体意在强调“X”所属量级是主观量级序列中的最低量级,主观性更强,强调意味更浓,例如:

(4) 君实微微笑地回答,“中意,**不过是**也还过得去**而已**,和理想的差得很远哪!如果我仅求中意,何至七年而不成。”(茅盾《创造》)

(5) 中国女人又有几个讲究什么晚宴不晚宴、礼服不礼服的呢?出场**最多是**穿一件时髦的新衣服新裙子**罢了**。(《作家文摘》1997年)

(6) 也许有人会说,热线能管什么用呢,**顶多是**让人发泄发泄**而已**。(《人民日报》1993年12月份)

因为限止副词可以起到强调作用,言者主体为了加强判断的确信程度,往往采用叠加限止副词的形式来进一步强化言者主体认识的确信度,从而表达言者主体的主观态度或主观认识,例如“只不过是X而已/罢了”“不过只是X而已/罢了”“不过就是X而已/罢了”等。这种“叠加少量类限定范围副词＋是＋X而已/罢了”构式是核心构式“不过X罢了/而已”构式的第三类扩展构式。与核心构式相比,这一类扩展构式的主观性更强,更能凸显说话人的言者视角、言者态度或言者认识,例如:

(7) 这里的市民所犯的过错,并不比别处的人更多些,**只不过是**他们忘了应该虚心一些**罢了**。(阿尔贝·加缪《鼠疫》)

(8) 也有一些人对他的坚持并不理解,在他们眼中,郭德纲是个离经叛道、破坏规矩的人,但是郭德纲说,“我们所做的许多事情**不过只是**回归传统**而已**。”(陈鲁豫《鲁豫有约——开心果》)

(9) 她的情绪也感染了张文华,他想,何必那么认真呢,女人嘛,哪有不喜欢首饰的呢?也**不过就是**六十几元钱**罢了**,以后再想办法多挣一点吧。(白帆《那方方的博士帽》)

值得注意的是，现代汉语中表示“概量”的限定范围副词有时也会出现在构式之前，呈现出“概量类限定范围副词＋低量级限定范围副词＋(是)＋X＋罢了/而已”的构式形式，此类概量类限定范围副词包括“大概、大约、大多、大都、多半、大致、大略、大体、大率”等。“概量”类限定副词可以表达言者主体不确定推测的认识情态意义，但是言者主体关于“X所属量级是最小量级”的判定并未发生本质上的改变，考虑到话语交际中的合作原则、礼貌原则和面子策略，说话人有意使用概量类限定范围副词的推测功能，意图弱化言者主体关于“X所属量级是最小量级”的断言程度，从而起到弱化断言语气的言语交际效果，因此，这种用法是出于弱化言语行为语力的言语交际策略的考量，构式的核心语义图式是表达言者主体关于“X所属量级是最小量级”的言者认识，构式的核心语义图式并未改变，而只是基于言语交际中的礼貌原则和面子策略采用了弱化的构式表达形式而已，例如：

(10) 这是一条看似很普通的腰带，只是与通常的略有不同，腰带周围雕刻着一串字母，看上去无意义，**大概只是**做装饰之用**罢了**。(当代《读者(合订本)》)

(11) 同人类相比，鸟儿没有“深度睡眠”这一睡眠阶段，它们**大多只是**进入一种“安静的状态”**而已**，因为它们必须随时警惕可能出现的天敌，及时地飞走逃生。(《新华社新闻报道》2004年7月份)

(12) 她凭本能就知道，陆涛的那一种不适当的骄傲与固执，**多半只是**出于自我保护**罢了**，他们需要抚慰、鼓励、理解与帮助。(石康《奋斗》)

以例(10)为例，言者主体采用概量类限止副词“大概”表达说话人关于“字母”用途的推测，但是说话人仍然表达了关于“做装饰之用”的等级在用途等级序列(即“既有实用性又有装饰性＞实用性＞装饰性”等级序列)中属于最低量级的言者认识或断言。

“不过X罢了/而已”构式化之后，经过构式的类推，扩展为“少量类/概量类限定范围副词X罢了/而已”，却唯独排斥限定范围副词中的“多量类限定范围副词”，其根本原因就在于构式对于“X”量级的最小量级的限定和意图弱化言语行为语力的交际意图与多量类限定范围副词“多量”的语义特征相矛盾。由于强调和凸显言者主体认定“X”所属量级是最小量级的主观判断的构式义的压制作用，“罢了/而已”的语义区别在构式中发生语义中和，例如：

(13) 用这种惩戒方法,倒也奏效,一年中也**不过**一二次**罢了**。(李文澄《努尔哈赤》)(认定数量少)

(14) 孙夫人发动爱国入狱运动的事他们早已听说了,但他们以为**不过**说说**而已**,造点舆论,给审判沈钧儒的案子施加点压力。(程广、叶思《宋氏家族全传》)(认定完全属于某种情况,而非其他)

方绪军(2006:49-54)和杨雨薇(2018:38-43)都认为"罢了"常表示"纯粹、完全属于某种情况而非其他"的意味;"而已"常表示"认定数量不够、程度或等级低"的意味。但是,"少量类/概量类限定范围副词X罢了/而已"构式化以后,"罢了/而已"语义上的区别不再有明显的差异,例(13)中的"罢了"可以理解为说话人认定数量少,例(14)中"而已"也可以理解为"说话人认为属于某种情况,而非其他"。在构式中,"罢了"和"而已"的语义区别消失,发生语义中和,例(13)和例(14)都表达了说话人强调"X"(即"一二次""说说")所属量级是言者主体主观量级序列中的最低量级,主观断言意味浓厚。

第四节 小结

"不过X罢了/而已"构式是一个主观极量评估构式,说话人通过对命题信息或事件状态在量级序列中所处极性量级的主观判定来表达说话人关于命题信息或事件状态的肯定性判断,表达的是说话人的肯定性态度。"不过……"构式、"……而已/罢了"构式和"不过……而已/罢了"构式都表达了说话人通过主观判断上的"最低程度"——"主观极小量"判断——来表达说话人关于事件状态的肯定性评估,是主观极小量评估构式的典型语言表达形式之一。

从历时层面来看,表达主观极小量类评估的评估构式"不过X罢了/而已"的生成过程包括词汇结构层面的构式化和句法结构层面的构式化两个过程。词汇结构层面的构式化过程包括"不过""而已"和"罢了"三个中间构式形式和特征组配的创新过程;句法结构层面的构式化过程是指"不过X罢了/而已"形式特征和语义特征的创新过程,也就是两个或两个以上的原子构式或中间构式组构成为新的复杂句法构式。因此,"不过X罢了/而已"构式是多个原子层面的微观构式分别经历了词汇结构层面的构式化(中间构式“不过”“而已”和“罢了”的构式化)和句法结构层面的构式化(宏观构式“不过X罢了/而已”的构式化)而产生的。“不过X罢了/而已”构式的核心语义图式是表达主观小量的言者态度或言者认识,围绕着这一核心语义图式产生了多个扩展构式,包括“低量级限定范围副词+X+罢了/而已”构式、“低量级限定范围副词+是+X+罢了/而已”构式、“叠加少量类限定范围副词+是+X+而已/罢了”构式和“概量类限定范围副词+低量级限定范围副词+(是)+X+罢了/而已”构式等。

第十五章　认识情态范畴语言表达形式的类型学研究

第一节　情态动词类语言表达形式认识情态意义来源的类型学特征

15.1.1　情态动词认识情态意义历时获得的类型学特征

Coates(1983;1995)、Haegeman(1983)和 Hegarty(2016)等都将情态范畴分为根情态范畴(root modality)和认识情态范畴(epistemic modality)。Palmer(1986;2001)把根情态范畴分为道义情态(deontic)和动力情态(dynamic)。道义情态与个人的外部条件(external factors)相关,包括"许可(permissive)、义务(obligative)和承诺(commissive)"。动力情态与个人内部条件(internal factors)相关,包括"能力(abilitive)和意愿(volitive)";认识情态(epistemic modality)主要表达说话人关于命题真实性的评价(judgment),包括"推理(speculative)、推论(deductive)和假设(assumptive)"等。

根情态范畴和认识情态范畴在人类语言中具有系统的对立性(Coates 1995: 55)。以英语为例,情态动词"may、must"所表示的根情态意义和认识情态意义的对立性如图 15-1 所示:

	Root		Epistemic	
CAN MAY	permission ←	→ possibility	possibility	MAY
MUST HAVE TO	obligation ←	→ necessity	necessity	MUST HAVE TO

图 15-1　Meaning and the root/epistemic distinction(转引自 Coates 1995: 55)

在人类语言的发展过程中，“根情态范畴>认识情态范畴”的语义演变模式具有语言的共性特征。

Bybee、Perkins & Pagliuca(1994：194－199)将表示“能力”的情态动词的语义演变模式描写如下：

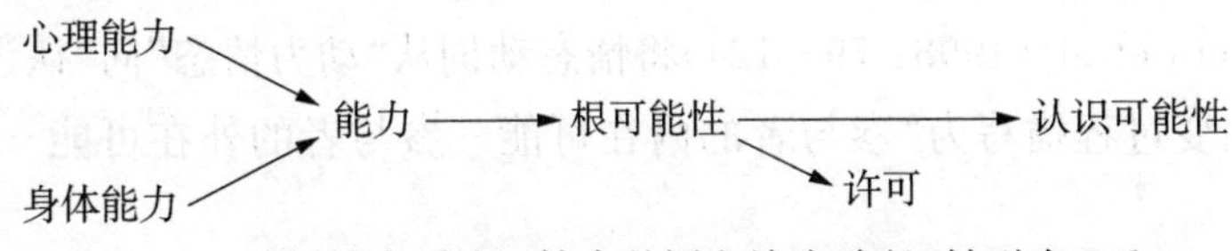

图 15－2　从根情态到认识情态的语义演变路径(转引自 Bybee、Perkins & Pagliuca 1994：194－199)

以英语中的助动词“can”为例，“can”的语义泛化经历了以下三个阶段(Bybee 1988：247－264)：

a. 使施事得以实现谓词情状的心理条件；
b. 使施事得以实现谓词情状的条件；
c. 使谓词情状得以实现的条件。

在公元 1300 年前后，“can”与谓词连用，表示身体能力，这是“can”的第一阶段；当“can”从表示身体能力扩展到表示心理能力时，“can”的语义逐渐泛化，直到“can”泛化到表示一般能力时，“can”发展到了第二阶段。也就是说，在第二阶段“can”不限于表达身体能力或心理能力这样具体的能力，而是表达一般能力，具体的语义特征消失，语义更加抽象；当“要求实现的条件存在于施事”这一条件消失，并泛指谓词实现的所有条件，既包括来自施事的内部条件，也包括来自施事之外的外部条件时，“can”从“能力”发展到“根可能”，即第三个阶段(Bybee、Perkins & Pagliuca1994：192)。

英语中的“can”除了表达“能力”(即“动力情态”dynmatic modality)，还可以表达“许可”，从表达施事内在的能力，即施事被许可做某事之外；还从“根可能”意义中发展出“许可义”，这种“许可义”得以实现的条件不是来自施事本身，而是来自施事之外的社会条件，此时的“can”所表达的不再是动力情态，而是表达道义情态或者义务情态(即“denotic modality”)，所以，“can”经历了“动力情态>道义情态”的语义演变过程。

当“can、may”等情态动词表达“根可能”时，往往是施事指向的，情态动词“can、may”是小句命题内容的一部分，用以连接施事主语和主要谓词，情态动词的辖域是谓词性成分，表达施事主语从事某事的“内在可能”(即“动力情态”)或“外在可能”(即“道义情态”)；当情态动词从小句命题内成分变成命题外成分时,情态动词“can、may”的辖域发生了变化,此时,情态动词“can、may”的语义就从“根可能”发展为“认识可能”,因此,在“根可能>认识可能”的语义演变过程中,情态动词“can、may”辖域的扩大化是重要的触发条件之一。

与 Bybee(1988)和 Bybee、Perkins & Pagliuca(1994)的观点类似,van der Auwera et al. (1998: 79 - 124)将情态动词从“动力情态”向“认识情态”的语义演变过程描写为“参与者的内在可能—参与者的外在可能—认识可能”。

此外,在“根情态范畴>认识情态范畴”的语义演变模式中,还有一条语义演变路径,即“道义情态>认识情态”(“denotic modality> epistemic modality”)。从道义情态到认识情态的语义演变模式同样具有语言的共性特征(Sweetser 1990; Bybee & Pagliuca 1985; Traugott 1989; Heine et al. 1991; vander Auwera & Plungian 1998; Heine & Kuteva 2002 等)。

以英语为例,“must、should、may”本来都表示义务情态,属于施事指向的(agent-oriented),后来发展出言者主语指向(speaker-oriented)的认识情态意义,其间经历了从表示义务情态到表达认识情态的语义演变历程(Sweetser 1982; Bybee & Pagliuca 1985; Traugott 1989; Heine et al. 1991; van Auwera & Plungian 1998 等),例如:

(1) The letter must arrive sometime next week. (Deontic)
信必须下个星期到。(义务情态)

(2) The letter must be in the mail. (epistemic)
信肯定还在邮车上。(认识情态)

(转引自 Bybee et al. 1994: 284)

Horn(1972)将从施事指向义发展出认识情态义的语义发展过程描写如下:

施事指向义		**认识情态义**
强义务	产生	推断确定性(must)
弱义务	产生	盖然性(should)
能力	产生	可能性(may)

——转引自 Bybee、Perkins & Pagliuca(1994: 314)

Bybee、Perkins & Pagliuca(1994：195－196)发现上述语义演变规律具有语言的共性特征，他们分别列举了阿布哈兹语、俾路支语和老挝语的语例来证实"强义务产生推断的确定性""弱义务义产生盖然义""能力产生可能义"语义演变模式的广泛存在。

以阿布哈兹语为例，转引如下：

(1) 强义务

s-	cà	r-	o-	w＋p'
1s	-go-	COND	be-	STAT
1单	去-	条件	是-	静态

I must go.

(我必须要走了。)

(Hewitt 1979：192)

(2) 推断确定性

a-	y^{0}nə	də	q'a-	za＋ r-	ò-	w＋p'
ART-	house	3. s-	b3-	cond	be-	STAT
冠词一	房子	3. 单	b3－	条件-	是-	静态

He must be at home.

(他一定在家。)

(Hewitt 1979：195)

综上所述，在情态动词类语言表达形式认识情态意义的历时获得过程中，大多数都经历了"根情态＞认识情态"的语义演变过程，包括"动力情态＞道义情态＞认识情态"和"道义情态＞认识情态"两种语义演变路径。英语中的情态动词"can、may"的语义演变路径是"动力情态＞道义情态＞认识情态"模式；英语中的情态动词"must、should、may"的语义演变路径是"道义情态＞认识情态"模式。与英语类似，汉语中的情态动词也经历了相似的语义演变过程。

15.1.2　汉语情态动词认识情态意义历时获得的共性和个性

15.1.2.1　汉语情态动词认识情态意义历时获得的共性特征

汉语情态动词从根情态到认识情态的语义演变具有一定的共性特征。

范晓蕾(2017：194－214)基于汉语方言中的“能”等情态动词情态语义的多义性，构建了以能力义为核心的情态语义地图，如图 15－3 所示：

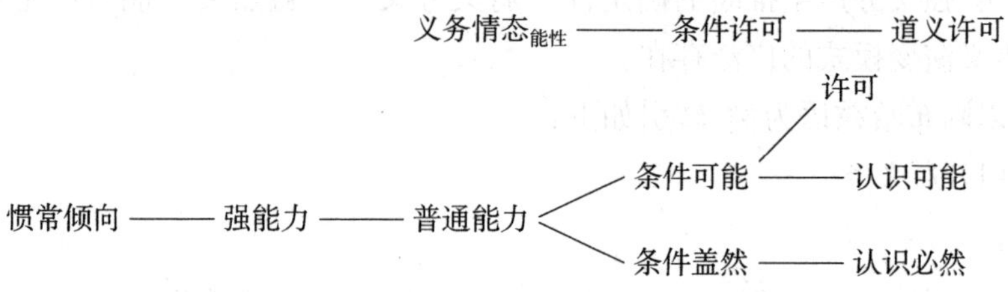

图 15－3　以能力义为核心的情态语义地图(范晓蕾 2017：194－214)

范晓蕾(2016：195－233)基于汉语方言中的“会”等情态动词情态语义的多义性，构建了以心智能力义为核心的语义地图，如图 15－4 所示：

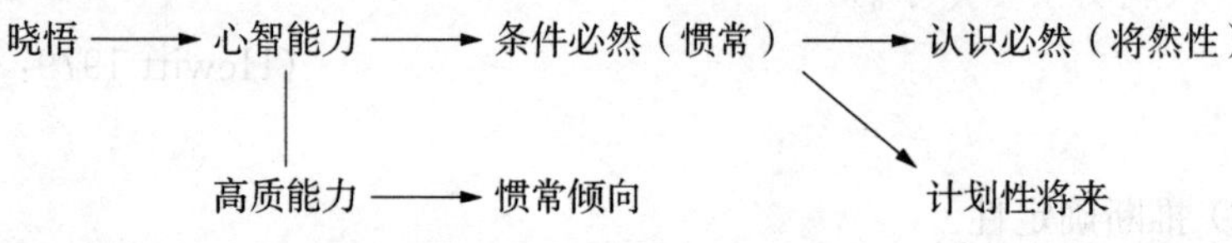

图 15－4　以心智能力为核心的语义地图(范晓蕾 2016：195－233)

由此可见，汉语情态动词情态语义的语义地图与 Bybee、Perkins & Pagliuca(1994：194－199)所归纳的英语中“能力”类情态动词的语义演变模式(图 15－2)之间存在着一定的共性。

此外，van der Auwera et al.(1998：79－124)将情态动词从动力情态向认识情态的语义演变过程描写为“参与者的内在可能—参与者的外在可能—认识可能”，其中，“参与者的外在可能”包括“道义可能”，因此，从“内在能力”到“道义可能”，再到“认识可能”，形成了“动力情态＞道义情态＞认识情态”的语义演变路径。

范晓蕾(2014：33)认为，在汉语的能性语义地图中缺少了“许可—认识情态”这一语义关联，即“我们不敢说绝对不存在语义关联‘许可—认识可能’，但以目前的语料看它至少是语义地图中权重较小的关联”；汉语情态动词语义演变的模式与 van der Auwera et al.(1998：79－124)所描写的语义演变模式之间存在着一定的差异。

从情态动词“应该”认识情态语义的历时获得过程来看，“应该”经历了“义务情态＞认识情态”的语义演变过程。换句话说，“应该”表示“估计情况必然如此”的认识情态语义是从其原来所表示的“情理上必然如此”的道义情态语义发展而来的。“应该”从道义情态到认识情态的语义演变符合人类语言"道义情态>认识情态"的语义演变规律。

Bybee、Perkins & Pagliuca(1994：201)认为认识情态的用法产生于具体意义的解读语境中,隐喻可能在演变过程中起到了重要作用。从社会物质领域到逻辑或认识领域的隐喻性演变过程,实际上是从施事的社会义务和身体必要性领域转移到了在一个可能真实的命题中表示必要性条件的认识情态领域。

Sweetser(1990：64)从"力和障碍"(force and barrier)从社会物质领域(socio-physical domain)向认识领域(epistemic domain)的隐喻性投射(metaphorical mapping)的角度来对"应该"的语义演变进行解释。在真实世界中,规范世界的各种规范作为社会道义,强制施事主语做出某一行为,这时,规范世界中的各种规范就产生了某种道义力(denotic force),道义力在真实世界中使得施事主语的行为具有了强制性(obligatory);在认识世界中,规范世界的各种规范作为言语社团共享的认识逻辑或认识观念,使得说话人得出命题很可能为真的推断,此时,规范世界的各种规范就产生了某种认识力(an epistemic force),认识力在认识世界中对说话人的主观推断具有强制性;因此,在认识世界中,说话人根据规范世界做出命题很可能为真的判断本质上是真实世界中存在的道义力迫使施事主语做出某一行为在认识世界中的镜像投射(mirroring)。"应该"的情态意义在真实世界和认识世界之间的隐喻性投射过程中经历了意义的惯例化或习俗化(conventionalization)。

Bybee(1988)、Traugott(1989)和 Traugott & König(1991)从语用的角度来解释情态意义从义务情态向认识情态的语义演变。他们认为,从施事取向的情态语义到认识情态意义的语义演变过程中,包含着隐含义的规约化。隐含义的规约化可以使由情态动词的特定意义推理而来的意义变为该情态动词意义的一部分(Bybee、Perkins & Pagliuca 1994：196)。从施事指向义到认识情态义的转变过程中,情态动词的辖域发生了"质"的变化,辖域从句中的主要谓语动词转变为整个命题小句。

Horn(1972)、Steele(1975)和 Coates(1983)也将情态动词表示认识情态的语力(force)归结于作为这一意义来源的施事指向义的语力。表达道义情态的"应该"是施事指向的(agent-oriented),而表达认识情态意义的"应该"是言者主语指向的(speaker-oriented)。从施事主语按照规范世界的各种规范从事某种行为(即"必要性""necessity"),到说话人按照规范世界的各种规范推测命题(即"施事主语从事某一行为")很可能为真(即"盖然性""probability"),本质上就是一种隐含意义的规约化,即"施事指向意义的义务”在语用过程中被推理为“说话人根据共享的义务类知识进行认识上的推理”，换句话来说，说话人根据共享的义务类知识（即规范世界中的“共享规范”）对命题做出较大可能的盖然性推断。

Horn(1972)将从施事指向义发展出认识情态义的过程描写如下：

施事指向义		**认识情态义**
强义务	产生	推断确定性(must)
弱义务	产生	盖然性(should)
能力	产生	可能性(may)

——转引自 Bybee、Perkins & Pagliuca(1994: 314)

在现代汉语中，“应该、应、应当”等都表达道义情态，属于弱义务表达，并从弱义务表达发展出盖然性认识情态意义；“必须、须”等属于强义务表达，并从强义务表达发展出确定性认识情态意义，即必然认识情态意义。

上古汉语的“须”就从表达道义情态意义中发展出了认识情态意义，即经历了“必要标记>必然标记”的演变过程(李明 2003)，例如：

(3) 然虽自然，亦须有为辅助。(《论衡·自然》)(必要)

(4) 你若拿这桃枝进门，那时节我须死了。(《元曲选·桃花女》)(必然)

(转引自李明 2003)

朱冠明(2003: 48)也认为“须”的知识情态义来源于它的道义情态义，二者之间是一种突变性的隐喻转换，他将情态动词“须”的语义演变过程描写如图 15-5 所示：

须（中性）—隐喻→ 须（道义）—隐喻→ 须（知识）

图 15-5　情态动词“须”的语义发展图(朱冠明 2003: 48)

综上所述，从汉语情态动词“应该”和“须”的语义演变过程来看，二者都经历了人类语言情态语义的共性演变规律——“道义情态>认识情态”的语义演变路径，情态动词“应该、须”认识情态意义的历时语义获得体现了人类语言情态动词情态意义演变的共性规律。

15.1.2.2　汉语情态动词认识情态意义历时获得的个性特征

情态动词“可能”认识情态语义的获得与人类语言情态动词认识情态语义获得的过程不同。“可能”不属于“参与者内在能力＞参与者外部能力＞认识情态”的语义发展模式，“可能”认识情态的语义获得是由“可$_{\text{(揣度询问义副词)}}$＋能$_{\text{能性助动词}}$”的跨层结构语法化而来的。在“可能”的语法化过程中，由于语体的改变(从“对话语体”改变为“非对话语”)，特别是使用语境的改变(从“疑问句语境”转变“肯定句语境”)和交际意图的改变(从“表达疑问”转变为“表达不确定性”)，“可$_{\text{(揣度询问义副词)}}$＋能$_{\text{能性助动词}}$”的跨层结构发生了词汇化，从而演变出表达“说话人持有怀疑态度的不确定性”的认识情态语义。“可能”的这一演变过程并不是孤立的，在汉语中，情态动词“敢”“可”都是由道义情态义“许可义”在反问句和揣度问句中演变出表达认识可能的情态意义的(江蓝生 1990：44－50)。

情态动词“可能”与其他情态动词的语义演变模式不同，这也使得现代汉语中的“可能”发展成为一个单义的情态动词，仅仅表达认识情态意义，与同时兼有动力情态、道义情态和认识情态的动词“能”有着本质上的不同，原因就在于二者在历史上经历了不同的语义演变过程。

15.1.3　小结

情态范畴是一个跨语言的语法语义范畴(cross-language grammatical-semantic category)，在人类语言中具有一定的普遍性。从跨语言的视角来看，在大多数语言中，情态动词都是情态范畴最主要的语言表达形式之一，其情态语义的发展大都经历了“根情态＞认识情态”的历时演变过程，包括“动力情态＞道义情态＞认识情态”和“道义情态＞认识情态”两条语义演变路径。汉语中的情态动词“能、可以”等都经历了“动力情态＞道义情态＞认识情态”的语义演变过程；汉语中的情态动词“应该、应当、应、该”都经历了“道义情态＞认识情态”的语义演变过程，汉语情态动词情态语义的历时演变符合人类语言情态动词情态语义演变的共性规律。

对于情态动词的情态语义演变模式——“根情态＞认识情态”，学术界主要有两种解读方式：一是“根情态＞认识情态”的历时演变反映了“力和障碍”(force and barrier)从社会物质领域(socio-physical domain)向认识领域(epistemic domain)的隐喻性投射过程(metaphorical mapping)，即从施事的社会义务和身体必要性领域投射到了在一个可能真实的命题中表示必要性条件的认识情态领域；二是从施事取向义(即“根情态”，包括动力情态和道义情态)到认识情态意义的语义演变过程中，包含着语用隐含义的规约化。隐含义的规约化可以使由情态动词的特定意义推理而来的意义变为该情态动词意义的一部分，认识情态意义就是情态动词特定意义的语用推理意义经历惯例化或习俗化（conventionalization）发展而来的。

汉语中的情态动词大都遵循了人类语言情态动词情态语义演变的共性规律，体现出一定的共性特征；但是，也有少数情态动词情态语义的获得展现出一定的个性特征，以汉语中的情态动词“可能”为例，情态动词“可能”与英语中的情态动词“can、may”等情态动词不同，它没有经历“参与者内在能力＞参与者外部能力＞认识情态”的语义发展过程，而是由“可$_{(揣度询问义副词)}$＋能$_{能性助动词}$”的临时跨层结构经历词汇化发展而来的，在其词汇化过程中，语用因素是促使其发生词汇化的主要动因。这不仅包括语体的改变（从“对话语体”改变为“非对话语”）、使用语境的改变（从“疑问句语境”转变为“肯定句语境”）以及交际意图的改变（从“表达疑问”转变为“表达不确定性”），还包括汉语韵律促动下的双音化规律等，这些因素共同导致了临时跨层结构“可$_{(揣度询问义副词)}$＋能$_{能性助动词}$”发生词汇化，演变出表达“说话人持有怀疑态度的不确定性”的认识情态意义，这种由临时跨层结构在揣度询问语境中产生认识情态意义的语义发展模式体现了“疑问＞认识情态”的语义演变路径，体现了汉语情态动词认识情态语义发展的个性特征。

第二节　语气副词类语言表达形式担心认识情态意义的类型学特征

15.2.1　世界上其他语言中担心认识情态范畴的语言表达形式

Lichtenberk Frantisek（1995：293－328）以澳大利亚所罗门群岛上的土著语言为研究对象，研究了混合认识情态——担心认识情态（apprehensional-epistemic modality）的各种语言表达形式，包括 To'aba'ita 语言中的“ada”、古希腊语中的“Mé”和斐济语中的“dé”或“de”等。

担心认识情态不仅仅反映了说话人对于事件状态的不确定性认识（uncertainty），还包含了说话人对于事件状态的个人态度——“不情愿的”（undesirable）言者态度。

土著语言 To'aba'ita 中有一个情态标记“ada”，从语法上来看，它是一个补足语的标记（complementizer），具有表达担心认识情态意义的功能，试比较：

(1) To'aba'ita 语：'Oe 'o mata'i.

you (SG) you (SG)：FACT be sick.

英语：You are sick.

汉语：你生病了。

(1′) To'aba'ita 语：**Ada** 'oko mata'i.

LEST you (SG)：SEQ be sick.

英语：You may be sick.

汉语：你(别)生病了。

例(1)陈述了一个客观事实；例(1′)则表达了说话人对于"你"生病的担心认识，其中，"Ada"是一个担心认识情态的标记词(marker)，大致相当于英语中的"lest"。"lest"在英语中是"唯恐、免得"的意义，主要用在"fear""worry"的后面连接从句，并无实际的意义，从句中经常使用"should"或者动词原形。

To'aba'ita 语中的"Ada"在共时层面有三种意义，即"预防义"(precautioning)(包括"预防"和"避免"，"avertive"and"in case")、"害怕义"("fear")和"担心认识情态义"(apprehensional-epistemic modality)。Lichtenberk Frantisek(1995：293－328)从历时角度考察了"Ada"由实义动词到情态标记的历时语义演变过程，转写如下：

Precautioning ＞fear[①] ＞apprehensional-epistemic ＞epistemic

预防 ＞害怕 ＞担心-认识情态 ＞认识情态

古希腊语中的"Mé"可以引导一个小句，用以表达说话人的担心认识情态意义，例如：

(2) Xenophon，Anabasis Ⅲ. 2，25：

古希腊语：Dédoika mè：epilathó：metha tê：s oíkade hodou

I fear LEST we forget：SUBJUNCT ART：GEN homeward road：GEN.

英语：I fear lest we may forget the road home.(转引自 Goodwin 1929：24)

汉语：我怕我们可能忘记了回家的路。

① Lichtenberk Frantisek(1995：293－328)曾经指出，并不是所有语言都经历了"fear"的语义演变阶段，例如，Czech 语言在演变过程中经历了"fear"的演变阶段，而 Martuthunira 语言和 Hua 语言则没有经历"fear"的演变阶段。

斐济语(Fijian)是太平洋中南部诸岛(Austronesian)的一种语言,斐济语中的"dé"或"de"具有表达担心认识情态意义的功能,例如:

(3) Standard Fijian

斐济语:**de** sega beka ni dina

LEST NEG perhaps COMP be ture

英语:It may not perhaps be true.(转引自 Churchward 1942:24)

汉语:那恐怕很可能不是真的。

15.2.1 汉语担心认识情态范畴的语言表达形式

由心理动词虚化而来的副词"怕""恐怕"表达可能认识情态意义和担心认识情态意义,这一特点在汉语普通话、方言和民族语言中都具有一定的共性特征。

一、来自汉语方言的例证

李荣主编的《现代汉语方言大词典》收录了 41 个方言点的方言词汇,其中有 29 个方言点词汇中的"怕"和"恐怕"既可以表达可能认识情态意义,也可以表达担心认识情态意义,这 29 个方言点包括"苏州、长沙、娄底、太原、贵阳、南昌、武汉、梅县、乌鲁木齐、南京、丹阳、忻州、黎川、西安、扬州、徐州、银川、洛阳、济南、万荣、上海、萍乡、南宁、牟平、成都、哈尔滨、建瓯、于都、绩溪",举例来说:

《西安方言词典》

"怕":

① 害怕,畏惧。例如:啥都不~。

② 恐怕:表示担心。例如:我~他一个人拿不动,叫你去帮他。

表示估计,也许。例如:致个西瓜~有十几斤。

~要下雨呀!

《上海方言词典》

"怕":

① 害怕,畏惧。

② 恐怕,表示担心。　例如:~伊太喫力。

③ 丑陋,可怕。　例如:伊只面孔~来吓人。

"恐怕":相当于"恐防"。

① 表示估计兼担心。　例如:迭能做,~效果勿好。

② 表示估计，也许。　　例如：伊走脱～有廿天勒。

《南宁平话词典》

“怕”：

① 害怕，畏惧。例如：我～打针。我好～亚种事。

② 担心。　　　例如：冇理渠，你～渠会死啊！

“恐怕”：［副词］

① 表示担心，疑虑。例如：～要落雨啊，快的去归(回去)。

渠冇来上班，～是病喇。

② 表示估计，也许。例如：亚袋果～有十几斤哇。

二、来自中国民族语言的例证

同时兼有可能认识情态意义和担心认识情态意义的“怕”和“恐怕”不仅仅存在于汉语方言词汇中，还存在于我国的一些少数民族语言词汇中，以布依语①为例：

laaul［laː u^{24}］

① 怕，害怕，例如：gul miz ～ maz.（意为：我不怕什么。）

② 怕，担心，例如：gul ～ dangyiangh dogt.（意为：我担心掉东西。）

③ 恐怕，怕是，例如：～deel miz mal ba?（意为：恐怕他不来了吧？）

laaulnauz[1]［-nɐ uz^{11}］

怕是，例如：～lix bux laez dauc.（意为：怕是有什么人来。）

ndillaaul［-laː u^{24}］

① 可怕，害怕，例如：leeuxjongs doc ～.（意为：大家都害怕。）

② 恐怕，例如：N～ Xocweangz xabt gunl xac.（意为：恐怕祖王埋伏兵。）

在布依语中，“laaul”兼有动词和副词两种词性，其副词的用法具有表达担心认识情态意义和可能认识情态意义的功能，“laaulnauz[1]”是副词，用于表达可能认识情态意义，“ndillaaul”可以是不及物动词，也可以是副词。“laaulnauz[1]”和“ndillaaul”是派生词，词根都是“laaul”。

心理动词“怕”“恐怕”一般表示人或者动物“担心害怕”的心理状态，一般来说，如果担心害怕某一事件发生，那么这一事件一般来说都是未然的，或者对说话人来说是未知的（即“事件已然，但说话人未知”）。对于未然或者未知的事件所处的状态，说话人可以进行推测，这种确信程度不高的推测就是一种可能认识情态意义；说话人在进行推测的同时，还可以表达说话人

① 吴启禄、王伟、曹广衢、吴定川主编：《布依汉词典》，民族出版社2003年版。

的个人意愿和态度——“害怕”或“不愿意其发生”，那么，这种复合情态意义就是说话人的担心认识情态意义。由心理动词“担心害怕”到副词“担心认识”或“推测认识”的语义演变路径和主观化过程符合人类的一般认知习惯，因此，“怕”“恐怕”表达担心认识情态意义和可能认识情态意义具有一定的语言学共性。

15.2.3 小结

“心理动词>语气副词”是具有一定语言共性的语法化路径，这一语法化路径得到了来自多种语言的例证。

To'aba'ita 语中的“Ada”、斐济语中的“dé”或“de”和古希腊语中的“Mé”等都经历了“心理动词>语气副词”的语法演变过程。

以 To'aba'ita 语中的“Ada”为例，“Ada”在共时层面有三种意义，即“预防义”(precautioning)(包括“预防”和“避免”，“avertive”and“in case”)、“害怕义”(fear)和“担心认识情态义”(apprehensional-epistemic modality)。“Ada”从实义动词到情态标记经历了以下历时的语义演变过程：

precautioning > fear > apprehensional-epistemic > epistemic

预防 > 害怕 > 担心-认识情态 > 认识情态

除了汉语普通话的“怕”和“恐怕”之外，汉语中有 29 个方言点的心理动词“怕”和“恐怕”也都经历了上述语法化路径，这些方言点包括“苏州、长沙、娄底、太原、贵阳、南昌、武汉、梅县、乌鲁木齐、南京、丹阳、忻州、黎川、西安、扬州、徐州、银川、洛阳、济南、万荣、上海、萍乡、南宁、牟平、成都、哈尔滨、建瓯、于都、绩溪”。此外，民族语言“布依语”中的“laaul[la：u^{24}]、laaulnauz^{1}[-nɐuz^{11}]、ndillaaul[-la：u^{24}]”也经历了类似的语法化过程。

以普通话的“恐怕”为例，“恐怕”在共时层面同时具有三种意义，一是“担心、害怕”的心理状态意义，二是表达说话人的“担心认识情态意义”，三是表达说话人的“认识情态义”。共时层面的三种意义反映了心理动词“恐怕”历时层面的语义演变过程，即“恐怕”经历了“担心、害怕义>担心认识情态意义>认识情态意义”的语义演变历程。

与“恐怕”相比，“怕”的语法化程度更高。心理动词“怕”除了经历了“担心、害怕义>担心认识情态意义>认识情态意义”的语义演变过程之外，还发生了进一步虚化的过程，语法化为一个表达推测疑问的语气助词。雷冬平、罗华宜(2014：75－80)发现，在北陀客家方言中，“怕”除了做心理动词和语气副词之外，还可以放在句末协助表达疑问语气，因此，心理动词“怕”在北陀客家方言中经历了“心理动词>语气副词>语气助词(表达推测疑问语气)"的语法化过程。

综上所述,来自多种语言或方言的诸多例证都充分证明了"心理动词＞语气副词"这一语法化路径的存在。根据语法化程度的不同,"心理动词＞语气副词"的语法化路径可以进一步细化为"心理动词＞担心认识情态标记＞认识情态标记",其中"担心认识情态标记"是从"心理动词"到"认识情态标记"语法演化过程中的过渡状态。

第三节　语气助词类语言表达形式言者语气功能的类型学特征

胡壮麟(2005：115)认为语言的人际功能是用来表达说话人的身份、地位、态度和动机以及对事物的推断、判断和评价功能的,这些功能往往是通过语气(mood)和情态(modality)来共同实现的。

15.3.1　印欧语中语气范畴和情态范畴的语言表达形式

在印欧语中,语气往往被看作一个语法范畴(grammatical),而情态则往往被看作一个语义范畴(semantic category)(Koppin 1877；Hale 1906；Bybee & Dahl 1989；Bybee & Fleischman 1995；Hengeveld 2004 等)。语气范畴和情态范畴分别都有各自的语言表达形式。

语气范畴(mood)经常被用于描写句子和言语行为的类型(sentence or speech act types)(Lyons 1977),包括"陈述语气(indicative)、虚拟语气(subjunctive)、疑问语气(interrogative)和祈使语气(imperative)"等,印欧语中的语气范畴往往由动词的屈折形式来表达。

情态范畴(modality)则经常被用于表达行为主体的"能力(abilitive)和意愿(volitive)"、道德主体的"许可(permission)、义务(obligation)和承诺(commissive)"以及言者主体"关于命题真值的可能性和必要性的判断"等。

Palmer(2001)将情态分为命题情态(propositional modality)和事件情态(event modality),其中,命题情态又分为认识情态(epistemic modality)和传信范畴(evidentials)；事件情态(event modality)则包括道义情态(deontic)和动力情态(dynamic),道义情态包括"许可(permissive)、义务(obligative)和承诺(commissive)",动力情态包括"能力(abilitive)和意愿(volitive)"等。情态范畴往往由情态助动词(modal auxiliaries)、情态副词(modal adverbs)和心理动词(mental verbs)等来表达(Lyons1977)。

15.3.2 汉语中语气范畴和情态范畴的语言表达形式

汉语中的语气范畴(mood)主要描写句子和言语行为的类型,包括“陈述语气、疑问语气、祈使语气和感叹语气”等。与印欧语不同的是汉语中的语气范畴不是由动词的屈折形式来表达的,而是采用语气助词(mood articles)等词汇手段来表达的。

汉语语言系统中有丰富的语气助词,这些语气助词(mood articles)不仅仅标记句子和言语行为的类型,还表达了说话人关于所叙述言语的态度(attitude)、情感(feelings)、立场(stance)和观点(view),具有认识情态意义的表达功能。因此,汉语中的语气助词兼有表达语气范畴和情态范畴的双重言语表达功能,换句话说,汉语情态范畴的语言表达形式除了情态动词、情态副词和部分心理动词之外,还包括语气助词类语言表达形式。

崔希亮(2019:60-68)曾经指出,在我们的言语交际过程中,语气词可以帮助言者表达自己的立场、观点、态度或预设,他把语气词的这些表达功能概括为语气词的情态意义(modal meaning)。崔希亮(2020:50-59)认为情态研究涉及言者立场(stance)、言者情感(affect)、言者判断(judgement)和言者评价(evaluation)。而言者立场、言者情感、言者判断和言者评价在话语交际中都表现为言者态度。崔希亮指出,言者态度可以借助于多种语言手段来表达,例如,在日语中可以借助于敬体和非敬体来表达;在韩语中可以借助于正式语体和非正式语体来表达;在英语中可以借助于助动词(例如“would、could”)来表达对说话人的尊重;在越南语中可以借助人称代词来表达;而在汉语中则往往借助于句末语气词(final-position articles)来表达。崔希亮(2020:50-59)将汉语中常用句末语气词的言者态度功能描写如下:

“吗”:表达疑问态度、反问态度或者征询意见的态度;

“吧”:表达言者不确定的态度(张小峰2003);

“啊”:表达赞赏、震惊、嘲弄、感叹等强烈的感情态度(金智妍2011:i);

“呢”:说话人在强调话语内容中部分信息的基础上提请听话人注意(李军华、李长华2010);

“啦”:表达不耐烦、不合作的消极态度,也可以表达得意之态;

“嘛”:表达不容置疑的态度(崔希亮2019:60-68);

“呗”:一方面,说话人认为自己所说的话是唯一的可能,而且主观上认为那是听话人或大家都应当知晓的,他只是将这种可能性说出来了而已;另一方面,说话人没有经过积极思考轻率发话,并放弃自己可以对听话人的交际身份做处置的责任(徐晶凝 2007：72－73)。

李战子(2007：19)认为,汉语中的语气词表达话语参与者的观点和态度,具有与听者互动的交际功能,例如:

"了"表达目前的相关状态;

"呢"表达对问题的回答;

"吧"表达请求同意;

"哦"表达友好的警告;

"啊""呀"表达缓和言者语气;

"吗"表达疑问。

由此可见,汉语中的句末语气助词不仅仅标记句子或者言语行为的类型,不仅仅承担标记"陈述语气、疑问语气、祈使语气和条件语气"的语气功能,还承担着表达说话人对所叙述言语内容所持有的态度、立场和观点的认识情态表达功能,具有语气范畴和情态范畴的双重表达功能。从这个意义上来讲,汉语中的语气助词既有人类语言的共性特征——标记句子或言语行为的类型,又具有自己的个性特征——表达说话人关于所述言语内容的情感态度或立场观点。

15.3.3　汉语语气助词表达情态意义的类型学特征

汉语中的语气助词同时表达语气范畴和情态范畴并非语言的个案,而是具有类型学共性特征的。以保加利亚语言为例,在保加利亚语动词(Bulgarian verbs)的屈折语气形式(inflective moods)中有一种叙述语气(narrative mood),可以表明说话人对所传达的内容缺乏某种确定性(lack of certainty)(Marjorie McShane、Sergei Nirenburg & Ron Zacharski 2008：57－90),这种特殊的动词屈折形式既表达了语气范畴,也表达了认识情态范畴。

正如 Palmer(1986：4)所指出的那样,人类语言有两种方式来处理情态范畴(category of modality)：一是情态系统(modal system),二是语气系统(mood)。在少数语言中,例如德语(German)和北美中部的波莫语(Central Pomo language of North America),同时具有情态动词所表达的情态系统以及陈述语气与虚拟语气相对的语气系统;而在大多数语言中,往往仅存在一种表达系统,或者存在两种系统,但是,有一种系统是占绝对优势的。汉语属于后者,即汉语语言中同时存在着情态系统和语气系统,但是,相对于语气系统来说,情态系统更加显著(salient)。

在现代汉语中,语气助词不仅仅表达"陈述、疑问、祈使、感叹"等语气类型,还可以表达说话人对所言谈内容所持有的态度、立场或观点,具有一定的人际互动功能,这体现了语气助词的认识情态表达功能。

以语气助词"吧"为例,"吧"的典型功能是表达疑问语气,但是并不是"有疑而问",而是"无疑而问"。通过对互动交际话语语料的考察,我们发现,"吧"的语气功能是表达说话人就自己所做出的言语判断征询听话人的肯定性态度,其交际意图是得到听话人的认同,并与听话人在所做言语判断的认识上达成一致,即"说话人希望与听话人共建一致性认识立场",是一个"立场趋同标记"(stance-convergence marker)。而这种立场趋同标记之所以在陈述句中体现为不确定语气(uncertainty),是因为说话人基于礼貌原则和面子保护策略的考量,有意采用表达征求态度的"吧"所带来的不确定语气来委婉地获得听话人的肯定和认同,这样既能体现说话人对听话人面子的主动关照,又体现了说话人与听话人的人际互动;而在表达"命令、禁止、请求、劝阻"的祈使句中,说话人使用"吧"的语用目的在于缓和祈使语气,通过采用缓和(hedging)说话人关于所言谈内容(或命题)的断言语气来体现对听话人面子的主动关照。

以句末语气助词"就是"为例,"就是"主要标记陈述语气,具体来说,在互动交际中,可以表达说话人的确认语气,表达说话人的建议语气,表达说话人的强调语气,表达说话人言轻言小的认识意义,用以缓和说话人的言者语气,等等。这些语气功能大致可以分为两类,一类是凸显说话人的肯定性语气(certainty),包括表达说话人的确认语气和表达说话人的强调语气,体现了说话人对所言谈内容(或命题)的肯定性断言;二是有意弱化说话人的言者语气,包括表达说话人的建议语气、表达说话人言轻言小的认识意义以及缓和语气等,体现了说话人对所言谈内容(或命题)的不确定性(uncertainty),从交际互动的角度来说,不仅体现了说话人对听话人面子或态度立场的主动关照,还体现了说话人与听话人的人际互动(inerpersonal interaction)。

15.3.4 小结

情态范畴在汉语语言系统中有两种语言表达形式:一是情态系统,二是语气系统,这是人类语言的共性特征;有些语言同时具有两套语言表达系统,是典型的二元模式(typical binary),情态动词系统和语气表达系统并存,且相对独立,例如 German 和 Central Pomo language of North America 语;现代汉语虽然也同样具有两套语言表达系统,但是,并未像前者一样"泾渭分明",而是融合在一起,当然情态系统和语气系统在汉语中的地位是不平等的。与语气系统相比，情态系统更加显著(salient)，换句话说，汉语的情态系统更加典型，其语言表达形式更丰富，包括“情态动词(也叫‘能愿动词’)、情态副词、心理动词和语气助词”等，其中，语气助词既是情态系统的典型语言表达形式，也是语气系统的典型语言表达形式。

第四节 让步假设连词类语言表达形式认识情态意义的类型学特征

15.4.1 印欧语中表达让步关系小品词的多种语法化路径

现实范畴和非现实范畴是人类语言的最重要语法范畴之一。现实范畴描写的是“真实的情景”(actualized)、“已经出现的情景”(have occurred)、“现实中正在出现的情景”(have actually occurring)或者是“通过直接感知认知的情景”(knowable through direct perception)；而非现实范畴(irrealis)描写的则是“纯思想领域(realm of thought)的情形”或者是“通过想象(imagination)认知的情景”(Mithun 1999：173)。在很多语言中(例如Native American languges 和 Papua New Guinea)，情态就被描写为现实范畴(realis)和非现实范畴(irrealis)的语法标记(grammatical markers)(Palmer 1986：145)；陈述语气(indicative)经常用来描写现实范畴，而虚拟语气(subjunctive)则经常用来描写非现实范畴。此外，非现实范畴也经常用情态范畴来表达，特别是用认识情态范畴来表达，例如，情态系统的某些术语(例如“怀疑”dubitative)就被用来描写非现实范畴(Palmer 1986：149)。

Central Pomo(Pomoan，N. California)语经常用假设条件句表达非现实语气(Mithun 1999：176－177)，例如：

(1) Me˙n　mí-hla，　mú˙lʔa˙　ʔʰá·ʔle　ʔa˙
so　say-FIFF＋IRR　that I＋AG　sit-COND I＋AG
“if she said that，I'd stay longer.”

在大多数语言中，“条件词＞让步连词”的语法化演变路径具有普遍的共性特征，Hopper & Traugott(1993：180)曾经论证了小品词“条件词＞让步连词”的语法化路径，以“英语中的‘if’＞特定语境下的让步标记”为例：

(2) This is an interesting, if complicated, solution.

复杂是复杂，这倒是一个有意思的解决方案。

(König 1986)

在 Hopper & Traugott(1993：180)看来，“if”的让步假设意义是从其所表达的非现实(irreal)意义发展而来的。众所周知，“if”表达假设条件关系，是对虚拟的、非真实状态的描写。说话人这种对非现实事件的主观假设体现了说话人对现实世界的可能性评估或者判断，而这种对现实世界的可能性评估或者判断恰恰是说话人认识情态意义的体现。

一般来说，虚拟的条件句对命题的现实性提供可能或者某种置疑，条件句标记一般都是从持续时间关系词和系词派生而来的，是以现存的或者持续的条件为预设的。König(1986)和 M. Harris(1988)都曾经将让步关系连词的语法化路径描述为：

时间词──→条件句(原因词)──→让步连词

英语中的时间词“while”“if”等都大致经历了上述某一阶段的演变。此外，英语中的让步假设类连词还经历了其他三条语法化路径：第一种是“焦点助词＞让步连词”的语法化路径，例如英语中的焦点小品词“even”；第二条是“转折连词＞让步连词”的语法化路径，例如英语的连词“though”；第三条是“因果连词＞让步连词”的语法化路径，例如英语的连词“so”等。因此，印欧语中表达让步假设关系连词的语法化路径可以细化为四条：

第一条语法化路径：“条件连词＞让步连词”(例如“if”)

第二条语法化路径：“因果连词＞让步连词”(例如“so”)

第三条语法化路径：“焦点助词＞让步连词”(例如“even”)

第四条语法化路径：“转折连词＞让步连词”(例如“though”)

除了上述四条语法化路径之外，印欧语让步标记的形成还可以通过添加小品词的手段来完成。以英语让步条件标记“even if”的形成过程为例，让步条件句是在“if”条件句的基础上，通过添加强调小品词(emphatic particle)“even”而形成的。“even”具有加强条件的语义解释功能，并赋予句子以特定的预设或约定的会话含义，从而表达让步条件关系。在英语中，让步条件标记的形成，除了添加表示强调的小品词“even、also、too”等，还可以添加表示事实成分的小品词“already”等。通过添加强调小品词的手段表达让步关系的，还有德语中的“**auch** wenn”、法语中的“**même** si”、日语中的“-keredo**mo**”等(König 1985)；此外，让步条件标记的形成还可以通过添加量级小品词(scalar additive particle)的手段来构成，例如西班牙语通过添加量级小品词“aunque sea、siquiera”(Utpal Lahiri 2008；Alonso-Ovalle 2009)来表达让步关系；斯洛文尼亚语(Slovenian)通过添加量级小品词“magari/makar”(Luka Crnič 2011)来表达让步关系，希腊语通过添加量级小品词“esto ke”(Giannakidou 2007)来表达让步关系。

15.4.2　汉语让步假设类连词的多种语法化路径

在现代汉语中，常用的让步假设类连词主要包括“哪怕、就、就是、就算、即使、即便、纵使、纵然”等，这些让步假设关系连词都是由动词经历复杂的语法化过程演变而来的。赵艳(2017：20)认为，单音节让步假设类连词的语法化路径主要有两条：一是副词虚化，二是动词虚化；双音节让步假设类连词的语法化路径主要有语素合成和词汇化两类，其中，语素合成包括近义复合和附加合成两类；词汇化包括“短语、句法结构、跨层结构和联合结构”的词汇化四种类型。在让步假设连词的语法化过程中，隐喻投射、语用推理、语境义的吸收和语义和谐是演变的主要机制。

15.4.2.1　“即”的语法化路径及语法化过程

在上古汉语中，“即”为会意字，本义为“就食也”，引申为“接近、靠近”之义。最早是一个动词，后来由表示空间上的“接近”演变为表达时间上的“接近”；之后，再从时间上的“接近”演变为表达抽象的逻辑关系。“即”的语义演变体现了从时间范畴到空间范畴，再到逻辑范畴的隐喻性投射过程。在表达抽象的逻辑关系中，“即”还经历了“假设(条件)连词＞让步连词”的演变过程，例如：

(3) 宁殖病，将死，谓喜曰：“黜公者，非吾意也。孙氏为之。我**即**死，汝能固纳公乎？”(《左转・襄公二十七年》)(表条件关系)

(4) 公子**即**合符，而晋鄙不受公子兵而复请之，事必危矣。(《史记・魏公子列传》)(表让步关系)

刘淇《助字辨略》释“即”云：“又假设之辞，犹云‘纵令’。‘即’得为‘纵’者，‘若’之转也”。“即”从先秦时期就开始用作让步关系连词，汉代沿用，南北朝时期逐渐增多。孙锡信(2005：189－201)将“即”从动词到连词的虚化链条概括为：

外动词(“靠近”)⟶内动词(“就是”)⟶副词(“就”)⟶
承接连词(“则”)⟶假设连词(“若”)⟶让步连词(“纵然”)

李明(2010：163)将动词“即”的语法化路径描述为：

“即$_{0趋近义动词}$”⟶“即$_{1时间副词}$”⟶“即$_{2连接副词}$”⟶
“即$_{3条件标记}$”⟶“即$_{4承接对比话题}$”⟶“即$_{5让步句中承接话题}$”

李明(2010：163)认为“即”标记条件小句的用法(“即$_3$”)是从表示时间关系的连接副词(“即$_2$”)演化而来,因为条件即话题,所以进一步演化出承载对比话题的话题标记功能(“即$_4$”)。如果“即”前的话题与另一成分形成的对比是相反关系,那么就进入到让步句环境中,从而进一步演变为让步条件标记(“即”$_5$),由此可见,承接对比话题的功能在“即”的语法化过程起到了关键作用。依据 Traugott(1985)关于“标记已知事物的话题标记是条件小句标记的五种主要来源之一”的相关论述,“即”语法化为条件标记和让步条件标记,也是“即”标记话题的话语语用功能动因所导致的语法化结果。在汉语中,因为标记话题的功能而向条件标记或让步条件标记演化的词语除了“即”以外,还有“便、则、遂、乃”等。

15.4.2.2 “就”的语法化路径及语法化过程

与普通动词“即”的语法化路径相似,上古汉语中的位移动词“就”也经历了类似的语法化过程,如图 15－6 所示：

“就$_{1位移动词}$” —隐喻性投射⟶ “就$_{2顺承连词}$” —话题标记⟶ “就$_{3条件连词}$” —语境义吸收⟶ “就$_{4让步假设条件连词}$”

图 15－6　话题标记“就”的第一种语法化模式

学术界关于“就”从位移动词到表达顺承关系逻辑连词的演变过程没有争议,但是,关于“假设(条件)连词＞让步连词”的演变路径还是存在着较大争议的。孙锡信(2005：189－201)认为,只有“即”经历了“假设连词＞让步连词”的语法化路径,“就”和“便”的让步用法都是由“即”让步连词的用法错项移植而来的;张丽丽(2009：196－209)认为“就”从强调副词演变为纵予连词,其演变过程是,“就”在东汉时期出现强调副词的用法,由于强调副词和纵予连词具有高度相容性，“就”在南北朝时期演变为纵予连词；“就”从强调副词到纵予连词的演变是由语境驱动而导致的语义演变，“就”在向关联副词的演变过程中受到了语义驱动；而在从副词向连词的演变过程中则受到了语境驱动，吸纳了语境意义，从而完成了语法化。邢志群（2005：324－339）则认为“就”从“距离靠近”引申为逻辑观念上的“靠近”，从而产生了条件让步关系，主观化是其语义演变的主要机制。其中，条件义是由手段义引申而来，假设条件义是通过下文所谈事件的状态演绎而成的。

“就”经历了“假设（条件）连词>让步连词”的演变路径，但是，对其演变动因和演变机制我们与邢志群有不同的看法。我们认为，“就”关联假设条件小句时，条件小句的前件“P”为后件“Q”提供了进一步讨论的新话题，而这个新话题往往是非现实的，是说话人虚拟认知序列中的极端量级，往往是一个反事实（counter-factual）的极端可能条件，“就”在反事实极端条件语境诱发的重新识解中逐步获得量级焦点意义，继而获得让步意义，最终演变成为一个让步条件标记。“就”从表达条件关系发展为表达让步条件关系的语境条件有两个：一是“就”关联的条件句中没有话题标记（例如“假设类条件标记”），提出新话题和标记条件小句的语用功能被条件句语境重新识解为“就”的话语功能；二是“就”关联的条件一般为认知序列中反事实的极端量级条件，在极端量级条件语境义的吸收下，获得量级意义和让步意义，最终演变成为一个让步条件标记。从条件句标记到让步条件句标记的演变动因在于极端条件语境诱发的重新识解，体现在三个方面：

第一，“就”作为一个新话题标记，为让步条件句后件（“Q”）提供言谈的新话题，从而被重新识解为让步条件句的条件标记。

第二，新话题标记“就”本质上是一个话题焦点标记，具有强调意义，强调意义的产生意味着让步意义的获得。

第三，由于“就”标记的条件是某一认知量级序列中的极端量级条件，因而被重新识解为量级焦点标记（scalar focus marker）。

当然，在历时语料中，“就”表达假设关系，还是表达让步关系，存在二者皆可的过渡状态，正是这个既可以被解读为假设关系，也可以被解读为让步关系的“两可状态”证实了“假设连词>让步连词”的语法化路径存在着一定的合理性。太田辰夫（1958：309）曾经指出“就”在当时是表示纵予关系还是表示假设关系，必须根据语境（即“上下文”）来确定。有时候，即使根据上下文，不少例句也容许进行双重判定，例如：

（5）光衣冠子孙，径路平易，位极州郡，日望征辟，亦无瑕秽纤介之累，无故刊定诏书，欲以何名？**就**有所疑，当求其便安，岂有触冒死祸，解细微？（南朝时期　范晔《后汉书·杨李翟应霍爰徐列传》）

让步假设连词“就是”“就算”与“就”一样，也经历了从假设连词到让步连词的语法化路径。

15.4.2.3　“就是”“就算”的语法化过程

张谊生(2002：80－90)认为“就是”从强调短语演变为让步条件连词，其演变过程是，宋元时期出现了“就”加“是”的组合，表示加强判断；“就是”从表达判断的动词短语演变为让步连词，语法化过程是在列举句的语境中透过语境吸收而发生的。池爱平(2011：5－8)认为“就是”最初是由连词“就”和系词“是”组成的跨层结构，在高频使用和韵律的促动下发生凝固化，词汇化为让步假设关系连词；韩启振(2014：70－71)认为“就算”最初是副词“就”与动词“算”的结合，后来出现在让步条件语境中，在高频的使用下演变为让步条件连词；我们认为“就是”“就算”分别经历了跨层结构“就＋是”和“就＋算”的词汇化和语法化过程，最终演化为让步条件标记。在汉语史上，“是”从指示代词语法化为判断动词，进而演化出焦点标记的功能，具有强调作用；“算”意为“算得上、姑且等同”，表达等同义评价，与“是”一样也具有强调的表达功能；二者经常用在让步条件句前件“P”中，用于标记和强调认知世界中可能出现的极端量级。徐杰、李英哲(1993：83)认为“是”强调的成分和“连/就/才”强调的成分都最有可能成为焦点，都起到标记强调成分的作用。因此，“就”与“是”“算”属于同性成分，二者在明清语料中大量共现，在句法、韵律和语用的促动下发生了跨层结构的词汇化和语法化，最终演变为让步条件标记“就是”和“就算”。

15.4.2.4　“哪怕”的语法化路径及语法化过程

除了实义动词(例如“即”“就”等)经历复杂的语法化过程演变为让步假设连词之外，心理动词也极易经历语法化过程而演变为表达让步假设关系的连词，以“哪怕”为例：

汉语中的让步假设连词“哪怕”的演变历程可以描写为：

南宋　　＞　　元

反诘副词“那”＋心理动词“怕”＞让步假设连词“那怕”(哪怕)

“那怕”词汇化的典型句法环境为：在反问句中，且“那怕”后接谓词性成分或者小句成分。“那怕”的词汇化大致经历了跨层结构阶段、跨层结构

和语法词并存阶段、语法词阶段三个阶段。从跨层结构(阶段A)到语法词(阶段C)的词汇化过程中,经历了重新分析:

那＋(怕 $O_{VP/S}$)⟶(那怕)＋VP/S

促使跨层结构"那怕"发生语义演变的是语用推理:一方面是"怕"由表达客观意义的"担心害怕"发展为表示"主观上的假设";另一方面是"那"由表达"反问意义"发展为表示"主观上的让步"。导致"那怕"发生词汇化的动因有两个:一是前景信息背景化,从跨层结构"那怕"到让步假设连词"那怕",其间,经历了前景信息"怕"背景化的过程;二是韵律促动,跨层结构"那怕"位于句首的位置,按照自左向右组织自然音步的规则,句子起首的"那"是单音节的,不是一个标准的韵律词,谓语中心词"怕"也是单音节的,两个单音节词在一起,在韵律的促动下极易发生词汇化,形成一个标准音步,从而词汇化为一个标准的韵律词。

15.4.2.5　小结

除了典型的让步假设连词"即""就""就算""就是""哪怕"之外,还有一类让步假设连词,如"纵""纵使""饶""饶是"等经历了不同的语法化过程。张丽丽(2009:196－209)认为,从任由义动词发展而成的纵予连词,例如"纵""纵使""饶""饶是"等没有经历"假设(条件)连词＞让步连词"的演变过程,她认为从"任由义"动词发展而成的纵予连词"纵""纵使""饶""饶是"等兼具"纵予"和"假设"的双重功能是从强调词发展而来的,因此,兼具纵予和假设双重表达功能是从强调词发展而来的连词的一项重要特征。

综上所述,汉语中让步假设连词的语法化路径至少有以下三条:

第一条语法化路径:"动词＞承接连词＞条件连词＞让步连词"(例如"就""即");

第二条语法化路径:"跨层结构的词汇化—让步连词"(例如"那怕")

第三条语法化路径:"强调词＞让步假设连词"(例如"纵""纵使")

在上述三条语法化路径中,无论是动词的语法化,还是跨层结构的词汇化,还是强调词的语法化,汉语让步假设类连词所表达的虚拟的非现实意义大都来源于语境义的吸收,包括条件语境、反问语境和强调语境等,其中,假设条件语境和反问语境所表达的虚拟的非现实情景(irrealis)为认识情态意义的产生提供了重要的语义基础,在极端语境义的条件下,让步意义得以最终产生。

15.4.3 小结

印欧语中表达让步假设关系连词的语法化路径大致可以概括为以下四条:

第一条语法化路径:“条件连词>让步连词”(例如“if”)
第二条语法化路径:“因果连词>让步连词”(例如“so”)
第三条语法化路径:“焦点助词>让步连词”(例如“even”)
第四条语法化路径:“转折连词>让步连词”(例如“though”)

汉语中表达让步假设关系连词的语法化路径至少可以概括为以下三条:

第一条语法化路径:“动词>承接连词>条件连词>让步连词”(例如“就”“即”);

第二条语法化路径:“跨层结构的词汇化—让步连词”(例如“那怕”)

第三条语法化路径:“强调词>让步假设连词”(例如“纵”“纵使”)

对比印欧语和汉语中表达让步假设关系连词的语法化路径,我们发现,让步假设关系标记词语法化的共性特征主要有两条:一是“条件连词>让步连词”的语法化路径;二是“强调词(或者焦点词)>让步连词”的语法化路径。

第五节　心理动词构式类语言表达形式认识情态意义的类型学特征

15.5.1 心理动词结构的性质

心理动词在英语中也叫心理状态谓词(mental state predicate),一般来说，心理状态谓词的典型特征是认知性(epistemic)(Perkins 1983; Noonan 1985; Hengeveld 1988; Thompson & Mulac 1991)。具有认识情态意义表达功能的心理动词往往是以“第一人称主语＋心理动词”结构(一般用于现在时，即说话人说话的“当时当下”)的形式出现的，一般被称为认识短语(epistemic phrase)或认知结构(epistemic structure)。这一认知结构对出现在结构中的语言成分有严格的准入条件，包括主语的人称限制、心理动词语义类型的限制、时体条件的限制及后续成分的句法性质限制等，因此，“第一人称＋心理动词”的认知结构符合 Goldberg(1995: 4)关于构式的判定标准，“第一人称＋心理动词”的意义不是“第一人称＋心理动词”结构构成成分意义的简单相加，而是具有独立的、完整的语义内涵，即表达说话人关于命题信息的个人态度、情感或个人的主观性评估判断，这一核心构式意义不能从“第一人称＋心理动词”结构的构成成分或其他先前已有的构式中得到完全预测，因此，“第一人称＋心理动词”结构本质上是一个典型的句法构式冯军伟(2021)。

“第一人称＋心理动词”构式是认识情态范畴的典型表达构式之一，其核心构式意义是表达说话人关于言语所陈述命题内容的评估性或断言性认识，在语言表达中，其功能相当于一个情态副词。当它不出现在句首时(即出现在句中或句末位置时)具有副词性质，处于从词汇范畴向语法范畴语法化过程中的较高程度阶段(higher degree of grammaticalization)。Du Bois (1987: 805 - 855)认为语法化不仅仅包括词汇范畴向语法范畴的演化过程，还应该包括从话语模式向语法结构模式的演变过程，所以，认识短语实际上应该是正处于话语模式(discourse pattern)向语法结构模式(structural pattern)的语法化过程之中。因此，“心理动词＞‘第一人称＋心理动词’构式＞情态副词”的演变路径具有类型学上的共性。

作为一个认知构式，“第一人称主语＋心理动词”构式可以出现在句子中不同的句法位置上，包括句首位置、句中位置和句末位置。出现在不同句法位置上的“第一人称主语＋心理动词”构式表达了说话人不同确信程度的认识和判断，展现出不同的言语行为语力(forces of utterances)，承载着不同的言语交际功能。学术界普遍认为，句中位置和句末位置的“第一人称主语＋心理动词”构式是从句首位置的“第一人称主语＋心理动词”构式语法化而来的，存在着“第一人称主语＋心理动词(句首位置)＞第一人称主语＋心理动词(句中或句末位置)”的语法化演变路径(Du Bois 1987; Thompson & Mulac 1991; Aijmer 1997; Ramat & Ricca 1998; Jan Nuyts 2001; Kärkkäinen 2003 等)。

Thompson & Mulac(1991: 313－329)将认识短语"I think"看作认识插入语(epistemic parenthetical),当它不出现在句首位置时(出现在句中位置或句末位置时)具有副词的性质,处于从词汇范畴向语法范畴语法化过程中的较高程度阶段(higher degree of grammaticalization)。Jan Nuyts(2001: 141)认为,心理动词结构"I think"相当于情态副词,处于语法化早期的词汇化或结构化阶段;Thompson & Mulac(1991: 327)和 Ramat & Ricca(1998: 187－275)等都发现在欧洲语言中有很多皮钦语(Pidgins)都有从"I think"发展出副词用法的经历,所以说,认识情态表达构式"第一人称主语＋心理动词"是从心理动词结构到情态副词演化过程中非常重要的一环,是语法化早期的词汇化和结构化环节。

15.5.2 印欧语中关于心理动词结构的相关研究

在英语中,关于心理动词结构的研究主要集中在对"I think"结构的研究上。Whorf(1956)把"I think"看作模态标记(modalizers)或语气成分(mood elements);Caton(1969)把"I think"看作认识插入语(epistemic parentheticals);Andersson(1976)把"I think"看作言语行为状语(speech-act adverbials),他认为"I think"的功能相当于一个典型的言语行为副词。Mulac & Tompson(1991: 313－329)把"I think"称作"单一的认识短语"(a unitary epistemic phrase);Van Bogaert(2011)和 Kaltenböck(2013)把"I think"结构称为评论小句(comment clauses)或带补足语的心理动词结构(complement taking mental predicates);K. Aijmer(1997: 1)把"I think"称作"情态算子(a modal particle)"或话语标记(a discourse marker),他认为"I think"的功能和一个情态动词的功能相似;Fraser(1980)把"I think"称为缓冲标记(softener)或缓冲连接标记(softening connective),他认为"I think"起到一定的会话缓冲(conversational mitigation)功能。Kärkkäinen(2003: 172)则认为"I think"是一个"离题话语的起点标记"(flagging of a discursive "starting-point")。

正因为"I think"具有上述多种性质和多重身份,所以在互动交际话语中,"I think"就具有了多重不同的言语表达功能。

Preisler(1986)认为"I think"结构既可以标记说话人认真的评议立场(careful deliberation)、客观性(objectivity)或者权威立场(authority),也可以表达说话人的不确定性(uncertainty),具有弱化或缓和语气的表达功能(tentative function);Holmes(1990: 199)也认为"I think"既可以表达说话人关于命题的"不确信性"(uncertainty),也可以表达说话人关于命题的确信性(certainty)。他把"I think"表达不确信性的功能称为缓和功能(tentative),把"I think"表达确信性的功能称为评议性功能(deliberative);K. Aijmer(1997: 21-26)进一步阐述了"I think"的评议立场(deliberative)表达功能和弱化缓和功能(tentative function)在韵律(prosodic)、语法(grammatical)和位置(positional)上的对立与区别。

Kaltenböck(2010: 257)将"I think"结构的语用功能概括为四大类:第一类是保护功能(shielding),出于礼貌原则或缓和语气等语用上的考虑,意在减少说话人的承诺性;第二类是表达语义接近的近似标记(an approximator),表达一种语义上的不精确性(semantic imprecision);第三类是结构或填充功能(a structural or filler function),用于弥补话语的不连贯性(contexts of disfluency)或服务于话题化策略(topicalisation strategies);第四类是强化标记(booster),用于强化说话人的承诺性(reinforcing speaker commitment)。

综上,心理动词"think"通过隐喻从物理世界(physical world)投射到意图或计划世界(world of intentions and planning)(Sweetser 1990),进而通过语用推理(inference),发展出表达"信仰、观点和意图"的认识情态表达功能(K. Aijmer 1997: 12-14)。"I think"结构同时具有强化说话人视角的评议性用法和弱化说话人断言语气的缓和功能用法(tentative function),是一个具有较强话语组织功能的话语标记成分(a pragmatic element)。除了心理动词"think"之外,其他心理动词,例如"believe、suspect、guess"等都同时具有心理动词意义(psychological meaning)和情态意义(modal meaning)两种语义解读(Stubbs1986)。因此,在英语中,"I+mental verb"是一个典型的认知构式(epistemic structurtion),具有认识情态的表达功能。

除了英语以外,印欧语中的其他语言也有与"I think"类似的心理动词结构。Jan Nuyts(2001: 141)分别考察了英语、德语、荷兰语中心理状态谓词的认识情态表达功能,包括 Dutch 语中的"denken(think)"、"geloven(believe)"、"veronderstellen(suppose)"、German 中的"glauben(believe)"、Dutch 和 German 语中的"betwijfelen、bezweifeln(doubt)""aannemen、annehmen(assume)""vermoeden、vermuten(presume)"等。Jan Nuyts(2001: 113-117)指出这些心理状态谓词都有具有认识情态表达资格的意义(qualificational meaning)和不具有认识情态表达资格的意义(non-qualificational meaning)。所谓心理状态谓词不具有认识情态表达资格的意义,指的是心理状态谓词表达处于某种心理状态"X"之中(being in mental state "X")或者执行某种心理活动"X"(performing mental process

"X"),例如,"think"具有根据知识进行推理的心理过程(mental process of reasoning with knowledge),"believe"可以表达相信某种信息的坚定的心理状态(the mental state of faithfully trusting information)等。而心理状态谓词的认识用法("epistemic meaning of mental state predicate")则具有表达说话人关于所言说命题真值判断的不确定性,是认识情态范畴的重要表达形式之一。当然,表达处于某种心理状态"X"之中(being in mental state "X")或者执行某种心理活动"X"(performing mental process "X")的意义是心理状态谓词的原型意义(prototype meaning),而其认识情态意义则是从这一原型意义发展而来的。换句话说,心理状态谓词表达认识情态资格的意义(qualificational meaning)是从不表达认识情态资格的意义(non-qualificational meaning)发展而来的。此外,与心理状态谓词类似,德语和荷兰语中的部分交流谓词(communication predicate)"zeggen、sagen(say)"和部分感知谓词(perception predicates)"horen、hören(hear)"等也同样具有表达认识情态资格的意义和不表达认识情态资格的意义,当然,感知类谓词"horen、hören(hear)"等表达的不是认识情态意义,而是传信意义(evidential meaning of "hearsay")(Jan Nuyts 2001:110)。

Jan Nuyts(2001:120-121)考察了心理状态谓词认识情态资格意义的用法(qualificational meaning)和非认识情态资格意义(non-qualificational meaning)的用法在不同类型语料中的分布情况。在荷兰语中,心理状态谓词的认识情态资格意义的用法在书面语中明显低于非认识情态资格意义的用法,而在口语中却明显高于非认识情态资格意义的用法;在德语中,无论是书面语还是口语,心理状态谓词的认识情态资格意义的用法都明显高出非认识情态资格意义的用法,且高出几倍之多,这说明在口语中心理状态谓词表达认识情态资格意义的用法超过了其原型意义(即"非认识情态资格意义的用法"),最终成为其典型用法。

Jan Nuyts(2001:129-131)指出心理状态谓词经常用于描写某人或者说话人在过去某一时刻所持有的认识性评估(epistemic evaluations),并以"人称(person)""是否当时当下(here and now)"的时态,将心理状态谓词认识情态资格意义分为两类,一类是心理状态谓词的施为用法(performative),表达说话人当时当下对言语命题真值的认识判断,是典型的认识情态意义;第二类是心理状态谓词的描写性用法(descriptive),用于描写某人在过去某一时间地点对命题真值做出的认识和判断,心理状态谓词的描写性用法(descriptive)描写的不是说话人的认识情态意义。

15.5.3　现代汉语心理动词构式的认识情态功能研究

冯军伟(2021)认为,由心理动词构成的心理动词表达式"我(们)+心理动词"是一个典型的认识情态构式,是表达说话人主观认识的理想化认知模型,是现代汉语认识情态范畴最重要的语言表达形式之一。认识情态构式"我(们)+心理动词"对出现在构式中的语言成分有严格的准入条件限制,包括主语的人称限制、心理动词语义类型限制、时体条件限制及后续成分的句法性质限制等。认识情态构式"我(们)+心理动词"的核心构式意义是表达说话人关于言语所述命题内容的评估性或断言性认识,其语言功能相当于情态副词。

认识情态构式"我(们)+心理动词"构式包括一系列扩展构式,具体来说,包括"我(们)+感觉类心理动词"构式、"我(们)+怀疑类心理动词"构式、"我(们)+评估类心理动词"构式、"我(们)+猜想类心理动词"构式、"我(们)+预料类/推理类心理动词"构式、"我(们)+强断言类判断心理动词"构式、"我(们)+误断言类判断心理动词"构式、"我(们)+认知类心理动词"构式和"我(们)+情感类心理状态动词"构式等等,这些扩展构式通过实例(instance)联结形成一个认识情态构式的构式网络(epistemic construction system)。这些扩展构式在认识的程度上形成了一个由强到弱的认识强度等级序列(epistemic scale),即:

知识(knowledge)/认识上的确定性(epistemic certainty)("我/我们+认知类心理动词"构式)>认识上的确定性(epistemic certainty)("我/我们+强断言类判断心理动词"构式)>认识上的必要性(epistemic necessity)/认识上的很大可能(epistemic probability)("我/我们+预料类/推理类心理动词"构式)>认识上的较大可能(epistemic likelihood)("我/我们+评估类心理动词"构式)>认识上的不确定(epistemic uncertainty)("我/我们+感觉类心理动词"构式和"我/我们+猜想类心理动词"构式)>认识上的可能性(epistemic possibility)("我/我们+情感类心理状态动词"构式)>认识上的怀疑性(epistemic doubt)("我/我们+怀疑类心理动词"构式)>认识上的不可能(epistemic impossibility)("我/我们+误断言类判断心理动词"构式)。

15.5.4　小结

无论是印欧语还是汉语,心理动词都是认识情态范畴的重要语言表达形式之一,心理动词在表达认识情态意义时,往往是以"我(们)+心理动词"

构式的形式出现的，学术界往往称为认识短语(epistemic phrase)或认知结构(epistemic structure)。心理动词结构之所以被看作一个完整的认识短语或认知结构，就在于这个结构对出现在结构中的语言成分有严格的准入条件，包括主语的人称限制、心理动词语义类型限制、时体条件限制及后续成分的句法性质限制等，所以，按照构式语法理论的判定标准，“我(们)＋心理动词”结构是一个典型的构式，其核心构式意义是表达说话人关于言语所述命题内容的评估性或断言性认识，在语言表达中，其语法功能相当于情态副词。当它不出现在句首时(即出现在句中或句末位置时)具有副词性质，处于从词汇范畴向语法范畴语法化过程中的较高程度阶段(higher degree of grammaticalization)。Du Bois(1987：805－855)认为语法化不仅仅包括词汇范畴向语法范畴的演化过程，还应该包括从话语模式向语法结构模式的演变过程，所以，心理动词构式“我(们)＋心理动词”实际上应该是正处于从话语模式(discourse pattern)向语法结构模式(structural pattern)的语法化过程之中。因此，“心理动词＞‘第一人称＋心理动词’构式＞情态副词”的语法化路径在语言类型学上具有普遍意义。

第六节　可能补语构式类语言表达形式认识情态意义的类型学特征

现代汉语中的可能补语构式与“能”类情态动词经历了相似的语义演变过程，二者认识情态意义的获得过程也大致相同。而汉语的“能”类情态动词认识情态意义的获得和英语情态动词“can”认识情态意义的语义获得也具有高度的相似性，因此，英语的“can”类情态动词、汉语的“能”类情态动词以及汉语的可能补语构式三者在类型学上具有高度一致性。

15.6.1　英语情态动词“can”的语法化路径

英语的情态动词“can”经历了“从表达心理能力＞心理条件＞动力情态(根可能)＞认识可能”的语义演变过程。Bybee(1988：247－264)讨论了“can”意义变化所经历的三个阶段，如下所示：

(i) 使施事得以实现谓词情状的心理条件；
(ii) 使施事得以实现谓词情状的条件；
(iii) 使谓词情状得以实现的条件。

"can"与谓词连用表示身体能力，这是"can"的第一阶段；当"can"从表示身体能力扩展到表示心理能力时，"can"的语义逐渐泛化，直到"can"泛化到表示一般能力时，"can"发展到了第二阶段。也就是说，在第二阶段"can"不限于表达身体能力或心理能力这样具体的能力，而是表达一般能力，具体的语义特征消失，语义更加抽象；当"要求实现的条件存在于施事"这一条件消失，并泛指谓词实现的所有条件，既包括来自施事的内部条件，也包括来自施事之外的外部条件时，"can"从"能力"发展到"根可能"，即第三个阶段(Bybee、Perkins & Pagliuca 1994：192)。"can"从"能力"到"根可能性"(root modality)，再从"根可能"到"认识可能"的语义演变过程具有类型学上的共性。Bybee、Perkins & Pagliuca(1994：198－199)认为，在现代英语中一些具备根可能意义的句子隐含着认识可能的用法，例如：

(1) It can take me up to four hours to get there.

(花四个小时我就能到那里)(转引自 Bybee、Perkins & Pagliuca 1994：198－199)

(2) It may take me up to four hours to get there.

(我可能要花四个小时才能到那里)(同上)

在 Bybee、Perkins & Pagliuca 看来，在某人正在估计到达时间的语境中，例(1)蕴含着例(2)。听话人可以从字面表达的"根可能"意义中推测出"认识可能"的意义，在这个过程中，语用推理机制很大可能参与了这种从"根可能意义"向"认识情态意义"的推理过程。当然在施事指向义向认识情态意义的转变过程中，情态动词的辖域也发生了改变。表达施事指向的情态动词是小句命题内容的一部分，而表达认识情态意义的情态动词则是小句命题内容的外围部分，辖域为整个命题。

Bybee、Perkins & Pagliuca(1994：199)将从"能力"到"根可能"，再到"认识可能"的语义演变路径，描写如下：

能力⟶根可能⟶认识可能

与 Bybee(1988：247－264)和 Bybee、Perkins & Pagliuca(1994：192)的观点类似，van der Auwera et al. (1998：79－124)将情态动词从"动力情态"向"认识情态"的语义演变过程描写为"参与者的内在可能—参与者的外

在可能—认识可能”。在“根可能＞认识可能”的语义演变过程中，情态动词“can”的辖域扩大化是重要的触发条件。

15.6.2 汉语情态动词“能”的语法化路径

与英语的“can”类似，汉语的情态动词“能”同时可以表达五种意义(吴福祥 2002：29－40)，包括：

① 表示具备实现某种动作/结果的主观能力，即“可能”[能力]；
② 表示具备实现某种动作/结果的客观条件，即“可能”[条件]；
③ 表示对某一命题的或然性的肯定，即“可能”[或然性]；
④ 表示情理上的许可，即“可能”[许可]；
⑤ 表示准许，即“可能”[准许]。

从上述共时层面的五种语义类型中，我们可以推断汉语的情态动词“能”经历了“从表达主观能力＞表达客观条件＞表达道义许可(根可能)＞表达认识可能”的语义演变过程。

朱冠明(2003：47)认为“能”的本义表示动物，后来经历了从表示“动物”到表示“人”，再到表示“能力”，再到表示“中性可能”，再到表示“知识可能”和“道义可能”的发展过程，他将情态动词“能”的语义演变过程描写如下：

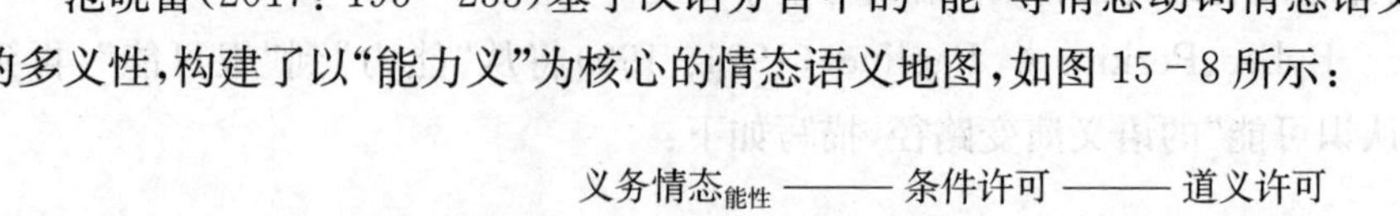

能（动物）—隐喻→能（人）—转喻→身体能力—转喻→综合能力—转喻→中性可能—转喻→知识可能
身体能力—转喻→心理能力
中性可能—转喻→道义许可

图 15－7　情态动词“能”的语义发展历程(朱冠明 2003：47)

范晓蕾(2017：195－233)基于汉语方言中的“能”等情态动词情态语义的多义性，构建了以“能力义”为核心的情态语义地图，如图 15－8 所示：

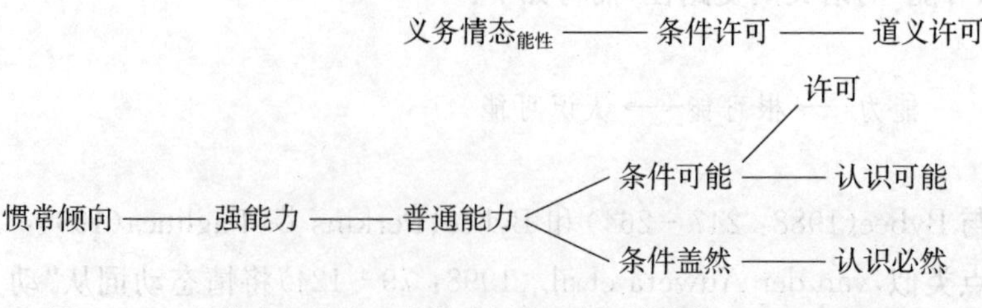

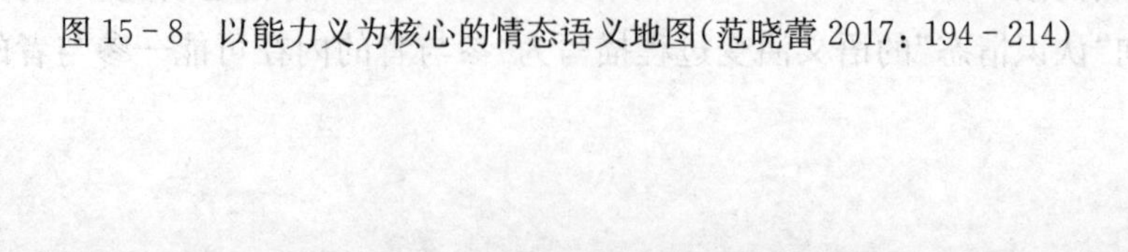

图 15－8　以能力义为核心的情态语义地图(范晓蕾 2017：194－214)

15.6.3　汉语可能补语构式的语法化路径

汉语的可能补语构式"V得/不C"与情态动词"能"相比，其语义类型相对较少，根据吴福祥(2002：29－40)的相关论述，可能补语构式"V得/不C"表达情态动词"能"的前三种语义类型，具体来说，包括"可能"[能力]、"可能"[条件]和"可能"[或然性]。其中，"可能"[能力]属于动力情态范畴，"可能"[条件]属于义务情态范畴，"可能"[或然性]属于认识情态范畴；"可能"[能力]和"可能"[条件]都属于施事指向的情态类型，而"可能"[或然性]则属于言者主语指向的情态类型，Horn(1972)将从施事指向义发展出认识情态义的语义演变过程描写如下：

施事指向义		**认识情态义**
强义务	产生	推断确定性(must)
弱义务	产生	盖然性(should)
能力	产生	可能性(may)

——转引自 Bybee、Perkins & Pagliuca(1994：195)

Horn(1972)、Steele(1975)和 Coates(1983)在考察情态动词语义演变过程时，曾经指出认识情态的语力(force)与作为这一意义来源的施事指向的语力直接相关(Bybee、Perkins & Pagliuca 1994：195)。换句话说，可能补语构式三种语义类型之间具有历时的语义演变关系，即表达说话人关于盖然性推断和可能性推断的"可能"[或然性]是由表达动力情态范畴的"可能"[能力]和表达义务情态范畴的"可能"[条件]发展而来的，促使可能补语构式发生上述语义演变的动因就是由施事指向的语力(agent-oriented force)产生出言者认识情态的语力(speaker-oriented force)。

15.6.4　小结

现代汉语中的可能补语构式是汉语独有的认识情态构式之一，但是，其所表达的认识情态类型和在历时层面认识情态义的语义获得都与情态动词(即"助动词")具有高度的一致性。从共时层面来看，可能补语构式和情态动词一样，既可以表达动力情态意义，也可以表达认识情态意义；从历时层面来看，可能补语构式和情态动词都经历了"表达动力/义务情态＞表达认识情态"的语义演变过程，可能补语构式与情态动词一样，都可以被看作可能认识范畴的重要语言表达形式。

第七节　特定构式类语言表达形式认识情态意义的类型学特征

15.7.1　构式语法的主要流派

构式语法(Construction Grammar)的理论基础来源于 Fillmore 的格语法(Case Grammar)和语义框架理论(Frame Semantics Theory),构式语法这一术语最早也是由 Fillmore(1988)提出的。

关于构式语法,学术界主要有五大流派:

第一,以 Fillmore 为代表的伯克利构式语法学派(Berkeley Construction Grammar),主要关注习语或各类习语式表达,例如关于"let alone"(Fillmore、Kay & O'Connor 1988)和"what's X doing Y"(Kay & Fillmore 1999)等习语的相关研究;

第二,以 Boas & Sag(2012)为代表的基于符号的构式语法学派(Sign-Based Construction Grammar,简称"SBCG"),主要为语言研究提供形式化的研究框架,其基本理念来源于 Saussure(1959/1916)关于语言是一个符号系统的观点,例如 Sag(2012: 71)将语言符号描写为"语音结构、词汇形式(形态)、句法范畴、语义范畴以及包括信息结构在内的语篇要素的集合体";

第三,以 Lakoff(1987)和 Goldberg(1995、2006)为代表的论元构式语法学派(Argument Construction Grammar),主要关注论元结构式(argument construction),例如双及物构式和"way-construction"等构式的相关研究(Goldberg 1995);

第四,以 Croft(2001)为代表的激进构式语法学派(Radical Construction Grammar),重点关注语法特征与语言类型之间的关系,将语言符号的模型描写为包括语音特征、形态特征和句法特征在内的形式特征和包括语义特征、语用特征和话语功能特征在内的意义特征之间的对应性符号关联(symbolic correspondence link);

第五,以 Traugott & Trousdale(2013)为代表认知构式语法学派(Cognitive Construction Grammar),他们将语言结构看作一个个构式网络(network of constructions),这一个个构式网络是认知概念网络(cognitive conceptual network)的隐喻性投射,他们重点关注语义结构和形式结构的核心意义及其扩展意义的网络联结。

认知构式语法学派将构式分为原子构式(atomic construction)、复杂构式(complex construction)和中间构式(in-between construction)。一般来说,原子构式都是单语素的,例如"红""日"等;中间构式指的是多个语素的复合体,例如"黑板""草莓"等;复杂构式多指句法构式,例如"双及物构式""处置式"等。每一个构式都是形式和意义的配对(form-meaning pairing),每一个构式都有图式性(schematicity)、能产性(productivity)和组构性(compositionality)。因此,在认知构式语法学派看来,构式是语言的基本构成单位,语言系统本身就是一个构式的网络系统(construction networks),语法的递归性体现在从微观构式(micro-construction)到中间构式(meso-construction),再到宏观构式(macro-construction)的组构过程(compositionality)。构式的层级组构系统体现了构式的能产性(productivity),认知世界的认知心理图式(psychological schema)是构式产生和组构的心理学基础(Traugott 2008; Frousdale 2008、2010)。

Fried & Östman(2004: 23-24)认为几乎所有的构式语法学派都认为构式语法是认知的(cognitive)、整体的(holistic)、基于运用的(usage-based)框架模型(framework)。换句话说,在这个概念框架中,语义(semantics)、形态(morphosyntax)、语音(phonology)和语用(pragmatics)等被整合到一个构式中,所以,激进的构式语法观(Radical Construction Grammar)(Croft 2001)将构式这一符号单位(symbolic units)描写如下:

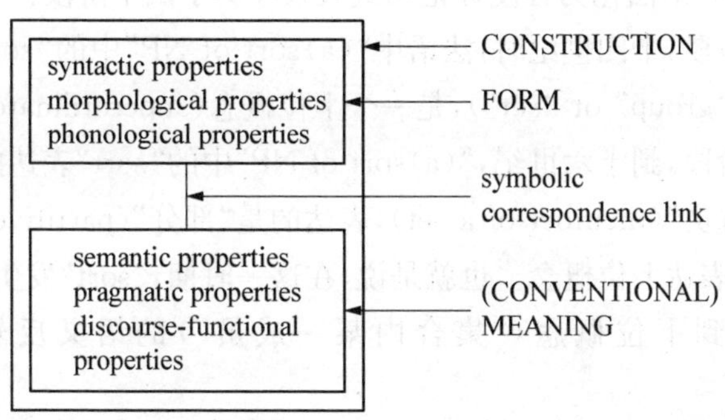

图 15-9　Model of the symbolic structure of a construction in Radical Construction Grammar
(转引自 Croft 2001: 18)

Goldberg(1995: 4)曾经将构式界定为"C 是一个构式当且仅当 C 是一个形式和语义的配对$\langle F_i, S_i \rangle$,且 C 的形式(F_i)或者意义(S_i)的某些方面不能从 C 的构成成分或者其他先前已有的构式中得到完全预测",她后来将构式的定义进一步修正为"任何语言构型只要在形式或功能的某个方面不能从其组成部分,或不能从其他已存构式中严格预测出来,就可被视为构式。另外,某些能被完全预测出来的语言构型只要有足够的出现频率,也可作为构式储存于记忆中”(Goldberg 2006: 5)。从“不可预测性”(unpredictability)到“使用频率”(frequency)的判定原则,体现了“人类识解世界的方式”以及“所见即所得”认知模式,即使是完全组合的、可预测的语言表达式,只要有足够的使用频率也可以看作构式,这进一步证明了构式语法基于使用(usage-based)的核心语言观。

15.7.2 印欧语特定构式类语言表达形式认识情态意义的历时获得

Lehmann(1992: 406)认为“语法化不仅仅关注词汇和形态,还应该关注那些由相关语言要素根据一定的组合关系(syntagmatic relations)而形成的结构(construction)”。Himmelmann(2004: 31)也指出“语法化应该关注的是那些在组合语境中(its syntagmatic context)正在发生语法化的语言要素,也就是说,语法化的语言单位是结构(constructions),而不是一个个孤立的词汇项(isolated lexical items)”。

Traugott(2008: 226 - 230)曾经讨论了英语和大多数欧洲语言中的三个程度标记构式(degree modifier constructions)的语法化过程,这三个程度标记构式包括“a sort of”“a lot of”和“a shred of”。程度标记构式“a sort of”不仅仅表达程度意义,还具有一定的认识情态表达功能,下面以“a sort of”为例来说明构式在历时层面不同语义的获得过程。

“a sort of”语法化为程度标记构式大致经历了四个阶段:

第一个阶段,十四世纪时,法语中“(a) sort of NP”中的“sort”表达的意义是“一组”(“group” or “set”),是一个上位概念(superordinate term)。

第二个阶段,到十六世纪,“(a) sort of NP”中的“sort”表达的意义是“集合中的某一成员”(member of a set),表达的是“部分”(partitive),是一个下位概念,不再表达上位概念。也就是说,在这一时期,“sort”发生了从上位概念(“集合”)到下位概念(“集合内某一成员”)的语义反转(semantic reversal)。

第三个阶段,当“NP_1”和“NP_2”受到非限定词“a”的修饰时,即出现了“a sort of a NP”的临时性用法时,非限定词“a”就触发了(trigger)某一集合成员不再是某一集合唯一标准的语用推理过程(inference),在这一语用推理的语境中,“NP_2”就被重新分析为中心词(the “head”),“a sort of”就被重新分析为程度标记(degree modifier),传递说话人关于某一实体(“NP_2”)是不充足的或者是非典型成员的评估(如例 1 所示),或者“NP_2”是不太适合的某种表达方式(如例 2 所示),体现出一定的认识情态意义(epistemic meaning)。因此,当说话人的“a sort of NP_2”的评估不被听话人认可时,换句话说，说话人预测到听话人可能对“a sort of NP_2”中“NP_2”给与否定性评估时，为了保护自己的面子免受威胁，所以，说话人经常将“a sort of”用作保护面子的缓冲手段(as a hedge to save face)，举例说明如下：

(1) I do think him but a sort of a, kind of a, ... sort of a Gentleman.（转引自 Traugott 2008：229）

(2) I am a kind of a what d'ye call'um a Sort of a Here-and-thereian; I am Stranger no where.（同上）

例(1)中，“a sort of a Gentleman”是说话人关于“他是一个绅士”的评估，为了避免因为听话人可能对这一评估持有否定的看法而产生面子威胁，所以，说话人采用了“a sort of”来弱化这一评估的肯定性，表达了说话人的低确信性(uncertainty)，属于可能认识情态的表达范畴。

第四个阶段，“a sort of”中的不定冠词“a”消失，“sort of”的使用环境进一步扩大，从修饰名词(“sort of NP”)扩展到修饰动词(“sort of VP”)或者形容词(“sort of AP”)，“sort of”逐渐虚化为程度标记构式(degree modifier construction)，最终具有了和程度副词“rather”和“quite”相同的句法地位。

从“a sort of”的构式化和语法化过程中，我们可以发现“a sort of”可以表达集合意义、成员意义、评估认识意义和程度意义。其中，表达不确定性评估的认识情态意义是“a sort of”在特定语境中经历语用推理，最终语境化而来的。从“a sort of”的语法化过程中，我们可以窥视特定构式类语言表达形式认识情态意义的语义获得过程，在这个过程中，语用推理对于构式认识情态意义的语义获得至关重要。

15.7.3　现代汉语特定构式类语言表达形式认识情态意义的历时获得

与英语特定构式类语言表达形式的历时语义获得类似，现代汉语特定构式类语言表达形式认识情态意义的获得过程本身就是某一结构在特定语言环境中受到语用推理的促动而发生构式化和语法化的过程。无论是“(NP)＋V＋起来＋AP”构式，还是“不过X罢了/而已”构式，大都经历了从原子构式到中间构式，再到宏观构式的组构过程，体现了构式的组构性、层级性和递归性。

“(NP)＋V＋起来＋AP”构式的评估认识情态意义主要源于“起来”的语义演变和语义虚化。“起来”在历时层面有五种不同的意义，这五种不同的意义反映了“起来”在历时状态下的语义演变过程。“起来”的语义演变过程大致可以分为三个阶段：

第一个阶段，“起来”由动作动词虚化为趋向动词。

“起来”的本义是用作动作动词，表达“由下到上”的具体动作，具有实实在在的词汇意义；当“起来”用在动词后面时，由于受到前面主动词的影响，动作动词的词汇意义逐渐减弱，动作义开始虚化，仅表达主动词动作的方向，而不表示具体的动作，此时的“起来”就虚化为趋向动词，用于充当主动词的趋向补语。

第二个阶段，“起来”由趋向动词虚化为体标记。

“起来”从趋向动词到表达“动作、情况开始并且继续”或表示“动作完成和达到目的”是一个“体标记化”的过程。一方面，“起来”从具有独立的句法地位——充当趋向补语，到失去独立的句法地位——不能独立充当句法成分，最终演变为只是附着在动词后表达起始体或完成体的语法成分；另一方面，趋向动词“起来”从表达空间概念(即“由下到上”的动作义)到表达时间概念(即表达“起始体”和“完成体”)，其间经历了从空间域到时间域的隐喻性投射，而空间隐喻是语法化的重要机制之一。

第三个阶段，“起来”由体标记虚化为语用标记。

“起来”从表达起始体和完成体的体标记到用于特定的句法格式，表达说话人对人或事件的评估认识，是一个由语法范畴到语用范畴的虚化过程。语用标记主要用于表达语用功能，包括说话人对所陈述命题的态度和评价等，属于语用表达中的人际表达功能。当“起来”用于“(NP)＋V＋起来＋AP”结构时，与动词(“V”)一起表达说话人对于人或事件的评估方式和手段，表达说话人对于所表达命题的评估认识情态意义，具有一定的人际表达功能。

“起来”的上述三个语义虚化阶段符合语法化的单向性假设，即“起来”经历了语义内容的泛化或淡化。“起来”旧意义淡化的同时，产生了新的意义，Hopper & Traugott(1993)把这个过程称为“语用强化”或“语用加强”，这种语用强化或者语法意义的增加会导致语言形式主观性(即“认识情态意义”)的增强。从“V＋起来(趋向动词)”到“V起来”构式，再到“V＋起来＋AP”构式，再到“(NP)＋V＋起来＋AP”构式，体现了从原子构式到中间构式，再到宏观构式的组构过程，体现了构式的组构性、层级性和递归性特征。

“不过X罢了/而已”构式是一个主观极量评估构式，说话人通过对命题信息或事件状态在量级序列中所处的极性量级的主观断定，来表达说话人关于命题信息或事件状态的肯定性判断，表达的是说话人的肯定性态度。“不过……”构式、“……而已/罢了”构式和“不过……而已/罢了”构式都表达了说话人通过主观判断上的"最低程度"——"主观极小量"的判断——来表达说话人关于事件状态的肯定性评估，是主观极小量评估构式的典型语言表达形式之一。

从历时层面来看，表达主观极小量类评估的评估构式"不过X罢了/而已"的生成过程包括词汇结构层面的构式化和句法结构层面的构式化两个过程。词汇结构层面的构式化过程包括"不过""而已""罢了"三个中间构式形式和特征组配的创新过程。所谓中间构式的构式化，指的是在互动言语交际中原子构式如何经过一系列的"新分析"(neoanalyses，也叫"重新分析"reanalyses)，产生新的形式和意义的配对，从而产生新的构式（中间构式的构式化过程跟传统的词汇化过程类似，从构式语法化的视角来看，词汇化也是一种构式化过程）；句法结构层面的构式化过程是指"不过X罢了/而已"形式特征和语义特征的创新过程，也就是两个或两个以上的原子构式或中间构式组构成为新的复杂句法构式，体现了构式的能产性、组构性和图式的等级梯度。因此，"不过X罢了/而已"构式是多个原子层面的微观构式分别经历了词汇结构层面的构式化（中间构式"不过""而已""罢了"的构式化）和句法结构层面的构式化（宏观构式"不过X罢了/而已"的构式化）而产生的。"不过X罢了/而已"构式的核心语义图式是表达主观小量的言者态度或言者认识，围绕着这一核心语义图式，产生了多个扩展构式，包括"低量级限定范围副词＋X＋罢了/而已"构式、"低量级限定范围副词＋是＋X＋罢了/而已"构式、"叠加少量类限定范围副词＋是＋X＋而已/罢了"构式和"概量类限定范围副词＋低量级限定范围副词＋(是)＋X＋罢了/而已"构式等等。

15.7.4 小结

在认知构式语法学派看来，构式是语言的基本构成单位，语言系统本身就是一个构式的网络系统(construction networks)，语法的递归性体现在从微观构式(micro-construction)到中间构式(meso-construction)，再到宏观构式(macro-construction)的组构过程(compositionality)(Traugott 2008；Frousdale 2008、2010)。按照认知构式语法学派的观点，特定构式类语言表达形式和其他词汇类语言表达形式一样，都是认识情态范畴的重要语言表达形式。

在英语中，"a sort of"可以表达集合意义、成员意义、评估认识意义和程度意义，这五种意义体现了"a sort of"在历时层面的构式化过程。其中，表达不确定性评估的认识情态意义是"a sort of"在特定语境中经历语用推理最终语境化而来的。而汉语特定构式类语言表达形式认识情态意义的获得过程本身也是某一常见的组合结构在特定语言环境中受到语用推理的促动而发生构式化和语法化的过程；无论是“(NP)＋V＋起来＋AP”构式，还是“不过 X 罢了/而已”构式都经历了从原子构式到中间构式，再到宏观构式的组构过程，都体现了构式的组构性、层级性和递归性。

参考文献

一、主要中文参考文献

贝罗贝.2005.汉语的语法演变——论语法化[A].吴福祥主编,汉语语法化研究[C].商务印书馆。

蔡维天.2010.谈汉语模态词的分布与诠释之对应关系[J].中国语文,第3期。

曹宏.2004.论中动句的层次结构和语法关系[J].语言教学与研究,第5期。

曹宏.2004.论中动句的句法构造特点[J].世界汉语教学,第3期。

曹宏.2004.中动句对动词形容词的选择限制及其理据[J].语言科学,第1期。

曹宏.2005.论中动句的语义表达特点[J].中国语文,第3期。

曹宏.2005.中动句的语用特点及教学建议[J].汉语学习,第5期。

曹逢甫.1996.汉语的提升动词[J].中国语文,第3期。

曾锦程.2009.汉语可能性认识情态动词的语法化研究[D].湖南师范大学硕士学位论文。

柴闫,刘玉屏.2019.多元文化背景下"我觉得"的话语立场研究[J].汉字文化,第17期。

常志伟.2013."不过"副词化机制的认知视角[J].天中学刊,第5期。

陈平.1987.话语分析说略[J].语言教学与研究,第3期。

陈曦.2017.能愿动词"可能"意义的词汇化研究[J].长春工程学院学报(社会科学版),第3期。

陈颖.2009.现代汉语传信范畴研究[M].中国社会科学出版社。

陈平著,徐赳赳译.1996.汉语中结构话题的语用解释和关系化[J].国外语言学,第4期。

陈振宇,朴珉秀.2006.话语标记"你看""我看"与现实情态[J].语言科学,第2期。

陈振宇.2020.再说"会"[J].世界汉语教学,第1期。

程丽霞. 2016. 汉语保证类构式的演化：从以言行事到认识情态[J]. 外语学刊,第1期。

储诚志. 1994. 语气词语气意义的分析问题——以“啊”为例. 语言教学与研究[J]. 第4期。

崔诚恩. 2008. 现代汉语情态副词研究[D]. 中国社会科学院博士学位论文。

崔蕊,韩沛玲. 2018. 北京话语气副词“敢情”的语义分析[J]. 语言学论丛,辑刊。

崔希亮. 2003. 事件情态和汉语的表态系统[A]. 语法研究与探索[C]. 商务印书馆,第331-347页。

崔希亮. 2011. 语气词“哈”的情态意义和功能[J]. 语言教学与研究,第4期。

崔希亮. 2019. 汉语语气词“～嘛”的情态意义[J]. 语言教学与研究,第4期。

崔希亮. 2020. 语气词与言者态度[J]. 语言教学与研究,第3期。

代元东. 2009. 从三个平面看“认为”“以为”的差异[J]. 贵州师范人学学报(社会科学版),第5期。

戴耀晶. 2003. 现代汉语助动词“可能”的语义分析[A]. 中国语文杂志社主编,语法研究与探索(十二)[C]. 商务印书馆。

邓川林. 2012. “让/叫”的主观性用法及扩展机制[J]. 语言教学与研究,第1期。

邓川林. 2015. 量化副词与完整体的互动研究[J]. 汉语学习,第4期。

邓川林. 2017. 副词“也”的量级含义研究[J]. 中国语文,第6期。

邓川林. 2018. “就”“才”的量级构式[J]. 语言教学与研究,第4期。

邓川林. 2018. 副词“还”的语义——语用接口研究[J]. 世界汉语教学,第4期。

丁声树等. 1961. 现代汉语语法讲话[M]. 商务印书馆。

町田茂. 2003. 关于汉语复句里的动词语法化现象[A]. 吴福祥,洪波主编,语法化与语法研究(一)[C]. 商务印书馆,第108-116页。

董成如. 2004. 含意的认知解释[J]. 外语学刊,第5期。

董秀芳. 2002. 词汇化：汉语双音词的衍生和发展[M]. 四川民族出版社。

董秀芳. 2002. 论句法结构的词汇化[J]. 语言研究,第3期。

董秀芳. 2003. “X说”的词汇化[J]. 语言科学,第2期。

董秀芳. 2003. 无标记焦点和有标记焦点的确定原则[J]. 汉语学习,第1期。

董秀芳. 2004. “是”的进一步语法化：由虚词到词内成分[J]. 当代语言学,第1期。

董秀芳. 2007. 词汇化与话语标记的形成[J]. 世界汉语教学,第1期。

董秀芳. 2007. 从词汇化的角度看粘合式动补结构的性质[J]. 语言科学，第1期。

董秀芳. 2009. 汉语的句法演变与词汇化[J]. 中国语文，第5期。

董秀芳. 2010. 汉语中表示承诺的言语施为动词[J]. 汉语学习，第2期。

董秀芳. 2010. 量与强调[A]. 徐丹主编，量与复数的研究——中国境内语言的跨时空研究[C]. 商务印书馆。

董秀芳. 2012. "未X"式副词的委婉用法及其由来[J]. 语言科学，第5期。

董秀芳. 2012. 话题标记来源补议[J]. 古汉语研究，第3期。

董秀芳. 2013. 词汇化——汉语双音词的衍生和发展[M]. 商务印书馆。

董秀芳. 2016. 从比较选择到建议：兼论成分隐含在语义演变中的作用[J]. 云南民族大学学报(哲学社会科学版)，第3期。

董秀芳. 2016. 主观性表达在汉语中的凸显性及其表现特征[J]. 语言科学，第6期。

董秀芳. 2017. 动词后虚化完结成分的使用特点及性质[J]. 中国语文，第3期。

董正存. 2008. 情态副词"反正"的用法及相关问题研究[J]. 语文研究，第2期。

董正存. 2015. 汉语中序列到量化的语义演变模式[J]. 中国语文，第3期。

董正存. 2017. 汉语中约量到可能认识情态的语义演变——以"多半"为例[J]. 中国语文，第1期。

董正存. 2020. 从构式变化看情态副词"少说"的产生与发展[J]. 世界汉语教学，第3期。

杜建鑫，张卫国. 2011. 语气词"嘛"的用法及语用功能研究[J]. 湖北社会科学，第5期。

杜永道. 2006. "以为"和"认为"有什么不同[J]. 现代语文，第2期。

范晓. 1998. 汉语的句子类型[M]. 书海出版社。

范晓蕾. 2011. 以汉语方言为本的能性情态语义地图[A]. 语言学论丛(第四十三辑)[C]. 商务印书馆。

范晓蕾. 2012. 语义演变的共时拟测与语义地图——基于能性情态语义地图的讨论[A]. 语言学论丛(第四十六辑)[C]. 商务印书馆。

范晓蕾. 2014. 以"许可—认识可能"之缺失论语义地图的形式和功能之细分——兼论情态类型系统之新界定[J]. 世界汉语教学，第1期。

范晓蕾. 2016. 助动词"会"情态语义演变之共时构拟——基于跨语言/方言的比较研究[J]. 语言暨语言学，第2期。

范晓蕾. 2017. 语义地图的解析度及表征方式——以“能力义为核心的语义地图”为例[J]. 世界汉语教学,第 2 期。
方迪. 2019.“这话说的”的负面评价立场表达功能及其形成动因[J]. 语言教学与研究,第 6 期。
方迪. 2020. 北京话中“还是的”的立场重申功能及其产生机制[J]. 当代修辞学,第 2 期。
方梅. 2000. 自然口语中弱化连词的话语标记功能[J]. 中国语文,第 5 期。
方梅. 2005. 篇章语法与汉语篇章语法研究[J]. 中国社会科学,第 6 期。
方梅. 2005. 认证义谓宾动词的虚化——从谓宾动词到语用标记[J]. 中国语文,第 6 期。
方梅. 2007. 负面评价表达的规约化[J]. 中国语文,第 2 期。
方梅. 2008. 由背景化触发的两种句法结构——主语零形反指和描写性关系从句[J]. 中国语文,第 4 期。
方梅. 2012. 会话结构与连词的复现义[J]. 中国语文,第 6 期。
方梅. 2016. 北京话语气词变异形式的互动功能—以“呀、哪、啦”为例[J]. 语言教学与研究,第 2 期。
方梅. 2017. 叙事语篇的衔接与视角表达——以“单说、但见”为例[J]. 语言教学与研究,第 5 期。
方梅. 2019. 汉语篇章语法研究[M]. 社会科学文献出版社。
方梅,曹秀玲主编. 2018. 互动语言学与汉语研究(第二辑)[M]. 社会科学文献出版社。
方梅,李先银,谢心阳. 2018. 互动语言学与互动视角的汉语研究[J]. 语言教学与研究,第 3 期。
方梅. 2016. 互动语言学与汉语研究(第一辑)[M]. 世界图书出版社。
方绪军. 2006. 语气词“罢了”和“而已”[J]. 语言科学,第 3 期。
方一新,雷冬平. 2006. 近代汉语“看来”的词汇化和主观化[J]. 周口师范学院学报,第 3 期。
冯棉. 1995.“可能世界”概念的基本涵义[J]. 华东师范大学学报(哲学社会科学版),第 6 期。
冯春田. 2000. 近代汉语语法研究[M]. 山东教育出版社。
冯春田. 2006. 反诘疑问代词“那”的形成问题[J]. 语言科学,第 6 期。
冯军伟. 2008. 动趋式述补结构的自主性考察及认知分析[J]. 湖州师范学院学报,第 4 期。
冯军伟. 2009.“(NP)+V+起来+AP”结构的语用分析[J]. 现代语文(语言

研究版),第3期。
冯军伟. 2009. Goldberg的构式语法研究[J]. 现代语文(语言研究版),第9期。
冯军伟. 2010. 述结式的自主性考察及认知分析[J]. 云南师范大学学报(对外汉语教学与研究版),第2期。
冯军伟. 2010. 现代汉语认识情态研究[D]. 南开大学博士学位论文。
冯军伟. 2011. "以为"用法辨析[J]. 时代文学,第11期。
冯军伟. 2012. 假设连词"哪怕"的词汇化及相关问题[J]. 河北大学学报(哲学社会科学版),第3期。
冯军伟. 2012. 认识情态与传信情态[J]. 云南师范大学学报(对外汉语教学与研究版),第3期。
冯军伟. 2016. "(NP)+V+起来+AP"结构评估认识情态意义及其来源[J]. 湖州师范学院学报,第5期。
冯军伟. 2016. "恐怕"的认识情态意义及其意义的主观性[J]. 中國學論叢,第53辑(韩国)。
冯军伟. 2020. "不过X罢了/而已"构件的构式化和整体构式化[J]. 湖州师范学院学报,第1期。
冯军伟. 2021. 句末语气词"就是"的语气类型——兼论词汇语义的语义滞留对虚化中语气词语气类型的影响[J]. 语言与翻译,第1期。
冯军伟. 2021. 现代汉语心理动词构式的认识情态研究[M]. 中国社会科学出版社。
冯胜利. 1998. 论汉语的"自然音步"[J]. 中国语文,第1期。
范伟. 2017. 现代汉语情态系统与表达研究[M]. 中国社会科学出版社。
傅雨贤,周小兵. 1991. 口语中的助动词[A]. 语法研究与探索(五)[C]. 语文出版社。
高增霞. 2000. 语气词"吧"的意义再探[J]. 山东师大学报(社会科学版),第1期。
高增霞. 2003. 汉语担心——认识情态词"怕""看""别"的语法化[J]. 中国社会科学院研究生院学报,第1期。
葛佳才. 2005. 东汉副词系统研究[M]. 岳麓书社。
郭锐. 1997. 过程与非过程——汉语谓词性成分的两种外在时间类型[J]. 中国语文,第3期。
郭锐. 2012. 共时语义演变和多义虚词的语义关联[J]. 山西大学学报(哲学社会科学版),第3期。

郭芸,姚望舒.2016.逻辑学简明教程[M].苏州大学出版社。
郭昭军,尹美子.2008.助动词“要”的模态多义性及其制约因素[J].汉语学习,第2期。
郭昭军.2003.从“会$_2$”与“可能”的比较看情态动词“会$_2$”的句法和语义[A].语法研究与探索(十二)[C].商务印书馆。
郭昭军.2003.汉语情态问题研究[D].南开大学博士学位论文。
郭昭军.2004.现代汉语中的弱断言谓词“我想”[J].语言研究,第2期。
郭昭军.2011.“该”类助动词的两种模态类型及其选择因素[J].南开语言学刊,第2期。
郭志良.1993.试论能愿动词的句法结构形式及其语用功能[J].中国语文,第3期。
郝斌.2001.“情态性”还是“模态性”[J].中国俄语教学,第3期。
何鸣.2019.现代汉语语气词“啊”的意义和功能研究:语法—语用互动视角[D].东北师范大学博士学位论文。
何松旭.2014.论休谟的信念和或然性[J].自然辩证法研究,第2期。
何文忠.2007.中动构句选择限制的认知阐释[J].外语研究,第1期。
何文忠.2007.中动构句条件[J].外语教学,第2期。
何自然,莫爱屏.2002.话语标记语与语用照应[J].广东外语外贸大学学报,第1期。
贺阳.1992.试论汉语书面语的语气系统[J].中国人民大学学报,第5期。
洪波,董正存.2004.“非X不可”格式的历史演化和语法化[J].中国语文,第3期。
侯瑞芬.2009.从力量与障碍看现代汉语情态动词“可以”“能”“会”[A].《语言学论丛》(第四十辑)[C].商务印书馆。
侯学超.1998.现代汉语虚词词典[M].北京大学出版社。
胡波.2015.汉语情态助动词的提升和移位[J].当代语言学,第2期。
胡斌彬.2016.由假设小句向认识情态标记的语法化——以“搞/弄/闹不好”为例[J].古汉语研究,第3期。
胡德明,曾小兰.2017.“再也”的成词问题及其用法探析[J].浙江师范大学学报(社会科学版),第2期。
胡静书.2014.推测副词“可能”的来源[J].语言研究,第3期。
胡丽珍.2019.再論推測副詞“可能”的來源[J].汉语史研究集刊。
胡明扬.1981.北京话的语气助词和叹词[J].中国语文,第5期;第6期。
胡明扬.1987.北京话初探[M].商务印书馆。

胡明扬. 1988. 语气助词的语气意义[J]. 汉语学习,第 6 期。
胡裕树主编. 1995. 现代汉语(重订本)[M]. 上海教育出版社。
胡壮麟,朱永生,张德禄,李战子. 2005. 系统功能语言学概论[M]. 北京大学出版社。
黄斌. 2001. 元明口语中的"判断句+'的便是'"结构[J]. 古汉语研究,第 1 期。
黄伯荣,廖序东. 2017. 现代汉语(增订六版)[M]. 高等教育出版社。
黄冬丽,马贝加. 2008. "S+V 起来+AP/VP"构式及其来源[J]. 语文研究,第 4 期。
江海燕. 2006. 语气词"呢"负载疑问信息的声学研究[J]. 首都师范大学学报(社会科学版),第 4 期。
江蓝生. 1990. 疑问副词"可"探源[J]. 古汉语研究,第 3 期。
江蓝生. 2000. 近代汉语探源[M]. 商务印书馆。
江蓝生. 2004. 跨层非短语结构"的话"的词汇化[J]. 中国语文,第 5 期。
江蓝生. 2005. "VP 的好"句式的两个来源——兼谈结构的语法化[J]. 中国语文,第 5 期。
江蓝生. 2008. 概念叠加与构式整合——肯定否定不对称的解释[J]. 中国语文,第 6 期。
江蓝生. 2012. 汉语连-介词的来源及其语法化的路径和类型[J]. 中国语文,第 4 期。
江蓝生. 2013. 句法结构隐含义的显现与句法创新[J]. 语言科学,第 3 期。
江蓝生. 2014. 连-介词表处所功能的来源及其非同质性[J]. 中国语文,第 6 期。
江蓝生. 2016. 超常组合与语义羡余——汉语语法化诱因新探[J]. 中国语文,第 5 期。
蒋华. 2008. 连词"那"的论证及其特殊用法[J]. 广西社会科学,第 2 期。
蒋严. 2002. 论语用推理的逻辑属性——形式语用学初探[J]. 外国语,第 3 期。
解惠全. 1987. 谈实词的虚化[J]. 语言研究论丛,第 4 辑。
金立鑫. 1996. 关于疑问句中的"呢"[J]. 语言教学与研究,第 4 期。
金智妍. 2011. 现代汉语句末语气词意义研究[D]. 复旦大学博士学位论文。
柯理思. 2005. "形容词+不了"格式的认识情态意义[A]. 吴福祥主编,汉语语法化研究[C]. 商务印书馆。
乐耀. 2013. 汉语认识情态词"应该"用以表达传信意义[J]. 语言学论丛,

辑刊。
黎锦熙. 1955. 新著国语文法[M]. 商务印书馆。
李敏. 2010. 现代汉语的义务情态分析[J]. 语言教学与研究,第1期。
李明. 1996. 语气助词的音高分析[J]. 世界汉语教学,第4期。
李明. 2001. 汉语助动词的历史演变研究[D]. 北京大学博士学位论文。
李明. 2003. 汉语表必要的情态词的两条主观化路线[A]. 语法研究与探索(十二)[C]. 商务印书馆。
李明. 2003. 试谈言说动词向认知动词的引申[A]. 吴福祥,洪波主编,语法化和语法研究(一)[C]. 商务印书馆。
李明. 2008. 从"容""许""保"等动词看一类情态词的形成[J]. 中国语文,第3期。
李明. 2010. 从话题看唐五代的虚词"即"——兼谈唐五代虚词"便、则、遂、乃"的用法[J]. 汉语史学报,辑刊。
李水. 2016. 认识立场标记"我认为""我觉得"比较研究初探——基于现代汉语语料库的研究[J]. 沈阳工程学院学报(社会科学版),第1期。
李艳. 2004. "以为"和"认为"[J]. 现代语文(理论研究版),第3期。
李成团. 2008. 话语标记语"嘛"的语用功能[J]. 现代外语,第2期。
李海霞. 2011. 汉语"可能""必然"意义表达的发展[J]. 重庆师范大学学报(哲学社会科学版),第4期。
李计伟. 2013. 即:从位移到让步[J]. 语言学论丛,第四十八辑。
李晋霞. 2005. 论话题标记"如果说"[J]. 汉语学习,第1期。
李军华,李长华. 2010. "呢"字句的情态类型与语气词"呢"的情态意义考察[J]. 语言研究,第3期。
李临定. 1986. 现代汉语句型[M]. 商务印书馆。
李命定,袁毓林. 2018. 信念与概率:认识情态动词的语义差异及其功能分化[J]. 世界汉语教学,第1期。
李命定. 2008. "应该"与"该"的语义及用法比较[J]. 现代语文,第4期。
李秋杨. 2012. "我想"与 I think 的语义和功能考察[J]. 天津外国语大学学报,第6期。
李思明. 1990.《水浒》、《金瓶梅》、《红楼梦》副词"便""就"的考察[J]. 语言研究,第2期。
李小军. 2009. 语气词"已""而已"的形成、发展及有关问题[J]. 汉语史学报,第1期。
李小军. 2014. 构式"好你个+X"的负面评价功能及成因[J]. 北方论丛,第

2 期。

李小军. 2021. “至于”的两种情态功能[J]. 汉语学习，第 5 期。

李兴亚. 1986. 语气词“啊、呢、吧”在句中的位置[J]. 河南大学学报(社会科学版)，第 2 期。

李勇忠. 2003. 语用标记与话语连贯[J]. 外语与外语教学，第 1 期。

李战子. 2007.《语气·情态》导读[A]. 载《语气·情态》[M]. F. R. Palmer 著，世界图书出版公司/剑桥大学出版社。

李宗江. 1997. “即、便、就”的历时关系[J]. 语文研究，第 1 期。

李宗江. 2003. 句法成分的功能悬空与语法化[A]. 吴福祥，洪波主编，语法化与语法研究[C]. 商务印书馆。

李宗江. 2005. 试论古汉语语气词“已”的来源[J]. 中国语文，第 2 期。

李宗江 2008. 表达负面评价的语用标记“问题是”[J]. 中国语文，第 5 期。

梁清. 2019. 从助动词“可”“能”“可能”的形成看词义的演变[J]. 现代语文，第 11 期。

梁银峰. 2012. 汉语系词“是”的形成机制[J]. 语言研究，第 4 期。

廖开敏. 2006. 试析近义词群“看来”“看起来”“看样子”“看上去”[J]. 社会科学家，增刊。

廖秋忠. 1986. 现代汉语篇章中的连接成分[J]. 中国语文，第 6 期。

刘虹. 1992. 话轮、非话轮和半话轮的区分[J]. 外语教学与研究，第 3 期。

刘利. 1997. 先秦汉语的复音副词“不过”[J]. 中国语文，第 1 期。

刘嵚. 2008. “我说”的语义演变及其主观化[J]. 语文研究，第 3 期。

刘焱. 2009. 反预期信息标记“别看”[J]. 汉语学习，第 4 期。

刘楚群. 2009. “看起来”与“看上去”“看来”差异浅析——兼论趋向短语的语法化[J]. 江西师范大学学报(哲学社会科学版)，第 4 期。

刘丹青，唐正大. 2001. 话题焦点敏感算子“可”的研究[J]. 世界汉语教学，第 3 期。

刘丹青，徐烈炯. 1998. 焦点与背景、话题及汉语“连”字句[J]. 中国语文，第 4 期。

刘菲露. 2013. 语气词“罢了”的情态意义和话题标记“罢了”[J]. 怀化学院学报，第 6 期。

刘顺，潘文. 2014. “便是了”的词汇化与语法化——兼论语气词“就是了”的形成[J]. 语言科学，第 1 期。

刘勋宁. 1990. 现代汉语句尾“了”的语法意义及其与词尾“了”的联系[J]. 世界汉语教学，第 2 期。

刘娅琼,陶红印. 2011. 汉语谈话中否定反问句的事理立场功能及类型[J]. 中国语文,第 2 期。
刘月华,潘文娱等. 1983. 实用现代汉语语法[M]. 外语教学与研究出版社。
刘月华. 1980. 可能补语用法的研究[J]. 中国语文,第 4 期。
刘志远,刘顺. 2012. "罢了"的词汇化及语气意义的形成[J]. 语文研究,第 1 期。
卢英顺. 2007. "吧"的语法意义再探[J]. 世界汉语教学,第 3 期。
陆俭明. 2004. "句式语法"理论与汉语研究[J]. 中国语文,第 5 期。
罗耀华,刘云. 2008. 揣测类语气副词主观性与主观化[J]. 语言研究,第 3 期。
吕叔湘. 1979. 汉语语法分析问题[M]. 商务印书馆。
吕叔湘. 1984. 语文杂记[M]. 上海教育出版社。
吕叔湘. 1985. 近代汉语指代词[M]. 学林出版社。
吕叔湘. 1996. 现代汉语八百词[M]. 商务印书馆。
马真. 2004. 现代汉语虚词研究方法论[M]. 商务印书馆。
马贝加. 1997. 介词"就"的产生及其意义[J]. 语文研究,第 4 期。
马建忠. 1898. 马氏文通[M]. 商务印书馆,1983 年版。
马庆株. 1988. 能愿动词的连用[J]. 语言研究,第 1 期。
马庆株. 1988. 自主动词和非自主动词[A]. 中国语言学报(三)[C]. 商务印书馆。
马庆株. 1989. 能愿动词的意义和能愿结构的性质[J]. 语言学通讯,第 3 期;第 4 期。
潘海峰. 2017. 副词"一定"与"必定"的情态对比及相关问题研究[J]. 同济大学学报(社会科学版),第 4 期。
彭睿. 2008. "临界环境-语法化项"关系刍议[J]. 语言科学,第 3 期。
彭利贞,关楠. 2014. 非意愿与"V 不了"的认识情态表达[J]. 语言研究集刊。
彭利贞,刘翼斌. 2007. 论"应该"的两种情态与体的同现限制[J]. 语言教学与研究,第 6 期。
彭利贞. 2005. 论"应该"的情态与体的互动关系[A]. 第八届国际汉语教学讨论会论文选(世界汉语教学学会会议论文集)[C]. 中国北京,2005 年 7 月。
彭利贞. 2005. 现代汉语情态研究[D]. 复旦大学博士学位论文。
彭利贞. 2007. 论情态与情状的互动关系[J]. 浙江大学学报(人文社会科学版),第 5 期。

戚雨村.1993.布拉格学派和马泰休斯的语言理论[J].外国语(上海外国语大学学报),第5期。

齐春红,徐杰.2007.从语气副词的句法分布透视其语用功能[J].云南师范大学学报(哲学社会科学版),第1期。

齐春红.2006.对外汉语教学中的语气副词教学研究[J].云南师范大学学报(对外汉语教学与研究版),第3期。

齐春红.2007.语气副词与句末语气助词的共现规律研究[J].云南师范大学学报(哲学社会科学版),第3期。

齐沪扬,胡建锋.2007.试论负预期信息标记格式"X是X"[J].世界汉语教学,第2期。

齐沪扬,朱敏.2005.现代汉语祈使句句末语气词选择性研究[J].上海师范大学学报(哲学社会科学版),第2期。

齐沪扬.2002."呢"的意义分析和历史演变[J].上海师范大学学报(哲学社会科学版),第1期。

齐沪扬.2003.语气副词的语用功能分析[J].语言教学与研究,第1期。

钱乃荣.1997.上海话语法[M].上海人民出版社。

强星娜.2007."他问"与"自问"——从普通话"嘛"和"呢"说起[J].语言科学,第5期。

强星娜.2008.知情状态与直陈语气词"嘛"[J].世界汉语教学,第2期。

屈承熹.1998.汉语篇章语法(潘文国译)[M].北京语言大学出版社。

冉永平.2004.言语交际中"吧"的语用功能及其语境顺应性特征[J].现代外语,第4期。

任鹰.2017.语气词"呢"的功能及来源再议[J].语言教学与研究,第5期。

[日]太田辰夫.1987.中国语历史文法[M].蒋绍愚、徐昌华译,北京大学出版社。

[日]一之濑正树(著),沈佩翔(译).2018.规范性、或然性与元模糊性[J].苏州科技大学学报(社会科学版),第5期。

商务印书馆辞书研究中心编.2020.应用汉语词典[Z].商务印书馆。

邵敬敏.1989.语气词"呢"在疑问句中的作用[J].中国语文,第3期。

邵敬敏.2016."大不了VP"的极性估测及其意志力[J].汉语学习,第6期。

申丹.1994.对叙事视角分类的再认识[J].国外文学,第2期。

申莉.2009.从认知角度看语气词"呢"的功能及用法[J].语文研究,第1期。

沈威.2013.论据性推断结构"X嘛"[J].汉语学报,第2期。

沈家煊.1989."判断词语"的语义强度[J].中国语文,第1期。

沈家煊. 1994. R. W. Langacker 的“认知语法”[J]. 国外语言学,第 1 期。
沈家煊. 1994. “语法化”研究综观[J]. 外语教学与研究,第 4 期。
沈家煊. 2001. 语言的“主观性”和“主观化”[J]. 外语教学与研究,第 4 期。
沈家煊. 2001. 跟副词“还”有关的两个句式[J]. 中国语文,第 6 期。
沈家煊. 2003. 复句三域“行、知、言”[J]. 中国语文,第 3 期。
沈家煊. 2004. 说“不过”[J]. 清华大学学报(哲学社会科学版),第 5 期。
沈家煊. 2004. 语用原则、语用推理和语义演变[J]. 外语教学与研究,第 4 期。
石毓智,白解红. 2007. 将来时标记向认识情态功能的衍生[J]. 解放军外国语学院学报,第 1 期。
史金生,胡晓萍. 2013. “就是”的话语标记功能及其语法化[J]. 汉语学习,第 4 期。
史金生. 2000. 传信语气词“的”“了”“呢”的共现顺序[J]. 汉语学习,第 5 期。
史金生. 2002. 现代汉语副词的语义功能研究[D]. 南开大学博士学位论文。
史金生. 2003. 语气副词的范围、类别和共现顺序[J]. 中国语文,第 1 期。
史维国. 2016. “语义滞留”原则及其在汉语语法中的表现[J]. 外语学刊,第 6 期。
司惠文,余光武. 2005. 英语中间结构句法致使生成研究[J]. 现代外语,第 3 期。
司惠文,余光武. 2008. 汉语中间结构的界定——兼论“NP+V-起来+AP”句式的分化[J]. 语言研究,第 1 期。
宋永圭. 2004. 现代汉语情态动词“能”的否定研究[D]. 复旦大学博士学位论文。
孙朝奋. 1994.《虚化论》评介[J]. 当代语言学,第 4 期。
孙德金. 1996. 汉语助动词的范围[A]. 胡明扬主编,词类问题考察[C]. 北京语言文化大学出版社。
孙利萍. 2007. 汉语可能补语的语法意义[J]. 江南大学学报(人文社会科学版),第 1 期。
孙锡信. 2005. “即”“便”“就”虚化过程中的错项移植[J]. 语言研究集刊。
孙雁雁. 2013. 句末“啊”的交际功能分析——以《家有儿女》语料为例[J]. 语言教学与研究,第 3 期。
孙占锋. 2008. 谈“吧”与“呢”的主观量差异[J]. 江西金融职工大学学报,第 S1 期。
孙妞爱. 2009. 现代汉语可能补语研究[D]. 北京语言大学博士学位论文。

唐筠雯. 2018. 话语视角标记“我认为”和“我觉得”的对比研究[D]. 暨南大学硕士学位论文。

田婷，陈前瑞. 2018. 句末语气词“啦”与言者认识立场[A]. 方梅、曹秀玲主编，互动语言学与汉语研究(第二辑)[C]. 社会科学文献出版社。

完权. 2018. 信据力:“呢”的交互主观性[J]. 语言科学，第1期。

汪如东. 2010. 助词“就是了(就是)”的语法化及相关结构研究[J]. 宁夏大学学报(人文社会科学版)，第2期。

王芳. 2009. “嘛”的语气意义说略[J]. 长春理工大学学报(高教版)，第11期。

王力. 1943. 中国现代语法[M]. 商务印书馆。

王力. 1980. 汉语史稿[M]. 中华书局。

王霞. 2003. 转折连词“不过”的来源及语法化过程[J]. 河北师范大学学报(哲学社会科学版)，第2期。

王凤琴. 1982.《模态逻辑》简介[J]. 国外社会科学，第9期。

王建军. 2006. 粘合·移位·虚化·替换——语气词“便是”到“就是”的演化历程[J]. 古汉语研究，第4期。

王珏，毕燕娟. 2017. 语气词“啊”的三分及其形式与功能[J]. 外国语，第2期。

王牧，周刚. 2017. 或然语气副词的示证性与传信度表达[J]. 对外汉语研究，辑刊。

王咸慧. 2019. 从互动角度看“啊”的话语标记功能[J]. 汉语学习，第2期。

王晓凌. 2003. 现代汉语情态动词语义研究[D]. 复旦大学硕士学位论文。

王义娜. 2003. 话语指称的认知构建与心理空间可及性[J]. 外国语，第5期。

吴锋文. 2006. “NP＋V－起来＋AP”格式句法语义分析[J]华中师范大学研究生学报，第4期。

吴福祥. 1995. 敦煌变文的疑问代词“那”(“那个”“那里”)[J]. 古汉语研究，第2期。

吴福祥. 2002. 汉语能性述补结构“V得/不C”的语法化[J]. 中国语文，第1期。

吴启禄，王伟，曹广衢，吴定川主编. 2003. 布依汉词典[Z]. 民族出版社。

吴芸莉. 2018. 现代汉语认识情态动词的连用[J]. 汉语学习，第1期。

席建国，刘冰. 2008. 语用标记语功能认知研究[J]. 浙江大学学报(人文社会科学版)，第2期。

肖治野，沈家煊. 2009. “了$_2$”的行、知、言三域[J]. 中国语文，第6期。

谢佳铃. 2002. 汉语的情态动词[D]. 中国台湾清华大学博士学位论文。
谢佳铃. 2006. 汉语情态词的语意界定：语料库为本的研究[J]. 中国语文研究，第1期。
熊仲儒. 1999. "呢"在疑问句中的意义[J]. 安徽师范大学学报(人文社会科学版)，第1期。
熊子瑜，林茂灿. 2004. "啊"的韵律特征及其话语交际功能[J]. 当代语言学，第2期。
徐杰，李英哲. 1993. 焦点与两个非线性语法范畴："否定""疑问"[J]. 中国语文，第2期。
徐冬海. 1999. 三段式逻辑推理：必然式与或然式[J]. 淮阴师范学院学报，第2期。
徐晶凝. 2003. 语气助词"吧"的情态解释[J]. 北京大学学报(哲学社会科学版)，第4期。
徐晶凝. 2007. 现代汉语话语情态研究[M]. 昆仑出版社。
徐晶凝. 2008. 情态表达与时体表达的互相渗透——兼谈语气助词的范围确定[J]. 汉语学习，第1期。
徐晶凝. 2012. 认识立场标记"我觉得"初探[J]. 世界汉语教学，第2期。
徐盛桓. 2002. 常规关系与认知化——再论常规关系[J]. 外国语，第1期。
徐时仪. 2004. "忙"和"怕"的词义演变探微[J]. 中国语文，第2期。
杨贝. 2017. 汉语认识情态表达"可能""也许""大概""恐怕"用法对比分析[J]. 广东外语外贸大学学报，第6期。
杨黎黎. 2012. 认识情态词向让步标记的发展[J]. 汉语学报，第4期。
杨黎黎. 2016. 将来时只是一个时间概念吗？[N]. 中国社会科学报，2016年9月20日。
杨万兵. 2006. 现代汉语语气副词的主观性和主观化研究[J]. 语言文字应用，第3期。
杨雨薇. 2008. 语气词"而已"和"罢了"——以CCL语料库为例[J]. 现代语文，第8期。
姚双云，姚小鹏. 2012. 自然口语中"就是"话语标记功能的浮现[J]. 世界汉语教学，第1期。
姚晓红. 2007. "啊""吧"等常用语气词所表示的感情色彩及意义[J]. 新疆职业大学学报，第2期。
姚占龙. 2008. "说、想、看"的主观化及其诱因[J]. 语言教学与研究，第5期。
叶琼. 2016. "好像"的不确定判断义解读[J]. 汉语学习，第3期。

殷树林. 2006. “NP(对象)+(状)+V+起来+AP”格式的句法构造[J]. 语言科学,第 2 期。

殷树林. 2006. “NP+(状)+V 起来+AP”格式与英语中动句的比较[J]. 语言教学与研究,第 1 期。

于康. 1996. 命题内成分与命题外成分:以汉语助动词为例[J]. 世界汉语教学,第 1 期。

于浩鹏,何晓炜. 2019. 制图理论框架下汉语认识和真值情态动词研究[J]. 外国语,第 5 期。

袁辉,李熙宗. 2005. 语体学概论[M]. 商务印书馆。

袁明军. 1998. 非自主动词的分类补议[J]. 中国语文,第 4 期。

袁毓林. 1999. 定语顺序的认知解释及其理论蕴涵[J]. 中国社会科学,第 2 期。

岳浩然. 2012. 现代汉语“V 得/不 C”构式研究[A]. 第五届现代汉语虚词研究与对外汉语教学学术研讨会论文集[C]. 学林出版社。

翟燕. 2008. 明清时期语气助词“呀”的发展演变——兼论“呀”与“啊”的关系问题[J]. 烟台大学学报(哲学社会科学版),第 2 期。

张敏. 2008. “怕”的历时演变[J]. 文教资料,第 11 期。

张伯江,方梅. 1994. 汉语口语的主位结构[J]. 北京大学学报(哲学社会科学版),第 2 期。

张伯江,方梅. 1996. 汉语功能语法研究[M]. 江西教育出版社。

张国宪. 1998. 现代汉语形容词的体及形态化历程[J]. 中国语文,第 6 期。

张丽丽. 2009. 试论纵予连词“即、便、就”的形式[J]. 台大文史哲学报,第 71 期。

张丽丽. 2015. “即”“便”“就”时间副词功能的形成[J]. 語言暨語言學,第 2 期。

张万禾. 2007. 助动词“要”的情态语义分析[J]. 现代语文(语言研究版),第 1 期。

张小锋. 2003. 现代汉语语气词“吧”“呢”“啊”的话语功能研究[D]. 上海师范大学博士学位论文。

张小锋. 2017. “呢”问句的话语功能及语气词“呢”的隐现[J]. 南京师大学报(社会科学版),第 6 期。

张筱平. 1993. 谈语气助词“呗”[J]. 思维与智慧,第 2 期。

张雪平. 2019. “如果(说)”类假设词语的连用规律及其成因[J]. 汉语学习,第 2 期。

张雅娟. 2004. “以为”“认为”辨[J]. 语文知识,第 5 期。
张亚军. 2005. 语气副词的功能及其词类归属[J]. 扬州大学学报(人文社会科学版),第 5 期。
张谊生. 1996. 副词的连用类别和共现顺序[J]. 烟台大学学报(哲学社会科学版),第 2 期。
张谊生. 2000. 现代汉语副词的性质、范围与分类[J]. 语言研究,第 2 期。
张谊生. 2001. 论现代汉语的范围副词[J]. 上海师范大学学报(社会科学版),第 1 期。
张谊生. 2002. “就是”的篇章衔接功能及其语法化历程[J]. 世界汉语教学,第 3 期。
张谊生. 2012. 试论叠加、强化的方式、类型与后果[J]. 中国语文,第 2 期。
张则顺,肖君. 2015. 副词“一定”的情态意义和相关功能研究[J]. 汉语学习,第 1 期。
张则顺. 2012. 现代汉语确信情态副词的语用研究[J]. 语言科学,第 1 期。
张振亚. 2013. 句末后附性“就是了”的语义及其对语篇功能的影响[J]. 宿州学院学报,第 4 期。
赵新. 2000. “不过”补语句的历史考察[J]. 语言研究,第 2 期。
赵艳. 2017. 汉语纵予连词演变研究[D]. 重庆师范大学硕士学位论文。
赵春利,孙丽. 2015. 句末助词“吧”的分布验证与语义提取[J]. 中国语文,第 2 期。
赵春利,杨才英. 2016. 句末助词“嘛”的认知与情感的关联性研究[J]. 外国语,第 5 期。
赵元任. 1979. 汉语口语语法[M]. 商务印书馆。
赵志强,陈满华. 2018. 从拥有、存在到认识情态义——“有$_3$”及相关构式研究[J]. 新疆大学学报(哲学·人文社会科学版),第 4 期。
郑昊. 2010. 归纳逻辑或然性问题研究[D]. 昆明理工大学硕士学位论文。
郑娟曼,张先亮. 2009. “责怪”式话语标记“你看你”[J]. 世界汉语教学,第 2 期。
郑娟曼. 2009. “还 NP 呢”构式分析[J]. 语言教学与研究,第 2 期。
中国社会科学院语言所词典编辑室编. 2016. 现代汉语词典(第 7 版)[Z]. 商务印书馆。
周静,肖童. 2019. 从大数据看话题标记“就/从 X 来说”的差异性与趋同性[J]. 当代修辞学,第 1 期。
周士宏,岑运强. 2008. 试论语气词“吧”的情态意义[J]. 北方论丛,第 6 期。

周士宏,申莉. 2006. “呢$_2$”的功能、用法及在对外汉语教学中的应对策略[J]. 世界汉语教学,第2期。

周晓利,曾传禄. 2015. “可能”和“也许”的语义、句法、语用分析[J]. 洛阳师范学院学报,第9期。

周晓林. 2009. 假设连词“哪怕”的演变及其动因[J]. 宁夏大学学报(人文社会科学版),第1期。

朱德熙. 1982. 语法讲义[M]. 商务印书馆。

朱冠明. 2003. 汉语单音情态动词语义发展的机制[J]. 解放军外国语学院学报,第6期。

朱冠明. 2006. 情态动词“该”的来源——附论“可能”[J]. 汉语史学报,第6辑。

朱庆之. 1991. 关于疑问语气助词“那”来源的考察[J]. 古汉语研究,第2期。

朱伟华. 1987. 马泰休斯(1882—1945)[J]. 当代语言学,第2期。

朱艳丽. 2009. 常用词“畏”“惧”“怕”的历时更替考[J]. 语文学刊,第4期。

朱永生. 2003. 话语分析五十年: 回顾与展望[J]. 外国语,第3期。

二、主要英文参考文献

A. Lindström. 2005. Language as social action: A study of how senior citizens request assistance with practical tasks in the Swedish home help service [A]. In: A. Hakulinen & M. Selting (eds.). *Syntax and Lexis in Conversation: Studies on the Use of Linguistic Resources in Talk-in-interaction* [C]. Amsterdam: John Benjamins.

Adele E. Goldberg. 1995. *Constructions: A Construction Grammar Approach to Argument Structure* [M]. Illinois, Chicago: The University of Chicago Press.

Adele E. Goldberg. 2006. *Constructions at Work: The Nature of Generalization in Language* [M]. Oxford: Oxford University Press.

Alexandra Y. Aikhenvald & R. M. W. Dixon (eds.). 2003. *Studies in evidentiality* [M]. Amsterdam: Benjamins.

Anastasia Giannakidou. 2007. The Landscape of EVEN [J]. *Natural Language & Linguistic Theory* 25: 39-81.

Anna Papafragou. 2000. *Modality: Issues in the semantics-pragmatics interface* [M]. Oxford: Elsevier science Ltd.

Anna Wierzbicka. 1998. *The Semantics of Grammar* [M]. Amsterdam:

John Benjamins.

Arnold Heidsieck. 1994. *The Intellectual Contexts of Kafka's Fictions: Philosophy, Law, Religion* [M]. Columbia: Camden House.

Bernd Heine & Tania Kuteva. 2002. *World lexicon of grammaticalization* [M]. Cambridge: Cambridge University Press.

Bernd Heine, Ulrike Claudi & Friederike Hünnemeyer. 1991. *Grammaticalization: A Conceptual Framework* [M]. Chicago: University of Chicago Press.

Bernd Heine. 1995. Agent-Oriented vs. Epistemic Modality: Some Observations on German Modals [A]. In: Bybee J. & Fleischman S. (eds.). *Modality in Grammar and Discourse* [C]. Amsterdam: Benjamins.

Bert Cornilie. 2009. Evidentiality and epistemic modality: on the close relationship between two different categories [J]. *Functions of Language* 16(1): 44 - 62.

Bert Cornillie. 2007. *Epistemic Modality and Evidentiality in Spanish (semi-)auxiliaries: A Cognitive-functional Approach* [M]. Berlin-New York: Mouton de Gruyter.

Bruce Fraser. 1975. Hedged Performatives [A]. In: Cole, P. & Morgan, J. (eds.). *Syntax and Semantics* (*Vol*. 3): *Speech Act* [C]. Academic Press, NY.

Bruce Fraser. 1996. Pragmatic Markers [J]. *Pragmatics* 6 (2): 167 - 190.

C.-T. James Huang. 1987. Existential Sentences in Chinese and (in)definitness [A]. In: Eric Reuland & Alice ter Meulen (eds.). *The Representation of (In)definiteness* [C]. pp. 226 - 253, MIT Press.

Cecilia E. Ford, Barbara A. Fox & Sandra A. Thompson (eds.). 2002. *The Language of Turn and Sequence* [M]. Oxford: Oxford University Press.

Chao, Yuen-ren(赵元任). 1968. *A Grammar of Spoken Chinese* [M]. Berkeley: University of California Press. (吕叔湘译. 1979. 汉语口语语法. 北京: 商务印书馆)

Charles J. Fillmore, Paul Kay & Mary Catherine O'Connor. 1988. Regularity and idiomaticity in grammatical constructions [J].

Language 64: 501 - 538.

Charles J. Fillmore, et al. 2012. The frame net construction [A]. In: H. C. Boas & I. A. Sag (eds.). *Sign-Based Construction Grammar* [C]. pp. 283 - 299, Stanford: CSLI.

Charles J. Fillmore. 1975. An alternative to checklist theories of meaning [A]. In: Cathy Cogen, et al. (eds.). *Proceedingsof the first annual meeting of the Berkeley Linguistics Society* [C]. pp. 123 - 131, Berkeley: Berkeley Linguistics Society, Department of Linguistics, U.C.

Charles J. Fillmore. 1988. The Mechanisms of "Construction Grammar" [A]. In: Axmaker, Jaisser & Singmaster(eds.). *Proceedings of the Fourteenth Annual Meeting of the Berkeley Linguistics Society*, pp. 35 - 50.

Charles N. Li & Sandra A. Thompson. 1981. *Mandarin Chinese: A Functional Reference Grammar* [M]. Berkeley and Los Angeles: University of California Press.

Chen-Sheng Luther Liu. 2007. The V-qilai Evaluative Construction in Chinese [J]. *USTWPL* 3: 43 - 61.

Christian Lehmann. 1992. Word order change by grammaticalization [A]. In: Marinel Gerritsen & Dieter Stein (eds.). *Internal and External Factors in Syntactic Change* [C]. pp. 395 - 416, Berlin: Mouton de Gruyter.

Chui Lim. Tsang. 1981. *A semantic study of modal auxiliary verbs in Chinese* [M]. Massaehusete: MIT.

D. Schiffrin. 1990. The Principle of Intersubjectivity in Communication and Conversation [J]. *Semiotica* 80(1/2): 121 - 151.

Edward Finegan. 1995. Subjectivity and subjectivisation: an introduction [A]. In: D. Stein & S. Wright (eds.). *Subjectivity and Subjectivisation* [C]. pp. 1 - 15, Cambridge: Cambridge University Press.

Ekkehard König. 1985. On the history of concessive in English: diachronic and synchronic evidence [J]. *Lingua* 66(1): pp. 1 - 19.

Ekkehard König. 1986. Conditionals, Concessive conditionals and Concessives: Areas of Contrast, Overlap and Neutralization [A]. In:

Elizabeth Closs Traugott, Alice ter Meulen, Judy Snitzer Reilly & Charles A. Ferguson (eds.). *On Conditionals* [C]. p. 231, Cambridge: Cambridge University Press.

Elinor Ochs, Emanuel A. Schegloff & Sandra A. Thompson (eds.). 1996. *Interaction and Grammar* [M]. Cambridge: Cambridge University Press.

Elizabeth Closs Traugott & Ekkehard König. 1991. The semantics-pragmatics of grammaticalization revisited [A]. In: Elizabeth Closs Traugott & Bernd Heine(eds.). *Approaches to Grammaticalization (Volumes I and II)* [C]. Amsterdam: Benjamins.

Elizabeth Closs Traugott & Graeme Trousdale. 2013. *Constructionalization and Constructional Changes* [M]. Oxford: Oxford University Press.

Elizabeth Closs Traugott & R. B. Dasher. 2002. *Regularity in Semantic Change* [M]. Cambridge: Cambridge University Press.

Elizabeth Closs Traugott. 1989. On the rise of epistemic meaning: An example of subjectification in semantic change [J]. *Language* 65(1): 31 - 35.

Elizabeth Closs Traugott. 1995. Subjectification in grammaticalization [A]. In: D. Stein & S. Wright (eds.). *Subjectivity and Subjectivisation: Linguistic Perspectives* [C]. pp. 31 - 54, Cambridge: Cambridge University Press.

Elizabeth Closs Traugott. 2008. Grammaticalization, constructions and the incremental development of language: Suggestions from the development of degree modifiers in English [A]. In: Regine Eckardt, Gerhard Jäger & Tonjes Veenstra (eds.). *Variation, Selection, Development—Probing the Evolutionary Model of Language Change* [C]. pp. 219 - 250, Berlin: Mouton de Gruyter.

Elizabeth Closs Traugott. 2003. From Subjectification to Intersubjectification [A]. In: R. Hickey (ed.). *Motives for Language Chang* [C]. Cambridge: Cambridge University Press.

Elizabeth Closs Traugott. 2008. The grammaticalization of NP of NP constructions [A]. In: Bergs, Alexander & Gabriele Diewald(eds.). *Constructions and Language Change* [C]. pp. 21 - 43, Berlin:

Mouton de Gruyter.

Elizabeth Couper-Kuhlen & Margaret Selting. 1996. *Prosody in Conversation: Interactional Studies* [M]. Cambridge: Cambridge University Press.

Elizabeth Couper-Kuhlen & Margaret Selting. 2001. Introducing interactional linguistics [A]. In: M. Selting & E. Couper-Kuhlen (eds.). *Studies in Interactional Linguistics* [C]. pp. 1 - 22, Amsterdam: John Benjamins.

Elizabeth Couper-Kuhlen & Margaret Selting. 2018. *Interactional linguistics: Studying Language in Social Interaction* [M]. Cambridge: Cambridge University Press.

Elizabeth Couper-Kuhlen. 2014. What does Grammar Tell Us About Action [J]. *Pragmatics* 24(3): 623 - 647.

Emile Benveniste. 1971. *Problems in General Linguistics* [M]. Translated by. M. E. Meek & Coral Gablres, FL: University of Miami Press.

Erving Goffman. 1967. *Interactional Ritual: Essays on Face-to-Face Behavior* [M]. New York: Doubleday and Company.

Etelämäk & Visapää. 2014. Why blend conversation analysis with cognitive grammar [J]. *Pragmatics* 24(3): 477 - 506.

Eve Sweester. 1988. Grammaticalization and Semantic Bleaching [J]. *Berkeley Linguistics Society* 14: 389 - 405.

Eve Sweetser. 1990. *From Etymology to Pragmatics: Metaphorical and Cultural Aspects of Semantics* [M]. Cambridge: Cambridge University Press.

F. R. Palmer. 1979. *Modality and the English Modals* [M]. New York: Longman.

F. R. Palmer. 1986. *Mood and Modality* (1*st edition*) [M]. Cambridge: Cambridge University Press.

F. R. Palmer. 2001. *Mood and Modality* (*2nd edition*) [M]. Cambridge: Cambridge University Press.

Ferdinand de Haan. 2001. The Relation Between Modality and Evidentiality [A]. In: Reimar Müller & Marga Reis (eds). *In Modalität und Modalverben im Deutschen* [C]. Helmut Buske

Verlag.

Ferdinand de Saussure. 1959 [1916]. *Course in General Linguistics* [M]. Translated by Wade Baskin. New York: McGraw-Hill.

Frederike van der Leek. 1996. The English conative construction: A compositional account [J]. *Proceedings of CLS* 32: 363 - 378.

Geoffrey. N. Leech. 1983. *Principles of Pragmatics* [M]. London and New York: Longman Group Limited.

Geoffrey N. Leech. 1980. *Explanations in Semantics and Pragmatics* [M]. Amsterdam: John Benjamin.

Georg H. von Wright. 1951. *An essay in modal logic* [M]. Amsterdam: North Holland.

Gorge Lakoff. 1987. *Woman, Fire and Dangerous Things: What categories Reveal about the Mind* [M]. Chicago and London: University of Chicago Press.

Graeme Trousdale. 2008. Constructions in grammaticalization and lexicalization: Evidence from the history of a composite predicate construction in English [A]. In: Trousdale, Graeme & Nikolas Gisborne(eds.). *Constructional Approaches to English Grammar* [C]. pp. 33 - 67, Berlin: Mouton de Gruyter.

Graeme Trousdale. 2010. Issues in constructional approaches to grammaticalization in English [A]. In: Stathi, Katerina, Elke Gehweiler & Ekkehard König(eds.). *Grammaticalization: Current Views and Issues* [C]. pp. 51 - 72, Amsterdam: Benjamins.

Harvey Sacks, Emmanuel Schegloff & Gail Jefferson. 1974. A Simplest Systematics for the Organization of Turn-Taking for Conversation [J]. *Language* 50(4): 696 - 735.

Heiko Narrog. 2005. On defining modality again [J]. *Language Sciences* 27 (2): 165 - 192.

Heiko Narrog. 2012. *Modality, subjectivity and semantic change: A cross-linguistic perspective* [M]. Oxford: Oxford University Press.

Helasvuo. 2014. Searching for motivations for grammatical patternings [J]. *Pragmatics* 24(3): 453.

Irving C Lewis. 1918. *A Survey of Symbolic Logic* [M]. Berkeley: University of California Press.

Ivan A. Sag. 2012. Sign-based construction grammar: An informal synopsis [A]. In: Boas & Sag (eds.). *Sign-Based Construction Grammar* [C]. pp. 69 - 71, CSLI Publications.

J. B. Hopper. 1975. On assertive predicates [A]. In: John P. Kimball (eds.) *Syntax and Semantics* (*Volume* 4) [C]. pp. 91 - 124, New York: Academic Press.

J. Lin & J. Tang. 1995. Modals as verbs in Chinese: A GB perspective [J]. *The Bulletin of the Institute of History and Philology* 66(1): 53 - 105.

Jan Nuyts. 2001. *Epistemic modality, language and conceptualization* [M]. Amsterdam: Benjamins.

Jennifer Coates. 1983. *The Semantics of the Modal Auxiliaries* [M]. London & Canbeaa: Croom Helm.

Jennifer Coates. 1995. The Expression of Root and Epistemic Possibility in English [A]. In: Byee J. & Fleischman S. (eds.). *Modality in Grammar and Discourse* [C]. Amsterdam: Benjamins.

Joan Bybee & Dahl Östen. 1989. The Creation of Tense and Aspect Systems in the Languages of the World [J]. *Studies in Language* 13 (1): 51 - 103.

Joan Bybee, Revere Pekins & William Pagliuca. 1994. *The Evolution of Grammar, Tense, Aspect and Modality in the Language of the word* [M]. Illinois: The University of Chicago Press.

Joan L. Bybee & Suzanne Fleischman. 1995. Modality in Grammar and Discourse: An Introductory Essay [A]. In: Joan L. Bybee & Suzanne Fleischman (eds.). *Modality in Grammar and Discourse* (*Typological Studies in Language 32*) [C]. Amsterdam & Philadelphia: John Benjamins.

Joan L. Bybee. 1988. Semantic substance vs. contrast in the development of grammatical meaning [J]. *Berkeley Linguistic Society* 14: 247 - 264.

Joan L. Bybee & William Pagliuca. 1985. Cross-linguistic comparison and the development of grammatical meaning [A]. In: A. G. Ramat, O. Carruba & G. Bernini (eds.). *Papers from the 7th International Conference on Historical Linguistics* [C]. Amsterdam: Benjamins.

Johan van der Auwera & Alfonso Zamorano Aguilarn. 2016. The History of Modality and Mood [A]. In: Jan Nuyts & Johan Vander Auwera (eds.). *the Oxford Handbook of Modality and Mood* [C]. Oxford: Oxford University Press.

Johan van der Auwera & Vladimir A. Plungian. 1998. Modality's semantic map [J]. *Linguistic Typology* 2(1): 79–124.

John Haiman. 1978. Conditionals Are Topics [J]. *Language* 54(3): 564–589.

John Lyons. 1977. *Semantics* [M]. Cambridge: Cambridge University Press.

John R. Searle. 1969. *Speech Acts: An Essay in the Philosophy of Language* [M]. Cambridge: Cambridge University Press.

John W. Du Bois. 1987. The discourse basis of ergativity [J]. *Language* 63(4): 805–855.

John Lyons. 1977. *Semantics* (*Volume* 2) [M]. Cambridge: Cambridge University Press.

Karin Aijmer. 1980. *Evidence and the Declarative Sentence* (Stockholm Studies in English, LIII.) [M]. Stockholm: Almqvist & Wiksell.

Kasper Boye. 2012. *Epistemic meaning: A cross linguistic and functional-cognitive study* [M]. Berlin: Mouton de Gruyter.

Kees Hengeveld. 1989. Layers and operators in Functional Grammar [J]. *Journal of Linguistics* 25: 127–157.

Kees Hengeveld. 2004. Illocution, mood and modality [A]. In: G. Booij, C. Lehmann, J. Mugdan & S. Skopeteas (eds.). *Morphology: An International Handbook on Inflection and Word-Formation* (Vol. 2) [C]. Berlin: Walter de Gruyter.

Ken Hyland. 2005. *Metadiscourse* [M]. London/New York: Continuum International Publishing Group.

Laurel Brinton & Elizabeth Closs Traugott. 2006. *Lexicalization and Language Change* [M]. Cambridge: Cambridge University Press.

Laurence Horn. 1972. On *the semantic properties of logical operators in English* [D]. Ph. D. Diss., University of California, Los Angeles.

Lee Chungmin. 2005. Concessivity, Conditionality, Scalar Implicatures and Polarity—with Reference to Contrastive Topic/Focus [J].

Workshop on Conditionals and Modality/J-K Linguistics, Kyoto U.

Lichtenberk Frantisek. 1995. Apprehensional-epistemics [A]. In: Bybee J. & Fleischman S. (eds.). *Modality in Grammar and Discourse* [C]. pp. 293 – 328, Amsterdam: Benjamins.

Luis Alonsoovalle. 2009. Even and biased questions: the case of the Spanish siquiera [J]. *Semantics and Linguistic Theory* (*SALT*) 19, Satoshi Ito and Ed Cormany.

Luka Crnič. 2011. On the meaning and distribution of concessive scalar particles [A]. In Nick LaCara, Lena Fainleib & Yangsook Park (eds.). *NELS* 41: 1 – 14.

M. Haspelmath & E. König. 1988. Concessive conditionals in the languages of Europe [A]. In: J. van der Auwera & Donall O Baoill (ed.). *Adverbial constructions in the languages of Europe* [C]. pp. 563 – 640, Berlin: Mouton de Gruyter.

M. Hayashi. 2003. *Joint Utterance Construction in Japanese Conversation* [M]. Amsterdam: John Benjamins.

Manuela Romano & M. Dolores Porto. 2016. *Exploring discourse strategies in social and cognitive interaction* [M]. Amsterdam/Philadelphia: John Benjamins Publishing Company.

Margaret Selting & Elizabeth Couper-Kuhlen (eds.). 2001. *Studies in Interactional Linguistics* [M]. Amsterdam: John Benjamins.

Marianne Mithun. 1999. *The languages of Native North America* [M]. Cambridge: Cambridge University Press.

Marjorie Mcshane, Sergei Nirenburg & Ron Zacharski. 2008. Mood and modality: out of theory and into the fray [J]. *Natural Language Engineering* 10(1): 57 – 90.

Michael Alexander Kirkwood Halliday. 1970. Functional diversity in language as seen from a consideration of modality and mood in English [J]. *Foundation of language* 6(3): 322 – 361.

Michael Alexander Kirkwood Halliday. 1994. *An Introduction to Functional Grammar* [M]. London: Edward Arnold.

Michael R. Perkins. 1983. *Modal Expression in English* [M]. New Jersey: Ablex Publish Corporation Norwood.

Mirjam Fried & Jan-Ola Östman(eds.). 2004. *Construction Grammar in a Cross-Language Perspective* [M]. Amsterdam: Benjamins.

Nicholas Rescher. 1968. *Topics in philosophical logic* [M]. Dordrecht: D. Reidel publishing co.

Nikolaus Himmelmann. 2004. Lexicalization and Grammaticization: Opposite or Orthogonal? [A]. In: Walter Bisang, Nikolaus P. Himmelmann & Björn Wiemer (eds.). *What Makes Grammaticalization? A Look from Its Fringes and Its Components* [C]. pp. 21-42, Berlin: Mouton de Gruyter.

Norman Friedman. 1975. *Form and Meaning in Fiction* [M]. Athens: The University of Georgia Press.

Otto Jesperson. 1924. *The Philosophy of Grammar* [M]. London: George Allen and Unwin.

Paolo Ramat & David Ricca. 1998. Sentence adverbs in the languages of Europe [A]. In: J. van der Auwera (eds.). *Adverbial constructions in the languages of Europe* [C]. pp. 187-275, Berlin: Mouton.

Paul Drew. 2011. *The Micro-politics of Social Action in Interaction* [R]. Paper Presented at the 12th International Pragmatics Conference. Manchester: University of Manchester.

Paul J. Hopper & Elizabeth Closs Traugott. 1993. *Grammaticalization* [M]. Cambridge: Cambridge university Press.

Paul J. Hopper & Sandra A. Thompson. 1980. Transitivity in grammar and discourse [J]. *Language*56(2): 251-299.

Paul J. Hopper. 1991. On some Principles of Grammaticalization [A]. In: Elizabeth Closs Traugott & Bernd Heine(eds.). *Approaches to Grammaticalization: Focus on Theoretical and Methodological Issues* (*Volume*1) [C]. pp. 28-30, Amsterdam/Philadelphia: John Benjamins Publishing Company.

Paul Kay & Charles J. Fillmore. 1999. Grammatical constructions and linguistic generalizations: The What's X doing Y? construction [J]. *Language* 75(1): 1-34.

PaulKay. 1990. Even [J]. *Linguistics and Philosophy* 13(1): 59-111.

Penelope Brown & Stephen Levinson. 1978. Universals in Language Usage: Politeness Phenomena [A]. In: Esther N. Goody (eds.). *Questions and Politeness: Strategies in Social Interaction* [C].

pp. 56 - 239, Cambridge: Cambridge University Press.

Portner Paul. 2009. *Modality* [M]. Oxford: Oxford University Press.

R. W. Langacker. 1990. Subjectification [J]. *Cognitive Linguistics* 1: 5 - 38.

R. W. Langacker. 1987. *Foundations of Cognitive Grammar (Vol. I): Theoretical Prerequisites* [M]. Stanford: Stanford University Press.

R. W. Langacker. 1977. Syntactic reanalysis in Mechanisms of Syntactic Change [A]. In: Li, Charles N. (eds.). *Mechanisms of syntactic change* [C]. Austin: University of Texas Press.

Randolph Quirk, Sidney Greenbaum, Geoffrey Leech & Jan Svartvik. 1985. *A Comprehensive Grammar of the English Language* [M]. London: Longman.

Rolf Thieroff. 2010. Moods, moods, moods [A]. In: Björn Rothstein & Rolf Thieroff (eds.). *Mood in the languages of Europe* [C]. pp. 1 - 29, Amsterdam & Philadelphia: John Benjamins.

Ronald Geluykens. 1992. *From Discourse Process to Grammatical Construction: On Left-Dislocation in English* [M]. Amsterdam: John Benjamins.

Rudi Keller. 1995. The epistemic weil [A]. In: Stein, D. & S. Wright. (eds.). *Subjectivity and Subjectivisation* [C]. Cambridge: Cambridge University Press.

S. Gruber. 2005. *Composing Identity through Language, Culture, Technology and the Environment: A Rhetoric and Reader* [M]. Dubuque, Iowa: Kendall Hunt.

Sandra A. Thompson & Anthony Mulac. 1991. A quantitative perspective on the grammaticization of epistemic parentheticals in English [A]. In: E. Traugott & B. Heine (eds.). *Approaches to Grammaticalization* (Volumes I and II) [C]. pp. 313 - 329, Amsterdam: Benjamins.

Senko K. Maynard. 1993. *Discourse Modality: Subjectivity, Emotion and Voice in the Japanese Language* [M]. Philadelphia, PA: John Benjamins Publishing Co..

Stephen C. Levinson. 1984. *Pragmatics* [M]. Cambridge: Cambridge University Press.

Susan Steele. 1975. Is it possible? [J]. *Stanford Working Papers in Language Universals* 18: 35 – 58.

Talmy Givón. 1971. Historical syntax and synchronic morphology: An archaeologist's field trip [C]. *Chicago Linguistic Society* 7: 394 – 415.

Talmy Givón. 1983. *Topic continuity in discourse: A quantitative cross language study* [M]. Philadelphia, PA: John Benjamins.

Talmy Givón. 1990. *Syntax: A Functional-Typological Introduction (Vol. II)* [M]. Philadelphia, PA: John Benjamins.

Tanya Reinhart. 1984. Principles of Gestalt Perception in the Temporal Organization of Narrative Texts [J]. *Linguistics* 22(6): 779 – 809.

Tomoko Sakita. 2002. *Reporting Discourse, Tense and Cognition* [M]. Amsterdam: Elsevier.

Traci S. Curl & Paul Drew. 2008. Contingency and action: A comparison of two forms of requesting [J]. *Research on Language and Social Interaction* 41(2): 129 – 153.

Utpal Lahiri. 2008. The Semantics and Pragmatics of Some Scalar Expressions in Spanish [J]. *Anuario del Seminario de Filología Vasca Julio de Urquijo: International journal of basque linguistics and philology* 42: 359 – 389.

Wallace L. Chafe & Johanna Nichols. 1986. *Evidentiality: The Linguistic Coding of Epistemology* [M]. Norwood, NJ: Ablex.

William Croft. 2001. *Radical Construction Grammar: Syntactic Theory in Typological Perspective* [M]. Oxford: Oxford University Press.

X.-Y. Kevin Huang. 2009. *Multiple-modal constructions in Mandarin Chinese: A view from Cartography and MP* [D]. MA Thesis, Tsinghua University, Taiwan.

Yü-Yun Wang. 2005. The Multiplicity of the V-qi-lai Construction [J]. *USTWPL* 1: 311 – 330.

ZelligS. Harris. 1952. Discourse analysis [J]. *Language* 28(1): 1 – 30.

后　记

认识情态研究是情态研究的主要内容之一，也是近年来情态研究的热点和趋势。我从 2007 年开始关注认识情态研究，至今已经有十五年了。从我的博士学位论文《现代汉语认识情态研究》到我的第一本学术专著《现代汉语心理动词构式的认识情态研究》（中国社会科学出版社，2021 年），再到《汉语语言表达形式认识情态意义的互动建构及其类型学研究》，我近十五年的研究都围绕着认识情态范畴展开，这也在一定程度上反映了我的学术之路。这一路走来，离不开恩师马庆株先生的辛苦指导和用心培育，马先生不但是我学术之路上的领路人，而且是我在学术之路上的灯塔，一直照耀着我前行。在本书即将出版之际，马先生欣然应允，为本书作序，让我备受鼓舞。

本书稿于 2019 年获批国家社科基金后期资助项目“汉语语言成分认识情态意义的互动建构过程研究”（19FYYB030），感谢全国哲学社会科学工作办公室，特别感谢国家社科基金后期资助项目的五位匿名评审专家和三位匿名成果鉴定专家，感谢他们提出的宝贵建议和意见。

感谢河北大学文学院和燕赵文化高等研究院，特别感谢文学院院长陈双新教授和副院长武文杰教授对本书出版的大力支持和帮助。

感谢上海三联书店为本书提供出版平台，感谢编辑部杜鹃编辑的辛苦付出。

冯军伟

2022 年 2 月 22 日于河北大学

后记

图书在版编目(CIP)数据

汉语语言表达形式认识情态意义的互动建构及其类型学研究/冯军伟著.—上海:上海三联书店,2022.3
ISBN 978-7-5426-7687-0

Ⅰ.①汉… Ⅱ.①冯… Ⅲ.①汉语-语言学-研究 Ⅳ.①H1

中国版本图书馆 CIP 数据核字(2022)第 034725 号

汉语语言表达形式认识情态意义的互动建构及其类型学研究

著　　者 / 冯军伟

责任编辑 / 杜　鹃
装帧设计 / 一本好书
监　　制 / 姚　军
责任校对 / 张大伟　王凌霄

出版发行 / 上海三联书店
(200030)中国上海市漕溪北路 331 号 A 座 6 楼
邮　　箱 / sdxsanlian@sina.com
邮购电话 / 021-22895540
印　　刷 / 上海惠敦印务科技有限公司

版　　次 / 2022 年 3 月第 1 版
印　　次 / 2022 年 3 月第 1 次印刷
开　　本 / 710 mm × 1000 mm　1/16
字　　数 / 510 千字
印　　张 / 26.25
书　　号 / ISBN 978-7-5426-7687-0/H·112
定　　价 / 98.00 元

敬启读者,如发现本书有印装质量问题,请与印刷厂联系 021-63779028